PBF I, 4
(Braun-Holzinger)

PRÄHISTORISCHE BRONZEFUNDE

Im Rahmen der

Union Internationale des Sciences Préhistoriques et Protohistoriques

herausgegeben von

HERMANN MÜLLER-KARPE

Universität Frankfurt a. M.

C. H. BECK'SCHE VERLAGSBUCHHANDLUNG

MÜNCHEN

PRÄHISTORISCHE BRONZEFUNDE

ABTEILUNG I · BAND 4

Figürliche Bronzen aus Mesopotamien

von

EVA ANDREA BRAUN-HOLZINGER

C. H. BECK'SCHE VERLAGSBUCHHANDLUNG
MÜNCHEN

Mit 75 Tafeln

Schriftleitung: Seminar für Vor- und Frühgeschichte der Universität Frankfurt a. M.
H. Müller-Karpe, A. Jockenhövel

Redaktion: Ulrike Wels-Weyrauch
Zeichnungen: Gerhard Endlich, Manfred Ritter

Gedruckt mit Unterstützung der Deutschen Forschungsgemeinschaft

ISBN 3 406 090672

© C. H. Beck'sche Verlagsbuchhandlung (Oscar Beck) München 1984
Satz des Textteils: Fotosatz Otto Gutfreund, Darmstadt
Druck des Textteils: C. H. Beck'sche Buchdruckerei Nördlingen
Aufnahmen der Fototafeln: Fa. G. Müller, Eppertshausen
Reproduktion und Druck des Tafelteils: Graphische Anstalt E. Wartelsteiner Garching-Hochbrück
Printed in Germany

VORWORT

Die monographische Behandlung der mesopotamischen Bronzefiguren innerhalb der Serie der „Prähistorischen Bronzefunde" geht zurück auf eine Anregung von Professor H. Müller-Karpe. Ich schulde ihm und auch der Deutschen Forschungsgemeinschaft, die die Arbeit finanziell förderte, großen Dank.

Die Materialsammlung erfolgte in den Jahren 1977–79; leider waren Reisen außerhalb Europas nicht möglich, so daß die entsprechenden Funde nach der Literatur aufgearbeitet werden mußten. Dankenswerterweise stellten das Iraq-Museum (Baghdad), das University Museum (Philadelphia), das Field Museum of Natural History (Chicago) und das Metropolitan Museum of Art (New York; Nr. 94: Flechter Fund, 1948; Nr. 379: Gift of Khalil Rabenou, 1951) zahlreiche Photographien zur Verfügung, auch von bisher unpublizierten Stücken. H. Pittmann (New York) und M. Voigt (Philadelphia) gingen mit besonderer Geduld all meinen Anfragen und Wünschen nach.

P. R. S. Moorey (Ashmolean Museum, Oxford) zeigte sich sehr hilfreich und gestattete die Aufnahme unpublizierten Materials. Auch die Direktion des British Museum (London) war überaus großzügig und ließ Neuaufnahmen zahlreicher unpublizierter Stücke herstellen, ebenso stellte die Direktion des Louvre (Paris) Photographien zur Verfügung. Großer Dank gilt A. Spycket und F. Tallon (Paris), die viel Zeit opferten, um mir alle Bronzefiguren des Louvre zugänglich zu machen, ebenso J. B. Curtis (London), von dessen umfangreicher Kenntnis des Bronzematerials im British Museum ich profitieren konnte und der mit unermüdlicher Geduld mündlich und schriftlich Auskunft erteilte.

L. Jakob-Rost und E. Klengel-Brandt (Vorderasiatisches Museum, Berlin) danke ich sehr für ihre freundlichen Auskünfte, ihre Bereitschaft, mir das Material zugänglich zu machen und meine Photowünsche zu erfüllen.

Weitere Photographien stellten mir dankenswerterweise D. Homès-Fredericq (Brüssel), E. Strommenger (Berlin), das Brooklyn Museum, New York (Nr. 194: lent by Mr. William B. Moore IV), Herr und Frau Prof. Heuser (Mainz) und R.-M. Boehmer (Uruk-Slg.) zur Verfügung. Die Metallanalyse des Kopfes Nr. 48 verdanke ich G. Drews (Römisch-Germanisches Zentralmuseum, Mainz).

Die Zeichnungen fertigte M. Ritter an; bei der Zusammenstellung der Tafeln stand mir G. Endlich kritisch und äußerst hilfreich zur Seite. Die Redaktion lag in den Händen von U. Wels-Weyrauch: Ihr außerordentliches Geschick, redaktionelle Strenge mit verständnisvoller Großzügigkeit zu verbinden und ihr persönlicher Arbeitseinsatz waren bewundernswert; ihr gilt mein ganz besonderer Dank.

Eva Andrea Braun-Holzinger

INHALTSVERZEICHNIS

Einleitung 1

Der Fundstoff
  Frühsumerische (protoelamische) Zeit 3
    Tiere 3
    Menschen 6
    Nadeln 7
  Frühdynastische und akkadische Zeit 9
    Anthropomorphe Statuetten 10
    Ständer 20
    Tierfiguren und -friese aus Tell al ʿUbaid 26
    Tierprotomen 29
    Zügelringe 33
    Nadeln und Nägel 37
    Kleine Tierfiguren und Amulette 42
  Neusumerische Zeit bis Ende des 2. Jahrtausends 43
    Statuetten von Göttern und „Kultpersonal" 44
      Götterpaar aus Isčali 44
      Schutzgöttinnen 45
      Weibliche unbekleidete Figuren 49
    Weihobjekte mit Menschen- und Tierfiguren 51
    „Schnallen" und „Standartenaufsätze" 56
    Tempelschmuck 60
    Tieramulette? 61
  Alt- und mittelelamische Zeit 62
    Götterstatuetten 62
    Menschliche Statuetten 65
    Altar, „Kultszene" 71
    Kleine Tierfiguren, Amulette, Nadeln? 72
  1. Jahrtausend 73
    Apotropäische Darstellungen 74
      Pazuzu 74
      Lamaštu 80
      Löwendämon, „Held", Fischgenius 83
      Amulette mit Götterdarstellung 85
      Anthropomorphe „Schutzgenien" 86
      Hunde 90
      Mann mit Hund 93
    Götterstatuetten 96

VIII *Inhaltsverzeichnis*

    Beter 99
    Edelmetallauflagen 104
    Reliefs 105
    Tierfiguren 106
    Tierprotomen 109
    Lampen und Gewichte in Tierform 110
    Import 113

Verzeichnisse und Register
    Verzeichnis der allgemeinen Abkürzungen 116
    Verzeichnis der Literaturabkürzungen 117
    Verzeichnis der Museen und Sammlungen 121
    Namens- und Sachregister 122
    Ortsregister 125

Tafeln 1–75

EINLEITUNG

Dieser Band umfaßt den Zeitraum von der frühsumerischen bis zur neuassyrischen Zeit, etwa 3000 Jahre. Aufgenommen wurden die figürlichen Bronzen aus Mesopotamien, das heißt aus dem heutigen Iraq und angrenzenden Orten in Syrien; außerdem wurden auch entsprechende Figuren aus Elam mit einbezogen, da sie vor allem im 3. und 2. Jahrtausend v. Chr. ikonographisch weitgehend mit den mesopotamischen übereinstimmen und ebenso wie der orientalische Import in Griechenland eine willkommene Ergänzung des in Mesopotamien so spärlich erhaltenen Materials bilden.

Die frühen Funde aus Susa, die sich größtenteils im Louvre befinden, sind hier nur kurz aufgeführt, da sie bald ausführlich von F. Tallon vorgelegt werden,[1] ebenso die neuassyrischen Metallfunde aus englischen Grabungen, die J. Curtis umfassend behandelt hat.[2]

„Figürliche Bronzen" ist ein Begriff, der einiger Erläuterungen bedarf. Eindeutig fallen darunter Statuen und Statuetten von Göttern, Menschen und Tieren, die meist als Weihgaben in Tempeln aufgestellt waren oder denen eine apotropäische Funktion zukam; ebenso gehören dazu vergleichbare Figürchen, die aber nur Teil eines Gerätes bildeten: Aufsätze von Zügelringen, Ständerfiguren, Tierprotomen von Möbeln und Instrumenten, Griffiguren; auch Nadeln werden hier mit aufgenommen, da figürlicher Kopf und Schaft meist deutlich voneinander abgesetzt, teilweise sogar getrennt gearbeitet sind. Hinzu kommen noch Lampen und Gewichte in Tierform und einige gegossene „Schnallen" und Reliefs.

Nicht aufgenommen werden Waffen, die im Zusammenhang in anderen PBF-Bänden vorgelegt werden; gerade bei Waffen steht auch die Verzierungsart stets in besonders enger Beziehung zum Objekt, so daß eine Behandlung nur der verzierten Exemplare nicht sinnvoll wäre; das gleiche gilt auch für Gefäße mit getriebenem Dekor und für Trensen. Auch die zahlreichen figürlich verzierten Beschläge assyrischer Tore werden nicht behandelt, da sie den Rahmen dieser Arbeit sprengen würden.[3]

Innerhalb einer groben chronologischen Ordnung werden die Objekte möglichst in kleineren Gruppen auf Grund ihrer Funktion zusammengefaßt. Diese Einteilung muß notgedrungen manchmal etwas willkürlich vorgenommen werden; meist handelt es sich ja um Teile von Gerätschaften, deren ursprüngliche Form und Bestimmung nicht mehr mit Sicherheit ermittelt werden können. Viele der hier behandelten Figuren müssen so ohne sichere funktionale Einordnung bleiben. Nur bei den wenigsten der Metallfiguren kann man annehmen, daß sie als eigenständige Statuetten, eventuell auf größeren Sockeln, aufgestellt waren.

In einem an Metall so armen Land wie Mesopotamien ist die Überlieferungslage von Metallobjekten natürlich desolat. In schriftlichen Quellen ist zu allen Zeiten ein reges Metallhandwerk belegt,[4] nur winzige Ausschnitte davon haben sich erhalten. Ganz vereinzelte Beispiele von Großplastik dokumentieren, daß mesopotamische Handwerker Hervorragendes geleistet haben.

Chemische Analysen liegen nur für ganz wenige der Figuren vor, so ist auch meist die Angabe

---

[1] F. Tallon, Métallurgie susienne, I. De la fondation de Suse au XVIIIe siècle av. J. C. (1984?).

[2] J. E. Curtis, An Examination of Late Assyrian Metalwork (1979) (unpublished Ph. D., University of London).

[3] Ders., in: J. E. Curtis (Hrsg.), Fifty Years of Mesopotamian Discovery (1982) 118.

[4] Für die Ur III-Zeit ausführlich: H. Limet, Le travail du métal au temps de la IIIe dynastie d'Ur (1960).

Bronze oder Kupfer wenig verläßlich und daher bei nicht analysierten Stücken in Anführungszeichen gesetzt. Die oben genannten Arbeiten von Tallon und Curtis werden da mit neuen Analysen bald weiterhelfen. Bemerkenswert ist aber, daß bei Figuren bis ins 2. Jahrtausend häufig reines Kupfer verwendet wird.

Für Fragen zu unterschiedlicher Technik der Metallbearbeitung ist das hier vorgelegte Material leider wenig aussagekräftig. Dicke Patina, allzu gründliche Reinigung oder auch feste Montierung auf Sockeln lassen Einzelheiten wie nur teilweise abgearbeitete Gußnähte oder -zapfen, Verbindungsstellen durch Lot, Schweißung, Überfangguß oder auch einfach Vernietungen kaum jemals erkennen (vgl. S. 10). Gießen in verlorener Form – meist wohl im Wachsausschmelzverfahren – ist schon in frühsumerischer Zeit belegt; eine Entwicklung der Gußtechnik läßt sich an Hand der figürlichen „Bronzen" nicht ablesen; kleine Objekte werden meist als Vollgüsse gefertigt, bei größeren Objekten zog man schon in frühdynastischer Zeit den Hohlguß vor. Zweischalenguß, wie er bei den in Serie gefertigten Gründungsfiguren üblich ist (vgl. aber auch S. 13), wird bei anderen Figuren äußerst selten verwandt.

Gußformen haben sich nur sehr wenige erhalten; meist handelt es sich um Steinformen für flache Schmuckstücke oder Bleifigürchen;[5] ob Tonformen für kleine Pazuzuköpfe und für eine Pazuzutafel (vgl. S. 74f.) für Metallguß oder für Terrakottaherstellung bestimmt waren, läßt sich nicht mehr feststellen.

Teilgüsse, wie in Syrien und Anatolien häufig belegt,[6] haben sich aus Mesopotamien mit Ausnahme der Nr. 169 keine erhalten.

Für größere Objekte wie auch für kleine, kostbare Goldfigürchen wurde gerne dünnes getriebenes Blech über einen Holz- oder Bitumenkern gelegt; eine Formung über einen solchen Kern ist nicht wahrscheinlich, da das Metall ja während der Bearbeitung immer wieder erhitzt werden mußte, um die Geschmeidigkeit zu erhalten. Von großen Figuren dieser Art haben sich vor allem in Tell al 'Ubaid (S. 27ff.) Reste erhalten; Holzkerne sind meist ganz verschwunden, auf entsprechende Bitumenreste ist nur selten die Aufmerksamkeit der Ausgräber gefallen (S. 17 Anm. 37). Belegung von Statuetten aus Bronze mit Edelmetallauflagen ist recht häufig (vgl. S. 43); aus frühdynastischer Zeit gibt es auch eine besonders sorgfältig gearbeitete Beterin aus schönem, durchscheinendem grünlichen Stein mit einem Gesicht aus Goldblech, das wohl über einen Kopf aus Holz gelegt war.[7] Kombination von Stein und Metall war vor allem bei frühsumerischen Tierfiguren beliebt (S. 3ff.).

Überlegungen zur Wahl des Materials – wurde für manche Figurentypen Metall bevorzugt oder sind Metallfiguren nur kostbarere Ausprägungen sonst in Stein oder Ton hergestellter Typen? – müssen wegen der Überlieferungslage nur sehr vorsichtig erörtert werden (vgl. S. 20); auch die in manchem vergleichbare sicher reiche Produktion von Holz- und Elfenbeinstatuetten ist nahezu vollständig verloren.[8] Teilweise wurde die Wahl des Materials sicher von den Kosten bestimmt; für die beliebten Beterstatuetten der frühdynastischen Zeit bevorzugte man den zwar dauerhaften aber doch billigeren Stein, für kostbares Tempelinventar und auch Tempelschmuck, wie sie von Herrschern oder den höchsten Beamten dem Gott geweiht wurden, schien Kupfer oder Bronze angemessener. Im 1. Jahrtausend findet Bronze dann auch bei apotropäischen Figuren, die sonst häufig in Ton (vielleicht auch Holz?) hergestellt wurden, reichlich Verwendung, auch bei kleinen, unscheinbaren Figürchen, bei denen es sich offensichtlich um Serienprodukte handelt.

---

[5] Zu Gußformen vgl. D. Opitz, in: Archiv Orientforsch. Beih. 1 (Festschrift für M. v. Oppenheim) (1933) 179 ff.; J. V. Canby, Iraq 27, 1965, 42 ff.

[6] Z.B. Seeden, PBF. I,1 (1980) 85.106.

[7] Orthmann, Propyläen Kunstgeschichte 14 Taf. II.

[8] Reste von Gründungsfiguren aus Holz (Rashid, PBF. I,2 [1983] 29) zeigen, daß Holz- und Metallfiguren gleicher Ausprägung nebeneinander für den gleichen Zweck verwendet werden; vgl. auch ebd. S. 26.29.

DER FUNDSTOFF

FRÜHSUMERISCHE (PROTOELAMISCHE) ZEIT

Die ersten figürlichen Metallfunde Mesopotamiens datieren in die frühsumerische Zeit. Zu den wenigen Tempelfunden aus Uruk treten nur noch vereinzelte Grabfunde aus Tello, Tepe Gaura und kaum zu datierende Figürchen aus Tell Brak. Reichere Grabfunde sind aus dem gleichzeitigen Susa erhalten;[1] neuere stratifizierte Funde von dort bereichern allmählich unser Bild der frühen Metallbildnerei.

Neben einfachen, idolartigen Figürchen, die sich teilweise einer Einordnung noch entziehen, zeigen die gut gearbeiteten Stücke Nr. 1–5, daß der Metallguß in zweiteiliger Form (Nr. 1) und auch im Wachsausschmelzverfahren (Nr. 2–5) beherrscht wurde. Mit Ausnahme von Nr. 18 sind alle Statuetten recht kompakt im Umriß.[2] Es wird viel nahezu reines Kupfer verwandt. Arsen- und Bleibronze sind bekannt, Zinnbronze kommt bei den hier zusammengestellten Stücken nicht vor;[3] figürliche Objekte sind allerdings für Fragen der Legierungen nicht sehr aussagekräftig, da ihre Anzahl sehr gering ist.

TIERE

Die frühsumerische Tierplastik ist erst kürzlich von R. Behm-Blancke ausführlich und überzeugend abgehandelt worden.[4] Der größte Teil der aus Grabungen überlieferten Figürchen stammt aus dem Eanna-Bezirk von Uruk, besonders aus der Sammelfundstelle Pa XVI$_2$ (Gebäude M Schicht III a), für die eine Datierung vor der frühdynastischen Zeit anzunehmen ist (bei Behm-Blancke seine Gruppen I und II).[5]

Kleine liegende Tierstatuetten aus Metall kommen als Bekrönung besonders schöner Rollsiegel vor. Wie die zahlreichen durchbohrten Tierfiguren aus Stein und die Stempelsiegel in Tierform, bei denen Siegel und Tieramulett miteinander verschmelzen, hatten diese Siegeltierchen sicher auch Amulettcharakter.

Während Statuetten aus Kupfer und auch aus Silber meist gegossen sind, hat man Tierchen aus Gold aus dünnem Blech getrieben, das über einen Bitumenkern gelegt wurde. Größere stehende Tiere sind

---

[1] Eine Gesamtvorlage der Metallfunde von Susa von F. Tallon (vgl. S. 1 Anm. 1) ist in Vorbereitung; eine erschöpfende Behandlung dieser Stücke war hier noch nicht möglich.

[2] Zu Fragen der Metallverarbeitung der frühen Epochen in Mesopotamien vgl. zuletzt P. R. S. Moorey, The Archaeological Evidence for Metallurgy and Related Technologies in Mesopotamia c. 5500–2100. Iraq 44, 1982, 13 ff., bes. 21.

[3] Ebd. 22 f.; zu frühen Legierungen vgl. auch ders., Archaeometry 14, 1972, 177 ff., der feststellt, daß die frühen Arsen-Bronzen (3200–2400 v. Chr. mit 2–6 % Arsen) von den Zinn-Bronzen, die etwa 2750–2600 v. Chr. aufkamen, abgelöst werden; diese Entwicklung läßt sich an dem hier behandelten figürlichen Material natürlich nicht ablesen. S. auch E. R. Eaton/H. Mc Kerrell, World Archaeology 8, 1976, 169 ff. Die zahlreichen Analysen, die für das Material aus Susa vorgenommen worden sind, werden demnächst hoffentlich weiterhelfen.

[4] Behm-Blancke, Das Tierbild.

[5] Ebd. 52 f. Stellungnahme zur Datierung des Sammelfundes Pa XVI$_2$ in Uruk: einen terminus ante quem bildet die Schicht I$_1$, die in die frühe frühdynastische Zeit gehört; Behm-Blancke schließt nicht auf einen Hortfund, sondern nimmt eher eine Zerstörungsschicht eines Schatzhauses an; vgl. auch die Bemerkungen zum Sammelfund Pb XVI$_1$ ebd. 54. – Zu diesen Sammelfunden gehören zahlreiche Tierfiguren, Siegel und Steingefäße.

oft in Komposit-Technik hergestellt: der massige Körper aus Stein wird auf einzeln gegossene schlanke Beine aus Kupfer oder Silber gestellt, auch Ohren und Hörner konnten aus Metall eingesetzt werden.[6] Die Zapfen an den einzeln gefundenen Metallbeinen, Hörnern und Ohren (Nr. 8 und 10) zeigen, daß diese Teile in Körper aus anderem Material als Metall eingesetzt wurden.

Bei den Figuren handelt es sich meist um friedliche Herdentiere, seltener um Raubtiere. Wie bei den zahlreichen Löwenamuletten und Löwenköpfen aus Stein war auch die Funktion des kleinen stehenden Löwen Nr. 1 sicherlich apotropäisch; das Loch mitten durch den Körper deutet auf ähnlichen Gebrauch; allerdings ist dieses Metallfigürchen für ein am Hals zu tragendes Schmuckamulett doch recht schwer (zum Gebrauch größerer Amulette s. S. 74).

Solche Tierohren und Hörner aus Gold waren wohl meist nur aus Blech getrieben, wie manche Stücke aus dem Sammelfund zeigen.[7]

Der kleine Wolfskopf aus Tepe Gaura (Nr. 11) gehört einem etwas anderen Kulturkreis an; stilistisch läßt er sich nicht mit den Funden aus Uruk in Verbindung bringen. Er diente als Bekrönung eines kleinen Stabes, vielleicht eines Knochengerätes, das wohl horizontal verwendet wurde.

1. Uruk; Eanna-Bezirk. – Sammelfund Pa XVI$_2$. – Löwe; H. 3,4 cm, L. 5,7 cm; Kupfer mit 9% Blei; gegossen, wahrscheinlich in zweiteiliger Form. Der stehende Löwe ist äußerst schmal gearbeitet (größte Br. 1,2 cm); der Schwanz liegt eng an den dicht nebeneinander gesetzten Hinterbeinen an. Die Mähne setzt sich scharf, aber kaum erhaben gegen den Körper ab, die Schulter ist bedeckt, Binnenzeichnung fehlt. Die flach, nahezu rund abschließende Schnauze zeigt deutliche Ritzungen zur Angabe des Mauls, der Nüstern und Barthaare. Die von der Mähne bedeckte Schulter, der straffe, flächig angelegte Körper, die dünnen, hohen Beine sind ungewöhnlich in frühsumerischer Zeit. Die von Behm-Blancke vorgeschlagene Datierung in seine Gruppe I ist nach Reinigung des Stückes nicht mehr überzeugend, eher seiner Gruppe II zuzuordnen (*Taf. 4,1* nach Mus. Phot.). – Berlin, Vorderas. Mus. (VA 11033 = W 14766 d). – Heinrich, Kleinfunde 25 Taf. 13,a; Behm-Blancke, Das Tierbild 10. 73 Taf. 7,30 Nr. 28.

2. Uruk; Eanna-Bezirk. – Sammelfund Pa XVI$_2$. – Rollsiegel aus Lapislazuli, bekrönt von einem liegenden Rind; Rind L. 2,6 cm, H. 2 cm; Silber, in verlorener Form gegossen. Umriß kompakt, mit steil vom Kopf zum Hinterteil abfallender Rückenlinie und erhobenem Kopf; Behm-Blancke datiert in seine Gruppe IIa (*Taf. 1,2* nach Nagel). – Baghdad, Iraq-Mus. (IM? = W 14766 f). – Heinrich, Kleinfunde 29 Taf. 17,b; W. Nagel, Berl. Jb. Vorgesch. 4, 1964, 55 Taf. 17,3 b; Behm-Blancke, Das Tierbild 12.14. 74 Taf. 8,45 Nr. 48.

3. Uruk; Eanna-Bezirk. – Sammelfund Pa XVI$_2$. – Rollsiegel aus Lapislazuli, bekrönt von einem liegenden Rind; Rind L. 3 cm, H. 2 cm; Silber; sehr ähnlich wie Nr. 2 (*Taf. 1,3* nach Heinrich). – Berlin, Vorderas. Mus. (VA 11040 = W 14772 c 1). – Heinrich, Kleinfunde 28 Taf. 17,a; Behm-Blancke, Das Tierbild 74 Nr. 49.

4. Kunsthandel. – In der Umgebung von Uruk von C. Preußer erworben. – Rollsiegel, bekrönt von einem liegenden Widder; Widder H. ca. 3 cm; „Bronze". Sehr kompakt, nahezu rechteckiger Kontur, nur Kopf etwas freier gearbeitet; auch die Hörner liegen sehr flach an; von Behm-Blancke in seine Gruppe IIa datiert (*Taf. 1,4* nach Orthmann). – Berlin, Vorderas. Mus. (VA 10537). – Meyer, Altorientalische Denkmäler Taf. 7; Orthmann, Propyläen Kunstgeschichte 14 Taf. 124,a; Behm-Blancke, Das Tierbild 24. 90 Taf. 17,80 Nr. K 31.

5. Kunsthandel. – Rollsiegel, bekrönt von einem liegenden Widder; Widder H. 3,2 cm; Silber. Hörner schneckenartig gedreht, Kopf und Körper sehr viel plastischer gegliedert als bei Nr. 4; Durchlochung sitzt höher als bei Nr. 2–4, ähnlich wie bei Amuletten; manche Eigenheiten der Oberfläche erklärt Moorey durch die starke Reinigung. Behm-Blancke zweifelt an der Echtheit (*Taf. 1,5* nach Moorey). – Oxford, Ashmolean Mus. (1964. 744), ehemals Slg. Brummer. – R.

---

[6] Vgl. z. B. aus dem Sammelfund Pb XVI$_1$ die kleine Stierfigur aus Kalkstein mit Silberbeinen, H. 8 cm; Baghdad, Iraq-Mus. (IM 22472 = W 1600); Orthmann, Propyläen Kunstgeschichte 14 Taf. 14,b; Behm-Blancke, Das Tierbild 70 Taf. 1,1 a–c Nr. 1, Gruppe I.

[7] Rinderohr aus Goldblech, L. 1,9 cm; Baghdad, Iraq-Mus. (W 14772 a); Heinrich, Kleinfunde 27 Taf. 14,c unten. – Horn aus Goldblech?, L. 6,8 cm; Baghdad, Iraq-Mus. (W 15231 a); ebd. 40 Taf. 30,d.

Frühsumerische (protoelamische) Zeit: Tiere 5

W. Hamilton, Iraq 29, 1967, 34 ff. Taf. 11,a–d; P. R. S. Moorey/O. R. Gurney, ebd. 40, 1978, 43 f. Taf. 4,9; P. R. S. Moorey, Ancient Iraq (1976) Frontispiece; Behm-Blancke, Das Tierbild 24 Anm. 147; 90 Nr. K 29.

6. Uruk; Eanna-Bezirk. – Sammelfund Pa XVI$_2$, Raum 256. – Figürchen einer stehenden Ziege; H. 2,8 cm; Goldblech über Bitumen; durch den Körper senkrecht eine Bohrung; weich und summarisch geformt, was sicher auch an der Technik liegt, daher die Datierung von Behm-Blancke in seine Gruppe I nicht zwingend (*Taf. 1,6* nach Lenzen). – Baghdad, Iraq-Mus. (IM? = W 15376a). – H. Lenzen, UVB 7 (1936) 14 Taf. 23,1; Behm-Blancke, Das Tierbild 9 f. 72 Taf. 7,27 Nr. 25.

7. Uruk; Eanna-Bezirk. – Sammelfund Pa XVI$_2$. – Reste eines Tierfigürchens (Panther?); L. ca. 5,5 cm; dünnes Silberblech; auf der Innenseite nagelartige Spitzen für Befestigung auf einem Kern; auf der Oberfläche Lochmuster mit kleinen eingelegten Kalksteinscheiben. – Berlin, Vorderas. Mus. (VA 11034 = W 14766 b), nicht erhalten. – Heinrich, Kleinfunde 25; Behm-Blancke, Das Tierbild 9 Anm. 50.

8. Uruk; Eanna-Bezirk. – Sammelfund Pa XVI$_2$. – Vier Hörner, ein Ohr und zwei Beine von Rindern, deren Körper wahrscheinlich aus Stein gearbeitet waren; „Kupfer"? bei allen Teilen Zapfen zum Einlassen erhalten, bei dem Ohr (e) mit kleiner Durchlochung für einen Befestigungsstift. a) Horn, Sehnenl. 10 cm, Dm. am Ansatz 2,2 cm (W 14806 b 1) (*Taf. 1,8 a* nach Heinrich); b) Horn, Sehnenl. 5,5 cm (W 14736 b) (*Taf. 1,8 b* nach Heinrich); c) Horn, Sehnenl. 6,6 cm (W 15068 c) (*Taf. 1,8 c* nach Heinrich); d) Horn, Sehnenl. 5,5 cm (W 14053 b 1) (*Taf. 1,8 d* nach Heinrich); e) Ohr, L. 3 cm (W 14819 c) (*Taf. 1,8 e* nach Heinrich); f) zwei Rindervorderbeine, L. ca. 3 cm (W 14819 c) (*Taf. 1,8 f* nach Heinrich). – a.e.f: Berlin, Vorderas. Mus. (a: VA 11038; e: VA 11037/9; f: VA 11039); b–d: Baghdad, Iraq-Mus. – Heinrich, Kleinfunde 27 f. Taf. 14,a. c oben; Behm-Blancke, Das Tierbild 4 Anm. 25.

9. Uruk; Eanna-Bezirk. – Sammelfund Pa XVI$_2$, Raum 256. – Hörner, Ohren und Beine von Stieren aus Edelmetall und Kupfer; nur drei gegossene Rinderbeine publiziert, H. ca. 3 cm (*Taf. 1,9* nach Lenzen). – Baghdad, Iraq-Mus.? (W 15376 b; W 15378 c; W 15379 c). – H. Lenzen, UVB 7 (1936) 14 Taf. 23,q–s.

Anschließen lassen sich hier vielleicht noch einige Teile von kompositen Tierfiguren, auch wenn ihre Datierung recht unsicher ist und vor allem die Hörner in frühsumerischer Zeit in dieser Weise nicht belegt sind.[8]

10. Uruk? – Vier Rinderbeine (vielleicht manche auch zu einem Schaf gehörend) und zwei gerieflte und geschwungene Widderhörner, sehr viel größer als Nr. 8 und 9, nicht datierbar. a) Horn; 12,8 × 4 × 3,1 cm; 708 g; b) Horn; 13 × 4,7 × 3,2 cm; 749,7 g; c) Bein; 22,7 × 6,7 × 3,6 cm; 1257,4 g; d) Bein; 22,9 × 6,9 × 4,7 cm; 1398 g; e) Bein; 22,6 × 5,5 × 2,9 cm; 908 g; f) Bein; 23,7 × 5,3 × 3,1 cm; 853 g (*Taf. 2,10* nach BIN). – New Haven, Yale Bab. Coll. (a: NBC 2540; b: NBC 2541; c: NBC 2542; d: NBC 2543; e: NBC 2544; f: NBC 2545). – Babylonian Inscriptions in the Collection of J. B. Nies 2 (1920) 53 f. Taf. 68; Behm-Blancke, Das Tierbild 4 Anm. 25.

11. Tepe Gaura; Grab 114 (Schicht XI; aus Schicht X eingetieft, letztes Drittel 4. Jt.?). – Kopf eines Wolfes? H. 2,3 cm, L. 3 cm; Elektron, Golddraht, Kupferstifte. Der Raubtierkopf ist aus einem Stück Elektronblech geformt, das Innere war mit Bitumen gefüllt. Die hochstehenden Ohren und der Unterkiefer sind separat gearbeitet und mit Kupfer- und Elektrostiften befestigt. Das Maul ist geöffnet, die Zähne sind mit einem gebogenen Golddraht angegeben, die Augenhöhlen mit Bitumen gefüllt. Hals als runde Fassung mit ausgebogenem Rand geformt mit zwei Löchern für Befestigung an einem Stab (*Taf. 1,11* nach Tobler). – Beifunde: Keulenköpfe aus Marmor und Hämatit; Knochengeräte, Perlen aus Gold und Stein; Goldrosette; Lapislazulisiegel. – Baghdad, Iraq-Mus. (IM? = G 4-821). – A. Tobler, Excavations at Tepe Gawra II (1950) 92.96 Taf. 59,b; 108, 65; Christian, Altertumskunde Taf. 142,1; M. Mallowan, Early Mesopotamia and Iran (1965) Abb. 85; Spycket, La statuaire 43.

---

[8] Weitere recht große Rinderbeine dieser Art unbekannter Herkunft sind ausgestellt in Baghdad, Iraq-Mus.

MENSCHEN

Sicher in diese Periode datierte Menschenfigürchen sind vorläufig nur aus Susa erhalten. Ihre Funktion ist nicht zu ermitteln und müßte in größerem Zusammenhang, auch in Verbindung mit den Terrakotten, untersucht werden (vgl. zu diesem Problem S. 19.50). Auffallend ist, daß alle diese Figürchen nicht zum Aufstellen gearbeitet waren, wie viele andere Idole früher Epochen.

Anthropomorphe Figuren ohne datierenden Grabungszusammenhang, ohne datierende ikonographische Besonderheiten und von schlichter Machart, die einen Zeitstil nicht erkennen läßt, müssen letztlich undatiert bleiben. Idolartige Stücke wie Nr. 14.15 aus Tell Brak sind zu allen Zeiten neben der „offiziellen" Kunst denkbar, auch aus kostbarem Material wie Metall. Plumpe, wenig straffe Formen verleiten oft zu Frühdatierungen (s. S. 7).

12. Susa; Acropole, secteur Nord-Est de la terrasse, Locus 284 bei 22,71 m.[9] – Männliche Statuette; H. 7,2 cm; fast reines Kupfer, gegossen. Unbekleidet, die Beine aneinandergepreßt, Füße angegeben, ohne Spuren eines Gußzapfens oder einer anderen Art der Aufsockelung. Oberarme liegen am Körper an, Unterarme und Hände leicht zur Seite gespreizt. Wahrscheinlich bartlos, Kopf nach oben recht lang ausgezogen, vielleicht für Andeutung einer Frisur, Augen plastisch (*Taf. 2,12* nach Spycket). – Paris, Louvre (Sb 7281 = SAc 2503). – M J. Stève/H. Gasche, L'Acropole de Suse. Mém. Dél. Arch. Iran 46 (1971) 27.145 ff.152 Taf. 29,12; 88,1; Spycket, La statuaire 33 Taf. 23.

13. Susa; vgl. Nr. 12. – Weibliche (?) Statuette; H. 8,2 cm; „Kupfer". Sehr ähnlich wie Nr. 12, aber Arme freier gearbeitet (*Taf. 2,13* nach Stève). – Teheran, Iran Bastan Mus. (? = SAc 3192). – M. J. Stève/H. Gasche, L'Acropole de Suse. Mém. Dél. Arch. Iran 46 (1971) 145 ff.152 Taf. 29,4; 88,2.

14. Tell Brak; Schuttschicht am zerstörten SW-Ende des Naramsin-Palastes. – Männliche Figur; H. 3,3 cm; „Kupfer". Fußpartie abgebrochen, Beine eng nebeneinander, linke Hand vor den Körper gelegt, rechte nach vorne genommen, Teil des Oberarmes fehlt; Kopf sehr lang und spitz nach oben gezogen. Datierung ungewiß, da der Fundplatz eine Datierung ans Ende der frühsumerischen Zeit erlaubt, ein frühdynastisches Datum aber auch möglich ist[10] (*Taf. 2,14* nach Mallowan). – Aleppo, Nat. Mus.? – M. Mallowan, Iraq 9, 1947, 67.171 Taf. 32,6.

15. Tell Brak; Schutt über Schacht 2, Westseite des Naramsin-Palastes. – Menschliche Figur; H. 4,4 cm; „Kupfer". Kopf und Arme nur angedeutet, Körper läuft flach und schaftartig aus, unten abgebrochen; Nadel? Datierung ebenso ungewiß wie bei Nr. 14; könnte frühdynastisch sein (*Taf. 2,15* nach Mallowan). – Aleppo Nat. Mus.? – M. Mallowan, Iraq 9, 1947, 67. 170 f. Taf. 32,4.

16. Susa; Acropole, couche 17. – Weibliche Figur auf Nadel (?); H. der Figur ca. 3 cm; „Kupfer". Beine eng nebeneinander, Oberkörper leicht nach vorne geneigt, Unterarme angewinkelt vor dem Körper zusammengeführt; Brust sehr deutlich herausgearbeitet, Kopf groß, mit klaren, groben Gesichtszügen, Haar in Strähnen nach hinten genommen. Vergleichbar in Bildung des Oberkörpers, der Armhaltung und auch des Gesichts einer Steinstatuette aus Ḫafāǧī der späten frühsumerischen Zeit.[11] Die Ausgräber datieren couche 17 etwa Susa Ca[12] (*Taf. 2,16* nach Suse,...). – Susa, Mus. – Suse, Site et Musée, Ministère de la Culture et des Arts, Téhéran (o. J.) 50 Abb. 9; Spycket, La statuaire 33 f. Abb. 10.

---

[9] Lagen auf einem Steinpflaster, bedeckt von 30 cm Lehmziegeln, wahrscheinlich zu einem sakralen Gebäude gehörend. – Die Datierung der Ausgräber für diese Schicht lautet Uruk récent – Djemdet Nasr. Entfernt vergleichbar sind die kleinen menschlichen Figürchen aus Tepe Hissar (E. F. Schmidt, Excavations at Tepe Hissar [1937] Taf. 47), bei denen die Beine aber stets getrennt sind; sie gehören zur Schicht III C, wahrscheinlich frühdynastisch. Sie haben die gelängte Kopfform wie Nr. 14 aus Tell Brak.

[10] Zur Datierungsfrage zuletzt Spycket, La statuaire 33; auch M.-J. Stève/H. Gasche, Mém. Délég. Arch. Iran 46 (1971) 147 Anm. 157 bringen diese Statuette mit denen aus Susa Nr. 12.13 in Zusammenhang.

[11] Frankfort, More Sculpture Taf. 1 Nr. 208. – Gleichzeitige Steinstatuetten aus Susa zeigen allerdings nie das straff hinter die Ohren genommene Haar: vgl. Amiet, Elam Taf. 91 bis 92.

[12] Zur Datierung von couche 17 vgl. A. le Brun, Cahiers DAFI 1, 1971, 178 ff.; 9, 1978, 57 ff. Bei den Funden ist merkwürdigerweise dieses Stück nicht erwähnt.

17. Susa. – Weibliche Statuette; H. 3 cm; Bronze (Blei u. Arsen). Unbekleidet, in Wadenhöhe abgebrochen; Hände vor dem Körper übereinandergelegt, Brust deutlich angegeben, Gesäß sehr stark ausgebildet; Knie nach vorne genommen, so daß die Profilansicht bewegt wirkt; das Haar scheint auf die Schultern zu fallen, Hinterkopf spitz ausgezogen. Oberfläche schlecht erhalten. Von Spycket in Vergleich mit Nr. 16 der frühelamischen Epoche zugeordnet. – Paris, Louvre (Sb 6876). – Spycket, La statuaire 33 Anm. 27; unpubliziert.

18. Kunsthandel.[13] – Hockender Mann; H. 8,3 cm; Kupfer. Der Mann ist unbekleidet, die Unterschenkel sind zur Seite gelegt. Der rechte Unterarm liegt auf dem rechten Oberschenkel, der linke ist vor die Brust genommen. Im Gesicht erkennt man noch den rund herabhängenden Bart, der Kinn und Wangen bedeckt. Auf dem Kopf sitzt eine konische Mütze mit Knauf. Der breite Übergang von Kopf zu Nacken läßt vermuten, daß hier herabhängendes Haupthaar angegeben war, die Oberfläche ist allerdings an dieser Stelle sehr abgestoßen. Auf der Unterseite keine Anzeichen einer früheren Befestigung auf einem Untersatz (*Taf. 4,18* nach Gadd). – London, Brit. Mus. (BM 86259). – C. J. Gadd, Brit. Mus. Quarterly 19, 1954, 51 f. Taf. 18,a–c; J. Börker-Klähn, Jaarber. ex Oriente Lux 23, 1973/74, 377 ff. Taf. 45.

Der Datierungsversuch der Nr. 18 von Börker-Klähn in frühsumerische Zeit läßt sich zwar nicht völlig von der Hand weisen, ist aber auch nicht wirklich überzeugend, vor allem da ihre Vergleichsbeispiele meist auch nicht datiert sind.[14] Die Sitzhaltung läßt sich zu fast allen Zeiten belegen (vgl. Nr. 61.184); die äußerst kräftige Körpergestaltung, fehlender Hals und „kraftloser Unterkörper" reichen für eine Frühdatierung nicht aus, vor allem bei einem Stück, das ohne großes künstlerisches Können hergestellt wurde und dessen Herkunft völlig ungewiß ist. Für den merkwürdigen Kopfputz in Verbindung mit Nacktheit läßt sich weder im elamischen noch im mesopotamischen Bereich Vergleichbares finden. Auch die weiter ausladende Umrißform ist in dieser Epoche bei Gußwerken sonst nicht belegt.[15]

NADELN

Figürlich verzierte Nadeln sind vor allem aus Gräbern von Susa überliefert. Als Bekrönung kommen Vögel, Raubtiere und auch friedliche Herdentiere vor, neben Tierprotomen werden auch vollständige Tierfigürchen verwendet. Da die endgültige Publikation dieser Funde demnächst erst erfolgt, sind hier nur einige aufgeführt, deren Datierung gesichert zu sein scheint; zahlreiche andere figürlich verzierte Nadeln aus Susa entziehen sich vorläufig noch einer Einordnung.[16] Zwei Grabfunde aus Tello zeigen, daß, falls die Überlieferungslage nicht trügt, in frühsumerischer Zeit figürlich verzierte Nadeln auch in Mesopotamien vorkamen, allerdings seltener als in den angrenzenden, vor allem östlichen Provinzen.

Die Nadeln aus Susa (Nr. 20–26) sind alle recht kurz und verdicken sich zum Kopf hin beträchtlich; die meisten sind durchlocht. Da die Köpfe teilweise recht groß und schwer sind, ist nicht bei allen eine Verwendung als Gewandnadel zwingend, vor allem nicht bei Nr. 24.25.

---

[13] Angekauft zusammen mit den Blauschen Steinen und der Gruppe Mann mit Hund Nr. 328.

[14] Börker-Klähn, Jaarber. ex Oriente Lux 23, 1973/74, 377 ff. vergleicht mit sogenannten Narbenmännern und einem Löwen, der einen hockenden Mann verschlingt; diese Gruppe jetzt von Spycket, La statuaire 181 f. Taf. 122 akkadzeitlich datiert. Ebd. S. 215 setzt sie die Narbenmänner ans Ende des 3. Jahrtausends. Vorläufig fehlen für all diese Statuetten, die keinesfalls durch einen Vergleich mit mesopotamischen datiert werden können, sichere Anhaltspunkte für eine Einordnung.

[15] Die beiden gehörnten Männerfiguren aus dem Kunsthandel mit Händlerangabe Tello (Barnett, Syria 43, 1966, Taf. 19 bis 21) sind hier nicht aufgenommen, da sie sich weder im mesopotamischen noch im elamischen Bereich im 4.–3. Jt. unterbringen lassen; vgl. dazu jetzt auch Moorey, Iraq 44, 1982, 24.

[16] Einige, Nr. 31.32 werden hier im Anschluß an die ziemlich sicher frühelamisch zu datierenden behandelt.

8   Der Fundstoff

Der Verzierung dieser Nadeln oder Nägel liegt wohl die gleiche Bedeutung zugrunde wie den Amuletten; von den Tieren ist meist eine apotropäische Wirkung zu erwarten. Die Freude am Dekorativen spielt gerade bei diesen Nadeln sicher auch eine Rolle, denn die Tierköpfe werden z. T. weitgehend abstrahiert, vor allem im Iran. Die Nadel Nr. 19 aus Tello fällt durch ihre Länge und durch ihre Dekoration mit menschlichen Figürchen aus dem Rahmen der elamischen Stücke; eine Datierung in frühdynastische Zeit ist nicht auszuschließen. Zu einer eventuell ebenfalls anthropomorph verzierten Nadel vgl. Nr. 16.[17]

19. Tello; Grab, frühsumerisch(?). – Nadel, bekrönt von zwei weiblichen Figuren; L. 18,1 cm; „Kupfer". Nadel verdickt sich oben zu einer winzigen Standfläche, an deren Rand sich zwei unbekleidete weibliche Figuren gegenüberstehen. Ihr linker Arm ist jeweils in rundem Bogen gegen die Hüfte gestützt, ohne Angabe der Hände, der rechte ist abgebrochen, war wohl abgestreckt. Seitliche Ausbuchtungen am Kopf sind vielleicht eine Frisur. Körper im Profil recht bewegt, Gesäß und Brüste deutlich ausgearbeitet (*Taf. 3,19* nach de Genouillac). – Fundzusammenhang nicht mehr zu rekonstruieren, eventuell noch weitere fünf Nadeln aus demselben Grab. – Paris, Louvre (AO 14522 = TG 5386 bis). – de Genouillac, Telloh I 46 Taf. 10,2–5a; Margueron, Mesopotamien Taf. 9; P. R. S. Moorey, Iraq 44, 1982, 24.

20. Susa; frühelamisches Grab. – Nadel mit zwei Raubtierköpfen; L. 8,2 cm; Kupfer (analysiert); Schaft wird nach oben sehr breit, ist durchlocht und teilt sich oberhalb des Loches in zwei Bögen, die jeweils in einem kleinen stilisierten Raubtierkopf enden; Köpfe langgezogen, kaum gegen die Nadelenden abgesetzt (*Taf. 3,20* nach Mus. Phot.). – Paris, Louvre (Sb 4896). – L. Le Breton, Iraq 19, 1957, 109 Abb. 27,5; Amiet, Elam 88 Taf. 47,A.

21. Susa; frühelamisches Grab. – Nadel mit zwei Löwenköpfen; erhaltene L. 5,6 cm; Kupfer (analysiert); ähnlich wie Nr. 20, oberhalb des Loches teilt sich der Schaft in zwei Löwenköpfe; Hälse recht dick, Köpfe grob, aber naturalistisch umrissen, weniger der Schaftform angepaßt als bei Nr. 20 (*Taf. 3,21* nach Mus. Phot.). – Paris, Louvre (Sb 4892). – L. Le Breton, Iraq 19, 1957, 109 Abb. 27,5.

22. Susa. – Nadel, von einem Widderkopf bekrönt; L. 5 cm; „Kupfer". Durchlocht, Schaft wird nach oben etwas dicker und bildet so den „Hals" für einen Widderkopf; summarische aber natürliche Angabe der eingerollten Hörner, der plastischen Augen und der weit vorgezogenen Schnauze. – Paris, Louvre (Sb 10198). – Unpubliziert.

23. Susa; Acropole, Grabung 1929–33, Sondage 2, Grab. – Nadel, von einem Capriden bekrönt; L. 6,6 cm; „Kupfer". Schaft dick und kurz, Capride mit kurzem erhobenen Schwänzchen (*Taf. 3,23* nach de Mecquenem). – Teheran, Iran Bastan Mus.? – R. de Mecquenem, Mém. Délég. Perse 25 (1934) 197 Abb. 34,8.

24. Susa; Acropole, Grabung 1929–33, Sondage 2, Grab. – Nadel oder Nagel, von einem Löwen bekrönt; L. 7,2 cm; „Kupfer". Schaft verdickt sich nach oben zu einer so großen Fläche, daß der hockende Löwe darauf Platz findet. Umriß recht grob, massiver Guß, bei dem die Beine nur reliefartig angegeben sind; eingerollter Schwanz nach oben geführt. Im Schaft Ansatz einer Bohrung?[18] (*Taf. 3,24* nach Amiet). – Teheran, Iran Bastan Mus. – R. de Mecquenem, Mém. Délég. Perse 25 (1934) 197 Abb. 34,7; L. Le Breton, Iraq 19, 1957, 109 Abb. 27,5; P. Amiet, Les antiquités du Luristan. Collection David-Weill (1976) 4 Abb. 2.

25. Kunsthandel. – Nadel, von einem Löwen bekrönt; L. 10,2 cm; „Kupfer". Schaft sehr dick, nicht durchbohrt, also eher als Nagel anzusprechen, vgl. Nr. 24; der Löwe ist allerdings weniger geschickt auf der Abschlußfläche des Nagels untergebracht, die Hinterbeine stehen sehr weit über den Rand hinaus. Der Körper des Löwen ist massig, muskulös, der Schwanz wie bei Nr. 24 hochgebogen, der Kopf kurz und breit ohne Hals (*Taf. 3,25* nach Muscarella). – Toronto, Slg. Borowski. – Muscarella, Ladders to Heaven 190 Nr. 154.

26. Susa; Acropole, Grabung 1929–33, Sondage 2, Grab. – Nadel, von einem Vogel bekrönt; L. 5,2 cm; Bronze (mit Blei und Arsen). Schaft kurz und dick, oben kantig, keine Durchlochung? Tier nur im Umriß angegeben, durch Kerbungen deutlich vom Schaft abgesetzt (*Taf. 3,26* nach Amiet). – Paris, Louvre (Sb 4904). – R. de Mecquenem, Mém. Dé-

---

[17] Die Nadel mit einer erotischen Szene (O. W. Muscarella [Hrsg.], Ancient Art. The Norbert Schimmel Collection [1974] Nr. 109 bis) läßt sich hier kaum einordnen, auch ein Vergleich mit Nr. 19 aus Tello zeigt nur Unterschiedliches.

[18] Das Stück aus der Sammlung David-Weill (Amiet, Les antiquités du Luristan [1976] 5 Nr. 1 Taf. 1) läßt sich nur im Motiv vergleichen. Stilistisch weicht es völlig von frühsumerischen und frühelamischen Tierfigürchen ab.

lég. Perse 25 (1934) 197 Abb. 34,5; Amiet, Elam 88 Taf. 47,C.
27. Tello; wahrscheinlich aus frühsumerischem Grab. – Nadel, bekrönt von einem Vogel; L. 8,6 cm; „Kupfer".

Ähnlich wie Nr. 26, Vogel aber nicht so klar gegen dünne Nadel abgegrenzt (*Taf. 3,27* nach de Genouillac). – Paris, Louvre (AO 14524 = TG 5334). – de Genouillac, Telloh I 45 Taf. 10,5b.

Amiet rechnet folgende Nadeln ebenfalls zur frühelamischen Zeit:

28. Susa; Acropole, Grabung 1933–39, Sondage 2, Grab. – Nadel, bekrönt von einem Hahn; L. 11,8 cm; Bronze (5 % Zinn, 15 % Blei). Klar umrissene, ornamentale eckige Form läßt sich im frühelamischen Kunstkreis nur schwer unterbringen (*Taf. 3,28* nach Amiet). – Paris, Louvre (Sb 4891). – R. de Mecquenem, Mém. Délég. Perse 29 (1943) 16 Abb. 13,2; Amiet, Elam 88 f. Taf. 47,E.
29. Susa; Acropole, Grabung 1933–39, Sondage 2, Grab. – Nadel, die in eine Hand ausläuft, die einen Vogel auf Vierkantstab hält; L. 5,2 cm; Kupfer mit 4 % Arsen. Datierung und Verwendungsart schwierig, vgl. Silberhand aus dem Königsfriedhof von Ur (Nr. 136) (*Taf. 3,29* nach Amiet). – Paris, Louvre (Sb 4907). – R. de Mecquenem, Mém. Délég. Perse 29 (1943) 16 Abb. 13; Amiet, Elam 88 Taf. 47,B.
30. Susa; Grab. – Nadel, bekrönt von einem Bock; L. 9,1 cm; Kupfer (2 % Arsen); Bock mit hohen, stark zurückgebogenen Hörnern; Nadel dünn, Tier auf Standplatte; wahrscheinlich nicht protoelamisch (*Taf. 3,30* nach Amiet). – Paris, Louvre (Sb 4893). – Amiet, Elam 88 f. Taf. 47,D.

Nicht datierbar sind zwei Nadeln aus Susa:

31. Susa; fouilles 1922. – Nadel, von einem Vogel bekrönt; erhaltene L. 6,7 cm; fast reines Kupfer. Leib sitzt direkt auf Nadel auf und ist in der Mitte durchbohrt; nur oberer Teil eines wohl längeren Schaftes erhalten. – Paris, Louvre (Sb 10196). – Unpubliziert.
32. Susa. – Nadel, bekrönt von einem Capriden; L. 11,5 cm; „Kupfer". Überlängter Hals, kurze Beine. – Paris, Louvre (Sb 10199). – Unpubliziert.

FRÜHDYNASTISCHE UND AKKADISCHE ZEIT

Für die frühdynastische Zeit ist die Überlieferungslage schon sehr viel günstiger. Es zeichnet sich deutlich ab, unter welchen Voraussetzungen in Mesopotamien Metallfunde überhaupt zu erwarten sind: Nur ungestörte Gräber, Hortfunde und in einer Katastrophe untergegangene Bauwerke bewahren kostbare Metallgegenstände; hinzu kommen noch die zahlreichen Gründungsfiguren, die, in den Fundamenten verbaut, alle Zerstörungen und Plünderungen überdauerten.[1]

Der Königsfriedhof von Ur und auch die weniger prächtigen, aber doch reich ausgestatteten Gräber von Kiš liefern eine Materialfülle, die für andere Epochen vorläufig noch fehlt: figürlich verzierte Zügelringe aus Wagengräbern, reich geschmückte Ständer, Musikinstrumente und andere Geräte mit Stierprotomen aus Metall, Nadeln und Stäbe mit Tieren als Bekrönung und zahlreiche Amulette. Ständer in Form von menschlichen Figuren gehörten hauptsächlich zum Tempelinventar, ebenso die übrigen menschlichen Statuetten. Siegelbekrönungen in Form von Tieren kommen offenbar nicht mehr vor.

Entsprechend der allgemein schlechten Fundüberlieferung der Akkad-Zeit ist auch die Metallplastik dieser Epoche schlecht belegt. Zwei hervorragende Werke akkadzeitlicher Metallbildnerei (Nr. 49.61),

---

[1] Vgl. dazu, Rashid, PBF. I,2 (1983).

die sicher als Kunstwerke über Generationen hin geschätzt und bewahrt wurden, zeigen den hohen Stand der Gußtechnik gepaart mit künstlerischem Können dieser Zeit.

Aus Elam sind aus diesem Zeitraum kaum figürliche Metallfunde bekannt, die reiche Überlieferung in Susa setzt erst in alt- bis mittelelamischer Zeit ein.

Während die wenigen im Wachsausschmelzverfahren hergestellten Stücke der frühsumerischen Zeit bei sehr kompakten Formen bleiben, zeugen die Figuren Nr. 33–36 und Nr. 53 aus dem Earlier Building des Šara-Tempels von Tell Aġrab (Frühdynastisch I ?) von einem sehr viel freieren Umgang mit dieser Technik schon zu Anfang der frühdynastischen Zeit; besonders die Quadriga Nr. 36 ist ein gußtechnisches Meisterwerk. Ebenfalls noch in die ältere frühdynastische Zeit datiert der hohl gegossene Stierkopf Nr. 90; auch nahezu lebensgroße Bildwerke wie Nr. 48.49.54.56.61 wurden im Hohlguß hergestellt. Funde aus dem Königsfriedhof sollen noch Nähte vom Guß in mehrteiliger Form aufweisen.[2]

Die analysierten Figuren sind meist aus reinem Kupfer gefertigt; die Vorzüge der Zinnbronze waren in frühdynastischer Zeit durchaus bekannt, bei Figuren wird aber bis in altbabylonische Zeit reines Kupfer sehr häufig verwandt.[3] Geschickte Vernietung zwischen Figuren und Untersätzen zeigen die Ständer Nr. 50–53, inwieweit eine wirkliche Verschmelzung einzelner Teile etwa bei dem Froschständer Nr. 63 oder der Quadriga Nr. 36 angewandt wurde, ist mir unbekannt. Die Möglichkeit der Verbindung einzelner Metallteile durch den Überfangguß läßt sich neuerdings für die Akkad-Zeit nachweisen (vgl. Nr. 49). Bleilot wird bei Nr. 77 für die Verbindung des Geweihs mit dem Körper erwähnt.[4]

Außer Voll- und Hohlguß spielt gerade bei größeren Figuren die Treibarbeit eine große Rolle, bei der dünnes Blech über einen Holz- oder Bitumenkern gelegt wurde. Wie Moorey sehr schön zusammenfaßt,[5] wurden um die Mitte des 3. Jahrtausends, wenn nicht schon früher, die Grundtechniken des Gießens und aller anderen Metallarbeiten völlig beherrscht, auch die Größe der Objekte stellte kein Problem mehr dar.

ANTHROPOMORPHE STATUETTEN

Im folgenden sind Statuetten zusammengefaßt, die nicht eindeutig als Bestandteil eines Gerätes angesehen werden können. Da sie alle aus Hortfunden oder aus dem Kunsthandel stammen, ist die ursprüngliche Aufstellungsart nicht mehr zu ermitteln. Ständerfiguren und die mit größeren Gefäßen verbundenen Statuetten sind unter dem Abschnitt „Ständer" katalogisiert. Einige der hier behandelten Stücke (Nr. 33–35. 38–41) stehen auf kleinen mitgegossenen Standplatten, können also als Einzelfiguren – oder auch in Paaren – in Tempeln aufgestellt gewesen sein. Bei anderen zeigen die überstehenden Gußzapfen unter den Füßen (Nr. 42) oder auch die Durchbohrung der Füße mit einem Stift (Nr. 44), daß sie ursprünglich aufgesockelt waren, eventuell auf kleinen Podesten, die aber nie erhalten sind.

---

[2] Hall, Ur Excavations I 35 (für Nr. 69); C. Singer u.a. (Hrsg.), A History of Technology I (1954) 626 f. (für Nr. 103). – Ob es sich bei diesen Beispielen wirklich um Güsse in Teilformen handelt, müßte an den Originalen nochmals überprüft werden.

[3] Zur komplizierten Frage des wechselnden Gebrauchs von Bronze und Kupfer in frühdynastischer Zeit vgl. zuletzt P. R. S. Moorey, Iraq 44, 1982, 25.

[4] Moorey (ebd. 26) erwähnt Gefäßständer aus älterfrühdynastischen Gräbern von Ḫafāǧi, die gegossen und geschweißt (welded) sein sollen, vgl. zu diesen Ständern auch unten S. 21 Anm. 63. – Nach H. Drescher (Der Überfangguß [1958] 11) ist es oft außerordentlich schwierig zu entscheiden, ob eine Gußschweißung, ein Überfangguß oder eine Lötung vorliegt.

[5] Moorey a.a.O. 29.

Frühdynastische und akkadische Zeit: Anthropomorphe Statuetten

Vorläufig sind mir aus dem frühdynastischen Fundmaterial keine kleinen Sockel bekannt, die dafür gedient haben könnten (zu solchen kleinen Basen aus späterer Zeit vgl. S. 62.73). Eine Verwendung als Teil eines Gerätes ist aber bei allen nicht auszuschließen (s. besonders Nr. 37). Die Funktion dieser Stücke kann also eine sehr unterschiedliche sein. Von der Darstellung her lassen sich grundsätzlich zwei Gruppen unterscheiden: menschliche Figuren und solche, die dem mythologischen Bereich zuzuordnen sind.

33. Tell Aġrab; Šara-Tempel, Earlier Building M 14:12 bei 31 m, zusammen mit Nr. 34–36.[6] – Weibliche Statuette; H. 9,6 cm; Kupfer, gegossen. Standplatte flach, nahezu quadratisch. Die Figur ist unbekleidet; Füße kaum ausgearbeitet, Beine eng aneinandergepreßt, Körper wenig modelliert, Oberkörper völlig flach, Brüste wirken wie aufgesetzt; geringe Einziehung zur Taille, Hüften und Gesäß wenig gewölbt. Der linke Arm ist vor den Körper gelegt, die Hand stützt die rechte Brust; der rechte Arm ist abgespreizt, der Unterarm nach vorne gestreckt, die Hand nicht erhalten. Der Hals ist kurz, das Gesicht flächig mit lang herabgezogenem Kinn, kurzer Nase und riesigen Augen aus Perlmutt, in Bitumen gesetzt. Die Frisur besteht aus einem einfach um den Kopf gelegten Haarwulst (s. u. S. 19). Ältere Frühdynastische Zeit (*Taf. 5,33* nach Frankfort). – Baghdad, Iraq-Mus. (IM ? = Ag. 36:140). – Delougaz, Pre-Sargonid Temples 257 f. Abb. 201; Frankfort, More Sculpture 9.12 Nr. 309 Taf. 56,A.F; 57,A.D.

34. Tell Aġrab; Šara-Tempel; vgl. Nr. 33. – Männliche Statuette; H. 9,6 cm; Kupfer, gegossen. Standplatte wie bei Nr. 33; Beine leicht gespreizt, in den Knien ein wenig geknickt; Unterarme mit übereinandergelegten Händen nach vorne gestreckt; Körper und Gliedmaße ohne Modellierung. Nacken und Stirn rasiert, zwei Locken fallen nach vorne auf die Schultern und rahmen den langen Bart; Augen wie bei Nr. 33 (*Taf. 5,34* nach Frankfort). – Baghdad, Iraq-Mus. (IM ? = Ag. 36:70). – Delougaz, Pre-Sargonid Temples 257 f. Abb. 201; Frankfort, More Sculpture 9.11 f. Nr. 308 Taf. 56, C.E; 57, C.F.

35. Tell Aġrab; Šara-Tempel; vgl. Nr. 33. – Männliche Statuette; H. 11,8 cm; Kupfer, gegossen. Sehr ähnlich wie Nr. 34, entsprechend der Größe etwas besser ausgearbeitet; Haar deutlich in Locken gedreht, nur eine Strähne hängt nach vorne, die andere fällt auf den Rücken (*Taf. 5,35* nach Frankfort). – Chicago, Orient. Inst. Mus. (A 21572 = Ag. 36:141). – Delougaz, Pre-Sargonid Temples 257 f. Abb. 201; Frankfort, More Sculpture 9.11 ff. Nr. 307 Taf. 56,B.D; 57,B.E.

36. Tell Aġrab; Šara-Tempel; vgl. Nr. 33. – Quadriga mit Wagenlenker; H. 7,2 cm; Kupfer, gegossen. Zweirädriger Wagen, Scheibenräder, die Konstruktion aus mehreren Holzteilen auch im Kupfermodell deutlich angegeben. Über der Achse einfacher Sattelbock, die Füße des Lenkers stehen auf der Achse. Dicke, gerade Deichsel, die zum Joch des inneren Gespannes führt, auf dem Joch einfacher Zügelring. Die Equiden tragen Nasenringe, die mit Riemen untereinander und mit dem Joch verbunden sind. Die Zügel laufen direkt von der linken Hand des Lenkers zum Gespann, die Enden sind mehrfach um das hochragende Vorderteil des Bockes geschlungen. Die rechte Hand hat der Lenker vor die Brust geführt, wahrscheinlich hielt sie ursprünglich eine Peitsche. Er trägt den halblangen Fransenrock, dessen vordere Partie für bessere Bewegungsfreiheit hochgenommen ist,[7] die hinteren Fransen und die beiden Gürtelenden schwingen weit aus, als hätte sie der Fahrtwind nach hinten geweht. Auch die beiden langen Haarsträhnen fallen beide nach hinten auf den Rücken. Der Bart ist recht kurz, die Augen sind für Einlagen vertieft, die Nase ragt weit hervor. Die Augeneinlagen der Equiden aus Muschel sind noch erhalten. Durch die unterschiedliche Kopfhaltung des Gespanns entsteht ein bewegter Eindruck, obwohl die Vorderbeine gleichmäßig nebeneinander auf der gebogenen Standfläche angeordnet sind, ebenso wie auch die Hinterbeine. Das hochkomplizierte Gußwerk wird durch die Zügel, die Deichsel und die schmalen Verbindungsstege der Standflächen zusammengehalten. Angaben über Verbindungsstellen fehlen (*Taf. 4,36* nach Frankfort). – Baghdad, Iraq-Mus. (IM ? = Ag. 36:150). – Delougaz, Pre-Sargonid Temples 257 Abb. 200; Frankfort, More Sculpture 13 Nr. 310 Taf. 58–60; Strommenger, Mesopotamien Taf. 48 unten; Moortgat, Kunst Taf. 51; Orthmann, Propyläen Kunstgeschichte 14 Taf. 38.

---

[6] M 14:12 ist ein kleiner, quadratischer Raum neben der Cella M 14:15, in dem im Schutt, der über dem Fußboden (bei 31 m) 70 cm hoch bis zur Unterkante der späteren Füllung anstand, zahlreiche wertvolle Gegenstände gefunden wurden.

[7] Zu dieser Trachtvariante vgl. vor allem einen Reliefsockel im Met. Mus. New York (aus Larsa?) (Moortgat, Kunst Taf. 32).

Die Statuetten Nr. 33–36 (auch Nr. 53) aus dem Earlier Building des Šara-Tempels gehören zu den frühesten Vertretern anthropomorpher Plastik aus dem Diyala-Gebiet. Die äußerst zahlreichen Steinstatuetten des Šara-Tempels kommen – mit einer Ausnahme – erst aus späteren Tempelschichten. An diese frühe Gruppe läßt sich eine Statuette aus dem Kunsthandel (Nr. 37) anschließen, die auf Grund ikonographischer und stilistischer Merkmale auch der älteren frühdynastischen Zeit zuzuordnen ist.[8] Die unregelmäßige Form der Standplatte zeigt, daß diese Figur sicher in einen Untersatz eingepaßt war, vielleicht ähnlich wie die Ständerfiguren Nr. 50–53; zur möglichen Ergänzung zu einer Trägerfigur vgl. S. 18.

37. Kunsthandel. – Männliche Statuette; H. 15 cm; „Kupfer"; Vollguß. Bekleidet mit dem knielangen Rock aus einzelnen unten spitz zulaufenden Zotten, der in der Taille von einem dicken Gürtel gehalten wird. Der Rock ist massiv gegossen, nur die Spitzen der Zotten sind frei gearbeitet. Das linke Bein ist leicht vorgestellt, die Waden sind kräftig modelliert, die Füße groß und plump; die unregelmäßig dicke Standplatte paßt sich in ihrer Form den Füßen an. Die linke Hand ist geballt vor die Brust gelegt, der rechte Oberarm etwas zur Seite genommen; der Unterarm ist zwar abgebrochen, war aber wohl nach vorne gestreckt. Die Schultern sind breit ausladend, die Brust ist nur schwach angedeutet. Der Kopf sitzt unmittelbar auf den Schultern auf; der Bart fällt lang auf die Brust, gerahmt von den beiden über die Schultern fallenden Locken. Die Oberfläche des Gesichts ist weitgehend zerstört, die Lippen und plastisch angegebenen Augen sind noch zu erkennen. Ob die Metallstücke über der linken Hüfte und am Rücken nur ankorrodierte Reste anderer Metallgegenstände sind, mit denen die Figur vielleicht zusammen in einem Hort lag, ist nicht eindeutig zu erkennen. Eine Ergänzung des vorderen Metallrestes zu einer Waffe, die in der rechten Hand gehalten wurde, ist unwahrscheinlich; keine der bekannten Waffen läßt sich in dieser Haltung ergänzen. Das Loch in der Standplatte ist wohl nicht antik (Taf. 6,37 nach Strommenger). – Paris, Louvre (AO 19523). – G. Contenau, Mon. Piot 37, 1940, 37 ff. Taf. 4; ders., Manuel IV 2032 Abb. 1124; Parrot, Sumer Taf. 183,B; Strommenger, Mesopotamien Taf. 47.

38. Kunsthandel; angeblich aus 'Amshit.[9] – Weibliche Statuette; H. 9,5 cm; Bronze, Vollguß. Unbekleidet, Füße eng nebeneinander auf eine niedrige, nahezu quadratische Plinthe gesetzt, die Hände verschränkt vor den Körper gelegt, Oberarme und Ellenbogen vom Körper gelöst. Die Brüste sitzen auffallend hoch, sind aber weich aus dem Körper herausmodelliert; gegen den schmalen Oberkörper setzt sich die ausladende Hüft- und Bauchpartie deutlich gerundet ab; Schlüsselbein, Rückgrat und Knie sind angegeben; oberhalb der Glutäen sitzen zwei kleine kreisrunde Vertiefungen.[10] Der Hals ist kurz und kräftig, das Gesicht klar gegliedert mit weit vorspringender Nase, gerundeten Wangen, plastisch ausgearbeiteten großen Augen unter scharf markierten Brauenbögen und ein wenig hochgezogenen Mundwinkeln. Die Ohren sind riesig und setzen sich so deutlich von dem in groben Strähnen wiedergegebenen Haar ab; es ist in der Mitte gescheitelt, straff hinter die Ohren gekämmt und im Nacken zu einem breiten Bausch zusammengefaßt. Frisur und Körpergestaltung lassen sich gut mit Elfenbeinstatuetten aus Assur und Mari der späten frühdynastischen Zeit vergleichen (s. S. 19) (Taf. 6,38 nach Mus. Phot. u. Spycket). – Paris, Louvre (AO 2768). – S. Przeworski, Eurasia Sept. Ant. 10, 1936, 90 f. Abb. 15,b; A. Spycket, Rev. du Louvre 25, 1975, 151 ff. Abb. 2; O. Negbi, Canaanite Gods in Metal (1976) Nr. 1572; Braun-Holzinger, Beterstatuetten 65 Taf. 32,e.

39. Kunsthandel; in Kilis angekauft.[11] – Weibliche Statuette; H. 9,6 cm; „Bronze". Äußerst ähnlich wie Nr. 38; Arme nicht frei gearbeitet, Guß etwas flauer (Taf. 6,39 nach Spycket). – Stockholm, Statens Hist.

---

[8] Vergleichbar sind Frankfort, More Sculpture Taf. 11,A Nr. 218; eine Statuette aus Tell Ḫuera, Moortgat, Kunst Taf. 70.71 und auch Darstellungen auf Weihreliefs, Frankfort, Sculpture Taf. 107 Nr. 187.

[9] Diese Statuette und Nr. 41 von dem Kunsthändler Durighello Ende des vorigen Jahrhunderts mit der Herkunftsangabe „Phönikien" erworben; beide Figuren stimmen in der Metallanalyse genau überein: Sn 7,9; Pb 0,13; Sb 0,6; As 0,2; Fe 0,04.

[10] S. auch Nr. 42. – Diese Vertiefungen häufig bei Terrakotten, vgl. dazu ausführlich A. Spycket, Rev. du Louvre 25, 1975, 153. Es handelt sich offenbar um ein weibliches anatomisches Merkmal, das bei unbekleideten Frauen besonders hervorgehoben wird.

[11] Arne, der diese Statuette erwarb, sah damals in Ayntab und in Dörtyol noch zwei weitere Statuetten dieser Stilgruppe (Przeworski, Eurasia Sept. Ant. 10, 1936, 92 f.).

Frühdynastische und akkadische Zeit: Anthropomorphe Statuetten

Mus. (Nr. 14305). – S. Przeworski, Eurasia Sept. Ant. 10, 1936, 90f. Abb. 15,a; A. Spycket, Rev. du Louvre 25, 1975, 151 ff. Abb. 3; O. Negbi, Canaanite Gods in Metal (1976) Nr. 1573.

40. Kunsthandel; in Maraş erworben.¹² – Weibliche Statuette; H. 9,5 cm; „Bronze". Weitgehend übereinstimmend mit Nr. 38 und 39 (*Taf. 33,40* nach Przeworski). – Cambridge, Corpus Christi College (nicht auffindbar). – S. Przeworski, Syria 21, 1940, 62 Taf. 11,1; A. Spycket, Rev. du Louvre 25, 1975, 151 ff. Abb. 4; O. Negbi, Canaanite Gods in Metal (1976) Nr. 1574.

Spycket nimmt für Nr. 38–40 eine Herstellung aus der gleichen Form an. Zweiteilige Formen sind für Serienprodukte wie die Gründungsfiguren durchaus üblich gewesen, die Gußnähte lassen sich in einigen wenigen Fällen noch nachweisen, meist aber sind sie durch Nacharbeitung völlig verschwunden oder auch wegen der angegriffenen Oberfläche nicht mehr zu erkennen. Allerdings ist doch bemerkenswert, daß bei den zahlreichen Gründungsfiguren gleichen Typs, vom gleichen Herrscher für den gleichen Tempel hergestellt, kleine Abweichungen vor allem in den Abmessungen zeigen, daß sie alle aus verschiedenen Formen stammen.¹³ Um so mehr erstaunt, daß bei den Nr. 38–40 drei Figuren aus einer Form tatsächlich erhalten sind, vor allem, da alle drei aus dem Kunsthandel kommen und die einzigen Vertreter dieses Statuettentyps geblieben sind. Nr. 41, das sicherlich in der gleichen Werkstatt entstanden ist, stimmt in der Metallanalyse genau mit Nr. 38 überein. Nr. 39 (und 40) weicht von Nr. 38 vor allem in ihrem flaueren Guß ab; die Zwischenräume zwischen Körper und Armen sind ausgefüllt, die Trennungslinie zwischen den Beinen ist wesentlich verschwommener, auch die Hände sind weniger deutlich vom Körper abgesetzt. Solche verschwommenen Partien finden sich sonst bei den gegossenen Metallfiguren, die in diesem Band behandelt werden, nicht. Die Statuette Nr. 39 könnte recht gut aus einer Abformung von Nr. 38 entstanden sein.¹⁴

41. Kunsthandel; vgl. Nr. 38. – Männliche Statuette; H. 11,4 cm; Bronze, gleiche Zusammensetzung wie Nr. 38. Bekleidet mit einem glatten, knielangen Rock, der in der Taille von einem Gürtel gehalten wird; Standplatte wie bei Nr. 38, die Beine sind leicht gespreizt. Der linke Arm ist angewinkelt vor die Brust gelegt, der rechte nach vorne gestreckt, die Hand hielt wahrscheinlich einen Gegenstand, der aber nicht mitgegossen war. Das gescheitelte, nach hinten gekämmte Haar fällt lang auf den Rücken. Form der Füße, Stilisierung der Schlüsselbeine, strähniges Haar und Gesicht stimmen weitgehend mit den Statuetten Nr. 38–40 überein, so daß die Herstellung in einer Werkstatt angenommen werden kann; Guß in zweiteiliger Form ist allerdings nicht möglich.¹⁵ Zu Vergleichen s. S. 17f. (*Taf. 6,41* nach Mus. Phot.). – Paris, Louvre (AO 2736). – S. Przeworski, Eurasia Sept. Ant. 10, 1936, 90f. Abb. 15,c; A. Spycket, Rev. du Louvre 25, 1975, 151 ff. Abb. 1; O. Negbi, Canaanite Gods in Metal (1976) Nr. 169; Braun-Holzinger, Beterstatuetten 65 Taf. 32,d.

42. Mari; frühdynastischer Palast, Hof 27. – Hortfund, sogenannter Schatz von Ur. – Weibliche Statuette, Göttin?; H. 11,3 cm; 92 g; „Bronze". Unbekleidet, Gußzapfen unter den Füßen stehengelassen; Beine im untersten Stück getrennt, weiter oben eng aneinandergedrückt. Hüften und Oberschenkel übertrieben weit ausladend, Taille dagegen eng eingezogen; Schultern sehr breit, Unterarme leicht erhoben nach vorne gestreckt, die geballten Hände hielten sicherlich etwas; Brüste natürlich modelliert, Brustwarzen vertieft für Einlagen, Bauchnabel mit Gold eingelegt, zwei Vertiefungen über den Glutäen mit Lapis, vgl. dazu Nr. 38. Hals lang, aber kräftig, Kinn deutlich angegeben, Mundwinkel zu einem „Lächeln" nach oben gezogen, Nase breit mit leicht nach oben weisender Spitze, die

---

¹² 1880 von Mac Curdy dem College angeboten.
¹³ Rashid, PBF. I,2 (1983) nimmt für seine Nr. 140.166 und 167 des Šulgi Herstellung aus einer Form an; da aber Nr. 167 verkauft wurde, könnte es mit Nr. 166 aus dem Museo Barracco identisch sein, dessen Herkunft nicht mehr zu ermitteln ist. – Die 16 Figuren des Šulgi aus Susa (Rashid a.a.O. Nr. 150ff.) weichen alle in Größe und Einzelheiten voneinander ab.

¹⁴ Eine Metallanalyse von Nr. 39 könnte Klarheit darüber schaffen, ob dieses Stück tatsächlich ursprünglich in der gleichen Werkstatt mit Nr. 38 und 41 hergestellt wurde oder ob es sich um einen späteren Nachguß, wahrscheinlich dann nach einer Abformung, handelt. Zur regen Händlertätigkeit von Durighello (vgl. Anm. 9) vgl. Seeden, PBF. I,1 (1980) 10ff.
¹⁵ Eine Abformung wie bei Nr. 38 war daher auch kaum möglich.

dem Profil eine für diese Epoche ungewöhnliche Form verleiht. Ohren tiefsitzend, ösenartig, trugen wohl ursprünglich Schmuck; Augenhöhlen vertieft, mit Muschel ausgelegt, darin sehr große Pupille aus Lapis, dicke, aus der Gesichtsfläche hervortretende Lidränder, Brauenbögen ursprünglich mit Gold belegt. Das Haar, mit einer Silberauflage versehen, ist in der Mitte gescheitelt, aus dem Nacken nach oben gekämmt und in einem Bausch zusammengefaßt, der über der Stirn in zwei hörnerartigen Zipfeln ausläuft, um den Kopf führt ein aus Goldblech aufgelegter Haarreif. Die Wiedergabe des weiblichen Körpers in dieser Zeit meist mit wesentlich schmalerer Hüftpartie, wie auch bei den Elfenbeinstatuetten aus diesem Hortfund; vergleichbar am ehesten zwei Steinstatuetten aus Assur und Ḫafāǧī[16] (Taf. 6,42 nach Orthmann). – Beifunde: in einem mit zwei Tellern abgedeckten Topf zusammen mit zwei Elfenbeinstatuetten, einem Amulett eines löwenköpfigen Adlers aus Lapislazuli mit Gold, fünf Armreifen, vier Nadelpaaren, einem Armband, einer Halskette, Anhängern, 14 Rollsiegeln und einer Lapislazuliperle mit Inschrift des Mesanepada; alle Funde datieren in die jüngere frühdynastische Zeit. – Damaskus, Nat. Mus. (Š 2366 = M 4403). – Parrot, Le trésor d'Ur 16ff. Abb. 7–8 Taf. B,1.2; 4–6; Orthmann, Propyläen Kunstgeschichte 14 Taf. 39,b.

43. Assur; Assur-Tempel, unter dem „ältesten" Tempel. – Hortfund, sog. Kupferfund. – Statuette eines Opferträgers; H. ca. 13,5 cm; Kupfer, Vollguß. Bekleidet mit einem kurzen Rock mit unterem Fransenabschluß, Stoff kreuzweise schraffiert. Auf dem linken, nach vorne gestreckten Unterarm lag ein Opfertier, Lamm? (nicht mehr erhalten), der rechte Unterarm ist nach oben angewinkelt; Unterarme heute nur noch dünne Stäbe. Augenhöhlen und Ohren unverhältnismäßig groß, zerstörte Oberfläche läßt sonst keine Details mehr erkennen. Die Haltung ist recht steif, der Rock setzt tief an, ohne Markierung der Taille; unter dem Rock nur noch die Stifte für Montierung der Beine erhalten, ein Bein soll erhalten sein (Taf. 8,43 nach Mus. Phot.). – Beifunde: in einem abgedeckten Tongefäß zusammen mit anderen Kupfergegenständen, Statuetten Nr. 44.156, Keulenkopf, Axt, Lanzenspitze, Messer, Beschläge, Schnallenfragment u.a. – Berlin, Vorderas. Mus. (VA 5010 = Ass. 16317b). – Haller, Heiligtümer 12 Taf. 26.

44. Assur; vgl. Nr. 43. – Statuette eines Opferträgers; H. 21,5 cm; Kupfer, Vollguß. Bekleidet mit einem kurzen Rock, unter dem sich die Oberschenkel abzeichnen, laut Publikation Rock aus Kupferblech separat gearbeitet, was man an dem gereinigten Stück nicht mehr erkennen kann. Der linke Arm ist vor die Brust genommen und hält ein kleines Opfertier, der rechte Arm ist weit nach vorne gestreckt, die Hand hält ein Messer. Beine und Arme sind sehr dünn, nur sparsam modelliert, aber völlig frei gearbeitet, die Füße sind nebeneinander gesetzt und von oben her mit einem großen Nagel durchbohrt zur Befestigung auf einem Untersatz aus wahrscheinlich anderem Material, im Hort sind jedenfalls keine Kupferreste, die zu einem Sockel gehört haben könnten, erwähnt. Der Hals ist außerordentlich lang und kräftig, Stirn und Schädel dagegen flach mit breit ausladendem Hinterkopf; Untergesicht spitz ausgezogen, Nase, Mund und Kinn fein ausgearbeitet; die Augenhöhlen sind riesig und sehr weit eingetieft für Einlagen (Taf. 7,44 nach Orthmann). – Berlin, Vorderas. Mus. (VA 5009 = Ass. 16317a). – Haller, Heiligtümer 12 Taf. 26; Meyer, Altorientalische Denkmäler Taf. 32; Orthmann, Propyläen Kunstgeschichte 14 Taf. 40,a.

Calmeyer[17] datiert den Kupferfund etwa ans Ende des 3. Jahrtausends, die Statuetten werden meist in frühdynastische Zeit gesetzt.[18] Stilistisch findet sich in frühdynastischer Zeit aber nichts Ähnliches. Weder der unverhältnismäßig große Kopf auf überlängtem Hals noch die Kopfform und Gesichtszüge lassen sich mit frühdynastischen Statuetten aus Mesopotamien vergleichen. Der nach oben angewinkelte Arm der Statuette Nr. 43 bei Betern, Opfernden und einführenden Gottheiten ist erst ab der Akkad-Zeit belegt;[19] für beide Figuren (Nr. 43.44) lassen sich Parallelen auf akkadischen Siegeln finden.[20] Auch der die Oberschenkel nachmodellierende Rock von Nr. 44 findet sich rundplastisch erstmalig bei Maništušu,[21] während die schmale, konisch verlaufende Rockform von Nr. 43 schon an neusumerische

---

[16] Andrae, Die archaischen Ischtar-Tempel Taf. 27,b; Frankfort, Sculpture Taf. 91,I. J. Nr. 154 aus Tempeloval III.

[17] Calmeyer, Datierbare Bronzen 39.119.

[18] Zuletzt D. P. Hansen, in: Orthmann, Propyläen Kunstgeschichte 14 zu Taf. 40,a.

[19] Scheibe der Enḫeduana (ebd. Taf. 101).

[20] Boehmer, Glyptik Abb. 381.519.557.561 (allerdings meist im langen Gewand und bärtig). – Vgl. aber auch unten Anm. 60.

[21] Torso einer Sitzstatue (Orthmann, Propyläen Kunstgeschichte 14 Taf. 45).

Denkmäler erinnert. Noch stärker als bei Nr. 42 scheint bei diesen beiden Figuren syrischer Einfluß vorzuliegen; die übergroßen, schräg zur Gesichtsfläche gestellten Augen finden sich bei den Statuetten aus Tell Cudeyde, die Kopfform bei Statuetten aus den libanesischen Bergen, bei diesen auch die Modellierung des Unterkörpers unter dem Rock;[22] eine Datierung ans Ende des 3. Jahrtausends, wie sie für die übrigen Geräte des Horts vorgeschlagen wird, scheint so wahrscheinlich.

45. Kunsthandel (Susa?). – Männliche Statuette; H. 20 cm; „Kupfer". Bekleidet mit kurzem Zottenrock und Schultertuch; steht in Schrittstellung auf einem durchbrochenen Sockel, Hände vor der Brust übereinandergelegt; Haar straff nach hinten gekämmt, mit großem Knoten im Nacken, Gesicht sehr lang gestreckt, bartlos, riesige Augenhöhlen für Einlagen, ausgeprägte Falten von Nasenflügeln zum Kinn. Ungewöhnlich für eine Metallstatuette sind die dicken Beine und die nicht frei gearbeiteten Arme, Merkmale, die sich sonst nur bei Steinplastik finden, und zwar aus technischen Gründen.[23] Ungewöhnlich ist auch das Schultertuch, wenn es auch wie sonst üblich die linke Schulter bedeckt, dessen Zottenreihen sonst nie so schräg verlaufen, das überhaupt, wie auch der Rock, sehr dick aufträgt.[24] Die Inschrift auf rechter Schulter, Oberarm und Sockel ist unsorgfältig eingeritzt, die letzte Zeile wiederholt sich.[25] Eventuell könnte eine provinzielle Entstehung diese „Fehler" erklären, der nicht materialgerechte Aufbau der Figur bleibt allerdings auch dann unverständlich (*Taf. 7,45* nach Muscarella). – New York, Norbert Schimmel Coll. – O. W. Muscarella (Hrsg.), Ancient Art. The Norbert Schimmel Collection (1974) Nr. 106; J. Settgast (Hrsg.), Von Troja bis Amarna (1978) Nr. 121.

46. Kunsthandel; „Südwest-Iran". – Geräteteil in Form einer männlichen Figur; H. 10,6 cm; Kupfer. Bekleidet mit dem kurzen zweistufigen Zottenrock, unmittelbar am Rock ansetzend zwei zungenartige Stützen für Aufsockelung auf einen anderen Gegenstand, der in den weitgehend hohlen Körper eingeführt werden konnte. Im Rock und in Taillenhöhe von vorne nach hinten durchlocht. Hände vor der Brust übereinandergelegt, Schultern weit ausladend, Arme sehr dünn, Brust und Schlüsselbeine angegeben. Hals kurz und dick, Untergesicht sehr lang, Nase, Augen und Ohren dagegen zusammengedrängt, Stirn völlig vernachlässigt. Augen plastisch ausgearbeitet, Kinn und Wangen hervorgehoben, ebenso Falten von Nase zu Mundwinkeln. Haar in groben Strähnen nach hinten gekämmt, weit auf den Rücken herabfallend (*Taf. 8,46* nach Mus. Phot.). – Berlin, Mus. Vor- u. Frühgesch. (XI c 4840). – V. H. Elbern (Hrsg.), Neuerwerbungen für die Sammlungen der Stiftung Preußischer Kulturbesitz in Berlin (1976) Nr. 184; E. Strommenger, in: Die Meisterwerke aus dem Museum für Vor- und Frühgeschichte Berlin, Staatliche Museen, Preußischer Kulturbesitz (Belser Kunstbibliothek) (1980) 98 Nr. 42; E. A. Braun-Holzinger, APA 13/14, 1982, 1 ff.

47. Kunsthandel. – Anthropomorpher Kosmetikbehälter mit figürlich verziertem Stab (Nr. 148); H. 17 cm; „Kupfer". Unbekleidete weibliche Statuette, deren Körper hohl ist, Öffnung mit verdicktem Rand auf dem Kopf. Beine eng zusammengerückt, Hände unter der Brust übereinandergelegt, angewinkelte Arme eng an den Körper gepreßt; Brust deutlich angegeben, andere Details wegen der starken Korrosion nicht mehr zu erkennen, um den kurzen, breiten Hals ein Reif. Im Gesicht fleischige Nase und aufgesetzte Augen deutlich ausgearbeitet; offenbar waren die Augen durch eine Ritzlinie unterteilt, vom Mund nichts zu sehen. Das Haar ist im Nacken zu einem flachen, breiten, quergeteilten Bausch zusammengefaßt. Die Oberarme sind ungewöhnlich kurz, der Unterkörper im Gegensatz zum Oberkörper sehr gelängt. Am Rücken setzt eine große Öse an, in der zwei kleinere Ringe hängen und durch die eine lange Nadel gesteckt ist; in Knöchelhöhe sitzt eine kleine napfartige Ausbuchtung, in die das Nadelende gesteckt ist; Nadel als Nr. 148 katalogisiert (*Taf. 8,47* nach Muscarella). – Toronto, Slg. Borowski. – H. Pittman, in: Muscarella, Ladders to Heaven 196 Nr. 160 mit Taf.

Die stilistische Einordnung der Figur Nr. 47 ist außerordentlich schwierig. H. Pittman zitiert zahlreiche Beispiele von anthropomorphen und zoomorphen Kosmetikbehältern aus dem Iran und aus

---

[22] Zuletzt ausführlich bei Seeden, PBF I,1 (1980) 7ff.

[23] Vgl. dazu Braun-Holzinger, Beterstatuetten 31.

[24] Ebd. 53 f. 57 f. Die dort aufgeführten Beispiele tragen alle die rechte Schulter bedeckt.

[25] Geweiht von einem Schreiber X, Sohn des Y für die Göttin Ninegal; in frühdynastischer Zeit ist die Kombination Dativsuffix bei der Gottheit (ᵈnin-é-gal-ra) aber fehlendes Infix bei der Verbalform (a mu-ru) ungewöhnlich; ebenso ungewöhnlich ist die ungeschickte Aufteilung der Inschrift: Filiation und Verb auf Basis.

Syrien, die allerdings meist in das 1. Jt. datieren.²⁶ Ausgehend von dem gehörnten Kopf der Nadel müßte dieses Stück aber in die frühdynastische Zeit gehören. Die hier behandelten unbekleideten weiblichen Figuren weichen alle in der Gesichtsbildung und vor allem auch in der Gestaltung des Oberkörpers erheblich ab. Auch zu der weiblichen Figur auf einer Nadel oder einem Kosmetikstäbchen aus Susa (Nr. 16) besteht keine Verwandtschaft, es sei denn in der Armhaltung. Befremdlich ist die Augenbildung bei Statuette und bei Nadelkopf, die in beiden Fällen an Terrakotten erinnert; solche deutlich aufgesetzten Augen wie bei der Nadel und auch geschlitzte Augäpfel wie bei der Statuette kommen in Mesopotamien und in Elam bei Metallfiguren nur äußerst selten vor (vgl. Nr. 133).

48. Kunsthandel. – Männlicher Kopf; H. 15 cm; „Kupfer", Hohlguß. Am Hals teilweise originale Kante erhalten, im Hinterkopf großes Loch. Kahlrasiert, rund gewölbter Hinterkopf; breites, fleischiges Untergesicht, kurze Nase mit breiten Nasenflügeln, Lippen sorgfältig modelliert, an den Winkeln ein wenig hochgezogen. Leicht markiertes Kinn und Backenknochen sowie die Augenform mit wulstigen Lidrändern finden ein genaues Gegenstück in einem Kalksteinkopf aus Mari,²⁷ der in die jüngere frühdynastische Zeit datiert wird. Das Ohr weicht in der Form ab, findet sich aber vergleichbar bei anderen Steinstatuetten und vor allem bei Reliefs des Urnanše²⁸ (*Taf. 9,48* nach Phot.). – Mainz, Slg. Heuser. – P. Amiet, Die Kunst des Alten Orient (1977) Abb. 389 (falscher Aufbewahrungsort).

49. Ninive; Areal des Ištar-Tempels in neuassyrischem Zusammenhang? – Herrscherkopf; H. 36,6 cm; Kupfer (andere Elemente nur in Spuren); Hohlguß, Reste des Lehmkerns und Kernhalter aus Kupfer noch erhalten; Ohren separat gegossen und mittels Überfangguß in den Kopf eingesetzt. Hals unten geschlossen, Reste des angegossenen Zapfens, mit dem der Kopf in einen Körper eingelassen war, erhalten; an der Rückseite des Bartes runde Einlaßleere für einen Querdübel; sorgfältige Nacharbeitung durch Ziselierung.²⁹ Linke Augenhöhle, linkes Ohr und Nasenspitze wohl absichtlich zerstört.³⁰ Der Vollbart ist an Wangen und Kinn in drei Stufen kurzer gedrehter Locken gegliedert, vom Kinn aus fällt er dann in langen, gröber gedrehten Locken herab; das Ende ist nicht erhalten, lief aber wohl spitz aus; um den Mund fein ziselierte Strähnen. Haupthaar nach hinten genommen, kunstvoll verflochten, im Nacken gebauscht, das Ende zu einem kleinen Knoten zusammengefaßt, um den sich ein dreifaches Band schlingt. Über der Stirn liegt das Haar in Wellen, darüber ein glatter Halbreif, über dem das Haar kranzartig verflochten ist; hinter den Ohren fallen einzelne Locken in den Nacken. Die Lippen sind voll, fein geschwungen; die Nase mit deutlichem Sattel ist leicht gekrümmt mit gewölbten Nasenflügeln, kräftig, aber nicht fleischig; Wangenpartie sorgfältig modelliert, die Lider nur durch eine flache Einwölbung gegen das Gesicht abgesetzt, an den Rändern ein wenig verdickt, die Augenhöhlen flach und länglich. Augenbrauen hochgewölbt, fischgrätartig ziseliert; zwei kleine geschwungene Stirnfalten. Haar- und Barttracht datieren den Kopf in akkadische Zeit,³¹ sehr vergleichbare Kopffragmente aus Stein von Ur³² und Tello³³

---

²⁶ W. Culican, Iranica Ant. 11, 1975, 100 ff.; diese Figürchen können aber alle stehen und haben auch sonst stilistisch nichts gemeinsam mit unserem Stück; nur die kurzen Oberarme ließen sich im 1. Jt. besser unterbringen als im 3. Jt. – Eher vergleichbar ist eine Bronzestatuette mit Gefäß auf dem Kopf (H. 29 cm) aus Shar-i Sokhte (M. Tosi, Iran 8, 1970, 188 f. Taf. 11,a; Oberflächenfund, eventuell 2. Hälfte 3. Jt.).

²⁷ M 173 aus dem Ištar-Tempel, gute Abbildung bei Strommenger, Mesopotamien Taf. 105.

²⁸ Ebd. Taf. 73 und auch 92.

²⁹ Die Hinweise auf die Herstellungstechnik verdanke ich E. Strommenger, die beim „2ⁿᵈ International Symposium on Babylon, Assur and Himrin", Baghdad 1.–6. Oktober 1979 darüber berichtete.

³⁰ C. Nylander (Am. Journ. Arch. 84, 1980, 329 ff.) sieht in der Zerstörung einen willentlichen Akt medischer Eroberer gegen eine königliche Skulptur der Assyrer.

³¹ Zur Knotenfrisur in frühdynastischer Zeit vgl. Braun-Holzinger, Beterstatuetten 53, der gestufte Bart kommt frühdynastisch aber noch nicht vor. In neusumerischer Zeit ist die Knotenfrisur nur noch bei Göttern belegt, etwa bei der Urnammustele (Woolley, Ur Excavations VI Taf. 42–43).

³² M. Mallowan (Iraq 3, 1936, 108) zieht einen Dioritkopf aus Ur (Woolley, Ur Excavations VI Taf. 49,b) heran, dessen Frisur weitgehend gleich ist, bei dem das Haar aber im Nakken verflochten herabhängt; die Fundlage ist neusumerisch, was aber in diesem Bereich eine frühere Entstehung nicht ausschließt.

³³ Für Gesicht und Barttracht ist ein Dioritkopf aus Tello (Orthmann, Propyläen Kunstgeschichte 14 Taf. 49) sehr vergleichbar.

Frühdynastische und akkadische Zeit: Anthropomorphe Statuetten

(Taf. 9,49 nach Orthmann). – Baghdad, Iraq-Mus. (IM 11331). – R. C. Thompson, Ann. Arch. Anth. 19, 1932, 72 Taf. 50; M. Mallowan, Iraq 3, 1936, 104 ff. Taf. 5–7; Strommenger, Mesopotamien Taf. XXII–XXIII; Orthmann, Propyläen Kunstgeschichte 14 Taf. 48; C. Nylander, in: Death in Mesopotamia. Mesopotamica 8 (1980) 271 f.; ders., Am. Journ. Arch. 84, 1980, 329 ff. Taf. 43–45; P. R. S. Moorey, Iraq 44, 1982, 34.

Die Köpfe Nr. 48 und 49 müssen zu größeren Statuen gehört haben. Der Kopf Nr. 49 war zum Einsetzen in einen Körper, wahrscheinlich aus anderem Material, gearbeitet; ein reich ausgeschmückter Holzkörper ließe sich ergänzen, der aber auch mit Kupferblech belegt gewesen sein könnte. Großplastik aus Stein von Herrschern und auch Beamten aus der Akkad-Zeit ist zahlreich überliefert, so daß man sich eine Ergänzung dieses Kopfes zu einem Sitz- oder Standbild recht gut vorstellen kann. Die Bart- und Haartracht ist die der Herrscher der Akkad-Zeit, ob sie allerdings auf Herrscher beschränkt war, ist nicht sicher.[34]

Auch bei dem Kopf Nr. 48 handelt es sich wahrscheinlich um einen separat gegossenen Kopf, darauf deuten einige gerundete Stellen an der unteren Halskante hin. Für eine Sitzstatue, etwa in der Art des Schreibers DUDU,[35] müßte bei dem Kopfmaß von 15 cm etwa eine Gesamthöhe von 70 cm angenommen werden, ein stattliches Maß, das Steinplastik der frühdynastischen Zeit nur im Ausnahmefall erreicht.[36] Es ist schwierig, sich zu diesem Kopf eine befriedigende Ergänzung vorzustellen, da in diesem Fall nicht wie bei Nr. 49 ein Bart die Nahtstelle zwischen Hals und Körper verdeckt und der Oberkörper sicherlich unbekleidet war.

Eine komposite Metalltechnik, etwa mit gegossenem Kopf und aus Kupferblech über einen Holz- oder Bitumenkern gehämmertem Körper, wie bei den liegenden Kälbern aus Tell al 'Ubaid (Nr. 68) ist auch vorstellbar; ein Bitumenfuß aus Tell Brak aus akkadischer Zeit gehörte wahrscheinlich zu einer Statue, bei der zumindest die Extremitäten mit Metall überzogen waren.[37] Es ist allerdings nicht völlig auszuschließen, daß auch der Oberkörper gegossen war; Fragmente wie Nr. 54 und 56 aus der älteren frühdynastischen Zeit zeigen, daß technisch solche Statuen durchaus bewältigt werden konnten.

Wenn auch die Einzigartigkeit dieses Kopfes und die mehr steingemäße weiche Arbeit zunächst Bedenken an der Echtheit des Stückes erwecken, fügt sich jede Einzelheit des Gesichtes so in das bekannte Bild der frühdynastischen Skulptur – ohne daß eine exakte Nachahmung eines Stückes vorläge –, daß von archäologischer Seite zunächst für die Echtheit plädiert werden sollte, zumal die technischen Untersuchungen auch keinerlei Anhaltspunkt für eine moderne Fälschung ergeben haben und die Analyse, die eine Kupferlegierung mit ca. 4–5 % Blei feststellte, ebenfalls für Echtheit spricht.

Rundplastische Parallelen aus Stein lassen sich nur für zwei der kleinen Figürchen finden, für Nr. 37 und 41. Sie gehören zum Typ des Beters, wie er zahlreich als Vertreter des Weihenden, im steten Gebet in den Tempeln aufgestellt wurde. Nr. 37 trägt die übliche Frisur und Tracht der älteren frühdynastischen Zeit, wie auch der Wagenlenker Nr. 36. Eine etwas ungewöhnliche Haartracht, die vor allem bei Musikern belegt ist, weist die Figur Nr. 41 mit lang auf den Rücken fallendem Haar bei Bartlosigkeit

---

[34] Sicher bei einem Herrscher: Sargonstele (ebd. Taf. 99,a), ähnlich auch bei Gabenbringern auf einem Reliefsockel aus Susa (ebd. Taf. 106).

[35] Ebd. Taf. 29 (H. 39 cm).

[36] Statue des Meskigala, stehend, H. 88 cm (Braun-Holzinger, Beterstatuetten Taf. 29,c–d.).

[37] F 1071 aus dem Naramsin-Palast, Raum 27; Größe 8,5 × 6,5 cm (Mallowan, Iraq 9, 1947, 184 Taf. 39,1).

auf. Der Sänger Urnanše aus Mari[38] und andere Musikanten auf Weihplatten[39] sind so dargestellt; bei anderen Beterstatuetten muß die Frage nach der Bedeutung dieser Frisur offenbleiben.[40] Sowohl Nr. 37 als auch Nr. 41 hatten den rechten Unterarm nach vorne gestreckt, eine Haltung, die bei den Steinstatuetten nie vorkommt und aus technischen Gründen auch gar nicht möglich ist. Beter der älteren frühdynastischen Zeit sind oft mit Bechern in der Hand dargestellt; ein Gefäß ließe sich in der Hand der Metallstatuetten auch gut ergänzen, eventuell auch ein Stab.[41] Falls diesem Stab eine Trägerfunktion zukäme (vgl. Nr. 58), müßte man die Figur von ihrer Bestimmung her zu den Ständerfiguren zählen. Die Deutung als Beter ist wegen der bei Ständerfiguren unüblichen Rocktracht aber vorzuziehen, es handelt sich damit bei Nr. 37 und 41 um zwei Vertreter einer Gattung, die fast ausschließlich in Stein überliefert ist.[42]

Kleine Wagenmodelle aus Terrakotta sind im 3. und 2. Jahrtausend in Mesopotamien sehr beliebt;[43] die verzierten der altbabylonischen Zeit machen es sehr wahrscheinlich, daß es sich um Modelle der kostbaren Götterwagen handelt, die in Prozessionen eine große Rolle spielten.[44] Um einen solchen kleinen Prozessionswagen kann es sich bei der Quadriga aus Tell Aġrab (Nr. 36) nicht handeln, da sie von einem auf dem Bock stehenden Mann gelenkt wird, die Götterwagen aber wohl immer von neben ihnen schreitenden Männern geführt werden, wie auf den Wagenszenen der Weihplatten, bei denen unklar ist, ob es sich um Götterwagen oder um Kriegswagen bei einer Siegesfeier handelt.[45] Der Fundort, Šara-Tempel, legt nahe, daß es sich bei der Kupferquadriga um ein Weihobjekt handelt, vielleicht auch nur um den Aufsatz auf einen größeren Gegenstand; welche Art Weihobjekt allerdings mit einem Kriegswagen geziert worden sein könnte, ist unklar.

Die beiden männlichen Statuetten aus Tell Aġrab (Nr. 34.35) vertreten einen Typus, der bei den Ständerfiguren (Nr. 50–53) häufig vorkommt: ein nur mit einem dicken oder meist dreifach geschlungenen Gürtel bekleideter Mann, mit bis auf zwei nach vorne fallenden Locken ausrasiertem Kopf oder im Nacken kurz abschließendem Haarschopf, stets bärtig. Während Menschen nie unbekleidet dargestellt werden, es sei denn bei der Libation, dann aber niemals mit einem Gürtel, findet sich der Mann mit Gürtel häufig auf Siegeln in den sogenannten Tierkampfgruppen, in denen er die gleiche Funktion hat wie der sechslockige Held und der Stiermensch, die ebenfalls den Gürtel tragen können.[46] Es handelt sich eindeutig um eine mythische Gestalt, die beim Tierkampf als Beschützer der Tiere eingreift. Rundplastisch in Stein kommt dieser Typ nur zweimal vor, bei knienden Gefäßträgern aus Tell Aġrab[47] und Tell Asmar,[48] die beide wie die Ständerfiguren eine Trägerfunktion ausüben. Diesen Wesen ist also sicher eine apotropäische Wirkung zuzuschreiben, so daß sie als Stützfiguren zugleich zieren und schützen (vgl. auch Nr. 61). Eine Figur aus dem Kunsthandel, die meist im Zusammenhang

---

[38] Orthmann, Propyläen Kunstgeschichte 14 Taf. 24.
[39] Boese, Weihplatten 13 Anm. 33.
[40] Andrae, Die archaischen Ischtar-Tempel Nr. 75 Taf. 34,c–e; Parrot, Le temple d'Ishtar Taf. 34 (M 306).
[41] Zur Darstellung von Männern mit Stab der älteren frühdynastischen Zeit vgl. Rundbasis aus Tello (Strommenger, Mesopotamien Taf. 44); Reliefblock von Bedre (Der) (Börker-Klähn, Altvorderasiatische Bildstelen Taf. 12,b). Die Ergänzung als Wagenlenker ist unwahrscheinlich wegen der Schrittstellung, auch werden Zügel in dieser Zeit meist links gehalten (vgl. Nr. 36).
[42] Wenige Ausnahmen bei Braun-Holzinger, Beterstatuetten 10 Anm. 4.
[43] Ausnahmsweise mit Zugtieren und Wagenlenker ein frühdynastisches Modell aus Kiš (Watelin, Excavations at Kish IV 10 f. Taf. 14); Haltung des rechten Arms und einfacher Wagen sehr vergleichbar.
[44] E. Klengel-Brandt, Forsch. u. Ber. 12, 1970, 36.
[45] Boese, Weihplatten 12. – Es kann natürlich auch ein Gott im Wagen sitzen (vgl. Nr. 212).
[46] Calmeyer, in: RLA III 689 f. s. v. Gürtel.
[47] Frankfort, Sculpture Taf. 27 Nr. 16, mit dem Haarschopf, der in den Nacken reicht.
[48] Orthmann, Propyläen Kunstgeschichte 14 Taf. 36,a; Frankfort, More Sculpture Taf. 33–34 Nr. 269, mit den langen Locken.

mit diesen unbekleideten gegürteten Helden gesehen wird, ist sicherlich nicht mesopotamischer Machart.[49]

Eine Sonderstellung nehmen die beiden Statuetten aus Tell Aǧrab ein (Nr. 34.35), da sie beide offenbar keinerlei Stützfunktion hatten. Hinzu kommt, daß sie mit einer weiblichen Figur zusammen gefunden wurden, die in Größe, Machart und Stil so ähnlich ist, daß eine Zusammengehörigkeit erwogen werden muß. Auf den äußerst zahlreichen Siegeln mit Darstellungen des Helden mit langen Locken und Gürtel kommt aber eine unbekleidete Frau nie vor, weder in frühdynastischer noch in akkadischer Zeit.

Darstellungen unbekleideter Frauen sind in der frühdynastischen Zeit sehr selten: auf Siegeln in einigen erotischen Szenen,[50] plastisch aus Stein bei einer Statuette aus dem Diyala-Gebiet und zwei weiteren, wohl etwas später zu datierenden aus Assur,[51] bei Elfenbeinfigürchen der jüngeren frühdynastischen Zeit aus Assur[52] und zwei Exemplaren aus Mari.[53] Die Kupferstatuette aus Mari (Nr. 42) weist sich durch die kleinen Hörner über der Stirn als Göttin aus; die Statuette aus Tell Aǧrab (Nr. 33) ist die einzige Darstellung einer unbekleideten Frau aus der älteren frühdynastischen Zeit, ihre Zusammengehörigkeit mit zwei männlichen Figürchen, die dem mythologischen Bereich zugehören, macht es wahrscheinlich, daß auch sie nicht eine rein menschliche Frau darstellt, auch wenn sie sich in der Haartracht nicht von den gleichzeitigen Beterinnen unterscheidet, die aber stets voll bekleidet sind. Unbekleidete weibliche Terrakotten spielen zu allen Zeiten in Mesopotamien eine große Rolle, in frühdynastischer und akkadischer Zeit sind die Beispiele, falls die Überlieferungslage nicht täuscht, allerdings weniger zahlreich als in anderen Perioden. Ihre Deutung ist noch weitgehend unklar, wird sich wohl im Lauf der Jahrhunderte auch geändert haben. Von der Isin-Larsa-Zeit an kommt die unbekleidete Frau auch auf Siegeln häufig vor, ebenso auf Terrakottareliefs, ein Zusammenhang mit Ištar wird vermutet; bei den kleinen Terrakotten ist auch ein Gebrauch bei Liebeszauber nicht auszuschließen (s. S. 50).[54] Alter Fruchtbarkeitsglaube im Zusammenhang mit einer Muttergöttin wird sich im Volksglauben und damit auch in der Terrakottaproduktion lange gehalten haben. Für die Statuette aus Tell Aǧrab (Nr. 33) und die aus dem Kunsthandel (Nr. 38), die sich im Typ an die Elfenbeinstatuetten anschließt, läßt sich keine präzise Deutung finden. Im syrischen Bereich treten die frühesten Metallfigürchen paarweise auf, die Männer mit Gürtel, durch Waffen als Krieger charakterisiert, die Frauen unbekleidet, die Hände unter die Brüste gelegt.[55] Auch die Statuette aus Tell Aǧrab stützt als einzige der Metallstatuetten die rechte Brust. Die syrischen weiblichen Statuetten werden im Zusammenhang mit Fruchtbarkeitsgottheiten gesehen. Auffallend ist, daß vorläufig noch keine Beispiele unbekleideter Frauen aus dem Süden Mesopotamiens aus frühdynastischer Zeit erhalten sind. Bei den Terrakotten ist, vor allem ab der Akkad-Zeit, der Typ mit herabhängendem rechten Arm

---

[49] New York, Met. Mus. (55142); H. 37,5 cm; Orthmann, Propyläen Kunstgeschichte 14, Taf. 40,b. – Die vorgewölbten Augen mit Lidrändern und zusätzlicher Querteilung wie bei Terrakotten, das volle Untergesicht mit breitem, geraden Mund, die lineare Zeichnung der Brust, die straffe und präzise Körperform mit deutlicher Abgrenzung der Schenkel sind sicher nicht frühdynastisch mesopotamisch oder elamisch; für das bewegte, aber ponderierte Schrittmotiv finden sich keine Vergleiche, auch der Balancierakt mit dem Kästchen auf dem Kopf ist ungewöhnlich; frühdynastische Männer stützen solche Lasten immer zumindest mit einer Hand (vgl. ähnliches Motiv ebd. Taf. 82, diese Figur aber bekleidet).

[50] Frankfort, Cylinder Seals (1939) 75 f. – Vgl. die einmalige Darstellung eines unbekleideten Paares auf einem Amulett einer frühdynastischen weiblichen Beterstatuette der Slg. Brandt (Braun-Holzinger, Beterstatuetten Taf. 32,g).

[51] Vgl. Anm. 16 und Andrae, Die archaischen Ischtar-Tempel Taf. 27,c.

[52] Ebd. Taf. 29.

[53] Parrot, Le trésor d'Ur 18 ff. Abb. 12.13.15,b Taf. A.7; S. 21 f. Taf. 8.

[54] Barrelet, Figurines et reliefs en terre cuite 61.70.73 ff.; Opificius, Das altbabylonische Terrakottarelief 203 f.

[55] Seeden, PBF. I,1 (1980) 7 ff. (Tell Cudeyde); 10 ff. (the Lebanese Mountain figurines), manche allerdings auch bekleidet, 11 A; 14 A auch nur eine Brust stützend wie bei Nr. 33.

häufig;[56] auch bei der Statuette aus Tell Aǧrab stützt die rechte Hand nicht die Brust, sondern ist nach vorne gestreckt, eine Haltung, die sich in Ton schlecht darstellen läßt. Die wenigen Beispiele weiblicher Metallstatuetten müssen eventuell als kostbare Beispiele einer Gattung angesehen werden, die in Mesopotamien hauptsächlich in billigerem Material, vor allem Ton, hergestellt wurden. Auch aus Holz können solche Figuren angefertigt worden sein, wie ein erhaltenes Exemplar der Akkad-Zeit zeigt;[57] auch die Elfenbeinstatuetten aus Assur und Mari weisen darauf hin, daß mit Schnitzereien gerechnet werden muß.

Die Statuette aus Mari Nr. 42, die mit ihren Hörnchen als Göttin gekennzeichnet ist, gehört einem anderen Typ an und weicht mit ihren breiten Hüften von den übrigen Statuetten ab. Die vorgestreckten Hände, die sicherlich signifikante Gegenstände, vielleicht Blitze hielten, weisen sie als eine ganz bestimmte Göttin aus; eine Wettergöttin konnte auf akkadischen Siegeln in dieser Weise dargestellt werden.[58] Da das kostbare Stück zu einem Hort gehörte, zu dem auch Gegenstände aus dem entfernten Ur zählen, ist die ursprüngliche Herkunft völlig offen; weder in Südmesopotamien noch in Mari findet sich Vergleichbares.

Der Typ des Opferbringers, wie ihn die Statuetten aus Assur Nr. 43 und 44 wiedergeben, kommt am Ende der frühdynastischen Zeit auf und hält sich bis in die neusumerische (mittelelamische); wie die Beterstatuetten wird er als Vertreter des Weihenden in den Tempel geweiht, in ständiger Bereitschaft.[59] Die Darstellung mit einem Messer ist allerdings ungewöhnlich. Diener mit Messern im Zusammenhang mit Tieren finden sich auf den älteren Weihplatten in den Szenen der Vorbereitung für ein Fest.[60]

STÄNDER

Ständer, meist für Gefäße ohne Standfläche, aber auch für Lampen oder andere kleine Gegenstände, spielen im Orient zu allen Zeiten eine große Rolle. Für die frühdynastische Zeit ist die Überlieferungslage besonders günstig, da einfache Ständer zum Grabinventar gehörten und reich verzierte aus besonders reichen Gräbern und Tempelhortfunden erhalten sind.

Aus den Gräbern von Kiš sind unterschiedliche Kupferständer erhalten: aus Blech geformte, nach unten weiter als nach oben ausladende Säulen, in deren obere Öffnung der Topf gesetzt wurde; dieser Typ wird im Diyala-Gebiet in Keramik hergestellt,[61] aus Kiš sind Fragmente eines solchen Terrakottaständers mit figürlicher Ritzverzierung erhalten.[62] Ein zweiter Typ kommt sowohl in den Gräbern von Kiš als auch in denen aus dem Diyala-Gebiet vor: Ein Untersatz auf drei oder vier Füßen trägt einen Stab, der sich oben in drei oder vier Krampen verzweigt, zwischen die das Gefäß gesetzt werden

---

[56] Barrelet a.a.O. (vgl. Anm. 54) 70ff.; dies., Syria 29, 1952, 285ff.

[57] Tell Wilayah: Holzstatuette einer weiblichen unbekleideten Frau in Schrittstellung; H. 6,8 cm, wahrscheinlich akkadzeitlich (T. A. Madhlum, Sumer 16, 1960 arab. Teil 62ff. Taf. 7). – Zum Gebrauch von Elfenbein in frühdynastischer Zeit vgl. auch Moorey, Kish 73f.

[58] Boehmer, Glyptik Taf. 31. – Parrots Ergänzungsvorschlag als Wagenlenkerin überzeugt nicht, da Wagenlenker nie die Hände so gleichmäßig erhoben halten.

[59] Frühdynastische Opferbringer: Amiet, Elam Taf. 141; Meyer, Altorientalische Denkmäler Taf. 20. – Zu mittelelamischen Opferbringern s. u. Nr. 217ff.

[60] Orthmann, Propyläen Kunstgeschichte 14 Taf. 82. – Eine frühdynastische Statuette, deren Echtheit allerdings nicht zweifelsfrei ist, trägt auch ein Messer (L. Al-Gailani, Iraq 34, 1972, 74 Taf. 22,c). Ein akkadisches Siegel (Boehmer, Glyptik Taf. 53,636) zeigt hinter einem kahlköpfigen Opferträger im kurzen Schurz eine andere Person in längerem gestreiften Rock mit einem Messer(?) in der Hand.

[61] Moorey, Iraq 28, 1966, 41; kupferne Exemplare bei Watelin, Excavations at Kish IV 27 Taf. 21,3 (fünf Stück gefunden); aus Keramik bei Delougaz, Pottery from the Diyala Region. Orient. Inst. Publ. 63 (1952) Taf. 70.

[62] Moorey Iraq 32, 1970, 102 Taf. 16.

konnte.⁶³ Bei den kostbaren Ständern dieser Art aus Tempeln wird der Stab durch eine Trägerfigur ersetzt; beide Typen sind auch noch im ersten Jahrtausend vertreten (s. Nr. 295).

Eine dritte Art von Ständern aus unterschiedlichen Materialien beschränkt sich vorläufig auf die frühdynastische und die akkadische Zeit: Ein Tier, meist ein Ziegenbock, richtet sich mit seinen Vorderfüßen an einem Baum auf; im Nacken setzt ein stabartiger Aufsatz an, der als Stütze für einen anderen Gegenstand dienen konnte. Diese Figuren stehen meist auf rechteckigen Podestchen, kommen oft in Paaren oder sogar in noch größerer Anzahl vor und können so, gemeinsam aufgestellt, ein Gefäß an mehreren Punkten unterstützen. Kostbare Beispiele dieser Art sind die beiden kompositen Ziegenböcke aus dem Königsfriedhof von Ur (Nr. 67) und (wahrscheinlich vier) menschengesichtige Stiere von Kiš aus Elfenbein; sie standen einzeln auf kleinen Basen, hatten jeweils ein Loch im Rücken, um so gemeinsam einen Aufsatz zu tragen.⁶⁴

Die Verwendung solcher Ständer zeigen einige Darstellungen. Auf einer Weihplatte aus Nippur⁶⁵ trägt ein einfacher Stab mit verdicktem Fuß und oben ausgreifenden Armen ein großes Gefäß; er gehört zu einer wahrscheinlich kultischen Szene, bei der getrunken wird und bei der eine Leierspielerin auftritt. Eine weitere Trinkszene mit Ständern findet sich auf einem Siegel aus dem Kunsthandel.⁶⁶ Auf einer kleinen Muschelplatte mit Ritzzeichnung aus Ur⁶⁷ steht ein unbekleideter Mann libierend vor einem hohen Ständer, an dessen Armen Binden hängen; da die Libation vor diesem Ständer stattfindet, muß es sich bei diesen Binden um kultisch verehrungswürdige Gegenstände handeln.⁶⁸ Auf einem Weihplattenbruchstück aus dem Diyala-Gebiet sieht man einfache Säulenständer mit allerlei Gerätschaften, der Zusammenhang ist nicht klar.⁶⁹ Während die einfachen Ständer sicher auch im Hausgebrauch eine Rolle spielten, dienten die größeren in Tempeln dazu, unterschiedliche Gegenstände des Kults zu tragen. Ein aufgerichteter Ziegenbock ist einmal auf einem Siegel der ausgehenden frühdynastischen Zeit dargestellt.⁷⁰ Zwischen einer thronenden Gottheit und zwei Adoranten, der eine mit der Libationskanne, steht im Hintergrund ein Ziegenbock auf einem rechteckigen Podest, die Vorderhufe schweben frei, die sonst übliche Stütze ist nicht dargestellt; auf seinem Rücken setzen drei Stäbe an, die durch einen Querstab oben verbunden sind, auf dem kleine Gegenstände (Gefäße?) angeordnet sind; auch hier wieder ein Ständer inmitten einer Kultszene.

Die Ständer mit der Darstellung des unbekleideten Helden und auch die nicht figürlich verzierten aus den Gräbern von Kiš und dem Diyala-Gebiet datieren in die ältere und mittlere frühdynastische Zeit. Sie haben alle die gleiche Form des Untersatzes mit vier Beinen, die bei den größeren durch einen Ring verbunden sind (typologisch läßt sich auch der Froschständer aus Kiš[Nr. 63] mit seinen vier Beinen hier einordnen). Die aufgerichteten Tiere datieren meist in die Zeit des Königsfriedhofes von

---

⁶³ Zwei kleine Ständer dieser Art: Delougaz, Private Houses and Graves in the Diyala Region. Orient. Inst. Publ. 88 (1967) 96 ff. (grave 91). 107 (grave 110); abgebildet bei Frankfort, Orient. Inst. Comm. 20 (1936) 47 Abb. 37. Moorey (Iraq 44, 1982, 26) schreibt von diesen Ständern, sie seien gegossen und geschweißt. Aus Kiš ein Ständer mit Ringfuß und hohem gegossenen Gitterwerk, in das ein Gefäß gestellt werden konnte (Watelin, Excavations at Kish IV 27 Taf. 21,2 aus Burial Y 494). – Eventuell gehörte auch eine Krampe aus Fara zu einem solchen Ständer (E. Heinrich, Fara [1931] Taf. 39,b,3).

⁶⁴ Moorey, Iraq 32, 1970, 102 f. Taf. 17, aus Grab 317 (Red Stratum, Frühdynastisch III – Akkad-Zeit); ders., Kish 72 f.

⁶⁵ Boese, Weihplatten Taf. 17,1 N 6; Orthmann, Propyläen Kunstgeschichte 14 Taf. 83.

⁶⁶ Moortgat, Vorderasiatische Rollsiegel (1940) 92 Nr. 102 Taf. 17.

⁶⁷ Woolley, Ur Excavations II Taf. 102,b.

⁶⁸ Ein altbabylonisches Siegel aus Tello, de Sarzec, Découvertes Taf. 30bis,16,b (sehr groß, H. 5,8 cm) = L. Delaporte, Catalogue des cylindres I (1920) Taf. 5,4 zeigt wahrscheinlich medizinisches Zubehör auf Ständern mit Bändern.

⁶⁹ Frankfort, More Sculpture Nr. 316 Taf. 64,B (nachträglich angekauft); Boese, Weihplatten 181 Taf. 14 C A 4.

⁷⁰ Orthmann, Propyläen Kunstgeschichte 14 Taf. 133,f.

Ur, also in die spätere frühdynastische Zeit, ein Exemplar (Nr. 64) kommt allerdings auch in dem Hort von Tell Agule zusammen mit figürlichen Ringständern (Nr. 58–60) vor.

Aufgerichtete Ziegenböcke und gegürtete Helden gehören zum Repertoire des sogenannten Tierkampffrieses (vgl. S. 18) und sind als Schmuckelemente in kultischem Zusammenhang in frühdynastischer Zeit äußerst beliebt.

50. Ḫafāǧī; Tempeloval I, M 47:1.[71] – Hortfund. – Ständer in Form einer männlichen Statuette; Gesamth. 55,5 cm; H. der Figur 36 cm; Kupfer;[72] Figur Vollguß, verlorene Form; Fehlstellen am Bein mit Blei ausgefüllt; Ständer getrieben. Das linke Bein ist leicht nach vorne gesetzt, unter den Füßen ein wenig Gußmasse stehengelassen, die dann in den ringförmigen, auf vier Füßen stehenden Untersatz eingepaßt wurde. Die Unterarme mit verschränkten Händen sind nach vorne gestreckt, um die Taille legt sich ein dreifacher Gürtel; Kopf weitgehend rasiert, nur zwei gedrehte Locken fallen über die Schultern nach vorne und rahmen den Vollbart; die Augen waren ursprünglich in anderem Material eingelegt. Der vierarmige Aufsatz auf dem Kopf ist teilweise abgebrochen; auf dem Rücken längere unpublizierte Inschrift (*Taf. 10,50* nach Frankfort). – Beifunde: Ständer Nr. 51 und 52, alle drei raumsparend ineinander verschränkt. – Baghdad, Iraq-Mus. (IM 8969 = Kh.I 351 a). – H. Frankfort, Orient. Inst. Comm. 13 (1932) 76 f. Abb. 32.33; ders., Sculpture 11 f. 41 f. Taf. 98–101 Nr. 181; Orthmann, Propyläen Kunstgeschichte 14 Taf. 39,a.

51. Ḫafāǧī; Tempeloval I; vgl. Nr. 50. – Ständer in Form einer männlichen Statuette; H. 41 cm; Kupfer, Technik wie Nr. 50.[73] Haupthaar hinter die Ohren genommen, endet kurz im Nacken; Ständer auf dem Kopf weggebrochen. Untersatz und Körper der Figur sehr ähnlich wie Nr. 50 (*Taf. 11,51* nach Frankfort). – Chicago, Orient. Inst. Mus. (A 9270 = Kh.I 351 b). – Frankfort, Sculpture 11 f. 41 f. Taf. 102,A–C; 103 Nr. 182; ders., More Sculpture Taf. 95,A.B.

52. Ḫafāǧī; Tempeloval I; vgl. Nr. 50. – Ständer in Form einer männlichen Statuette; H. 41,5 cm; Kupfer, Technik wie Nr. 50. Fast völlig mit Nr. 51 übereinstimmend, Ständer auf dem Kopf weggebrochen (*Taf. 11,52* nach Frankfort). – Chicago, Orient. Inst. Mus. (A 9271 = Kh.I 351 c). – Frankfort, Sculpture Taf. 102,D–F Nr. 183.

53. Tell Aǧrab; Šara-Tempel, Earlier Building N 13:4 bei 31 m.[74] – Ständer in Form einer männlichen Statuette; H. 16,6 cm; Kupfer. Standmotiv wie bei vorigen Ständern, Untersatz und Teil der Füße weggebrochen; auf dem Kopf zylindrischer Aufsatz mit etwas ausladender Standfläche; Figur schmaler und gestreckter als Nr. 50; Augen plastisch mitgegossen (*Taf. 12,53* nach Frankfort). – Baghdad, Iraq-Mus. (IM 27232 = Ag. 35:1035). – Frankfort, More Sculpture 9.11 f. Taf. 55 Nr. 306.

54. Tell Aǧrab; Šara-Tempel; Oberfläche, M 14:4. – Hortfund.[75] – Fragmente eines Ständers in Form einer Statuette; Teile des Untersatzes und eines Armes erhalten; größtes Fragment ca. 35 cm; Kupfer. Ähnlich wie Nr. 50, aber größer (*Taf. 12,54* nach Frankfort). – Baghdad, Iraq-Mus. (IM? = Ag. 35:78). – Frankfort, More Sculpture 11 Taf. 61,B Nr. 312; Delougaz, Pre-Sargonid Temples 243 ff. Abb. 191.

55. Tell Aǧrab; Šara-Tempel, L 13 bei 32,50 m?, nachträglich gebracht. – Fragment eines Ständers, soll ähnlich sein wie Nr. 50–52; H. 8,8 cm. – Baghdad, Iraq-Mus.? (Ag. 36:505). – Frankfort, More Sculpture 44; Delougaz, Pre-Sargonid Temples 284.

56. Tell Aǧrab; Šara-Tempel, Main Level, L 14:1 bei 32,60 m. – Fragment eines Fußes; Br. 8,4 cm; Kupfer; Hohlguß? Vorzügliche Qualität, Zehen frei gearbeitet, Nägel naturgetreu wiedergegeben; muß zu einer nahezu lebensgroßen Figur gehört haben oder zu einem Ständer wie Nr. 50? (*Taf. 11,56* nach Frankfort). – Baghdad, Iraq-Mus. (IM? = Ag. 35:988). – Frankfort, More Sculpture 11 Taf. 61,A Nr. 311; Moortgat, Kunst Taf. 50.

57. Tello. – Fragment eines Fußes, Hohlguß mit Beinansatz; „Kupfer"; H. 9 cm, L. 6 cm. Eventuell frühdynastisch. – Paris, Louvre (nicht auffindbar). – Heuzey, Catalogue 322 Nr. 166.

58. Tell Agule; bei Bauarbeiten gefunden. – Hortfund. – Ständer in Form einer männlichen Statuette. H. 30,7

---

[71] Delougaz, The Temple Oval 33 Abb. 29. – Nr. 50–52 in der Nähe der Oberkante der inneren Umfassungsmauer; in diesem Raum und in den angrenzenden viele kleine Kupfergegenstände auf unterschiedlichen Fußböden, vielleicht ein Raumtrakt zur Aufbewahrung von Metallgegenständen, Werkstätten?

[72] Ebd. 151 f. Analysen: fast reines Kupfer (95–99 %) mit Zinn (0,15–0,63 %) und Spuren von Eisen und Nickel.

[73] Ebd. 151 wird vermutet, daß die Figur teilweise hohl ist wegen des zu geringen Gewichts.

[74] In M 14:10 der gleichen Schicht weiteres Ständerfragment (Ag. 36:61) gefunden (Delougaz, Pre-Sargonid Temples 267).

[75] Als Bündel vergraben, in der Nähe weitere Kupfergeräte und ein Kupferhuf (Ag. 36:515).

cm; „Kupfer". Soweit die dicke Patina dies erkennen läßt äußerst ähnlich wie Nr. 50, sowohl der Untersatz als auch die Figur, nur die Haltung der Unterarme und Hände differiert: der rechte Unterarm nach vorne gestreckt, die Hand abgebrochen, die linke Hand umfaßt das rechte Handgelenk. Diese selten belegte Haltung[76] läßt darauf schließen, daß die fehlende Hand einen Gegenstand hielt. Auf dem Kopf keine Ansatzspur für den eigentlichen Ständer mehr zu sehen. Da es sich wegen der Form des Untersatzes aber sicherlich um einen Ständer handelt, wird die rechte Hand wohl die Trägerfunktion erfüllt haben (Taf. 14,58 nach Mus. Phot.). – Beifunde: in einem Steingefäß zusammen mit Nr. 59.60.64, zahlreichen Speerspitzen, drei Kupfergabeln?, Kupfergefäß und Keulenkopf.– Baghdad, Iraq-Mus. (IM 83544). – Unpubliziert.

59. Tell Agule; vgl. Nr. 58. – Ständer in Form einer männlichen Statuette. H. 30,8 cm; „Kupfer". Untersatz fehlt, ebenso der rechte Fuß, am linken die kleine Standfläche zum Einlassen noch erhalten. Äußerst ähnlich wie Nr. 51. Auf dem Kopf Aufsatz mit vier geschwungenen Armen, in ihrer Form wirken sie fast wie längliche Blätter (Taf. 14,59 nach Mus. Phot.). – Baghdad, Iraq-Mus. (IM 83545). – Unpubliziert.

60. Tell Agule; vgl. Nr. 59. – Ständer in Form einer männlichen Statuette. H. 29,3 cm ohne Aufsatz mit Ringständer; „Kupfer". Ähnlich wie die vorigen Ständer Nr. 58.59, die Figur etwas schmaler; Oberfläche schlecht erhalten, so daß Gesicht und Frisur nicht mehr zu erkennen sind. Auf dem Kopf vierarmiger Aufsatz, Arme nur im Ansatz erhalten (Taf. 14,60 nach Mus.Phot.). – Baghdad, Iraq-Mus. (IM 83555). – Unpubliziert.

Die drei Ständerfiguren Nr. 58–60 stimmen weitgehend mit den Figuren Nr. 50–53 aus dem Diyala-Gebiet überein; eine Datierung in frühdynastische Zeit ist daher zwingend. Die Fundlage von Nr. 53 spricht wie bei den Statuetten Nr. 33–36 für eine sehr frühe Entstehungszeit, die Zeit des Aufkommens der zahlreichen Steinstatuetten des älteren frühdynastischen Stils. Nr. 50–52 gehören zwar auch noch zur älteren Stufe, zeigen aber doch schon einen entwickelteren Stil, wie er auch im Tempeloval I hauptsächlich vertreten ist.[77]

Typologisch hier anzuschließen ist noch eine weitere Figur eines unbekleideten Mannes, die inschriftlich in die Akkad-Zeit, in die Regierungszeit des Naramsin, datiert ist.

61. Bassetki, zwischen Zāḫū und Moṣul; bei Straßenbauarbeiten gefunden. – Unterkörper einer sitzenden männlichen Figur; Basisdurchmesser 67 cm, H. 35 cm; Kupfer (98,2 % Cu),[78] 160 kg, Hohlguß, Basis und Statue getrennt gegossen. Reste des Lehmkerns und Kernhalter erhalten. Basis rund und flach mit nach unten erhöhtem Rand. Die Figur ist mit vier Zapfen eingelassen, die mit kurzen Stangen auf der Unterseite der Basis zum Rand hin befestigt sind. In einem Loch der Basis eine Metalltülle erhalten, die einen stabähnlichen Gegenstand aufgenommen haben kann. Von der Figur nur der Unterkörper erhalten. Der unbekleidete Mann sitzt, die Oberschenkel leicht gespreizt, die Unterschenkel beide nach links gelegt, so daß die rechte Ferse nahezu das linke Knie berührt. Das frei bleibende Drittel der Basis von den drei Kolumnen der Inschrift bedeckt.[79] In der Taille gerade noch der mehrfach geschlungene Gürtel mit fransigem Ende erhalten. Körper schlank, sparsam aber sorgfältig modelliert, Einzelheiten wie Zehen, Wadenmuskel und Schienbein deutlich aber nicht zu kantig angegeben. Die Tülle für einen Stabeinsatz sitzt zwischen den Beinen, so daß die Ergänzung mit einem Stab, der von dem Sitzenden mit den Händen gehalten wurde, sehr wahrscheinlich ist (Taf. 13,61 nach Mus. Phot.). – Baghdad, Iraq-Mus. (IM 77823). – A.-H. Al-Fouadi, Sumer 32, 1976, 63 ff.; T. Madhloom, ebd. arab. Teil 41 ff. Taf. 1–8; Fawzi Reschid, ebd. 49 ff.; P. R. S. Moorey, Iraq 44, 1982, 35.

---

[76] Im Diyala-Gebiet diese Handhaltung bei einer unbekleideten männlichen Steinstatuette (Frankfort, More Sculpture Taf. 17 Nr. 229); vom Ende der frühdynastischen Zeit bei der Statuette des Lamgi-Mari aus Mari (Orthmann, Propyläen Kunstgeschichte 14 Taf. 30).

[77] Zur Datierung der Funde aus Temple Oval I vgl. Braun-Holzinger, Beterstatuetten 44.64.

[78] Nickel 0,32, Arsen 0,80, Eisen 0,41, Cobalt 0,04.

[79] In der Inschrift wird berichtet, daß die Bevölkerung von Akkad Naramsin zum Stadtgott erhob und ihm einen Tempel erbaute, nachdem der König Akkad siegreich gegen Feinde verteidigt hatte. Vgl. zuletzt W. Farber, Orientalia 52, 1983 67 ff.

Der gegürtete Held mit den lang herabhängenden Locken der Ständer Nr. 50–52, der auf Siegeln der frühdynastischen Zeit häufig belegt ist (vgl. S. 18), kommt in dieser Art auf akkadischen Siegeln nicht mehr vor. Weiterhin beliebt sind hingegen der Stiermensch und der sechslockige Held, beide mit dem Gürtel bekleidet, vor allem in der Funktion als Wächter und als Standartenhalter. Die Ergänzung von Nr. 61 als sechslockiger Held, wie T. Madhloom sie vorschlägt, ist also völlig überzeugend, da der Stiermensch wegen der erhaltenen menschlichen Füße ausscheidet;[80] seine Haltung ist die von Standartenhaltern und auch Helden mit wassersprudelnden Gefäßen, die höheren Gottheiten zugeordnet sind.[81] Ein kupferner Bügelschaft aus Tello zeigt, daß solche Embleme tatsächlich auch in Metall hergestellt wurden.[82] Der schon erwähnte Terrakottaständer aus Kiš mit Ritzzeichnung (s. S. 20) zeigt eine ähnliche Darstellung.[83] Da Nr. 61 eine Bauinschrift trägt, gehört dieser „Standartenhalter" sicher als Wächterfigur zur ursprünglichen Ausstattung des Tempels für Naramsin.

Stützfunktion wie der gegürtete Held der Ständer und vergleichbare Gefäßträger hat auch die Ringergruppe Nr. 62. Figürliche Doppelgefäße sind in der frühdynastischen Zeit recht beliebt und aus Stein auch zahlreich erhalten, allerdings werden meist Tiere als Stützen verwandt.[84] Ringkämpfe gehören zusammen mit Musikszenen zu Festen, die mehrfach auf älter frühdynastischen Weihplatten dargestellt sind;[85] rundplastisch ist dies Motiv einmalig (Nr. 62 ist auch etwas jünger als die Darstellungen auf Reliefs). Sicherlich sind diese Ringkämpfe in einem kultischen Zusammenhang zu sehen. Das Thema bietet sich so durchaus zur Ausschmückung eines Weihgegenstandes an, wobei man den Eindruck hat, daß in diesem Falle der Künstler mit einer absolut originellen Idee das Problem löste, Stützfiguren für ein Doppelgefäß zu entwerfen, die in einer verschränkt symmetrischen Anordnung ihrer Funktion voll gerecht werden. Ebenso originell ist die Verwendung eines Frosches bei Nr. 63 als Ersatz für den vierbeinigen Ringfuß.[86]

62. Ḫafāǧī; Nintu-Tempel VI; Q 45:7. – Doppelgefäß, getragen von einer Ringergruppe; H. 10,2 cm; „Kupfer". Zwei nur mit der „Ringerhose" bekleidete Männer stehen einander gegenüber; ein Ende der dünnen, langovalen Standplatte mit dem rechten Fuß der einen Figur abgebrochen und verbogen. Beide Ringer stellen das linke Bein vor, beugen den Oberkörper nahezu waagerecht nach vorne und greifen mit weit vorgestreckten Armen seitlich die Hosen des Gegners. Die Köpfe kommen so dicht zusammen, daß die Gefäße ein Doppelgefäß bilden. Die sich nach oben erweiternde Form der Gefäße mit scharf umknickender Schulter und dem hohen Rand mit breiter Lippe kommt ähnlich auch bei anderen von Figuren getragenen Gefäßen, allerdings aus Stein, vor.[87] Die Körper sind schlank, die Beweglichkeit kommt bei den Beinen mit deutlich modellierten Waden, betonten Kniegelenken und kräftigen Oberschenkeln gut zum Ausdruck. Die Oberfläche, besonders an den Köpfen, zerstört, die Augen waren ursprünglich eingelegt; die Nasen setzen sich mit deutlichem Knick gegen die Stirne ab. Auf Grund dieser Merkmale der mittleren bis jüngeren frühdynastischen Zeit zuzuordnen (*Taf. 13,62* nach Frankfort). – Baghdad, Iraq-Mus. (IM 41085 = Kh. VIII 117). – Delougaz, Pre-Sargonid Temples 86; Frankfort, More Sculpture 12 Taf. 54 Nr. 305; Strommenger, Mesopota-

---

[80] Sumer 32, 1976 arab. Teil, 41 ff. Taf. 10–12 und Abb. S. 52; andere „Helden" sind im Gegensatz zu dem sechslockigen meist mit einem kurzen Rock bekleidet.

[81] Die Sitzhaltung läßt sich nur bei rundplastischen Werken belegen (vgl. Nr. 18 und 184); auf Siegeln entspricht dieser Haltung meist die leichter darzustellende kniende Haltung.

[82] de Sarzec, Découvertes 410 Taf. 57,1; Parrot, Tello 106 Abb. 26,c; aus Kupferblech über einem Holzkern.

[83] Moorey, Iraq 32, 1970, 102 Taf. 16; H. 24 cm, Bügelschaft gehalten von einem nackten, eventuell sechslockigen Mann.

[84] Doppelgefäße aus Stein, von Tieren getragen z. B. bei Behm-Blancke, Das Tierbild Taf. 27,150; 28,155; Abb. 65.67.

[85] Boese, Archiv Orientforsch. 22, 1969, 30 ff.; ders., Weihplatten 107. – Ähnlich auf einem Reliefsockel aus Bedre (Der) (F. Safar, Sumer 27, 1971 arab. Teil 15 ff. Abb. 1); vgl. auch Anm. 41.

[86] Frösche kommen auch als Amulett sehr häufig vor (ein gut modelliertes Kupferamulett aus Ur, L. 3,5 cm, U. 3199 erwähnt bei Woolley, Ur Excavations IX 112). – Bei diesem Ständer steht aber doch wohl das dekorative Prinzip im Vordergrund, nur wenige Tiere bieten sich von ihrer Form her so gut als Untersatz für einen Ständer an.

[87] Vgl. Spycket, La statuaire 60; s. auch Anm. 84.

mien Taf. 48 oben; Orthmann, Propyläen Kunstgeschichte 14 Taf. 35.

63. Kiš; Y Cemetery, Grab Y 390. – Ständer mit Froschstatuette als Untersatz; H. ca. 46 cm; L. des Stabes 30 cm; „Kupfer"; Frosch in einem Stück gegossen, Stab in drei Teilen; am Ende des Stabes fünf blattförmige Zacken als Halterung für ein Gefäß? Hinterbeine des Frosches angewinkelt, Vorderbeine nach vorne gesetzt, so eine weit ausladende Standfläche geschaffen; Körper langgestreckt, naturalistisch geformt, Augen nicht wie üblich mit vertieften Einlagen, sondern froschgemäß aufgesetzt (*Taf. 12,63* nach Frankfort). – Beifunde: Kupfer- und Steingefäße. – Chicago, Field Mus. – Watelin, Excavations at Kish IV 20.27 Taf. 21,1; Christian, Altertumskunde Taf. 198,1; Frankfort, Art and Architecture Taf. 29,C; P. R. S. Moorey, Iraq 28, 1966, 41.

64. Tell Agule; vgl. Nr. 58. – Ständer in Form einer Ziegenfigur? H. 14,6 cm; „Kupfer". Auf den Hinterbeinen aufgerichteter Capride, Hinterhufe und Standfläche oder Sockel fehlen. Die angewinkelten Vorderbeine waren sicher auf etwas, wahrscheinlich eine Pflanze, aufgestützt, unter den Hufen noch Gußzapfen zur Eindübelungen erhalten. Die dicke Patina läßt keine Einzelheiten der Oberfläche mehr erkennen. Die Ohren scheinen so riesig, bei den kurzen, dicken Hornansätzen läßt sich die ursprüngliche Form nicht mehr feststellen. Die Bestimmung des Tieres muß deshalb fraglich bleiben; zahlreiche Vergleichsbeispiele machen es allerdings wahrscheinlich, daß es sich um einen Ziegenbock handelt. Im Nacken sitzt ein kurzer kelchförmiger Aufsatz mit einem langen, nicht in seiner Gänze erhaltenen Stab (4,5 cm), der wahrscheinlich wie bei Nr. 63 oben in einer Krampe auslief. – Baghdad, Iraq-Mus. (IM 83556). – Unpubliziert.

65. Ur; Königsfriedhof, PG/1237. – Königsgrab.[88] – Zwei Hirschstatuetten: H. 88 cm; Figur ohne Sockel H. 75 cm; Kupferblech, wohl ursprünglich über Holzkern. Beide Statuetten so ineinandergedrückt, daß sie sich nicht mehr trennen lassen. Sockel Kupferblech über Holz 22 × 44 × 13 cm; Hirsche auf Hinterbeinen aufgerichtet, Vorderhufe auf eine Art Baum gestützt, der sich oben verzweigt und mit lanzettförmigen Blättern versehen ist; Hörner gedreht. Nicht mehr zu erkennen, ob die Tiere im Nacken ursprünglich einen Aufsatz trugen. Datierung des Grabes nach Nissen Meskalamdug-Stufe (*Taf. 15,65* nach Woolley). – Beifunde: alle Skelette mit reicher persönlicher Ausstattung wie Schmuck und Gefäße; Nr. 65 zusammen mit drei Leiern Nr. 66.84.87; Nr. 67 in der Westecke des Schachtes; für weitere Beifunde vgl. Woolley a.a.O. 116ff. – London, Brit. Mus. (BM 122610 = U. 12356). – Woolley, Ur Excavations II 123.301.582 Taf. 74; 75; 113,a; Nissen, Königsfriedhof 107.117.

66. Ur; Königsfriedhof; vgl. Nr. 65. – Silberleier mit Hirschfigur; Hirsch H. 70 cm; Silberblech über Holz, Pflanze, an der sich der Hirsch aufrichtet aus Kupfer. Die Figur steht direkt auf dem Klangkasten auf, ohne Sockel; der vordere Arm der Leier führt sozusagen durch den Körper des Tieres hindurch, das heißt, der Hirsch stützt mit seinem Nacken das Instrument[89] (*Taf. 15,66* nach Woolley). – Philadelphia, Univ. Mus. (30.12.253 = U. 12355). – Woolley, Ur Excavations II 255ff.582 Taf. 112; R. D. Barnett, Iraq 31, 1969, 100ff.

67. Ur; Königsfriedhof; vgl. Nr. 65. – Zwei Ziegenfiguren; a: H. 46,5 cm, b: H. 51 cm; Goldblech, Silber, Lapis, Muschel und Kalkstein über einem Holzkern. Ein kurzer zylindrischer Aufsatz im Nacken zeigt, daß es sich um Ständerfiguren handelt (vgl. Nr. 64), und zwar um ein Paar, jeweils auf einem rechteckigen Sockel (*Taf. 15,67 a* nach Orthmann). – a: London, Brit. Mus. (BM 122200); b: Philadelphia, Univ. Mus. (30.12.702 = U. 12357). – Woolley, Ur Excavations II 121.264 Taf. 87–90,b; Orthmann, Propyläen Kunstgeschichte 14 Taf. 41.

---

[88] Eines der reichsten Königsgräber, eigentliche Grabkammer nicht erhalten; im Schacht, „death pit" 74 Bestattungen.
[89] Vgl. dazu die bildliche Darstellung auf einer neusumerischen Stele (Börker-Klähn, Altvorderasiatische Bildstelen Taf. 90,a): Leier mit Stierprotome und außerdem ganzer Stierfigur zur Stütze des vorderen Armes.

TIERFIGUREN UND -FRIESE AUS TELL AL ʿUBAID

Außerhalb des von Aanepada der Ninḥursag geweihten Tempels von Tell al ʿUbaid wurden zahlreiche Kupfertiere gefunden, die sich zu Friesen ergänzen lassen.[90] Mindestens vierzehn Reliefplatten (Kupferblech über Holzkern) mit liegenden Rindern, teils nach links, teils nach rechts gerichtet, sind erhalten. Nr. 68,g–i sind alle nach rechts gerichtet im Zusammenhang gefunden, offenbar gab es auch Zwischenstücke, die nicht reliefiert waren. Durch Holz und Metall waren dicke Kupferdrähte geführt, mit denen die Reliefs an einer Wand angebracht waren, offensichtlich die gleichgerichteten nebeneinander, wahrscheinlich auf eine Mittelszene zu oder auch einen Durchgang flankierend.

Ebenfalls eine Reliefplatte dieser Art bildete das sogenannte Anzu-Relief (Nr. 77); von den Köpfen der Tiere ist nur der eine Hirschkopf erhalten, von dem nicht gesichert ist, ob er gegossen oder getrieben wurde; so ist auch nicht klar, ob er genau der Technik der anderen Reliefs entspricht, deren Köpfe gegossen sind. Das Anzu-Relief ist auch wesentlich höher als die Rinderreliefs, so daß es als Mittelstück für diese nicht geeignet scheint, jedenfalls nicht in einem fortlaufenden Fries.

Nebeneinander aufgereiht waren wohl auch die auf Sockeln stehenden Stiere Nr. 70.71, und zwar ebenfalls nach rechts und nach links gerichtet; da sie die Köpfe zur Seite drehen und auch in der Körperbildung ganz auf Seitenansicht ausgerichtet sind, ist eine Aufstellung vor einer Wand denkbar, eventuell ebenfalls einen Durchgang rahmend. Sie gehörten sicher zur ursprünglichen Tempelausstattung, da Nr. 71,b eine Inschrift des Aanepada trägt, die der der Gründungstafel entspricht.

Die Löwen Nr. 73 sind vielleicht nie ganz ausgearbeitet gewesen, es sind vom Körper jeweils nur Vorderteile erhalten; eine Aufstellung als Leibungstiere, aus einer Türwandung herausragend (wie in Mari s. Nr. 205) ist denkbar. Die kleineren Löwen Nr. 74 und Nr. 75 müßte man sich dann an weniger wichtigen Toren vorstellen.

Der Rekonstruktionsvorschlag C. L. Woolleys für eine dekorative Fassade ist wenig überzeugend.[91] Die Kupfertiere wurden zu beiden Seiten der Rampe gefunden, das heißt, wie spätere Nachgrabungen feststellten, außerhalb des eigentlichen Tempels, aber innerhalb einer ovalen Umfassungsmauer, einem Ort, dem bei dem ähnlich angelegten Tempel in Ḫafāǧī der große Hof entspricht.[92] Zwischen den Kupfertieren fanden sich auch zwei Steinstatuen, Goldperlen und auch Steingefäße, also Weihgegenstände, die sicher ursprünglich im Tempel aufbewahrt wurden. Die Funde waren von viel Mauerschutt begraben, ziemlich weit oben im Schutt lag die Gründungstafel des Aanepada, die sicher erst bei der gründlichen Zerstörung des Tempels dorthin gelangt sein kann. Der eine Stierkopf Nr. 69 fand sich im Vorderteil des Löwen Nr. 73. Alles deutet darauf hin, daß bei einer Plünderung oder einer drohenden Zerstörung des Tempels zunächst das kostbare Inventar herausgebracht wurde. Aus irgendeinem Grund war es dann aber nicht mehr möglich, die wertvollen Metallteile zu retten, sie gerieten unter den Schutt der herabstürzenden Mauern. Von der Fundlage auf eine ursprüngliche Anbringung an der Süd-Ost-Fassade des Tempels zu schließen, ist daher nicht zwingend. Eine Anbringung an verschiedenen Tempeltüren, teilweise innerhalb des Tempels, ist wahrscheinlicher.

Die Funde aus Ur (Nr. 78) sind als Hort verbaut gefunden, nur der Vergleich mit den Statuetten Nr. 70 läßt vermuten, daß auch sie zu einer Tempeldekoration gehörten.

Die zahlreichen Rinder aus Tell al ʿUbaid lassen sich eventuell mit der Göttin, der der Tempel

---

[90] Hall, Ur Excavations I passim; zur Gründungstafel des Aanepada, des 2. Herrschers der I. Dynastie von Ur vgl. ebd. 80.126 Taf. 35,5.

[91] Ebd. 110 ff.; ebenfalls eine ablehnende Stellungnahme zu dieser Rekonstruktion bei Delougaz, Temple Oval 142.

[92] Delougaz, Iraq 5, 1938, 1 ff.

geweiht war, mit der Muttergottheit Ninḫursag in Verbindung bringen.⁹³ Löwen an Tempeleingängen sind in Mesopotamien üblich, sie haben eindeutig apotropäischen Charakter (vgl. Nr. 205).

68. Tell al ʿUbaid; Ninḫursag-Tempel, vor dem Podium westlich der Rampe. – Reliefs von liegenden Kälbern, Reste von mindestens 14 erhalten; L. der Reliefs ca. 75 cm, H. ca. 23 cm; Holzreliefs mit Kupferblech belegt, Körper der Stiere im Holz detailliert ausgearbeitet, Köpfe hohl gegossen (offenbar in mehrteiliger Form?), mit Bitumen gefüllt; in die Bitumenmasse ein Holzdübel gesetzt, der mit Kupfernägeln an dem Körper befestigt war; Blechplatten ebenfalls mit Kupfernägeln befestigt.⁹⁴ Köpfe schräg aus der Reliefebene nach vorne gedreht; breite Schnauze, Augen plastisch ausgeführt mit drei Augenwülsten, Ohren nahezu rund, nur mit zugespitzten Enden; Körper langgestreckt, Beine der Ansichtsseite untergeschlagen, Vorderhuf der abgewandten Seite hochgesetzt. Hörner nur im Ansatz angegeben, Wamme nicht ausgeprägt. a) Komplettes Relief, Kalb nach links, 23 × 68 cm (TO 260); b) komplettes Relief, Kalb nach links, 23 × 89 cm (TO 261) (*Taf. 16, 68 b* nach Hall); c) komplettes Relief, Kalb nach rechts, 23 × 75 cm (TO 262); d) unterer Teil eines Körpers, L. 55 cm (TO 263); e) Kopf, H. 11 cm, Br. 15 cm (TO 264) (*Taf. 17, 68 e* nach Mus. Phot.); f) Kopf, H. 11 cm, Br. 15 cm (TO 265) (*Taf. 17, 68 f* nach Mus. Phot.); g) Relief mit Kalb nach rechts, untere Partie zerdrückt, 23 × 70 cm (TO 266); h) komplettes Relief, Kalb nach rechts, 23 × 82 cm (TO 267); i) komplettes Relief, Kalb nach rechts, 23 × 70 cm (TO 268); g-i zusammenhängend mit einer unverzierten Platte von 50 cm Länge; j) komplettes Relief, Kalb nach rechts, 23 × 75 cm (TO 269) (*Taf. 16, 68 j* nach Mus. Phot.); k) komplettes Relief, Kalb nach rechts, 23 × 70 cm (TO 291); l) komplettes Relief, Kalb nach rechts, 23 × 80 cm (TO 292); m) komplettes Relief, Kalb nach rechts, 23 × 70 cm (TO 293); n) Reliefplatte komplett, Kopf fehlt, Kalb nach rechts, 23 × 60 cm (TO 294); o) Kopf, Br. 15 cm (TO 296) (*Taf. 17, 68 o* nach Mus. Phot.); p) Kopf, zu n ergänzt (TO 297). – a.c.f(?): Baghdad, Iraq-Mus.; b.d.e(f?). i-k: London, Brit. Mus. (b: BM 116743; d: BM 116752; e: BM 116746; [f: BM 116747?]; i: BM 116751; j: BM 116744; k: BM 116745); g.h.l-o: Philadelphia, Univ. Mus. (o: CBS 17717). – Hall, Ur Excavations I 86.109 f. Taf. 29,1(b).2(c).3(a); 30,2(e.f).3(b).

69. Tell al ʿUbaid; Ninḫursag-Tempel, vor dem Podium östlich der Rampe. – In Vorderteil von Nr. 73. – Kopf eines Kalbes, 12,1 × 14,6 cm; Kupfer, Hohlguß; im Halsansatz noch Kupfernagel, der ursprünglich einen Holzdübel hielt, also gleiche Technik wie Nr. 68, Größe und Kopfform ebenfalls sehr ähnlich, auf der Stirn allerdings in Relief ein sichelförmiges Zeichen, was die anderen Köpfe nicht aufweisen, könnte aber trotzdem zu den Reliefs unter Nr. 68 gehören (*Taf. 17,69* nach Hall). – London, Brit. Mus. (BM 118015). – Hall, Ur Excavations I 19.30.35 Taf. 7,2-4.

70. Tell al ʿUbaid; Ninḫursag-Tempel, vor dem Podium westlich der Rampe. – Vier Statuetten stehender Stiere; einer konnte nicht geborgen werden, von einem anderen ist nur ein Bein erhalten; Körper, Kopf, Beine und Schwanz einzeln aus Holz gefertigt, mit einer Bitumenschicht überzogen, darüber getriebene Kupferplatten, zunächst überlappend über Kopf und Beine, dann erst über den Körper; Ohren und Hörner separat gearbeitet; in den Hufen Kupferdübel für Befestigung auf einem nicht mehr erhaltenen Sockel (vgl. Nr. 71). Schrittstellung, Kopf zur Seite gedreht wie bei Nr. 68, Rückenlinie stark eingezogen, Geschlecht angegeben; Kopf ähnlich wie bei Nr. 68, aber mit kurzen, hochgebogenen Hörnern.

a) H. 62 cm, L. 62 cm; flach gedrückt; in Gips restauriert: ein Horn, Teil des Schwanzes, Teil der Hufe; nach links gerichtet (*Taf. 18,70 a* nach Hall). – London, Brit. Mus. (BM 116740 = TO 321). – Hall, Ur Excavations I 84 ff. Taf. 27.

b) H. 62 cm, L. 62 cm; Kopf nicht erhalten, nach Figur a restauriert, linkes Vorderbein von der dritten Figur angesetzt; nach rechts gerichtet (*Taf. 18,70 b* nach Orthmann). – Philadelphia, Univ. Mus. (? = TO 427). – Hall, Ur Excavations I 84 ff. Taf. 28; Orthmann, Propyläen Kunstgeschichte 14 Taf. VI.

71. Tell al ʿUbaid; wie Nr. 70, aber östlich der Rampe. – Drei Statuetten stehender Stiere; sehr ähnlich wie Nr. 70 in Größe, Technik und Form, gehörten sicher zusammen; H. ca. 66 cm, L. ca. 69,8 cm, Sockel-H. 10,2-12,7 cm; Sockel wahrscheinlich Holz mit Metall belegt. a) (J) nur Teil des Kopfes erhalten; b) (K) nur Fragmente erhalten, auf einem Inschrift des Aanepada. Zu dieser oder der folgenden Figur gehörten eventuell die Hörner bei Hall, Ur Excavations I 30 Taf. 5,1 (London BM 115497 und 118359, L. 6,3 und 5,7 cm); c) (L)

---

⁹³ Auch Mosaikfriese aus Stein und Muschel von diesem Tempel (Hall, Ur Excavations I Taf. 31.32) zeigen Rinderherden, teils einfache Reihungen, teils Melkszenen.

⁹⁴ Zur Technik ausführlich Hall, Ur Excavations I 86 f.; vgl. nun auch Moorey, Iraq 44, 1982, 27.

teilweise erhalten (*Taf. 25,71* nach Hall). – London, Brit. Mus. (a: BM 114310; c: BM 114311). – Hall, Ur Excavations I 16.29f. Taf. 4,2–4; 5,2; zur Inschrift vgl. C. J. Gadd, Brit. Mus. Quarterly 4, 1930, 107f. Taf. 56,a und H. R. Hall, A Season's Work at Ur (1930) 241f. Abb. 216.

72. Tell al 'Ubaid; Ninḫursag-Tempel, vor dem Podium (Kampagne 1919, also wahrscheinlich westlich der Rampe). – Stierkopf, ein Horn und Halsansatz weggebrochen; L. 20,2 cm, Br. 13,6 cm, Horn L. 11,05 cm; Kupferblech, in einem Horn noch Bitumenkern erhalten; sehr ähnlich wie Nr. 70.71, auch in der Größe, könnte zu einer solchen Stierfigur gehört haben (*Taf. 25,72* nach Hall). – London, Brit. Mus. (BM 114309, nicht auffindbar). – Hall, Ur Excavations I 16.30 Taf. 5,3.

73. Tell al 'Ubaid; Ninḫursag-Tempel, vor dem Podium, östlich der Rampe. – In einer Reihe nebeneinander. – Vier Löwenköpfe, bei zwei Vorderteil teilweise erhalten; Vorderteile aus einem Holzkern, an dem mit Nägeln gehämmerte Kupferblechplatten befestigt waren, grob zusammengesetzt; Köpfe in Bitumen detailliert ausgearbeitet, Beschläge aus Kupferblech, nur noch stellenweise erhalten; Augen aus Muschel und rotem Jaspis, Lider aus Schiefer mit Kupferdraht befestigt, Zähne aus Muschel(?), Zunge aus Jaspis. In der Bitumenfüllung des Halses quadratisches Loch für Dübel wie bei Nr. 68. Schnauze palmettenartig stilisiert. a) (Q) mit Vorderteil gefunden, konnte nicht konserviert werden; b) (P) mit Vorderteil gefunden; Kopf, H. 30,5 cm, Kupferbeschlag erhalten (*Taf. 19,73 b* nach Hall); c) (R) nur Bitumenkopf teilweise erhalten, stark restauriert; H. 35,7 cm, Br. 35,7 cm (*Taf. 19,73 c* nach Hall); d) (S) nur Kopf erhalten, Teil der Schnauze restauriert, vom Kupfer nur Fragmente; H. 35,7 cm, Br. 35,7 cm (*Taf. 19,73 d* nach Hall). – London, Brit. Mus. (a: BM 114316; b: BM 114315; c: BM 114317; d: BM 114318). – Hall, Ur Excavations I 18.30ff.113ff. Taf. 10,1–2 (b); 10,3–4 (d); 10,5–6 (c); 11,1 (b); 12,1–3 (Zähne, Pupillen und Augen).

74. Tell al 'Ubaid; Ninḫursag-Tempel, vor dem Podium, östlich der Rampe. – Zwei Löwenköpfe; gleiche Technik wie bei Nr. 73, am Maul keine Muscheleinlage. a) (T) kein Kupfer erhalten, ein Auge komplett, H. 28 cm, Br. 28 cm (*Taf. 19,74 a* nach Hall); b) (U) Kopf etwas verdrückt, Kupferreste; am Rand der Kupfermaske kleine Löcher zur Befestigung mit Nägeln, um den Hals Reste einer zottigen, plastisch ausgeführten Mähne (*Taf. 19,74 b* nach Hall). – London, Brit. Mus. (a: BM 114314; b: BM 117918). – Hall, Ur Excavations I 18.30ff.113ff. Taf. 11,2 (a); 11,3–5 (b).

75. Tell al 'Ubaid; vgl. Nr. 74. – Zwei Löwenköpfe (?); Kupferblech über Bitumenkern; Kopfform sehr ähnlich wie bei Nr. 73–74; über der Stirn Ansatz der Mähne oder des Fells in einer Zottenreihe, Ohren aufrecht. Augen plastisch, auch sonst keine Auflagen aus anderem Material; im Bitumenkern rechteckiges Loch für Dübel. a) (V) H. 14 cm, Br. ca. 15 cm (*Taf. 20,75 a* nach Mus. Phot.); b) (W) H. 15 cm, Br. ca. 15 cm (*Taf. 20,75 b* nach Mus. Phot.). – London, Brit. Mus. (a: BM 114312; b: BM 114313). – Hall, Ur Excavations I 18.32 Taf. 11,6–8.

76. Tell al 'Ubaid; vgl. Nr. 74. – Vier Vogelköpfe (?); Kupferblech, wahrscheinlich über Holzkern, mit großen Nieten zusammengehalten, auch um den Hals knopfartig verdickte Niete; teilweise so grob gearbeitet, daß kaum zu erkennen ist, daß es sich um Vögel handelt. a) H. 8,9 cm; b) H. 7 cm; c) H. 8,8 cm; d) H. 6,4 cm (*Taf. 25,76* nach Hall). – London Brit. Mus. (a: BM 114319; b: BM 114320; c: BM 114321; d: BM 114322). – Hall, Ur Excavations I 16f.32f. Taf. 5,5.

77. Tell al 'Ubaid; vgl. Nr. 74. – „Anzu-Relief"; Relief mit Darstellung eines Vogels zwischen zwei Hirschen; H. 1,07 m, L. 2,375 m, Reliefh. der Körper ca. 7,5 cm; Kupferblech (analysiert) über Holzkern. Restauriert: Kopf des Vogels (nach Löwenkopf Nr. 75), Beine und Klauen (Rekonstruktion sehr unsicher), Körper des Vogels (Kupfer war fast völlig zersetzt), Hufe der Hirsche, Kopf des rechten Hirsches nach dem des linken ergänzt. Geweih aus getriebenem Kupfer, im Querschnitt quadratisch, mit Blei angelötet. Körper der Hirsche auffallend langgestreckt, ähnlich wie bei den stehenden Rindern Nr. 70, ebenso die Kopfform (*Taf. 16,77* nach Strommenger). – London, Brit. Mus. (BM 114308). – Hall, Ur Excavations I 22ff.28f.37 (Analyse) Taf. 5,6–10; 6; Strommenger, Mesopotamien Taf. 79; Orthmann, Propyläen Kunstgeschichte 14 Taf. 97.

78. Ur; Königsfriedhof, PG/1850. – Hort in einer Mauer aus plankonvexen Ziegeln.[95] – Fünf Köpfe von jungen Rindern; Kupfer, Hohlguß; sehr ähnlich wie die Köpfe der liegenden Rinder Nr. 68, teilweise Kupfernägel für Verdübelung erhalten; gehörten eventuell zu einem ähnlichen Fries wie Nr. 68. a) Von Ohr zu Ohr 15 cm, Stirn bis Schnauze 11 cm; einiges vom

---

[95] Gefunden im Fundament, in einer Aussparung, einer Mauer aus plankonvexen Ziegeln, die in den Schacht des Grabes PG/1850 hineinragt. Nach Nissen (Königsfriedhof 106) ist dieses Grab aus der Ur III-Zeit. B. Buchanan, Journ. Am. Orient. Soc. 74, 1954, 149ff., zitiert einige Fälle, bei denen plankonvexes Mauerwerk in Ur III-zeitlichen Gräbern erhalten blieb.

verkohlten Inneren erhalten, runder Kupfersteg quer durch den Hals; b) von Ohr zu Ohr 14 cm, Stirn bis Schnauze 11,5 cm; c) von Ohr zu Ohr 13,5 cm, Stirn bis Schnauze 10,5 cm; d) von Ohr zu Ohr 15 cm, Stirn bis Schnauze 9,5 cm (*Taf. 17,78d* nach Mus. Phot.); e) von Ohr zu Ohr 14 cm, Stirn bis Schnauze 10,5 cm (*Taf. 17,78e* nach Woolley). – b.c.e: Baghdad, Iraq-Mus.; a: London, Brit. Mus. (BM 123138); d: Philadelphia, Univ. Mus. (32.40.226); alle U. 17887. – C. J. Gadd, Brit. Mus. Quarterly 7, 1932/33, 43; C. L. Woolley, Antiquaries Journ. 12, 1932, 360 Taf. 62,3; ders., Ur Excavations II 212 f. 594 Taf. 143.

79. Ur; Königsfriedhof, Pit W (SIS 4–5). – Vier Rinderhufe; Dm. 11 cm; Kupferblech über Bitumenkern; Hufe waren auf einem Sockel befestigt, dessen Umriß bei der Freilegung noch zu erkennen war (vgl. Nr. 70)[96] (*Taf. 25,79* nach Woolley). – Auf die Museen von Baghdad, Philadelphia und London verteilt (U. 14462). – Woolley, Ur Excavations IV 38. 178 Taf. 29; P. R. S. Moorey, Iraq 44, 1982, 26f.

TIERPROTOMEN

Die Verwendung von Tierköpfen aus Metall ist in frühdynastischer Zeit besonders an Harfen und Leiern gut belegt. Zahlreiche Funde aus den Königsgräbern von Ur zeigen sie noch in ihrem ursprünglichen Zusammenhang, als Zierde der Frontseiten der Klangkästen. Reliefs, Siegel und Einlagearbeiten mit Darstellungen von Musikszenen machen deutlich, daß die Stierköpfe aus den Instrumenten hervorragen, in einigen Fällen gewinnt man auch den Eindruck, daß der Klangkasten als Körper des Stieres aufgefaßt wird, der Kopf also aus ihm herauswächst.[97] Bei allen erhaltenen Instrumenten und bei allen Darstellungen von verzierten Leiern und Harfen kommt nur ein Stier- oder Wisentkopf als Protome vor, niemals ein anderer Tierkopf. Da das Brüllen des Stiers als kräftiger Wohllaut galt, war es naheliegend den wohltönenden Instrumenten die Gestalt dieses Tieres zu geben.[98] Noch zur Zeit des Gudea treten Stiere als Verzierungselement von Leiern auf.[99]

Während die Kupfer- und Silberköpfe aus Ur gegossen sind, wurden die goldenen aus dünnem Blech über einen Kern getrieben; sie sind sorgfältiger ausgestattet, zu den auch bei den anderen üblichen Stirnlocken kommt bei ihnen noch ein gelockter Bart, der sie als Wisent ausweist.[100] Nur die beiden

---

[96] Frankfort (Archaeology and the Sumerian Problem [1932] 16) datiert die Hufe in Anschluß an die Funde aus Tell al 'Ubaid in die späte frühdynastische Zeit; Woolley (Ur Excavations IV 38 Anm. 5) widerspricht diesem späten Ansatz, die Fundumstände seien eindeutig. – Die Kupferfunde aus dem Earlier Building des Šara-Tempels (Nr. 33–36) lassen eine Datierung an den Beginn der frühdynastischen Zeit in Übereinstimmung mit der Fundlage durchaus möglich erscheinen.

[97] Zusammenfassend über Stierleiern C. Schmidt-Colinet, Die Musikinstrumente des Alten Orients (1981) 3 ff. – Vgl. sogenannte Ur-Standarte: Strommenger, Mesopotamien Taf. 72; Einlagen eines Klangkastens einer Leier aus Ur: Orthmann, Propyläen Kunstgeschichte 14 Taf. IX; Siegel aus Ur: Woolley, Ur Excavations II Taf. 193,21; 194,22; Weihrelief aus Nippur: Orthmann, Propyläen Kunstgeschichte 14 Taf. 83.

[98] W. Heimpel, Tierbilder in der sumerischen Literatur. Studia Pohl 2 (1968) 150ff. Beispiele zu Vergleichen mit der Stimme eines Stieres (5.33–42); S. 176 5.83 (Gudea Zyl. A XXVIII 17): „(In) seiner (d. i. des Eninnu) Leierhalle (befinden sich) lautbrüllende Stiere", womit hier sicher diese Stierleiern gemeint sind; S. 209f. 9.2 (aus einer Tempelhymne): „(Ninazu) der auf dem Zanaru-Instrument dort laut spielt – ein Kalb, das mit wohlklingender Stimme ruft"; S. 186 7.4 (Enkis Fahrt nach Nippur): „Der Fluß rauscht dort (d. i. am Tempel in Eridu) seinem Herrn (d. i. Enki) entgegen. Seine Stimme war die Stimme eines Kalbes, die Stimme einer guten Kuh."

[99] Vgl. Anm. 89.

[100] Boehmer (Baghd. Mitt. 9, 1978, 18 ff.) und Behm-Blancke (Das Tierbild 46 ff.) nehmen an, daß es sich nicht um Darstellungen eines wirklichen Wisents handelt, das im 3. Jt. in Mesopotamien sicher nicht mehr anzutreffen war, sondern um bekannte Rinder (Ur, Auerochse), denen ein Bart umgehängt wurde; die Befestigung des Bartes mit Schnüren oberhalb des Mauls sei deutlich zu erkennen. – Warum aber sollte man einen solchen Behelf im Bild zum Ausdruck bringen? Dargestellt werden sollte doch ein mythisches Wesen, ein Wisent, ein bärtiger Stier; oft tritt er im Zusammenhang mit anderen mythischen Wesen, wie dem Stiermenschen und dem sechslockigen Helden auf. Ein natürliches Vorbild hatte man nicht, nur einen alt überlieferten Typ eines bärtigen Rindes; dieses Rind wird nun mit unterschiedlichster Behaarung dar-

kupfernen Köpfe aus dem Kunsthandel, Nr. 93.94, haben ebenfalls einen Bart. Nr. 94 gleicht auch in der Oberflächenbehandlung sehr dem getriebenen Goldkopf Nr. 85, ist aber gegossen.[101]

Bei den nicht im ursprünglichen Zusammenhang gefundenen Köpfen Nr. 90–92 ist die Verwendung nicht mehr zu rekonstruieren. Nr. 90 und 91 sind etwas früher zu datieren als die Köpfe aus dem Königsfriedhof von Ur.[102] Ein gegossenes Kupferhorn aus dem Earlier Building des Šara-Tempels von Tell Aǧrab[103] läßt vermuten, daß schon zu Beginn der frühdynastischen Zeit solche Stierköpfe hergestellt wurden. Der Fundort in einem Tempel von Nr. 90 spricht nicht gegen eine Leierprotome, da kostbare Instrumente zum Tempelinventar gehörten.[104] Bei den beiden gleichartigen und auch beisammen gefundenen Köpfen aus Tello Nr. 92 könnte man aber auch an einen Tierfries wie in Tell al 'Ubaid denken; die Köpfe der liegenden Kälber Nr. 68 waren ja auch separat gegossen. Auch die vier Stierköpfe aus einem Hort von Ur Nr. 78 gehören wegen ihrer großen Ähnlichkeit untereinander vielleicht zu solch einem Fries. Die Ziegenköpfe aus Fara Nr. 95 lassen sich auch zu einem Tempelschmuck ergänzen, wie etwa das „Anzu-Relief" Nr. 77; eine Verwendung als aufwendige Ständerfigur wie bei Nr. 65 ist allerdings nicht auszuschließen.

Tierköpfe aus Metall als Protomen an kostbaren Möbeln sind aus dem 1. Jt. zahlreich belegt, aus frühdynastischer Zeit haben sich allerdings nur die Beschläge des „Schlittens" aus dem Grab der Puabi (Nr. 96 B) und zwei silberne Löwenköpfe aus demselben Grab (Nr. 96 A), die auch mit Holzteilen in Verbindung waren, erhalten. Auch auf Darstellungen von Möbeln frühdynastischer Zeit finden sich keinerlei Verzierungselemente dieser Art.[105] Stier- und Ziegenköpfe mit weit ausladenden Hörnern würden sich dafür auch wenig eignen. Zur Verwendung von Tierprotomen in Verbindung mit Weihplatten vgl. S. 41.

Bei diesen Köpfen wie auch bei vergleichbaren aus Stein ist ein aus anderem Material eingelegtes Dreieck auf der Stirn häufig. Da es bei Boviden und auch bei Capriden vorkommt, ist anzunehmen, daß es sich nicht um die Wiedergabe eines natürlichen Details handelt, sondern daß diesem Dreieck ein bestimmter Sinn zugrunde liegt, wie auch dem halbmondförmigen Zeichen auf der Stirn eines Stierkopfes aus Tell al 'Ubaid (Nr. 69).[106]

---

gestellt, mit Bart, Stirnlocken und auch Schultermähne, zugrunde gelegt wurde ein geläufiger Rindertyp. Der kleine bärtige Stier aus dem Nintu-Tempel, Ḫafāǧī (Frankfort, More Sculpture Taf. 46 Nr. 293) zeigt, daß die Bartbehaarung sich weit zu den Nüstern hinaufzieht und in einem schmalen Strang auch über die Nüstern geführt ist; also keine Schnüre, sondern Reste einer Behaarung, die bei den Köpfen aus Ur fast zum Ornament stilisiert ist; der Goldkopf mit dem Lapis-Bart aus Ur (Nr. 85) zeigt dieses Detail nicht oder hat es verloren, da es sich um Behaarung handelt, hätte es ebenfalls in Lapis ausgeführt gewesen sein müssen. – Es leuchtet auch nicht ein, daß ein künstlicher Bart ausgerechnet auf diese Weise befestigt werden soll. Vor allem aber überzeugt nicht, daß ein mythisches Wesen durch ein verkleidetes natürliches Wesen ersetzt werden soll; dies wäre nur einleuchtend, wenn man eine reale kultische Handlung darstellen will; bei den Siegelszenen handelt es sich aber eindeutig um mythische Szenen, bei denen übernatürliche Wesen auftreten, auch Götter, nicht etwa nur Götterbilder. Sicher ist es oft schwierig, realen und mythischen Bereich säuberlich zu trennen; gerade bei den Tierkampfsiegeln ist dies aber doch eindeutig. Die Parallele mit den menschengesichtigen Rindern, die ja auch nicht als verkleidete zu denken sind, macht dies deutlich.

[101] Ob diese Merkwürdigkeiten für eine Fälschung sprechen, läßt sich nur von Photographien her nicht sagen.

[102] Vgl. Behm-Blancke, Das Tierbild 44 ff. (seine Gruppe IV).

[103] Ag. 35:84 aus N 13:1 auf dem Pflaster bei 30,85 m (Delougaz, Pre-Sargonid Temples 253.255).

[104] Teilweise erhielten sie sogar Namen, z. B. bei Gudea, Statue E III 12–25: P. M. Witzel, Gudea Inscriptiones: Statuae A.-L., Cylindri A & B (1932).

[105] Hinweis von R. Hauptmann, der eine Arbeit über Realien auf frühdynastischen Denkmälern vorbereitet.

[106] Behm-Blancke, Das Tierbild 20 Anm. 109; in seiner Stilgruppe I noch nicht mit eingelegten Dreiecken, in Gruppe II einige Male belegt, dann bis ans Ende der frühdynastischen Zeit häufig.

80. Ur; Königsfriedhof, PG/1332. – Königsgrab. – Stierkopf von einer Leier; H. ohne Hörner 11 cm; „Kupfer"; wahrscheinlich gegossen. Augen mit Lapis und Muschel eingelegt, über der Stirn ein aus Lapis eingelegtes Dreieck; Hörner gleichmäßig gerundet nach vorne gebogen, über der Stirn einfache Lockenreihe, über den Augen plastische Wülste; über dem Maul erhabener Steg zur Markierung der Muffel. Die Ohren setzen sehr schmal an und erweitern sich dann tütenförmig. Datierung des Grabes nach Nissen Meskalamdug-Stufe (Taf. 21,80 nach Woolley). – Beifunde: mehrere Skelette mit Schmuck und einigen Waffen; für weitere Beifunde vgl. Woolley a.a.O. 124 ff. – Philadelphia, Univ. Mus. (30.12.484,696 = U 12435). – Woolley, Ur Excavations II 124 ff. 582 f. Taf. 116 bis 117,a; Nissen, Königsfriedhof 117.

81. Ur; Königsfriedhof, PG/789. – Königsgrab.[107] – Stierkopf von einer Leier; H. ca. 15 cm; „Kupfer"; wahrscheinlich gegossen. Augen mit Muschel und Lapis eingelegt; auf der Stirn vierfache Lockenreihe, über den Augen viele Wülste. Maul wie bei Nr. 80 weich modelliert, aber Muffel mit Rille markiert. Datierung des Grabes nach Nissen Meskalamdug-Stufe (Taf. 21,81 nach Woolley). – Beifunde: auf einem weiblichen Skelett; aus demselben Grab Nr. 86.103.104; für weitere Beifunde vgl. Woolley a.a.O. 63 ff. – Baghdad, Iraq-Mus. (IM 121533 = U. 10577). – Woolley, Ur Excavations II 63 ff. 69.281.559 Taf. 120,b; Nissen, Königsfriedhof 107 ff. 117.

82. Ur; Königsfriedhof, PG/1151.[108] – Königsgrab? – Stierkopf von einer Leier; Leier H. 90 cm, Kopf H. ca. 23 cm; „Kupfer"; gegossen. Mehrfache Lockenreihe über der Stirn, die unterste führt auch unterhalb der Hörner vorbei; Ohren spitzer als bei Nr. 80, Wülste über den Augen weniger plastisch, mehr als Rillen, wie auch der Steg über dem weich modellierten Maul; Augenpartie sehr ornamental. Datierung des Grabes nach Nissen Ur I-Zeit/Lugalanda (Taf. 22,82 nach Woolley). – Baghdad, Iraq-Mus. (IM 8695 = U. 12351). – Woolley, Ur Excavations II 169.256.581 Taf. 118–119; Nissen, Königsfriedhof 180.

83. Ur; Königsfriedhof, PG/800. – Grab der Puabi.[109] – Stierkopf von einer Leier; H. ca. 18 cm, Br. an Hörnern 15,5 cm; Silber, hohl gegossen. Ähnlich wie Nr. 80, etwas weniger ornamental (Taf. 21,83 nach Mus. Phot.). – Beifunde: Unter anderem Nr. 85.105 aus dem Schacht; Nr. 83 aus der Grabkammer; für weitere Beifunde vgl. Woolley a.a.O. 73 ff. – Philadelphia, Univ. Mus. (CBS 17065 = U. 10916). – Woolley, Ur Excavations II 91.301.564 Taf. 120,a.

84. Ur; Königsfriedhof, PG/1237; vgl. Nr. 65. – Stierkopf von einer Leier; H. ca. 14 cm; Silber, hohl gegossen. Ähnlich wie Nr. 83 (Taf. 21,84 nach Mus. Phot.). – London, Brit. Mus. (BM 121199 = U. 12354). – Woolley, Ur Excavations II 253.582 Taf. 111; R. D. Barnett, Iraq 31, 1969, 96 ff. Taf. 13.

Drei entsprechende Stierköpfe von Leiern, ebenfalls aus dem Königsfriedhof von Ur, sind nicht gegossen, sondern aus Goldblech über einen Kern getrieben. Vielleicht bedingt durch diese andere Technik ist ihre Modellierung etwas großflächiger, die Details hingegen sind ornamentaler als bei den gegossenen Köpfen, etwa die scharf akzentuierten Linien an Maul und Augen.

85. Ur; Königsfriedhof, PG/800; vgl. Nr. 83. – Stierkopf von einer Leier; H. ca. 14 cm (ohne Hörner); Goldblech, getrieben. Locken über Stirn und Bart aus Lapislazuli angesetzt, Lidränder und Pupillen ebenfalls (Taf. 21,85 nach Strommenger). – London, Brit. Mus. (BM 121198 = U. 10412). – Woolley, Ur Excavations II 74.249 Taf. 108.110; Strommenger, Mesopotamien Taf. 77 u. XIII.

86. Ur; Königsfriedhof, PG/789; vgl. Nr. 81. – Stierkopf von einer Leier; H. ca. 42,5 cm, restauriert mit Hörnern und Bart, Br. an Hörnern 25 cm; Goldblech, getrieben; Locken und Bart aus Lapis; äußerst ähnlich wie Nr. 85 (Taf. 22,86 nach Woolley). – Philadelphia, Univ. Mus. (? = U. 10556). – Woolley, Antiquaries Journ. 8, 1928, 438 Taf. 54,1; ders., Ur Excavations II 70 Taf. 106.107; Frankfort, Art and Architecture Taf. 31.

---

[107] PG/789 sehr reiches Königsgrab, dem der Königin Puabi PG/800 benachbart; Grabkammer ausgeraubt, im Schacht 63 weitere Bestattungen von Kriegern und weiteren Gefolgsleuten, zwei Wagen mit Gespannen.

[108] Außerhalb eines Holzsarges mit einer nicht allzu reichen Bestattung; PG/1151 gehörte vielleicht zu einem nicht erhaltenen Königsgrab.

[109] Grab der Puabi, ähnlich ausgestattet wie PG/789 (vgl. Anm. 107): reich ausgestattete Grabkammer, im Schacht 21 weitere Beisetzungen mit reichem Inventar, zum Schlitten vgl. Anm. 105.

87. Ur; Königsfriedhof, PG/1237; vgl. Nr. 65. – Stierkopf von einer Leier; H. 29,5 cm, mit Bart u. Hörnern ca. 37,5 cm; Goldblech, getrieben, Locken, Bart und Hörner ebenfalls, sonst sehr ähnlich wie Nr. 81 (*Taf. 22,87* nach Woolley). – Baghdad, Iraq-Mus. (IM 8694 = U. 12353). – Woolley, Ur Excavations II 252 Taf. 114.115.117,b; Strommenger, Mesopotamien Taf. 76 u. XII.

88. Tell al 'Ubaid; Ninḫursag-Tempel, vor dem Podium. – Stierhorn; L. 7,9 cm; Goldblech über Holzkern (?) getrieben (*Taf. 25,88* nach Hall). – London, Brit. Mus. (BM 114323). – Hall, Ur Excavations I 30 Taf. 5,4.

89. Ur; Königsfriedhof. – Streufund. – Kopf mit Hörnern und menschlichem Gesicht; H. 12 cm, Br. 11 cm; „Kupfer", gegossen. Gesicht sehr rund und weich modelliert, Reste der Augeneinlagen aus Lapislazuli erhalten; Ohren wie bei Stierköpfen Nr. 80 ff., Hörner dünner und höher aufgebogen, vgl. dazu Nr. 137 (*Taf. 21,89* nach Woolley). – Baghdad, Iraq-Mus. (IM ? = U. 11798). – Woolley, Ur Excavations II 573 Taf. 121.

Ob der Kopf Nr. 89 ebenfalls eine Leier zierte, ist fraglich. Menschengesichtige Stiere können zwar die Stelle von Wisenten einnehmen,[110] unbärtig kommt dieser Typ aber sonst nur bei den Nadeln Nr. 115–131 vor.

90. Ḫafāǧī; Sin-Tempel IX, Q 42:3, bei 39,70 m. – In einer Mauer verbaut.[111] – Stierkopf; Br. 11,7 cm; Kupfer; Hohlguß, Maul und Hörner massiv, Hörner also offenbar mitgegossen; Augen aus Muschel mit Pupillen aus Lapislazuli, auf der Stirn dreieckige Muscheleinlage; alle Einlagen in Bitumen gesetzt. Kopfform schlank, langgezogenes Maul, Nasenlöcher kreisrund vertieft, Hautlappen darüber geschwungen abgesetzt, unter dem Maul zwei Falten; Stirnknochen und Augenwülste hervorgehoben; Hörner seitlich weit ausladend, erst die spitz zulaufenden Enden nach vorne und im Schwung nach oben gebogen; Ohren lang, parallel zu den Hörnern geführt. Art der ursprünglichen Befestigung am Hals nicht mehr festzustellen (*Taf. 23,90* nach Frankfort). – Baghdad, Iraq-Mus. (IM ? = Kh. V 154). – H. Frankfort, Orient. Inst. Comm. 20 (1936) 28f. Abb. 23–24; ders., Sculpture 16.42 Taf. 104 Nr. 184; D. Caspers, East and West 21, 1971, 217ff. Abb. 7; Behm-Blancke, Das Tierbild 44ff. Taf. 30,159 a.b Nr. 176.

91. Kunsthandel. – Stierkopf; H. 23,5 cm; „Bronze"; Hohlguß, Hörner nicht in einem Stück mitgegossen; in einem Auge noch Muscheleinlage. Ähnlich wie Nr. 90, aber breiter und kantiger, Maul schärfer und geradliniger profiliert; auch die Stirn ist kantig gegen die Augenpartie abgesetzt (*Taf. 23,91* nach Moortgat). – Berlin, Vorderas. Mus. (VA 3142). – Zervos, L'art de la Mésopotamie Taf. 154; Meyer, Altorientalische Denkmäler Taf. 27; L. Jakob-Rost, Sumerische Kunst (1966) Taf. 25; Moortgat, Kunst Taf. 53; Behm-Blancke, Das Tierbild 44 Taf. 31,160 a.b Nr. K 65.

92. Tello; Tell K. – Zwei Stierköpfe; a: H. 19 cm, b: H. 17 cm; „Kupfer"; wahrscheinlich hohl gegossen, das Innere von a war früher mit Bitumen gefüllt;[112] Augen aus Muschel mit Lapislazuli eingelegt. Kopfform langgestreckt. Im Hals kleine Löcher zur Befestigung an einem Körper oder anderen Gegenstand (*Taf. 23,92 a* nach Encyclopédie). – a: Paris, Louvre (AO 2676); b: Istanbul, Altorient. Mus. (IOM 1576). – de Sarzec, Découvertes 238.247 Anm. 1 Taf. 5ter,2,a.b; L. Heuzey, Rev. Assyr. 5,1, 1898, 26ff. Taf. 2; ders., Catalogue 318f. Nr. 165; E. Nassouhi, Guide sommaire (1926) 31; Parrot, Tello 63.106 Abb. 26,a; ders., Sumer Taf. 184,A; Encyclopédie photographique Taf. 196; Margueron, Mesopotamien Taf. 17 (Kopf b aus Istanbul nicht abgebildet).

93. Kunsthandel. – Stierkopf; H. 23 cm; Kupfer, gegossen; im Hals Loch für Verdübelung: 5 × 5 cm, 10 cm tief; Augen aus Muschel und Lapis, linkes ergänzt, liegen weit auseinander; über den Augen kleine Wülste, Nüstern stark vertieft, Hörner kurz und dick; Lockenreihen über der Stirn sehr plastisch, Bart zieht sich gleichmäßig um das Maul und ist unten in sechs Locken eingerollt (*Taf. 25,93* nach Parrot). – St. Louis, City Art Mus. – P. Rathbone, Archaeology 6, 1953, 2 und Titelblatt; Parrot, Sumer Abb. 186.

94. Kunsthandel. – Stierkopf; „Kupfer", gegossen. Außerordentlich ähnlich wie Goldkopf Nr. 87, der

---

[110] Boehmer, Glyptik 43 f.

[111] Vermauert in Sin-Tempel IX, also wahrscheinlich zum Inventar des Sin-Tempels VIII zu rechnen (älterfrühdynastisch); aus Sin-Tempel VIII auch ein Kupferfigürchen erwähnt bei Delougaz, Pre-Sargonid Tempels 144 (unpubliziert).

[112] Nach Moorey (Iraq 44, 1982, 27) die Hörner angesetzt; zu einem einzelnen aus Kupfer gehämmerten und mit kleinen Nägeln zusammengefügten Horn (Öffnung 4,5 × 5,5 cm) aus Tello, Tell H vgl. de Sarzec, Découvertes 237 Taf. 45,1.

aber getrieben ist (*Taf. 22,94* nach Mus. Phot.). – New York, Met. Mus. Art (47.100.81). – C. Wilkinson, Bull. Met. Mus. N.S. 7, 1948/49, 191 mit Abb.

95. Fara. – Zwei Ziegenköpfe; a: H. 20,6 cm, b: H. 15,3 cm; „Kupfer", Hohlguß. Beide Köpfe äußerst ähnlich, vorzüglich und naturalistisch modelliert mit schmalem, langgezogenem Schädel, aus dem die spiralig gedrehten Hörner zunächst breit und ausladend herauswachsen. Die Augenwölbung auch im Guß schon angedeutet durch breite Lider, in die die Einlagen aus Muschel und Lapis eingebettet sind. Die langen schmalen Ohren stehen frei ab, sind nicht mit den Hörnern verbunden. Beim kleineren Kopf (b) zwischen dem Hörneransatz kleiner Steg. Die eingelegten Verzierungen sind bei beiden Köpfen übereinstimmend: auf der Stirn dreieckige Einlage aus Muschel mit rotem Punkt, jeweils vier runde Einlagen gleicher Art um den Hals und die Nase. Die Bildung der Augen und der Nase und die differenzierte Modellierung unterscheidet diese Köpfe von den ornamentaleren Stierköpfen aus Ur, vergleichbarer ist der Stierkopf aus Ḫafāǧī Nr. 90. Die ungewöhnlich plastische Qualität dieser Köpfe ist einmalig (*Taf. 24,95* nach Mus. Phot.). – Philadelphia, Univ. Mus. (a: 29-20-3; b: 29-20-2). – H. V. Hilprecht, Die Ausgrabungen im Bêl-Tempel zu Nippur (1903) 67 Abb. 53; H. Schäfer/W. Andrae, Die Kunst des Alten Orients (1925) 453 unten rechts; A. Schmidt, Mus. Journ. Philadelphia 22, 1931, 192 ff.; Frankfort, Art and Architecture Taf. 29,B.

96. Baḥrein; Barbar-Tempel II. – Stierkopf; H. 20 cm; Kupfer. Abgesehen von der Wiedergabe der Hörner und Ohren nicht mit mesopotamischen Köpfen vergleichbar; Kopf sehr breit und flächig, Augen parallel nebeneinander liegend, Maul kaum vorgezogen mit breitem flachem Abschluß (*Taf. 25,96* nach Glob). – Verbleib unbekannt. – P. V. Glob, Kuml 1955, 191 Abb. 1.

96 A. Ur; Königsfriedhof, PG/800; vgl. Nr. 83. – Zwei Löwenköpfe, in die Holzleisten, wahrscheinlich von einem Möbelstück, einpaßten; H. 11,5 cm, Br. 12 cm; Silber, getrieben; Augen aus Muschel und Lapislazuli eingelegt; Mähnenansatz zottig angegeben. Gesicht wenig ausgeprägt, ohne Barthaare (*Taf. 14, 96A* nach Woolley). – Baghdad, Iraq Mus. (IM 8244), Philadelphia, University Mus. (CBS 17064), beide U. 10465. – Woolley, Ur Excavations II 82. 301 Taf. 127.

96 B. Ur; Königsfriedhof, PG/800; vgl. Nr. 83. – Löwen- und Stierköpfe vom „Schlitten" der Puabi aus Gold und Silber getrieben; 1) zwei silberne Löwenköpfe, H. ca. 12 cm, sehr verdrückt, ursprünglich wohl ähnlich wie Nr. 96A; 2) zwei silberne Löwenköpfe, H. ca. 4 cm; 3) drei goldene Löwenköpfe, H. ca. 7,5 cm, verdrückt, ein Zottenkranz zieht sich als deutliche Begrenzung um den Kopf, Bartbehaarung angegeben; 4) sechs Löwen- und sechs Stierköpfe aus Gold, ca. 2,5-3 cm, Löwen sehr ähnlich wie 96B, 3 (*Taf. 14, 96B 1.3.4* nach Woolley). – London, Brit. Mus. (BM 121200 = U. 10438). – Woolley, Ur Excavations II 78. 556 Taf. 123–126 (1 = 126,c; 2 = 126,b; 3 = 123,b und 126,a; 4 = 125).

ZÜGELRINGE

Die Zügelringe der frühdynastischen Zeit sind von P. Calmeyer schon zusammenfassend behandelt worden.[113] Für die spätere frühdynastische Zeit ist die Überlieferungslage außerordentlich günstig, da aus Kiš und Ur (neuerdings auch aus Abu Ṣalabiḫ) das Inventar reicher Wagengräber erhalten ist. Hinzu kommen zahlreiche Darstellungen von Kampf- und Götterwagen auf Reliefplatten und Einlagefriesen. Vor allem auf Grund dieser Darstellungen schlägt Calmeyer eine chronologische Ordnung vor, bei der die Entwicklung von einem frühen Typ auf hoher Stange, der auf frühen Weihplatten zu sehen ist,[114] über Zügelringe auf mittelhoher Stange, dargestellt auf Einlagen aus Mari,[115] zu Ringen geht, die fast direkt auf der Deichsel aufsitzen;[116] bei der Geierstele sind die Ringe dann, wie auch noch später in neusumerischer Zeit, offenbar fest mit der Deichsel verbunden.[117] An

---

[113] Calmeyer, Archaische Zügelringe, in: Moortgat Festschrift 68 ff.

[114] Frankfort, Sculpture Taf. 107 Nr. 187; Taf. 108, A Nr. 188; Woolley, Ur Excavations II Taf. 181,b.

[115] Parrot, Le Temple d'Ishtar Taf. 56; 57,c; ders., Syria 31, 1954, 163 Taf. 19.

[116] Sogenannte Urstandarte: Orthmann, Propyläen Kunstgeschichte 14 Taf. VIII; Siegel U. 12461: Woolley, Ur Excavations II Taf. 191.196,54.

[117] Geierstele des Eanatum: Orthmann, Propyläen Kunstgeschichte 14 Taf. 90.91; Gudeastele: ebd. Taf. 110,b.

den Originalen aus Kiš und Ur, die sicher nicht weit auseinander datiert werden können (s. S. 38 Anm. 128), kommen höhere und kürzere Stangen vor, so wie sie die Einlagen aus Mari und Ur zeigen; für den Dreistangentypus, wie er in Kiš neben dem mit einer Stange belegt ist, stellt Calmeyer keine eindeutige Entwicklung fest.

Auf Einlagen aus Mari kommen Boviden an Zügelringen vor; die einzige weitere Darstellung eines figürlich verzierten Zügelringes findet sich auf der Geierstele am Götterwagen des Ningirsu. Dort werden die Ringe von einem Löwen bekrönt, in unmittelbarer Nähe erkennt man noch als Wagenaufsatz einen Adler. Löwe und Adler sind als Emblem des Gottes Ningirsu häufig kombiniert, so daß bei dieser Darstellung der Löwe sicher auch in bezug zu Ningirsu gesehen werden muß.[118] Bei den erhaltenen Ringen tauchen Raubtiere in Mesopotamien nie auf; dafür sind Equidenfiguren, die sonst im Mesopotamien der frühdynastischen Zeit als dekorative Elemente fast nie verwendet wurden, recht häufig; hier steht also das Zierelement direkt in bezug zur Funktion, das Zugtier wird abgebildet. Das gleiche kann auch für die Boviden gelten. Ein symbolischer Gehalt kann allerdings nicht ausgeschlossen werden, da Ringe mit Vögeln und Hirschen ebenfalls vorkommen; auch das Wisent Nr. 108 läßt sich kaum als Zugtier ansprechen. Die Kampfgruppe Nr. 112, die eventuell früher zu datieren ist als die übrigen, paßt vom Thema her zu einem Kampfwagen.

Die Vierbeiner der Zügelringe aus Kiš und Ur, ebenso die rein mesopotamischen aus dem Kunsthandel (Nr. 107.108), sind alle nach vorne gerichtet, ihre Standplatte steht also nach beiden Seiten über die Ringe hinaus.[119] Eine Standplatte parallel zu den Ringen und damit eine seitliche Anordnung der Figuren zeigen die nicht-mesopotamischen Stücke Nr. 109–111, deren Datierung teilweise auch umstritten ist. Vor einer Einordnung der anatolischen Zügelringe in diesen zeitlichen Zusammenhang warnt Calmeyer.[120]

Schon W. Andrae hat vermutet, daß die deutlich ausgeprägte Zwinge, die die beiden Ringe verbindet, bei in Metall gegossenen Stücken aber gar keine Funktion mehr hat, darauf hindeutet, daß ursprünglich die Ringe aus leicht biegsamen Material, wie Weide, hergestellt wurden.[121] Das unverzierte Exemplar Nr. 102 zeigt diesen Flechtcharakter ganz deutlich, vielleicht waren gleichzeitig solche „billigen" Ringe auch noch in Gebrauch.

Bei den Zügelringen aus Edelmetall aus den Königsgräbern aus Ur erhebt sich, wie auch bei manch anderem Grabinventar aus Gold, die Frage, ob diese Zügelringe nicht speziell für eine Grabausstattung hergestellt wurden.

97. Kiš; Y cemetery, Wagengrab III (Skelett 529). – Zügelring mit Equidenfigur; H. 20,8 cm, Br. 9,2 cm; Equide 7,8 × 6,8 cm; „Kupfer". Doppelring, zwingenartig zusammengefaßt auf hoher Stange; Equide auf schmaler Standplatte, nach vorne gerichtet in leichter Schrittstellung. Trotz beschädigter Oberfläche die naturalistische Wiedergabe des Körpers mit Mähne und modelliertem Hals, den feingegliederten Beinen und dem frei herabhängenden Schwanz noch zu erkennen; der Kopf ist ein wenig zur Seite gedreht (*Taf. 26,97* nach Mus. Phot.). – Beifunde: vierrädriger (?) Wagen mit Equiden und Boviden (?) (Zügelring in situ an der Deichsel); Dolch, Kelle, Gefäße, Nadeln u. a. aus Kupfer; Keramik. – Chicago, Field Mus. (236527). – H. Field, The Field Museum – Oxford University Expedition to Kish, Mesopotamia 1923–1929. Anthropologi-

---

[118] Ebd. Taf. 90 die Wagenzier und auch Adler mit Löwen am Netz des Ningirsu.

[119] Falls der Hinweis auf ein Wagengrab aus Susa (de Mecquenem, Rev. Assyr. 34, 1937, 152f. und ders., Mém. Délég. Perse 29 [1943] 103f.) stimmt, könnte ein Stück wie Nr. 108 aus dem iranischen Kunsthandel auch aus einem elamischen Wagengrab kommen.

[120] Calmeyer, in: Festschrift Moortgat 74 (a und b); der Zügelring aus Augst (Nr. 113) bleibt rätselhaft.

[121] W. Andrae, Berliner Museen, Ber. preuss. Kunstslg. 50, 1929, 68 ff.

Frühdynastische und akkadische Zeit: Zügelringe 35

cal Leaflet 28 (1929) 19 Taf. 7; Watelin, Excavations at Kish IV 33 Taf. 25,1; Calmeyer, in: Moortgat Festschrift 70 Abb. 6 (H); Gibson, Kish 85; Moorey, Kish 109 f. (mit Liste des Grabinventars).

98. Kiš; Y cemetery, Wagengrab II. – Zügelring mit Hirschfigur; H. 15 cm, Br. 7,5 cm; „Kupfer". Doppelring, Zwinge weniger deutlich ausgeprägt als bei Nr. 97; Hirschfigur aufgesetzt wie bei Nr. 97, ähnlich proportioniert; Rücken fällt etwas stärker ab, Schwanz ganz kurz; das verzweigte, teilweise weggebrochene Geweih deutlich das eines Hirsches; Augen als kleine Vertiefungen mit hellen Einlagen. Vom rechten Vorderbein zieht sich ein gewelltes, wahrscheinlich mitgegossenes Band zum Maul, das man als Pflanze deuten kann (vgl. Nr. 138 und Rashid, PBF. I,2 [1983] Nr. 118) (*Taf. 26,98* nach Mus. Phot.). – Beifunde: vierrädriger Wagen mit Equide und Bovide (?) (Zügelring Nr. 98 am Ende der Deichsel); Zügelring (Nr. 102; näher am Wagen); Waffen, Nadeln u. a. aus Kupfer; Keramik, Terrakottatier, Bitumenboot, Kosmetikmuscheln und Steingerät. – Chicago, Field Mus. (236528). – H. Field, Art and Archaeology 31, 1931, 251; Watelin, Excavations at Kish IV 33 Taf. 24,1; 25,3; W. Nagel, Zschr. Assyr. 55, 1963, 222; Calmeyer, in: Moortgat Festschrift 70 Abb. 5 (F); Gibson, Kish 85; Moorey, Kish 107 ff. (mit Liste des Grabinventars); M. Müller-Karpe, Journ. Near East. Stud. 44, 1985 (Abbildung mit vollständigem zugehörigem weit ausladendem Geweih).

99. Kiš; Y cemetery, Wagengrab I. – Zügelring mit Equidenfigur; H. ca. 18 cm; „Kupfer". Doppelring auf drei Stangen, darauf Equidenfigur wie Nr. 97 (*Taf. 29,99* nach Langdon). – Beifunde: Wagen mit zwei Rädern, Bovide; Keramik. – Baghdad, Iraq-Mus. (IM 5763). – S. H. Langdon, Art and Archaeology 26, 1928, 167 Abb. 24; Watelin, Excavations at Kish IV 33 f. Taf. 25,4; Führer durch das Iraq-Museum (arab.) (1943) 122 Abb. rechts; Calmeyer, in: Moortgat Festschrift 68 Abb. 2 (B); Gibson, Kish 85; Moorey, Kish 106 f.

100. Kiš; Y cemetery, Grab 631. – Wagengrab? – Zügelring mit drei Vögeln; H. 18,8 cm, Br. 11,8 cm; „Bronze". Doppelring mit Zwinge auf drei (?) Stangen bekrönt von drei kleinen Vögeln; die Stangen sind höher als bei Nr. 98 und 99, die Verzierung dagegen unscheinbarer (*Taf. 26,100* nach Mus. Phot.). – Beifunde: Kupfergerät. – Chicago, Field Mus. (236526 = K. 707). – Moorey, Kish 110.

101. Kiš; Y cemetery, Wagengrab I? – Zügelring vom Dreistangentypus; H. ca. 18,75 cm; ausgeprägte Zwinge, Stangen hoch, nach oben leicht auseinanderstrebend; an den beiden Ösen hängen jeweils noch zwei kleinere lose Ringe (*Taf. 29, 101* nach Mus. Phot.). – Baghdad, Iraq-Mus. (IM 5764). – Watelin, Excavations at Kish IV 33 Taf. 25,2; Calmeyer, in: Moortgat Festschrift 68 Abb. 1 (A); Moorey, Kish 110.

102. Kiš; Y cemetery, Wagengrab II; vgl. Nr. 98. – Zügelring; H. 13,3 cm, Br. 13,2 cm; Ringe und Stangen wie aus einem Stab gebogen (*Taf. 29,102* nach Rostovtzeff). – Chicago, Field Mus. (236525). – M. Rostovtzeff, Syria 13, 1932 Taf. 61,3; U. Seidl, Berl. Jb. Vorgesch. 6, 1966, 195 ff. Abb. 2; J. Potratz, Oriens Ant. 3, 1964, 175 ff. Abb. 4,2; Gibson, Kish 85; Moorey, Kish 107 ff.

103. Ur; Königsfriedhof, PG/789; vgl. Nr. 81. – Zügelring, bekrönt von einer Stierfigur; H. 17 cm; Silber. Doppelring mit ausgeprägter Zwinge auf kurzer Stange. Stier, auf kleiner Standplatte, in Schrittstellung, nach vorne gerichtet, vergleichbar den Stieren von Tell al 'Ubaid Nr. 70 mit massigem Körper (*Taf. 27,103* nach Woolley). – Baghdad, Iraq-Mus. (IM 8296 = U. 10551). – Woolley, Ur Excavations II 301.599 Taf. 167; Calmeyer, in: Moortgat Festschrift 73 Abb. 9 (N).

104. Ur; Königsfriedhof, PG/789; vgl. Nr. 81. – Zügelring, bekrönt von einer Stierfigur, Kupfer, nicht erhalten, soll Nr. 103 entsprochen haben. – Woolley, Ur Excavations II 64; Calmeyer, in: Moortgat Festschrift 73 (O).

105. Ur; Königsfriedhof, PG/800; vgl. Nr. 83. – Zügelring vom „Schlitten" der Puabi, bekrönt von einer Equidenfigur; H. 13,5 cm; Ring Silber, Figur Elektron. Doppelring mit stark ausgeprägter Zwinge auf ganz kurzer Stange. Equide wie bei Nr. 97 auf kleiner Standplatte, nach vorne gerichtet, Schrittstellung. Beine sehr viel schlanker und bewegter als bei Nr. 97, Schwanz völlig frei herabhängend; Oberfläche gut erhalten, so daß die sorgfältige Behandlung der Mähne und des Kopfes mit den vertieften Nüstern und dem geöffneten Maul gut zu erkennen ist, Augen waren für Einlagen vertieft (*Taf. 27,105* nach Orthmann). – London, Brit. Mus. (BM 121438 = U. 10439). – Woolley, Ur Excavations II 292 f. 556 Taf. 166; Calmeyer, in: Moortgat Festschrift 73 Abb. 10 (P); R. H. Dyson, Iraq 22, 1960, 102 ff.; Orthmann, Propyläen Kunstgeschichte 14 Taf. 37,a.

106. Ur; Königsfriedhof, PG/580(?). – Königsgrab. – Unverzierter Zügelring; H. 10,5 cm; Form wie bei Nr. 103, Kupfer (*Taf. 29,106* nach Woolley). – Bei einem Rinderskelett gefunden, keine Menschenskelette dabei; Datierung des Grabes nach Nissen: Meskalamdug-Stufe. – Baghdad, Iraq-Mus.? (U. 9324). – Woolley, Ur Excavations II 46 ff. Abb. 3; Nissen, Königsfriedhof 14.117; Calmeyer, in: Moortgat Festschrift 73 Abb. 14 (U).

107. Kunsthandel; erworben in Naṣrīje. – Zügelring mit Equidenfigur; H. 19,5 cm; „Kupfer". Doppelring auf mittelhoher Stange, Ring und Stange etwa gleich hoch. Figur ähnlich wie Nr. 105; Augen für Einlagen vertieft, Körper und Beine sehr schlank (*Taf. 28,107* nach Mallowan). – Privatbesitz. – M. Mallowan, Iraq 10, 1948, 51 ff. Taf. 7.8; Calmeyer, in: Moortgat Festschrift 71 Abb. 8 (M).

108. Kunsthandel (Luristan?). – Zügelring mit Wisentfigur; H. 14,5 cm, Br. 7,5 cm; „Bronze". Doppelring auf drei Stangen, ähnlich wie Nr. 97 und 98; Wisent mit Stirnbehaarung und langem seitlich ausschwingenden Bart, vergleichbar den Stierköpfen von Leiern aus Ur (Nr. 85–87), also wohl Königsgräberzeit (*Taf. 29,108* nach Calmeyer). – Teheran, Slg. Foroughi. – Sept mille ans d'art en Iran. Petit Palais, Octobre 1961 – Janvier 1962 (Paris) Nr. 241; Calmeyer, in: Moortgat Festschrift 69 Taf. 15,1 (E); ders., Datierbare Bronzen 9.

109. Kunsthandel (Luristan). – Zügelring mit vier Equidenfiguren; H. 16 cm, Br. 15 cm; „Bronze". Doppelring auf drei kurzen Stangen, die deutlich nicht mit dem unteren Bogen in einem Stück gegossen sind; über den Ringen aufgereiht vier Equiden, die Beine jeweils nebeneinander auf Standplatten gesetzt, die beweglich auf dünnen Metallstäben sitzen. Die Köpfe der Tiere sind in Augenhöhe durchbohrt, die Körper sind straffer als bei den anderen Figuren; eine Datierung in frühdynastische Zeit auf Grund von Vergleich mit mesopotamischen Stücken nicht zwingend (*Taf. 28,109* nach Calmeyer). – Teheran, Slg. Foroughi. – Sept mille ans d'art en Iran. Petit Palais Octobre 1961 – Janvier 1962 (Paris) Nr. 240; Calmeyer, in: Moortgat Festschrift 70 Taf. 15,2 (G); ders., Datierbare Bronzen 9; R. Ghirshman, Iran (1964) Taf. 77.

110. Kunsthandel (Luristan). – Zügelring mit zwei Capridenfiguren; H. 16,5 cm; „Bronze". Doppelring auf drei Stangen, unterer Steg endet in Ösen; auf jedem Ring ein aufgerichteter Capride, die Vorderbeine auf eine Pflanze, die über der Zwinge sitzt, gestützt. Tiere mit kurzem bewegtem Körper, großem Gehörn, nicht mesopotamisch, eher iranisch (elamisch?), Datierung unsicher (*Taf. 28,110* nach Smith). – London, Brit. Mus. (BM 122700). – S. Smith, Brit. Mus. Quarterly 6, 1931, 32f. Taf. 15,a; A. U. Pope (Hrsg.), A Survey of Persian Art IV (1938) Taf. 26,6; E. Porada, Alt-Iran (1962) 58f. Abb. S. 61; Calmeyer, in: Moortgat Festschrift 69 Abb. 4 (D); ders., Datierbare Bronzen 9.

111. Til Barsip; „Hypogé". – Zügelring mit zwei Equiden; H. 14,7 cm, „Bronze"; von Stangen nichts erhalten; auf jedem Ring ein aufgerichteter Equide, die Vorderbeine auf eine Mittelstange gesetzt; die langgestreckten Körper der Tiere unterscheiden sich deutlich von denen der frühdynastischen Zügelringe[122] (*Taf. 29,111* nach Thureau-Dangin). – F. Thureau-Dangin/M. Dunand, Til Barsib. Bibl. arch. hist. Beyrouth 23 (1936) 108 Nr. 32 Taf. 31,7; Calmeyer, in: Moortgat Festschrift 74 Abb. 15 (V); 80.

112. Kunsthandel (Luristan?). – Zügelring mit zwei menschlichen Figuren; H. 18,4 cm, „Bronze". Doppelring auf drei Stangen; auf jedem Ring kleine Standplatte mit menschlicher Figur, Platten parallel zu Ösen angebracht! Die Figuren einander zugewandt, die rechte männlich im kurzen Rock mit Gürtel, vertikale Streifen deuten sicher die Zottengliederung des frühen Rocktyps wie bei Nr. 36 an, die Haare fallen lang auf Schultern und Nacken; der rechte Arm angewinkelt nach vorne gestreckt, die linke Hand auf die Schulter der anderen knienden Person gelegt. Diese Person wohl unbekleidet, dann sicher männlich, das Haar fällt in den Nacken, die rechte Hand faßt an das linke Handgelenk des anderen; eine Kampfgruppe, bei der der Unterlegene kniet und unbekleidet ist; bei beiden die Augen eingelegt. Die Haartracht und die Rockform weisen in die ältere frühdynastische Zeit (*Taf. 28,112* nach Orthmann). – Paris, Louvre (AO 14056). – A. U. Pope (Hrsg.), A Survey of Persian Art IV (1938) Taf. 26,B; Contenau, Manuel IV 2210 Abb. 1241; R. Dussaud, Syria 13, 1932, 227ff. Abb. 2.3; Calmeyer, in: Moortgat Festschrift 69.81f. Abb. 3 (C); ders., Datierbare Bronzen 8; Orthmann, Propyläen Kunstgeschichte 14 Taf. 37,b.

113. Augst (Schweiz). – Zügelring mit Tier- und Pflanzendekoration. H. 20,2 cm, „Bronze". Doppelring auf drei Stangen, mittlere auch über die Ringe hinausgeführt (wie bei Nr. 111), an der Spitze war wohl noch eine Verzierung. Auf den Ringen zwei katzenähnliche Tiere, eine Pranke zur Mittelstrebe gestreckt, an dieser noch Stengel mit einstmals eingelegten Blüten. Stilistische und ikonographische Vergleiche fehlen (*Taf. 29,113* nach Rostovtzeff). – Zürich, Schweiz. Landesmus. – M. Rostovtzeff, Syria 13, 1932, 325 Taf. 61,1; U. Seidl, Berl. Jb. Vorgesch. 6, 1966, 195ff. Abb. 1.

114. Kunsthandel, erworben in Moṣul. – Stierfigur; H. 13 cm, „Bronze" mit Silbereinlagen. Der Stier steht,

---

[122] Zur Datierung des Fundes aus dem „hypogé" in die späte frühdynastische bis akkadische Zeit vgl. Calmeyer, in: Moortgat Festschrift 80f. und ders., Datierbare Bronzen 32f.

die Hufe jeweils nebeneinandergesetzt, auf einer schmalen, rechteckigen Standplatte. Unter der Mitte der Plinthe eine Verdickung, die zu beiden Seiten abgebrochen ist; die Bruchstellen zeigen, daß hier zwei runde Stege aufeinandertrafen, so daß Calmeyer sehr plausibel die beiden Ösen eines Zügelringes ergänzt. Die Größe der Figur ist allerdings für einen Zügelring ungewöhnlich. Der Kopf ist schmal, ähnlich aufgebaut wie Nr. 92 aus Tello, auch Hals und Körper sind weniger massig als bei dem Ring aus Ur Nr. 103; die Hörner sind stark eingerollt, kaum vom Kopf gelöst, wie bei Nr. 90 vor allem in die Breite ausladend. Eine Datierung in Behm-Blanckes Stufe IV (älter frühdynastisch) ist daher wahrscheinlicher als Calmeyers Spätdatierung (*Taf. 27,114* nach Heuzey). – Paris, Louvre (AO 2151). – Heuzey, Catalogue 173 Abb. S. 324; L. Heuzey, Mon. Piot 7, 1900, 7 ff. Taf. 1,1; Calmeyer, in: Moortgat Festschrift 74 Abb. 16 (w); Margueron, Mesopotamien Taf. 16.

NADELN UND NÄGEL

In frühdynastischen Gräbern sind zwar zahlreiche Nadeln unterschiedlichster Verzierungsart gefunden worden, figürlich verzierte sind dagegen in Mesopotamien wie auch schon in frühsumerischer Zeit recht selten. Sie beschränken sich weitgehend auf einen Typ, bei dem die Nadel von einem gehörnten Kopf bekrönt ist; meist handelt es sich um einen normalen Rinderkopf, manchmal ist diesem Kopf mit Hörnern und Rinderohren aber ein menschliches Gesicht gegeben, ähnlich wie bei der großen Protome aus Ur Nr. 89.

Die durchlochten Gewandnadeln der frühdynastischen Zeit sind sehr häufig in Paaren gefunden worden.[123] Intarsien aus Mari geben eine gute Vorstellung, wie solche Nadelpaare getragen wurden, nämlich gekreuzt durch das Gewand gesteckt, mit Schnüren, an denen oft noch kleine Anhängeplättchen hingen, an Öse oder Kopf und Nadelspitze umwickelt.[124] Der Befund aus einem Grab von Abu Ṣalabiḫ belegt diese Sitte nun auch für Südmesopotamien (Nr. 128).[125] Andere Verwendungsarten von Nadeln, vor allem von einzelnen, sind natürlich vorauszusetzen.

Die Nadeln mit gehörntem Kopf finden sich fast nie in Paaren (Ausnahmen Nr. 118.119 und 128 aus Gräbern mit auffallend vielen Beifunden), sind nie durchloch, auch der Kopf ist nicht durch eine Rille vom Schaft abgesetzt, so daß eine Verwendung als „toggle pin" kaum in Frage kommt. Falls das Kosmetikgefäß Nr. 47 tatsächlich mit der „Nadel" Nr. 148 zusammengehört, diese „Nadel" also doch sicher als Kosmetikstäbchen angesprochen werden muß, sollte auch für die übrigen Nadeln dieses Typs eine solche Verwendung in Betracht gezogen werden. In Kiš wurden in den Gräbern, aus denen solche Nadeln kommen, fast immer auch Muscheln, die als Kosmetikbehälter gelten, gefunden.[126] Ein Fund aus Ur, bei dem eine Muschel, ein Silberstab mit Hand und ein Antilopenkopf (Nr. 137) nahe beisammen gefunden wurden, deutet auch in die Richtung, daß figürlich verzierte Stäbe und gehörnte Köpfe zu Kosmetikbestecken gehörten.[127] Auch in späteren Zeiten wurden Kosmetikstäbchen reich verziert (s. u. S. 104).

Die Nadeln mit gehörntem Kopf lassen sich zeitlich recht gut eingrenzen. In den Gräbern des Y

---

[123] Vgl. z.B. den Hortfund aus Mari Nr. 42 mit vier Nadelpaaren.

[124] Orthmann, Propyläen Kunstgeschichte 14 Taf. 93,b.

[125] Auch im Königsfriedhof von Ur wurden häufig zwei Nadeln in Nähe des Halses gefunden, dabei auch kleine Anhängerschnüre, auch mit Siegeln, die wahrscheinlich an diesen Nadeln befestigt waren (Woolley, Ur Excavations II 88 Taf. 143,a [drei Goldnadeln]).

[126] Ausnahmen davon die gestörten Gräber 47 mit Nadel Nr. 115 und 25 mit Nadel Nr. 124; auch Burial 344 mit Nadel Nr. 125 ist wohl nicht mit komplettem Inventar erhalten.

[127] Woolley, Ur Excavations II 301 ff. Taf. 168; Antilopenkopf vielleicht Bekrönung eines Stabes aus anderem Material.

cemetery von Kiš fehlen sie noch, auch in den späteren Wagengräbern; ein Exemplar (Nr. 125) kommt aus dem spätfrühdynastischen Red Stratum, im A cemetery von Kiš sind sie besonders häufig, datieren also in die mittlere bis späteste frühdynastische Zeit. In den Königsgräbern von Ur, deren Inventar man mit dem der Wagengräber von Kiš durchaus vergleichen kann, fehlen sie ebenfalls.[128] Ein Streufund und ein Stück aus einem geplünderten Grab aus Ur (Nr. 130.131) zeigen, daß der Typ in Ur durchaus bekannt war, ebenso wie in Nippur (Nr. 127) und Abu Ṣalabiḫ (Nr. 128); auch aus Susa sind einige Stücke erhalten (Nr. 144–147).

Figürlich verzierte Gewandnadeln sind in den Randgebieten offensichtlich weiterhin beliebter als in Mesopotamien; Nr. 142 aus Šaġir Bāzār deutet mit den kleinen anhängenden Karneolperlchen auf eine ähnliche Verwendungsart wie in Mari.[129]

Sitzt das Figürchen parallel zum Nadelschaft wie bei Nr. 132, muß eine horizontale Verwendung der Nadel angenommen werden. Auch wenn die Tiere auf dünnen Spießen größer werden, kann man sie kaum noch als Nadeln ansprechen (Nr. 149); vielleicht ist auch das Figürchen Nr. 153 hier anzuschließen. Nägel mit Tierbekrönung konnten sicher als Befestigung unterschiedlichster Dinge dienen (vgl. S. 41).

115. Kiš; A cemetery, Grab 47. – Grab gestört, Kinderskelett? – Nadel mit Rinderkopf; L. 20 cm; „Kupfer", gegossen (Taf. *31,115* nach Phot.). – Beifunde: Keramik; Nadeln, Dolch, Toilettenbesteck und Pinzette aus Kupfer. – Baghdad, Iraq-Mus. (IM 2297 = K. 1836 A). – Mackay, Kish I 2,141 Taf. 40,4,4; 58,19; B. Hrouda/K. Karstens, Zschr. Assyr. 58, 1967, 256 ff. Taf. 7 (Stufe I); P. R. S. Moorey, Iraq 32, 1970, 112.

116. Kiš; A cemetery, Grab 80. – Männliches Skelett. – Nadel mit Rinderkopf; L. 23,2 cm; „Kupfer", gegossen, sehr ähnlich wie Nr. 115 (Taf. *31,116* nach Phot.). – Beifunde: Keramik, Steingefäß; drei Nadeln, Cymbale und Armreife aus Kupfer; zwei Silberohrringe; Äxte; Siegel; Perlen; Kosmetikmuschel. – Chicago, Field Mus. (? = K. 2186). – Mackay, Kish I 2,171 Taf. 40,4,3; 58,20; B. Hrouda/K. Karstens, Zschr. Assyr. 58, 1967, 256 ff. Taf. 8 (Stufe I); P. R. S. Moorey, Iraq 32, 1970, 117.

117. Kiš; A cemetery, Grab 67. – Nadel mit gehörntem Kopf; L. 19,2 cm; „Kupfer", gegossen; Kopf scheint menschlich (Taf. *31,117* nach Phot.). – Beifunde: Keramik; Rasiermesser; Silberohrringe; Siegel; Perlen; Kosmetikmuschel. – Baghdad, Iraq-Mus. (IM 2355 = K. 2039). – Mackay, Kish I 2,171 Taf. 40,4,5; 58,21; P. R. S. Moorey, Iraq 32, 1970, 115.

118. Kiš; A cemetery, Grab 104. – Männliches Skelett. – Nadel mit Rinderkopf; L. 26,2 (jetzt nur noch 25,8 cm); „Kupfer", gegossen (Taf. *31,118* nach Phot.). – Beifunde: Keramik; Steinschale; Gefäß aus Straußenei; Nadeln (darunter Nr. 119), Dolch, Axt, Toilettenbesteck, zwei Armreife, zwei Cymbale, zwei Schalen aus Kupfer; Kosmetikmuschel; Siegel. – Oxford, Ashmolean Mus. (1925. 186 = K. 2446). – Mackay, Kish I 2,171 Taf. 40,4,1; B. Hrouda/K. Karstens, Zschr. Assyr. 58, 1967, 256 ff. Taf. 17 (Stufe III); P. R. S. Moorey, Iraq 32, 1970, 120.

119. Kiš; A cemetery, Grab 104; vgl. Nr. 118. – Nadel mit Rinderkopf; L. 21,8 cm; „Kupfer", gegossen (Taf. *31,119* nach Phot.). – Chicago, Field Mus. (? = K. 2447). – Mackay, Kish I 2, 171 Taf. 40,4,2.

120. Kiš; A cemetery, Grab 55. – Männliches Skelett. – Nadel mit Rinderkopf; L. 10 cm; „Kupfer", gegossen. – Beifunde: Keramik; Kupfernadeln; Silberohrringe; Siegel; Perlen; Spindel; Kosmetikmuschel. – Baghdad, Iraq-Mus. (IM ? = K. 1951). – P. R. S. Moorey, Iraq 32, 1970, 113 (unpubliziert).

121. Kiš; A cemetery, Grab 13. – In der Nähe des Kopfes eines weiblichen Skeletts. – Nadel mit Rinderkopf; L. 11,3 cm; „Kupfer"; über der Stirn kleines Metallstück aufgelötet, wirkt wie Stirnlocken bei großen Stierköpfen wie Nr. 80 f., Gesicht nicht ausgeführt (Taf. *31,121* nach Langdon). – Beifunde: Keramik; Nadel; Perlen; zwei Kosmetikmuscheln. – Chicago, Field Mus., oder Baghdad, Iraq-Mus.? (IM 2022? =

---

[128] Moorey (Iraq 32, 1970, 103 f.) datiert die Wagengräber in den spätesten Horizont des Y cemetery (ED II-III a), zu dem nur noch wenige der einfachen Gräber gehören, etwa gleichzeitig wie Palace A; dem A cemetery gibt er ca. 100 Jahre, ganz am Ende der frühdynastischen Zeit. – Zur Datierung des A cemetery vgl. jetzt auch noch E. Whelan, Journ. of Field Arch. 5, 1978, 79 ff. und J. Moon, Iraq 43, 1981, 47 ff.

[129] Vgl. auch U. B. Alkim, Archaeology 22, 1969, 288 f., drei toggle pins, zwei davon mit kleinen Vögeln, aus Tilmen Hüyük; Datierung bei Alkim „end of Early Bronze II – beginning Early Bronze III".

K. 1150–51?). – Mackay, Kish I 1,46 Taf. 2,14; 4,15; 19,12; Langdon, Excavations at Kish I 78 Taf. 19,3; B. Hrouda/K. Karstens, Zschr. Assyr. 58, 1967, 256 ff. Taf. 20 (Stufe IV); P. R. S. Moorey, Iraq 32, 1970, 107.
122. Kiš; A cemetery, Gebäude in einiger Entfernung des Friedhofs. – Nadel mit gehörntem Kopf; L. 17,4 cm; „Kupfer"; Gesicht wirkt menschlich, hat aber Tierohren (*Taf. 31,122* nach Mackay). – Verbleib unbekannt. – Mackay, Kish I 1, 46 Taf. 19,13.
123. Kiš; A cemetery, Grab 12. – In Höhe des Halses eines weiblichen Skeletts. – Nadel mit Rinderkopf; L. 20 cm; „Kupfer" (*Taf. 32,123* nach Langdon). – Beifunde: Keramik; Bleischale; zwei Kupfernadeln; Siegel; Perlen; Kosmetikmuschel. – Verbleib unbekannt (K. 1137–7?). – Mackay, Kish I 1 Taf. 4,14; 19,14; Langdon, Excavations at Kish I Taf. 19,3; B. Hrouda/K. Karstens, Zschr. Assyr. 58, 1967, 256 ff. Taf. 2 (Stufe I); P. R. S. Morrey, Iraq 32, 1970, 107.
124. Kiš; A cemetery, Grab 25. – Weibliches Skelett. – Nadel mit Rinderkopf; erh. L. 13,2 cm; „Kupfer"; stark korrodiert, Gesicht nicht mehr zu erkennen (*Taf. 32,124* nach Mus. Phot.). – Beifunde: Keramik. – Baghdad, Iraq-Mus. (IM 2094 = K. 1324). – Mackay, Kish I 1,46 Taf. 4,13; Langdon, Excavations at Kish Taf. 19,3; P. R. S. Moorey, Iraq 32, 1970, 109.
125. Kiš; Nordecke von YA; burial 344 (Red Stratum). – Nadel mit Rinderkopf; erh. L. 21 cm; „Kupfer"; riesige Ohren, die die Hörner berühren (*Taf. 32,125* nach Mus. Phot.). – Beifunde: Schmuck (Nr. 125 war an Silberreifen ankorrodiert); Siegel; Perlen; Muschellampe; Nadeln, Schale und konischer Ständer aus Kupfer; Steinschale. – Baghdad, Iraq-Mus. (IM 5761 = K.Y. 411 D). – Watelin, Excavations at Kish IV 50 Taf. 35; P. R. S. Moorey, Iraq 28, 1966, 30; ders., Iraq 32, 1970, 128; Gibson, Kiš 87.
126. Kiš; Tell Inghara, area IG Q. – Nadel mit Tierfigur als Kopf; L. 11 cm, H. Tier 1,7 cm; „Kupfer". Dicke Patina, eventuell Schaf (*Taf. 30,126* nach Mus. Phot.). – Oxford, Ashmolean Mus. (1926. 454 = K. 3110). – Unpubliziert.
127. Nippur; Schutt über Nord-Tempel. – Nadelkopf mit gehörntem Gesicht; H. 4 cm; „Kupfer" (*Taf. 32,127* nach McCown/Haines). – Baghdad, Iraq-Mus.? (3 N 481). – McCown/Haines, Nippur II Taf. 70,7.
128. Abu Ṣalabiḫ; Grab 176. – Nur Südende des Grabes erhalten, Skelett fehlt, alle fünf Nadeln gegen ein Gefäß gelehnt. – Zwei Nadeln mit gehörntem Kopf; L. 25,2 und 20,2 cm; „Kupfer". – Beifunde: Schmuck, Siegel, drei Kupfernadeln, Kupferscheiben und -stäbe; Steingefäß; zwei Kosmetikmuscheln; Keramik (ein Früchteständer, ein „upright handled jar"). – Baghdad, Iraq-Mus.? (Abs 1992.1993). – N. Postgate, Iraq 44, 1982, 131 ff. Taf. 5,c. – Zu weiteren Nadeln dieser Art aus Abu Ṣalabiḫ vgl. Moorey, Iraq 38, 1976, 287.
129. Kunsthandel. – Nadel mit gehörntem Kopf; L. 12,4 cm; „Kupfer"; Gesicht recht menschlich, aber Tierohren, ein Ohr fehlt (*Taf. 32,129* nach Contenau). – Paris, Louvre (AO 4706). – Contenau, Monuments mésopotamiens 19 Taf. 12,a (auf Phot. noch beide Ohren erhalten).
130. Ur; Königsfriedhofbereich. – Streufund. – Nadel mit gehörntem Kopf; erh. L. 12,3 cm, von Ohr zu Ohr 2,4 cm; „Kupfer"; Nase wirkt menschlich (*Taf. 32,130* nach Woolley). – London, Brit. Mus. (BM 122260 = U. 13034). – Woolley, Ur Excavations II 587 Taf. 231.
131. Ur; Pit X, geplündertes Grab (Königsgräberzeit). – Nadel mit gehörntem Kopf; erh. L. 15 cm; „Kupfer"; Gesicht wirkt menschlich (*Taf. 32,131* nach Woolley). – Beifunde: Nadel Nr. 132. – Philadelphia, Univ. Mus. (35.1.479 = U. 19102). – Woolley, Ur Excavations IV 40.200 Taf. 29.
132. Ur; Pit X; vgl. Nr. 131. – Figürchen eines Kalbes auf einem Nadelbruchstück; liegend; L. 6,5 cm; „Kupfer". Kopf zur Seite gedreht; unklar, ob Nadel an beiden Enden abgebrochen ist; da die Figur liegt, muß horizontale Verwendung angenommen werden, also sicher keine der üblichen Gewandnadeln (*Taf. 33,132* nach Wolley). – Baghdad, Iraq-Mus. (IM 20380 = U. 19101). – Woolley, Ur Excavations IV 200 Taf. 29.
133. Ur; Pit X, PJ/B 46. – Nadel mit figürlichem Kopf; erh. L. 16 cm; „Kupfer". Eventuell weiblicher Kopf mit großem Haarknoten; fratzenhaftes Gesicht, Augenform wie bei Terrakotten, vgl. auch Nr. 148 (*Taf. 32,133* nach Woolley). – Beifunde: Perlen; Siegel (U. 19098); drei Metallgefäße vom Typ 3, nach Woolley Königsgräberzeit. – Baghdad, Iraq-Mus. (IM 20379 = U. 19100). – Woolley, Ur Excavations IV 40.130 Taf. 29 (S. 40 wird im Widerspruch zum Gräberkatalog diese und die Nr. 131.132 einem Grab zugeordnet).
134. Ur; Königsfriedhof, PG/231 (ohne datierenden Zusammenhang). – Vogel; H. 2,5 cm, aus Kupferblech, vorderer Flügel in Relief angegeben; nicht sicher als Nadelkopf anzusprechen, fragmentarische Nadel in der Nähe gefunden (*Taf. 33,134* nach Woolley). – Verbleib unbekannt (U. 8397). – Woolley, Ur Excavations II 532 Taf. 219.
135. Ur; Königsfriedhof, PG/755.[130] – Affenfigürchen auf Stab; Affe H. 1,6 cm; Affe aus Gold voll gegossen,

---

[130] Grab des Meskalamdug; Nadel lag im Sarg. Äußerst viele Beigaben aus Edelmetall.

40 Der Fundstoff

auf dünnen Kupferstab gesetzt; Schaft spitzt sich nicht zu, also wohl keine Nadel.[131] Nissen datiert das Grab in die Ur I-Zeit (*Taf. 33,135* nach Woolley). – Baghdad, Iraq-Mus. (IM 8280 = U. 10010). – Woolley, Antiquaries Journ. 8, 1928, 426 ff. Taf. 56,2; ders., Ur Excavations II 155 ff. Taf. 165; Nissen, Königsfriedhof 96 f. – J. Boese/U. Reiß in: RLA III 525 s. v. Gold.

136. Ur; Königsfriedhof, PG/55. – Geplündertes Grab. – Nadel; L. 17,3 cm; Silber; Schaft läuft in einer geballten Hand aus,[132] durch den Hohlraum der Faust konnte etwas gesteckt werden (*Taf. 32,136* nach Woolley). – Beifunde: Nr. 137; kostbarer Schmuck; Silberschale, Kosmetikmuschel; Steingefäße; Keramik u. a. – London, Brit. Mus. (BM 120699 = U. 8014). – Woolley, Ur Excavations II 148 f. 527 Taf. 189.

137. Ur; Königsfriedhof, PG/55; vgl. Nr. 136. – Kopf einer Antilope (?), H. 7,6 cm (ohne Hörner 3 cm); Silber. Am Hals abgebrochen, vielleicht Bekrönung eines Stäbchens. Größer als übliche Nadelköpfe; Augen ursprünglich eingelegt, von mehrfachen Rillen überwölbt wie bei Silberköpfen von Stieren Nr. 83. 84; auffallend lange und weit ausladende Hörner, am ehesten vergleichbar mit denen von Nr. 89; Zusammengehörigkeit mit der zwischen den Hörnern gefundenen Kosmetikmuschel ungewiß (*Taf. 30,137* nach Woolley). – Philadelphia, Univ. Mus. (CBS 1638 oder 17084 = U. 8013). – Woolley, Ur Excavations II 148 f. 301. 527 Taf. 168.

138. Kunsthandel. – Nadel, von Tierfigur bekrönt; L. 10,8 cm, Standfläche L. 1,8 cm; „Bronze". Auf kleiner Standplatte stehendes gehörntes Tier; Hirsch oder Steinbock, vor dem Maul Halm oder andere Pflanze (vgl. Nr. 98); rechtes Ohr riesig (*Taf. 30,138* nach Mus. Phot.). – London, Brit. Mus. (BM 118061). – Unpubliziert.

139. Tell Aǧrab; Hill C, Oberfläche. – Nadelkopf in Form eines Hirsches. – Verbleib unbekannt (Ag. 36: 376). – Delougaz, Private Houses and Graves 269. 273 (Hill C meist frühdynastisch I); unpubliziert.

140. Tell Aǧrab; Šara-Tempel, Earlier Building M 14:12. – Nadelkopf in Form eines Vogels. – Verbleib unbekannt (Ag. 36:164). – Delougaz, Pre-Sargonid Temples 268; unpubliziert.

141. Mari; Ninni-Zaza-Tempel. – Nadelkopf in Form einer Widderprotome? H. 2,1 cm, Br. 2,4 cm; Kupfer. – Damaskus, Nat. Mus.? (M 2249). – Parrot, Les temples d'Ishtarat et de Ninni-Zaza 269; unpubliziert.

142. Šaġir Bāzār; Level 5, Grab 67. – Nadel, von zwei Vögeln bekrönt; L. 17 cm; „Kupfer". Nadel durchlocht, am Kopf sitzen sich zwei Vögel gegenüber; im Loch noch Schnurreste, dabei kleine Karneolperlchen (vgl. S. 37). Datierung: Ende der frühdynastischen Zeit[133] (*Taf. 33,142* nach Mallowan). – Beifunde: Kupfernadeln; Keramik; Eisenfragment (nicht meteorisch); Steinanhänger. – Aleppo, Nat. Mus. (? = ME 629). – M. E. L. Mallowan, Iraq 3, 1936, 27. 58 Abb. 8,2.

143. Šaġir Bāzār; Oberfläche, Grab 223. – Nadel mit Gazellenkopf; L. 8,5 cm; „Kupfer". Nadel leicht gebogen, durchlocht, um das Loch nur wenig verdickt. Kopf eines Capriden mit hochgebogenen Hörnern. Datierung: vgl. Nr. 142 (*Taf. 33,143* nach Mallowan). – Beifunde: Inventar nicht vollständig angegeben. – London, Brit. Mus. (BM 125745 = E 10). – Ill. London News Jan. 15, 1938, 94 Abb. 8; M. E. L. Mallowan, Iraq 9, 1947, 81. 190 f. Taf. 42,8; 55,13.14.

Die folgenden Nadeln aus Susa mit menschengesichtigen Rinderköpfen schließen sich so eng an Nadeln aus Kiš an (Nr. 115–125), daß ihre Datierung in die spätere frühdynastische Zeit sehr wahrscheinlich ist. Sie sind noch unpubliziert, stammen wahrscheinlich aus Gräbern wie Nr. 144. Im Unterschied zu den mesopotamischen Nadeln dieses Typs haben die aus Susa alle deutlich ausgeprägte menschliche Gesichtszüge. Deswegen wird auch das Stück aus dem Kunsthandel Nr. 148 hier eingereiht, obwohl es stilistisch von den anderen Nadeln abweicht.

---

[131] Affen sind in frühdynastischer Zeit auch bei Amuletten belegt: aus Ḫafāǧī ein Silber- und ein Lapisaffe (Frankfort, Orient. Inst. Comm. 17 [1934] 71 Abb. 61), ein Steinamulett erwähnt in Delougaz u. a., Private House and Graves in the Diyala Region. Orient. Inst. Publ. 88 (1967) 54; zu Affen s. u. S. 57.

[132] Vgl. auch Nr. 29 aus Susa; zu Hand als Abschluß eines Geräteteils vgl. auch Buchanan, Archaeology 15, 1962, 275, Yale Bab. Coll. YBC 2131, wahrscheinlich neuassyrisch.

[133] Nach freundlicher Mitteilung von D. Sürenhagen muß auf Grund des Keramikbefundes nordsyrischer Gräber die Frühdatierung dieser Gräber von Šaġir Bāzār aufgegeben werden. Das Auftreten der Ninive 5-Keramik (Iraq 3, 1936 Abb. 19,2) zusammen mit den spät zu datierenden Kyma recta-Gefäßen (Abb. 10,16.17) legen eine Datierung des Grabes 67 ans Ende der frühdynastischen Zeit nahe; ähnlich auch für Grab 68, in dem Ninive 5-Keramik (Abb. 19,1.3.) zusammen mit einer Fußschale (Abb. 10,12) vorkommt. Auch Grab 223 wird dann wohl zu diesem Horizont gehören.

144. Susa; eventuell aus einem Grab von der Südwestecke des Tells Villa Royale. – Nadel mit gehörntem Kopf; L. 16,9 cm; Kupfer (mit sehr wenig Arsen); Kopf kaum gegen Schaft abgesetzt, Nase und Augen menschlich, Ohren tierisch (*Taf. 32,144* nach de Mecquenem). – Paris, Louvre (Sb 9388). – Wahrscheinlich de Mecquenem, Mém. Délég. Perse 25 (1934) 217 Abb. 62,2.

145. Susa. – Nadel mit gehörntem Kopf, erh. L. 7,8 cm; „Kupfer". Sehr ähnlich wie Nr. 144, Kinn angedeutet, Augen weniger plastisch, Hörner schlanker und geschwungener, linkes Ohr abgebrochen, Schaft etwa zur Hälfte erhalten. – Paris, Louvre (Sb 6784). – Unpubliziert.

146. Susa. – Nadel mit gehörntem Kopf; L. 19,8 cm; „Kupfer". Hörner wie bei Nr. 145, Gesicht klarer gegen Nadelschaft abgesetzt. – Paris, Louvre (Sb 6783). – Unpubliziert.

147. Susa. – Nadel mit gehörntem Kopf; L. 17,5 cm; „Kupfer". Kopfform menschlicher als bei Nr. 144–146, Untergesicht deutlich ausgearbeitet, über der Stirn kleine Verdickung, Angabe einer Stirnbehaarung? (vgl. Nr. 121). – Paris, Louvre (Sb 6782). – Unpubliziert.

148. Kunsthandel, vgl. Nr. 47. – Nadel mit gehörntem Kopf; L. 17 cm; „Kupfer". Menschliches Gesicht; die Form der Augen mit den plastisch aufgesetzten Ringen erinnert an Augenbildung von Terrakotten, auch die fleischige, weit hervorragende Nase bei den Nadeln sonst nicht üblich. Eine Verdickung am Hinterkopf schwer zu erklären, ein Haarknoten wie bei Nr. 133 (auch mit einer Augenbildung wie bei Terrakotten) bei einem Rinderkopf schwer vorstellbar. Die Nadel ist im unteren Drittel gebrochen; das unterste Stück fest an den Kosmetikbehälter Nr. 47 ankorrodiert, Zugehörigkeit des Kopfes also nicht eindeutig (*Taf. 8,47* nach Muscarella). – Toronto, Slg. Borowski. – H. Pittman, in: Muscarella, Ladders to Heaven 196 Nr. 160 mit Taf.

149. Kunsthandel; Bismaya? – Nadel, bekrönt von einer Ziege; H. 22,5 cm, Tier L. 8 cm; „Bronze". Stehende Ziege, die Beine eng zusammengesetzt, so daß sie auf einer recht kleinen Standplatte Platz finden, nicht frei gearbeitet; Fell zottig angegeben (*Taf. 30,149* nach Mus. Phot.). – Baghdad, Iraq-Mus. (IM 13535). – Führer durch das Iraq-Museum arab. (1937) 86 ff. Abb. 69 Mitte; Rashid, PBF.I,2 (1983) Nr. 77.

150. Bismaya; Gebäude aus planconvexen Ziegeln. – Löwe an langem Nagel; L. 48 cm; „Bronze". Liegender Löwe, Schwanz ausgestreckt auf einen am Hinterleib ansetzenden Nagel gelegt. Datierung ungewiß (*Taf. 33,150*). – Chicago, Orient. Inst. Mus. (A 545). – Banks, Bismaya 237 f. mit Abb.; RL VIII 202 s. v. Mischwesen; Ellis, Foundation Deposits 56.

151. Tell Ağrab; Šara-Tempel, Earlier Building M 14:10. – Nadel mit drei Löwenköpfen. – Ag. 36:310. – Delougaz, Pre-Sargonid Temples 267; unpubliziert.

152. Tell Ağrab; Šara-Tempel, Earlier Building M 14:17. – Wand-Nagel, der in einem Stierkopf endigt. – Ag. 36:416. – Delougaz, Pre-Sargonid Temples 270; unpubliziert.

Bei den Nägeln Nr. 149 und 150 ist die Funktion völlig unklar, für Nr. 149 die Deutung als Gründungsnagel jedoch nicht ganz von der Hand zu weisen, auch wenn vorläufig Vergleichsbeispiele fehlen. Nr. 150 muß aber waagerecht eingesetzt worden sein; mit Tieren oder Tierprotomen verzierte Nägel ergänzt Boese in den zentralen Löchern der Weihplatten,[134] bei einer der größeren Platten ließe sich ein Metallnagel wie Nr. 150 vorstellen. Der apotropäische Charakter des Löwen paßt in jedem Fall zu einem Befestigungsnagel, dessen Sicherheit so erhöht wird.[135]

In den Beginn des 2. Jt.s datiert ein Paar von liegenden Ziegen an Stiften aus Ebla (Tell Mardiḫ), die aus einem reichen Grab kommen und eventuell zu einem Möbelstück gehörten.[136]

---

[134] Boese, Weihplatten 215 ff. Zusammenstellung der steinernen Tierköpfe, die dafür in Frage kommen, deren H. beträgt 3–10 cm; eventuell sind auch Metallköpfe (s. S. 30) hier anzureihen.

[135] Die sitzende Figur auf Nagel, Muscarella (Hrsg.), Ancient Art. The Norbert Schimmel Collection (1974) Nr. 109, ist wohl kaum mesopotamisch. Ganz ungewöhnlich ist die große Standplatte, die den dünnen Nagel abdeckt. Um den Nagel noch ein schmaler Wulst gelegt; zur Figur vgl. eventuell eine Statuette aus Susa (frühdynastisch?) (Amiet, Elam 183 Taf. 134,A–B), ebenfalls mit überlängten Armen und flachem Körper.

[136] H. 6,7 cm, L. 13 cm (Aleppo, Nat. Mus. TM. 78. Q. 447), P. Matthiae, Studi Eblaiti. Missione archeologica italiana in Siria I (1979) 172 Abb. 66; ders., Akkadica 17, 1980, 52 Abb. 17. – Vergleiche für Funktion und Stil fehlen vorläufig auch im 2. Jt.

KLEINE TIERFIGUREN UND AMULETTE

Die ursprüngliche Funktion mancher kleiner Tiere ist nicht mehr festzustellen. Stehen sie auf einer kleinen Standplatte, können sie Bekrönung eines Zügelringes, eines Nagels oder Stabes oder auch anderer Gerätschaften aus Metall, von denen uns keine Beispiele überliefert sind, sein. Nr. 153 läßt sich kaum als Figur eines Zügelringes erklären, da die Breitseite eindeutig die Schauseite ist, eine Ergänzung auf einem Stift wie bei Nr. 138 wäre gut denkbar; in diesem Fall kann auch der Fundort, Nintu-Tempel in Ḫafāǧī, als Indiz gewertet werden, daß es sich nicht um einen Zügelring handelt.

Sind die Figürchen mit einer Öse versehen, kann man sie ganz allgemein als Amulett bezeichnen. Amulette aus Kupfer sind allerdings sehr selten in frühdynastischer Zeit, denn kleine Schmuckanhänger sind sehr oft aus Edelmetall gefertigt (die reichen Funde aus Tell Asmar und Ur werden hier nicht einzeln aufgeführt[137]).

153. Ḫafāǧī; Nintu-Tempel V,Q 45:4. – Hortfund? – Statuette eines Wisents; H. 5 cm, L. 5 cm, Br. 1,8 cm; „Kupfer". Das gehörnte Rind steht auf einer schmalen Standplatte, den Kopf zur Seite gewandt, unter dem Maul hängt ein schmaler Bart herab, sonst keine Behaarung angegeben; der Schwanz berührt die Standplatte, die Quaste scheint gedreht. Behm-Blancke datiert überzeugend in seine Stufe IV (älter Frühdynastisch) wegen der fehlenden Stirnbehaarung und der einfach geschwungenen Hörner, die dieses Tier von denen aus dem Urfriedhof Nr. 85–87 und dem Zügelring Nr. 108 unterscheiden (*Taf. 33,153* nach Phot.). – Baghdad, Iraq-Mus. (IM 58014 = Kh.VIII 268). – Ill. London News Dec. 17, 1938, 1144 Abb. 2; Delougaz, Pre-Sargonid Temples 149; Behm-Blancke, Das Tierbild 46.87 Taf. 34,169 Nr. 179.
154. Tell Aǧrab; Šara-Tempel, Main Level M 14:2 (aus dem Altar?). – Kleiner Kupferlöwe.[138] – Ag. 36:190. – Delougaz, Pre-Sargonid Temples 278; unpubliziert.
155. Mari; Ištar-Tempel. – Stierkopf; H. 1,2 cm; Goldblech über Bitumen. Ansatz zum Körper erhalten, war also sicher ein ganzes Figürchen (*Taf. 33,155* nach Parrot). – Paris, Louvre (AO 19069 = M 1069). – Parrot, Le temple d'Ishtar 173 Abb. 96.
156. Assur; Assur-Tempel, unter dem „ältesten" Tempel; vgl. Nr. 43. – Tier; H. 4,7 cm; Kupfer. Stehender Vierbeiner (Lamm?), vielleicht auch Tier zu einem Opferträger wie Nr. 43, Kopf zur Seite gedreht (*Taf. 33,156* nach Haller). – Berlin, Vorderas. Mus. (VA 5014 = Ass. 16317o; nicht erhalten). – Haller, Heiligtümer 12 Taf. 27,a.
157. Tepe Gaura; Stratum VI M 7 (Häuser). – Genauer Fundzusammenhang unbekannt. – Hinterteil eines Vierbeiners; L. 3 cm; Kupferblech über Bitumen. Kurzer Schwanz; als Amulettanhänger wohl zu groß (*Taf. 33,157* nach Speiser). – Philadelphia, Univ. Mus. (? = Nr. 1326). – E. A. Speiser, Excavations at Tepe Gawra I (1935) 112 Taf. 82,27.
158. Tepe Gaura; Stratum VI K 8 (Häuser). – Hirschkopf; H. 3,9 cm; „Kupfer"; Vollguß? Am Hals abgebrochen, gehörte also zu einer ganzen Figur, Zügelring? (*Taf. 33,158* nach Speiser). – Philadelphia, Univ. Mus. (? = Nr. 1328). – E. A. Speiser, Excavations at Tepe Gawra I (1935) 112 Taf. 50,7.

Stratum VI in Tepe Gaura gehört in die ausgehende frühdynastische bis akkadische Zeit. Aus Stratum VII–V kommen noch 17 Schlangen, aus Kupferdraht, leicht gewellt, am Ende für den Kopf abgeflacht und etwas geritzt[139] (zu Schlangen s. a. u. S. 62 und Nr. 252).

---

[137] Tell Asmar: z. B. Frankfort, Orient. Inst. Comm. 16 (1933) 48 Abb. 31; 17 (1934) 35 ff. Abb. 28–29. Zu Ur vgl. allgemein: Woolley, Ur Excavations II Taf. 142 (dabei U. 12469 Vollguß aus akkadischer Zeit).

[138] Aus M 14:4 derselben Schicht ein weiteres Tierfragment aus Kupfer (Ag. 35:542) erwähnt bei Delougaz, Pre-Sargonid Temples 280.

[139] E. A. Speiser, Excavations at Tepe Gawra I (1935) 111 f. Taf. 50,2.14; aus Schicht VII zwei Stück, aus Schicht VI zwölf und aus Schicht V drei Stück (L. 19,2/24,6 cm).

159. Ur; Kampagne 1919; Eḫursag-Areal, nachaltbabylonische Schicht. – Kleiner Löwenkopf; H. 2,7 cm; „Kupfer", Vollguß. In Halsmitte Loch für Befestigung, eventuell als Amulett. Linke Kopfhälfte ein Loch, Gußfehler? Barthaare in Rillen angegeben, zwischen den Augen kleine Wülste, keine Mähnenangabe, ähnlich wie kleine Protome vom Schlitten der Puabi (Nr. 96 B). Sicher nicht an einen Tierkörper montiert, da das kleine Format einen Gesamtguß erlaubt hätte (Taf. 30,159 nach Mus. Phot.). – London, Brit. Mus. (BM 115320). – Woolley, Ur Excavations IV 39 Taf. 49, h.

160. Tell Aġrab; Šara-Tempel, Main Level M 14:4. – Löwenamulett aus Kupfer. – Verbleib unbekannt (Ag. 35:542). – Delougaz, Pre-Sargonid Temples 280; unpubliziert.

161. Tell Asmar, Gebäude aus der Zeit des Main Level of Northern Palace, E 17:10. – Fußamulett; Kupfer. – Verbleib unbekannt (As. 32:1062). – P. Delougaz u. a., Private Houses and Graves in the Diyala Region. Orient. Inst. Publ. 88 (1967) 249; unpubliziert.

162. Ur; Gipar. – Winziger Kopf eines Kalbes; 1,5 cm; Kupfer, Anhänger. – Baghdad, Iraq-Mus. (IM? = U. 2910). – Woolley, Ur Excavations IX 111.

NEUSUMERISCHE ZEIT BIS ENDE DES 2. JAHRTAUSENDS

Da reiche Grabfunde fehlen, ist die Überlieferungslage für diesen Zeitraum wesentlich schlechter als für die frühdynastische Zeit. Erhalten ist fast nur Tempelinventar, und auch dieses ist mit wenigen Ausnahmen über den Kunsthandel in Museen gelangt; kein einziges Stück läßt sich in seiner ursprünglichen Aufstellungsart rekonstruieren. Wie auch schon in frühdynastischer Zeit haben kostbare Metallfigürchen wohl nur in Hortfunden überdauert. Neben kleinen Götterstatuetten gibt es einige wenige Beter; eine größere Rolle spielen jetzt offenbar aufwendigere Weih- und Kultobjekte mit reichem figürlichen Schmuck, oft in Verbindung mit einem kleinen Gefäß. Ob es sich dabei um die Nachfahren der figürlichen Gefäße der frühsumerischen und frühdynastischen Zeit handelt, läßt sich vorläufig nicht feststellen, da bei allen die Funktion im Kult unklar ist.

Figürliche Ständer sind keine überliefert, auch auf Darstellungen von Kultszenen fehlen sie. Da Ständer aber weiterhin eine große Rolle spielten und im folgenden Jahrtausend durchaus auch wieder figürlich verziert sind, handelt es sich vielleicht nur um eine Überlieferungslücke.

Auch von der aus Texten bekannten Großplastik aus Metall haben sich nur in Mari Reste in Form von Torlöwen erhalten.

Kleine Tiere sind nur sehr schwer zu datieren, nur wenige sind in diesem Kapitel untergebracht; die kleinen Bronzehunde werden alle im Zusammenhang bei der neuassyrischen Zeit behandelt, auch wenn manche sicherlich kassitisch einzuordnen sind.

In der Technik hat sich nichts Entscheidendes geändert; neben Bronzen kommen auch weiterhin reine Kupferstatuetten vor. Hohlgüsse sind sicher häufig, auch wenn sich das bei heute fest aufgesockelten Stücken nicht ohne weiteres nachweisen läßt.

In altbabylonischer Zeit läßt sich recht häufig eine „Vergoldung" oder „Versilberung" von Bronzen nachweisen (Nr. 172.186.192–194), die auch in Texten belegt ist; es wird auch erwähnt, daß ältere Statuen mit Gold überzogen werden.[1] Das dünne Gold- oder Silberblech wird vor allem auf das Gesicht aufgelegt, manchmal mit kleinen Nägelchen befestigt, oft wohl auch nur aufgehämmert, ganz selten in dafür vorgesehene Rillen eingefalzt (vgl. Nr. 211 aus Elam; aus Mesopotamien vorläufig noch keine Beispiele; vgl. dagegen Seeden, PBF. I, 1 [1980] passim).

---

[1] D. O. Edzard, Die „zweite Zwischenzeit" Babyloniens (1957) 173 Anm. 946 (UET V 75). – Zu Vergoldungen vgl. auch H. Limet, Le travail du métal au temps de la IIIᵉ dynastie d'Ur (1960) 152.

Im Gegensatz zur frühdynastischen Zeit sind in altbabylonischer nun auch häufiger die Metallsockel erhalten. Bevorzugt wurde eine rechteckige hohe, sich nach unten etwas verbreiternde Form (zu kleinen Sockeln aus Stein vgl. S. 62.73).

STATUETTEN VON GÖTTERN UND „KULTURPERSONAL"

Nur wenige Statuetten lassen sich eindeutig als kleine Gottheiten ansprechen. Sicher um Götter handelt es sich, wenn die Figuren mit Hörnerkrone und Falbelkleid bekleidet[2] und eventuell auch noch mit weiteren Attributen ausgestattet sind wie Nr. 163. Aber das Falbelkleid allein reicht nicht aus, eine Figur als göttlich zu bezeichnen, da Priesterinnen seit der Akkad-Zeit ebenfalls das Falbelkleid tragen.[3] So ist oft die Entscheidung, Gott oder Mensch, nicht eindeutig zu treffen.

Die unbekleideten weiblichen Figuren werden hier angeschlossen, da es sich bei ihnen sicher nicht um Beterinnen handelt. Ob sie zum „Kulturpersonal" gehörten oder im göttlichen Bereich einer Göttin, etwa Ištar, zugeordnet werden, läßt sich noch nicht entscheiden.

Götterpaar aus Iščali

163. Iščali; nachträglich angekauft. – Hortfund. – Statuette eines viergesichtigen Gottes; H. 17,2 cm; „Bronze". Der Gott steht in Schrittstellung, den linken Fuß weit nach vorne auf einen kleinen liegenden Widder gesetzt. Das vielfach gestufte Falbelgewand reicht bis zu den Fußknöcheln, die Füße sind recht groß, aber fein modelliert; Widder und rechte Fußspitze sind durch einen schmalen Steg verbunden, der als Standplatte aber zu klein ist und wahrscheinlich auf einem anderen Gegenstand oder Sockel montiert war. Am Oberkörper sieht man deutlich, daß es sich um ein Wickelgewand handelt, das die rechte Schulter freiläßt und vom linken Arm bogenförmig in den Rücken fällt. Der rechte Arm hängt seitlich am Körper herab, die Hand hält eine lange Waffe mit gebogener Klinge, das Ende dieses „Sichelschwertes" ist abgebrochen. Die linke Hand ist geballt vor die Brust gelegt und hielt vielleicht auch einen Gegenstand, der separat gearbeitet war. Der Kopf setzt sich aus vier bärtigen Gesichtern zusammen, jeweils von einem Hörnerpaar auf flacher Kappe bekrönt. Die Bärte fallen in langen fächerartig auseinanderstrebenden Locken herab, die Wangenbärte sind fein gelockt, stoßen jeweils aneinander, so daß seitlicher Haaransatz und Ohren nicht zu sehen sind. Nasen, Augen und Lidränder sind fein ausgearbeitet, über der Stirn ist der gewellte Haaransatz zu sehen (Taf. 34,163 nach Frankfort). – Beifunde: wahrscheinlich aus einem Hort mit Bronzegerät und Bronzewaffen, Perlen, Siegeln und Nr. 164. – Chicago, Orient. Inst. Mus. (A 7119). – Frankfort, More Sculpture 21 Taf. 77–79,A Nr. 338; Orthmann, Propyläen Kunstgeschichte 14 Taf. 165,b.

164. Iščali; vgl. Nr. 163. – Statuette einer viergesichtigen Göttin; H. 16,2 cm, „Bronze". Die Göttin sitzt auf einem vierbeinigen Hocker, der aber kompakt gegossen ist, die Beine nur in Relief angegeben. Die unterste Partie des Hockers mitsamt den Füßen der Göttin fehlt. Der Stoff ist nicht wie bei Nr. 163 in Stufen gegliedert, vielmehr charakterisieren senkrecht verlaufende gewellte Ritzlinien das Gewand als das einer Wassergottheit, wie auch bei der Brunnengöttin aus Mari;[4] wie bei dieser ist das Gewand am Oberkörper schräg übereinandergelegt, die Arme bleiben frei. Die Hände halten vor der Brust ein Gefäß mit breitem Rand, aus dem zwei Wasserströme seitlich herabfließen; die Ellenbogen sind weit vom Körper abgespreizt, die Arme kaum modelliert, an den Handgelenken von Armreifen geziert. Der viergesichtige Kopf scheint über den stark abfallenden Schultern sehr zierlich. Nur eines der Gesichter zeigt noch die feinen Gesichtszüge und den Haaransatz, ganz ähnlich wie bei Nr. 163. Auch die flache Kappe mit dem Hörnerpaar entspricht

---

[2] Zu diesen Fragen allgemein Boehmer, in: RLA III 466 ff. s. v. Götterdarstellungen.

[3] So auf dem Diskus der Enḫeduana (Orthmann, Propyläen Kunstgeschichte 14 Taf. 101; vgl. auch Anm. 2).

[4] Ebd. Taf. 160,b.

Nr. 163, auf dem Kopf erhebt sich aber noch ein zylindrischer Polos mit Nischendekoration, der sonst vor allem im syrischen Raum belegt ist[5] (*Taf. 34,164* nach Frankfort). – Chicago, Orient. Inst. Mus. (A 7120). – Frankfort, More Sculpture 21 Taf. 79, B–81 Nr. 339; Orthmann, Propyläen Kunstgeschichte 14 Taf. 165,a.

Eine Eigenheit dieser beiden Figuren, vier Gesichter, ist einmalig und legt eine gemeinsame Aufstellung nahe; ob die beiden Gottheiten gemeinsam ein größeres Weihobjekt zierten oder ob sie einzeln als Gegenstücke aufgestellt waren, läßt sich nicht mehr feststellen. Die schmalen Stege unter den Füßen der männlichen Statuetten lassen nur noch erkennen, daß sie ursprünglich sicher aufgesockelt war, ähnlich wie auch der Wagenlenker Nr. 36.

Die Ikonographie des Gottes – abgesehen von den vier Gesichtern – ist gut bekannt, doch bereitet seine Benennung noch Schwierigkeiten. Die Waffe und das Attributtier legen eine Beziehung zum Gott Amurru nahe.[6] Gegen eine Identifikation mit diesem Hauptgott spricht allerdings die niedere Hörnerkappe und die Wiedergabe mit den vier Gesichtern; auch die Zusammengehörigkeit mit der kleinen Wassergöttin Nr. 164, die sicherlich keine hohe Göttin darstellt, spricht mehr für eine Trabantengottheit im Umkreis des Amurru.

Wasserspendende Göttinnen sind seit der Akkad-Zeit sehr verbreitet; man kennt sie von Tempelfassaden,[7] Brunnenfiguren,[8] großen Wandgemälden,[9] kleinen Steinstatuetten[10] und Terrakottareliefs.[11]

Schutzgöttinnen

165. Ur; Hof der Ḫendursag-Kapelle; eventuell in einem Holzkästchen, das der Steinstatuette einer kleinen Göttin als Podest diente, gefunden.[12] – Fürbittende Göttin; H. 10 cm, „Bronze", Vollguß. Eine feine senkrechte Riefelung überzieht das achtstufige Falbelgewand. Es bedeckt Schultern und Oberarme; Ellenbogen und Unterarme waren sicher unbedeckt und separat gearbeitet, wie zwei kantige Aussparungen seitlich in Taillenhöhe zeigen, vielleicht waren sie aus kostbarem Material wie auch die Augeneinlagen, die fehlen. Um den Hals liegt ein fünffacher Halsring, der hinten von einem langen, bis zum Gewandsaum reichenden Gegengewicht ausbalanciert wird. Nase und Lippen sind fein gezeichnet, das Untergesicht ist breit mit kräftigen Wangen, wie auch bei der Brunnengöttin aus Mari.[13] Das Haar ist tief im Nacken zu einem breiten Knoten gebauscht, zwei gewellte Strähnen fallen über die Schultern nach vorne. Eine hohe Kappe mit vierfachem Hörnerpaar sitzt über der Stirn, läßt noch den gewellten Haaransatz erkennen; hinten ist die Kappe abgeflacht. Das Gewand nimmt im untersten Teil einen nahezu rechteckigen Umriß an und ist nur durch eine tiefe Einkerbung gegen den Sockel abgesetzt, für die Füße bleibt so kein Raum. Der niedrige Sockel ist innen hohl, von vorne und von hinten durchlocht, so daß er fest über einem Unter- oder Einsatz verdübelt werden konnte (*Taf. 35,165* nach Mus. Phot.). – London, Brit. Mus. (BM 123040 = U. 16396). – L. Woolley, Antiquaries Journ. 11, 1931, 369 f.; ders., Ur Excavations VII 184.238 Taf. 56,b; A. Spycket, Rev. Assyr. 54, 1960, 82 ff.; D. J. Wiseman, Iraq 22, 1960, 166 f. Taf. 23,a–c; Orthmann, Propyläen Kunstgeschichte 14 Taf. 166,b; Rittig, Assyrisch-babylonische Kleinplastik 19 f.29.

---

[5] Boehmer, in: RLA IV 432 s. v. Hörnerkrone.
[6] J.-R. Kupper, L'iconographie du dieu Amurru dans la glyptique de la Ire dynastie babylonienne (1961) (diese Statuette dort nicht erwähnt).
[7] Inanna-Tempel des Karaindaš in Uruk (Orthmann, Propyläen Kunstgeschichte 14 Taf. 169).
[8] Brunnenfigur aus Mari (ebd. Taf. 160,b).
[9] Wandgemälde aus dem altbabylonischen Palast von Mari (ebd. Taf. 187).
[10] Parrot, Tello Abb. 41,g.
[11] Woolley, Ur Excavations VII Taf. 64,1.
[12] Falls die Fundumstände richtig interpretiert sind, muß wie bei Nr. 166 mit sekundärer Verwendung gerechnet werden.
[13] Vgl. Anm. 8.

166. Ur; Ningal-Tempel des Kurigalzu; unter dem Ziegelwerk einer Erweiterung des NW-Altares eingemauert.[14] – Fürbittende Göttin; H. 7,3 cm; „Kupfer", Körper hohl gegossen. Sehr ähnlich wie Nr. 165, die Arme sind mitgegossen und deswegen erhalten, die Unterarme nach oben angewinkelt, die Hände erhoben, leicht einander zugeneigt. Die Gewandriefelung verläuft wellenförmig. Oberfläche sehr schlecht erhalten, daher Gesicht kaum mehr zu erkennen, tiefsitzender Haarknoten wie bei Nr. 165, die seitlichen Locken fehlen, auch der Haaransatz ist nicht zu erkennen. Auf dem Kopf flache, schräg nach hinten abfallende Kappe, aber keine Spur einer Hörnerkrone oder ehemaliger Befestigung einer Hörnerkrone aus anderem Material. Da der schräg abgeflachte Kopf aber in dieser Weise einmalig und unbefriedigend ist, muß wohl doch eine Hörnerkrone ergänzt werden, vielleicht aus Goldblech, das nur aufgehämmert war. Sockelzone, ohne Füße, wie bei Nr. 165, die niedrige Standplatte von hinten für Verdübelung durchlocht (*Taf. 35,166* nach Mus. Phot.). – London, Brit. Mus. (BM 124357 = U. 18628). – D. J. Wiseman, Iraq 22, 1960, 168 Anm. 16 Taf. 23,c rechts; Woolley, Ur Excavations VIII 108 Taf. 28; R. S. Ellis, Rev. Assyr. 61, 1960, 52; Rittig, Assyrisch-babylonische Kleinplastik 29.

Diese beiden Statuetten sind sich sehr ähnlich, im Erscheinungsbild und wohl auch in der ursprünglichen Verwendung, wie die Sockelpartie mit den Befestigungslöchern zeigt. Eine Datierung in die altbabylonische Zeit, wie sie die Fundlage von Nr. 165 und Vergleiche mit der Brunnengöttin aus Mari wahrscheinlich machen, ist auch für Nr. 166 anzunehmen, auch wenn die Fundlage eine Datierung in kassitische Zeit erlaubt.

167. Kunsthandel; bei Hilla (Babylon) gefunden? – Fürbittende Göttin; H. 13 cm, Kupfer (anal.). Oberfläche stark zerstört, vor allem am Kopf und den Oberarmen, Unterarme, ursprünglich frei gearbeitet, abgebrochen. Gewand wie Nr. 165, aber viel gröber in vertikaler und horizontaler Gliederung; Körper völlig flach; am Kopf noch Umriß des großen Nackenknotens und der vorne aufsteigenden Hörnerkrone zu erkennen; unter dem Gewand keine Sockelzone aber auch keine Füße angegeben, war wahrscheinlich mit einem Gußzapfen aufgesockelt (*Taf. 35,167* nach Mus. Phot.). – Paris, Louvre (MN 1223 oder N 8426). – A. de Longpérier, Musée Napoleon III. Choix de monuments antiques (o. J.) Nr. 2 Taf. 1,2; Heuzey, Catalogue 323 f. Nr. 168 (falsche Beschreibung); Spycket, La statuaire 232 Taf. 157.

168. Kunsthandel. – Vier fürbittende Göttinnen; H. 6,2–6,5 cm (?); Bronze? Alle nicht auffindbar, von dreien existieren Photographien, diese drei untereinander fast gleichartig. Oberfläche sehr korrodiert, Stufen des Gewandes gerade noch zu erkennen, Unterarme nach oben angewinkelt vor die Brust gelegt, nur in Relief angegeben; zwei dicke Locken fallen auf die Schultern, im Nacken sehr breiter Knoten, vorne hohe Hörnerkrone. Standplatte bei a deutlicher gegen Rocksaum abgetrennt als bei b und c, Beine und Füße allerdings nicht ausgearbeitet (*Taf. 35,168* nach Mus. Phot.). – Paris, Louvre (Klf 23–26). – Heuzey, Catalogue 324 Nr. 169–172; Spycket, La statuaire 232 Taf. 158.

169. Kunsthandel. – Fürbittende Göttin; H. 13,5 cm; „Bronze". Sehr ähnlich wie Nr. 165, Arme erhalten, waren aber separat gegossen und dann eingesetzt; Oberarme schon ein wenig nach vorne gestreckt, so daß die erhobenen Unterarme weit vom Körper entfernt sind, einander leicht zugeneigt; achtstufiges Gewand in feinen Wellenlinien gerieft; mehrfacher Halsreif; Kopf leicht nach oben gewandt, Hinterkopf zerstört, Gesicht nur noch im Umriß erhalten; keine Standplatte und keine Füße, also wahrscheinlich mit Dübel aufgesockelt (*Taf. 35,169* nach Katalog). – Berlin, Vorderas. Mus. (VA 2665). – Die Welt des Alten Orients (Ausstellungskatalog Göttingen 1975) Nr. 139; B. Brentjes, Völker an Euphrat und Tigris (1981) Abb. 81.

170. Kunsthandel. – Fürbittende Göttin; H. 11,5 cm; „Bronze". Umriß der Figur sehr ähnlich wie bei Nr. 168, Unterarme aber vom Körper gelöst, sehr kräftig, mit Reifen um die Handgelenke. Vielfacher Halsring mit Gegengewicht; Gesicht sehr breit, Knoten und breite Hörnerkrone wie bei Nr. 165; Gewand geht unmittelbar in den niedrigen Sockel über, der ursprünglich wohl mit einem Gußzapfen versehen war (*Taf. 35,170* nach Muscarella). – Toronto, Slg. Borowski. – Muscarella, Ladders to Heaven 95 Nr. 51.

---

[14] Da sie ursprünglich sicher aufgesockelt war, ist sie sicher erst sekundär dorthin gelangt, entgegen Rittig (assyrisch-babylonische Kleinplastik 19); Ellis (Rev. Assyr. 61, 1960, 52) nimmt für die Funde aus den obersten Ziegellagen auch sekundäre Verwendung an.

Die Benennung der fürbittenden Göttin mit den erhobenen Unterarmen als ᵈLama ist inschriftlich gesichert; ein kleines Relief aus Uruk aus kassitischer Zeit mit ihrem Bild trägt eine Inschrift, die ihren Namen nennt.[15]

Diese Göttin mit erhobenen Armen spielt seit der Akkad-Zeit in Einführungsszenen eine große Rolle, sie interveniert für den Menschen bei höheren Gottheiten. Unter ᵈLama können sich allerdings unterschiedliche Gottheiten verbergen, ausschlaggebend ist der Aspekt des Schützens, den die Gottheit mit der Benennung ᵈLama annimmt.[16]

Die Funktion dieser kleinen Figürchen – Fürsprache für den Weihenden – ist eindeutig; die Art ihrer Aufstellung ist aber in keinem Fall gesichert. Es ist nicht auszuschließen, daß Nr. 165 und 166 die sinnvolle Bekrönung eines größeren Weihobjekts bildeten, aber auch eine Weihung einer kleinen Statuette in bezug zu einem Kultbild einer höheren Gottheit, als Vermittlerin zwischen Weihendem und Gott, ist denkbar.[17] Schutzfunktion hatten auch die vorläufig nur über den Kunsthandel in Museen gelangten kleinen Goldamulette mit Ring zum Aufhängen an einer Kette.[18]

Diese fürbittende Haltung mit den erhobenen Armen findet sich auch bei Figuren ohne Hörnerkrone, auch bei Terrakotten;[19] in kassitischer Zeit trägt die Fürbitterin dann auch häufig ein langes glattes Gewand.[20] Da diese Armhaltung bei eindeutigen Beterinnen in dieser Epoche nie belegt ist, scheint es berechtigt, alle weiblichen Figuren mit gleichmäßig steil erhobenen Unterarmen als Fürbitterinnen anzusprechen. Bei manchen Statuetten könnte auch die Hörnerkappe, das Zeichen ihrer Göttlichkeit, verloren sein, da es auch separat gearbeitete Kopfbedeckungen dieser Art gab (vgl. Nr. 171). Eine Steinstatuette aus Ur[21] muß mit einer solchen Kappe ergänzt werden, sicherlich aus anderem Material als Stein.

171. Kunsthandel. – Hörnerkappe; H. 9,5 cm, Durchmesser 16,3 cm; „Kupfer" mit kleinen Muschelperlchen, eventuell früher noch mit Steinen verziert. Kalottenförmige Kappe mit Wulstrand, darunter separat gegossenes Hörnerpaar mit hochgebogenen Spitzen (vgl. die ähnlichen Kopfbedeckungen der kleinen Gottheiten am Sockel von Nr. 193); flache Hörnermützen dieser Art sind seit der Akkad-Zeit belegt (*Taf. 42,171* nach Muscarella). – Toronto, Slg. Borowski. – D. J. Wiseman, Iraq 22, 1960, 168 f. Anm. 29 Taf. 22,a; Muscarella, Ladders to Heaven 90 f. Nr. 47.

172. Kunsthandel. – Weibliche Statuette; H. 23,5 cm; „Bronze", teilweise innen hohl? Gesicht mit Goldblech belegt. Langes Gewand, Details der Drapierung und Charakterisierung des Stoffes nicht mehr zu erkennen, es muß sich wohl um ein langes Untergewand und einen über beide Schultern gelegten langen Mantel handeln, denn die Arme sind bedeckt und von den Handgelenken fallen zwei vertikale Säume herab. Der Körper ist recht flach, nur das Gesäß herausmodelliert. Die Arme sind nach oben angewinkelt vor die Brust gelegt, mit erhobenen Händen, Fingerspitzen abgebrochen. Am Gesicht ist auch durch die Goldauflage die schöne, aber sparsame Modellierung zu erkennen, es ist breit und füllig wie bei Nr. 165. Das Haar ist über den Ohren und auf dem Kopf gebauscht und wirkt wie von einem Tuch umhüllt. Genauere Zeichnung des Kopfputzes, die eine Bestimmung der Figur erleichtern würde, fehlt. Unter dem Gewand verschmelzen die Füße zu einer massiven Sockelzone, die wahrscheinlich mit dem Gußzapfen in die hohle(?) Basis eingelassen war. Diese rechteckige, sich nach unten verbreiternde Basis

---

[15] Lenzen/Falkenstein, UVB 12/13 (1956) 42 ff. Taf. 23,b.

[16] Ausführlich zu ᵈLama: Spycket, Rev. Assyr. 54, 1960, 73 ff.; Wiseman, Iraq 22, 1960, 166 ff.; von Soden, Baghd. Mitt. 3, 1964, 151 f.

[17] Spycket (a.a.O. 78 f.) zitiert einige Textstellen, aus denen hervorgeht, daß gleichzeitig mehrere ᵈLama, teilweise auch aus Gold, geweiht wurden und offensichtlich in der Nähe eines Kultbildes aufgestellt waren.

[18] London, Brit. Mus. (BM 103057), H. 3,5 cm: Wiseman, Iraq 22, 1960, 168 Anm. 18 Taf. 23,e. – New York, Met. Mus. of Art (47.1), zwei Stücke, angeblich aus Dilbat, H. ca. 2,75 cm: Wiseman a.a.O. Taf. 23,h; Orthmann, Propyläen Kunstgeschichte 14 Taf. 253,a. – Ein Paar aus Paris, Louvre, unpubliziert, erwähnt von Spycket, La statuaire 232.

[19] Amiet, Elam Taf. 220 (H. 38 cm); vgl. auch mittelelamische Tempelfassade aus Susa ebd. Taf. 299.

[20] Moortgat, Vorderasiatische Rollsiegel Taf. 59. – Die Haltung dann auch auf kassitischen Kudurrus bei der Göttin Gula (Seidl, Baghd. Mitt. 4, 1968, 196).

[21] Woolley, Ur Excavations VII Taf. 55,b.

ist sehr hoch (fast ein Drittel der Statuenhöhe), an der Vorderseite ist ein kleines Gefäß mitgegossen; eventuell auf einer Seite noch Inschriftreste zu erkennen (*Taf. 36,172* nach Meyer). – Berlin, Vorderas. Mus. (VA 2845). – Meyer, Altorientalische Denkmäler Taf. 58; J. Börker-Klähn, Baghd. Mitt. 6, 1973, 63; Spycket, La statuaire Taf. 159.

173. Kunsthandel. – Weibliche Statuette; H. 19 cm; „Bronze". Sehr ähnlich wie Nr. 172, ebenfalls in hohlen Sockel eingelassen, allerdings sehr weit vorne, Sockel 3,5 × 4,5 cm. Stark restauriert, die ursprünglich erhobenen Hände haben sich erst im Museum zersetzt; untere Gewandpartie und rechter Vertikalsaum ergänzt? Trug wahrscheinlich dieselbe Manteltracht wie Nr. 172. Auf den Rücken hängt ein langes Gegengewicht für ein auf der Brust liegendes Schmuckstück. Gesicht weitgehend zerstört. Kunstvoll geflochtene Frisur oder Turban im Umriß ähnlich wie bei Nr. 172. Haltung sehr steif mit gerade erhobenem Kopf, Brust und Hüftpartie aber schön modelliert (*Taf. 36,173* nach Mus. Phot.). – Brüssel, Mus. Cinquantenaire (O. 213). – L. Speleers, Mélanges de l'Université St. Joseph 8, 1922, 59 ff. mit Taf. Abb. 1–3.

174. Kunsthandel. – Weibliche Statuette; H. 9,5 cm; „Bronze". Langes glattes Untergewand mit langem Mantel wie bei Nr. 172; die Füße sehen unter dem Gewandsaum hervor, darunter breiter Gußzapfen zum Einlassen in einen Sockel. Die Unterarme angewinkelt, nur leicht nach oben gerichtet, in beiden Händen gebogener Gegenstand. Die Haare fallen in zwei dicken Locken nach vorne und sind im Nacken zu einem Knoten hochgenommen, die Haarkalotte ist glatt, nur von einem Haarband umgeben, das hinten geknotet ist. Die Gesichtszüge sind grob, die Augen sitzen schräg, sind nahezu klappsymmetrisch, der Mund ist breit mit nach unten gezogenen Winkeln. Umriß der Figur wie bei Nr. 172, das Gewand schwingt nach unten ein wenig aus (*Taf. 37,174* nach Mus. Phot.). – London, Brit. Mus. (BM 129382). – S. Smith, Brit. Mus. Quarterly 12, 1937/38, 139 Taf. 47,a.

Die Manteltracht von Nr. 172–174 ist bisher einige Male bei Göttinnen und wahrscheinlich auch bei Priesterinnen belegt, meist im Falbelstoff, bei Beterinnen kommt sie nie vor.[22] Bei Nr. 172 ist nicht auszuschließen, daß die sicher auch mit Edelmetallfolie bedeckte Frisur ein flaches Hörnerpaar trug. Die gebogenen Gegenstände in den Händen von Nr. 174 finden sich häufig bei Terrakottareliefs von Frauen im Falbelgewand, bei manchen ist deutlich, daß es sich um Gefäße handelt;[23] eine Benennung dieser Figur ist vorläufig nicht möglich. Nr. 172 und 173 können zu den Fürbitterinnen gerechnet werden.

Bei den folgenden Statuetten aus Nuzi ist für Nr. 175 die Bezeichnung als ᵈLama auf Grund des Vergleichs mit dem Relief aus Uruk überzeugend, die übrigen sind hier versuchsweise angereiht; bei kleinen, nicht sehr qualitätvollen Statuetten läßt sich oft die Armhaltung nicht eindeutig als fürbittend erhoben oder „betend" vor die Brust gelegt unterscheiden.

175. Nuzi; Tempel G (Isin-Larsa-Zeit?).[24] – Weibliche Statuette; H. ca. 13 cm; „Kupfer";[25] Vollguß. Langes Gewand, Hände nahe am Körper erhoben; Haare fallen nach vorne auf die Schultern, um den Kopf ein

---

[22] Opificius, Das altbabylonische Terrakottarelief 181; im glatten Gewand, das aber sicher bemalt war, sog. Ḥendursag (U. 16424) (Woolley, Ur Excavations VII Taf. 56,a). Bei dieser Figur Haar ebenfalls in ein Tuch eingebunden; im glatten Gewand auch die niederen Gottheiten am Sockel von Nr. 193. Die gebauschte Frisur unter einem geflochtenen Turban bei Terrakottaformen aus Mari (Parrot, Le Palais III Taf. 19). – Beterinnen tragen stets das ein- oder zweizipfelige Schalgewand. Daher handelt es sich bei einem kleinen getriebenen Goldblech aus Assur mit Darstellung einer Frau nach rechts, beide Hände gleichmäßig steil erhoben, im übergelegten Mantel sicher auch um eine Fürbitterin, auch wenn sie nur ein einfaches Band um ihre Knotenfrisur geschlungen hat (Andrae, Die jüngeren Ischtar-Tempel 108,h Taf. 48,1; alt- bis mittelassyrisch); ähnlich, aber mit Turban, eine Frau auf einem Gipsrelief aus Mari (M 1365) (Parrot, Le Palais III 31 f. Abb. 26,c).

[23] Woolley, Ur Excavations VII Taf. 78,125; Barrelet, Figurines et reliefs en terre cuite Taf. 29.30.

[24] Zur Datierung der Fundplätze von Nuzi vgl. Opificius, Das altbabylonische Terrakottarelief 16 ff.: Tempel G, Isin-Larsa-Zeit; Stratum III northwestern ridge, eventuell altbabylonisch; Stratum II, ḫurrisch-mitannisch.

[25] Starr, Nuzi 470 schreibt, daß Analysen zeigten, daß in Nuzi mehr Kupfer als Bronze vorkommt, er deswegen bei nicht analysierten Stücken Kupfer angegeben hat. Alle hier aufgeführten Statuetten sind nicht analysiert.

Band. Einzelheiten wegen stark korrodierter Oberfläche nicht zu erkennen; Handhaltung und Frisur passen zur fürbittenden Göttin (Taf. 42,175 nach Starr). – Baghdad, Iraq-Mus. (IM? = 31-1-24). – Starr, Nuzi 63.386 Taf. 56,H; Spycket, La statuaire 297.

176. Nuzi; Stratum II (ḫurrisch-mitannisch?), NO-Abschnitt Gruppe 16. – Kapelle? – Weibliche Statuette; H. ca. 10,5 cm; „Kupfer"; langes Gewand, Körper ganz flach, Hände vor die Brust gelegt, Unterarme wenig nach oben angewinkelt; unten Zapfen zum Einsockeln. Sehr ähnlich wie Terrakottarelief aus Nuzi, das auch ein Wulstdiadem und nach vorne fallende Locken zeigt[26] (Taf. 42,176 nach Starr). – Baghdad, Iraq-Mus. (IM? = 28-11-368). – Starr, Nuzi 307.419 Taf. 101,G.

177. Nuzi; Stratum III, northwestern ridge, Gruppe 5 (altbabylonisch?). – Weibliche Statuette; H. ca. 7 cm; „Kupfer". Nur noch Umriß zu erkennen, Hände vor die Brust gelegt, flache Kopfbedeckung; Körper im unteren Teil hohl (Taf. 42,177 nach Starr). – Baghdad, Iraq-Mus. (IM? = 29-12-242). – Starr, Nuzi 192.419 Taf. 102,D.

178. Nuzi; Stratum II, freies Gelände nordöstlich des Tempels A?. – Weibliche Statuette; H. ca. 7,4 cm; „Kupfer". Langes Gewand, eventuell mit Mantel, darunter deutlich die Füße mit Gußzapfen zu sehen; beide Arme nach oben angewinkelt (Taf. 42,178 nach Starr). – Baghdad, Iraq-Mus. (IM? = 30-3-54). – Starr, Nuzi 419 Taf. 102,C.

179. Kunsthandel. – Statuette einer Göttin; H. 10,8 cm; „Bronze". Basis seitlich abgebrochen, war so breit, daß sicher eine zweite Statuette ergänzt werden muß. Vielfach gestuftes Falbelgewand läßt die rechte Schulter unbedeckt; Unterarme waagerecht vor den Körper gelegt, Füße nicht angegeben. Um den Hals ein Perlencollier. Haar fällt gebauscht in den Nacken, auf dem Kopf flache Hörnerkappe. Gesicht nahezu rund, flächig, setzt sich kaum gegen zu kurz geratenen Hals ab. Die kompakte Gestaltung der rechten Schulter mit dem dicken Arm und die Gesichtsbildung lassen sich nicht mit den bekannten mesopotamischen Stücken in Einklang bringen. Altbabylonische Terrakottareliefs mit Götterpaaren zeigen die Göttin nie mit gefalteten Händen;[27] eventuell falsch (Taf. 42,179 nach Erlenmeyer). – Privatbesitz. – M.-L. Erlenmeyer, Archiv Orientforsch. 20, 1963, 102 ff. Abb. 1.

Weibliche unbekleidete Figuren

180. Kunsthandel. – Weibliche Statuette; H. 8,3 cm ohne Zapfen; „Bronze". Unbekleidet, Beine dicht beisammen, unter Füßen Gußzapfen, Hüftpartie auffallend langgestreckt, Taille nur wenig eingezogen. Rechter Arm ein wenig abgespreizt, Unterarm nach oben abgewinkelt, geöffnete Hand in Höhe der Brust. Linker Unterarm nach vorne gestreckt, die Hand hält eine große halbkugelige Schale mit abgesetztem Rand; Brust weich modelliert, Schultern abfallend, Hals sehr kurz; das Gesicht ist breit und füllig, die Gesichtszüge wenig ausgeprägt; das Haar fällt gebauscht auf die Schultern und ist hinten hochgenommen; eine Verdickung über der Stirn könnte ein Haarband andeuten. Am ähnlichsten sind die beiden unbekleideten Frauen der Schnalle Nr. 196.[28] Das Gefäß ist im Verhältnis zur Figur so groß, daß es tatsächlich in seinem Hohlraum etwas aufnehmen konnte (Taf. 37,180 nach Mus. Phot.). – London, Brit. Mus. (BM 129384). – S. Smith, Brit. Mus. Quarterly 12, 1937-38, 139 Taf. 47,b.

181. Kunsthandel. – Weibliche Statuette; H. 14,5 cm, Zapfen 2,2 cm; „Bronze". Unbekleidet, Körperaufbau, Modellierung und Arm- und Handhaltung wie bei Nr. 180, Unterkörper nicht so gelängt. Die linke Hand hält eine lange Flasche, die Finger umgreifen sie sehr weit oben am Hals. Das Haar ist hinter die Ohren gekämmt und zu einem großen, rechteckigen Knoten zusammengefaßt, zwei kurze S-förmige Locken hängen auf die Schultern. Details des Gesichts und der Frisur wegen zerstörter Oberfläche nicht mehr zu erkennen.[29] Am rechten Handgelenk Armreife (Taf. 38,181 nach Mus. Phot.). – London, Brit. Mus. (BM 128888). – S. Smith, Brit. Mus. Quarterly 11, 1936-37, 119 f. Taf. 33,a.

182. Kunsthandel. – Weibliche Statuette; H. 9,1cm; „Bronze". Unbekleidet, viel gedrungener als die Nr. 180 u. 181. Hüften breit, Beine kurz mit schlecht ausgeformten Füßen, kein Gußzapfen erhalten. Hände vor dem Körper verschränkt, an den Handgelenken Armreife. Die Haare fallen in einer dicken Rolle auf

---

[26] Starr, Nuzi Taf. 101,H, aus Tempel A (ḫurrisch-mitannisch); vgl. auch ebd. Taf. 56,G, Gußform für Anhänger aus Terrakotta.

[27] Woolley, Ur Excavations VII Taf. 82.83.

[28] Zur stilistischen Wiedergabe vgl. auch Terrakotten, Woolley, Ur Excavations VII Taf. 69,47.

[29] Smith (Brit. Mus. Quarterly) vergleicht vor allem syrische Siegel der Ur III – Larsa-Zeit.

Schultern und Nacken, eventuell mit Haarband um die Stirn; über der Stirn eine rechteckige Verdickung, vielleicht eine Haarlocke oder eine Uräus-Schlange[30] (s. u. S. 57). Augen sitzen sehr schräg, wie auch bei Nr. 174. Körper vorne und hinten sorgfältig modelliert (*Taf. 37,182* nach Mus. Phot.). – London Brit. Mus. (BM 129383). – S. Smith, Brit. Mus. Quarterly 12, 1938–39, 139 Taf. 47,c; R. Opificius, in: Moortgat Festschrift 219 Taf. 23,7.

183. Djigan (westl. v. Ḫorsabad). – Weibliche Statuette; H. 17 cm, „Bronze". Unbekleidet; sehr viel schmaler als Nr. 180–182, kantiger, hinten völlig flach, vorne auch nur sparsam modelliert; Brüste sitzen hoch, wie aufgesetzt. Die linke Hand hält ein kugeliges Gefäß vor die Brust, der rechte Unterarm ist nach vorne gestreckt und leicht gesenkt, die Hand geballt, vielleicht hielt sie ebenfalls einen Gegenstand. Der Hals ist dünn und lang, das Gesicht rund, die Augen für Einlagen vertieft; das Haar seitlich gebauscht und hinten zu einem Knoten zusammengefaßt, ein Band ist um die Stirn gelegt, um den Hals eine geritzte Kette[31] (*Taf. 42,183* nach Pottier). – Paris, Louvre (N 3088). – V. Place, Ninive et l'Assyrie 3 (1867) Taf. 73,8; Contenau, Manuel III 1305 Abb. 825; Pottier, Catalogue 134 Nr. 149 Taf. 31; zu Djigan vgl. E. A. Speiser, Archiv Orientforsch. 9, 1933–34, 48 ff.; Spycket, La statuaire 305.

Wie schon in frühdynastischer Zeit ist auch in den folgenden Epochen die Deutung der unbekleideten weiblichen Wesen außerordentlich schwierig. In der Isin-Larsa-Zeit wird die unbekleidete Frau, meist mit vor der Brust verschränkten Händen, auf Siegeln sehr beliebt; sie erscheint häufig in einer Reihe von Symbolen.[32] Auch auf den sehr verbreiteten Terrakottareliefs dieser Zeit wird sie oft dargestellt, manchmal auch auf Betten liegend.[33] Eine Deutung der Figur muß also von diesen beiden Denkmälergattungen ausgehen, hier kann nur auf Parallelerscheinungen aufmerksam gemacht werden (s. auch S. 19).

Eine zeitliche Einordnung der drei Statuetten erfolgt einmal auf Grund der Knotenfrisur mit dem seitlich gebauschten Haar, den herabhängenden Locken von Nr. 181 und der verdickten Stirnlocke von Nr. 182, Einzelheiten, die sich alle auf Terrakotten der Isin-Larsa- und der altbabylonischen Zeit so wiederfinden. Hinzu kommt das meist breite Untergesicht mit den zurückhaltend, aber genau angegebenen Augen, Nase und Mund sowie die Körperbildung: schlank, nicht übertrieben ausgearbeitete Hüften, leicht abfallende Schultern.

Während Nr. 182 dem Typ auf Siegeln und Terrakotten entspricht, weichen Nr. 180 und 181 ikonographisch ab, da sie beide ein Gefäß tragen; auch die S-förmigen Seitenlocken finden sich bei Terrakotten nicht. Der Typ der „Flaschenhalterin" wird bei Terrakotten erst im 1. Jahrtausend Mode, allerdings dann meist bei bekleideten Figuren. Es besteht auch die Möglichkeit, die Gefäße als funktionales Element aufzufassen, die Figuren nur als Trägerinnen.

Zur Verbindung dieser Figuren zu männlichen, die als Opferdiener angesprochen werden s. S. 57.

184. Tell Asmar; wahrscheinlich aus dem Šusin-Tempel-Palastbereich; nachträglich angekauft. – Weibliche Statuette, Geräteteil; H. 6,7 cm, „Bronze", Hohlguß? Unbekleidet, in sitzender Haltung, beide Beine nach links untergeschlagen, so daß das linke auf das rechte zu liegen kommt. Der linke Arm ist ein wenig vom

---

[30] Opificius, in: Moortgat Festschrift 219, nicht ganz davon überzeugt, daß es sich um eine Uräusschlange handelt; zur zeitlichen Einordnung zieht sie Terrakotten und die Figur Nr. 184 aus Tell Asmar heran.

[31] Dieses Stück aus Nordmesopotamien ist hier nur aus ikonographischen, nicht aus stilistischen Gründen angereiht; zu der steifen, kantigen Körperwiedergabe lassen sich keine Vergleichsbeispiele finden. Spycket (La statuaire 305) datiert in die zweite Hälfte des 2. Jahrtausends, was, soweit man von den spärlichen Funden ausgehen kann, vertretbar ist. – Ein Zufallsfund der Warka-Expedition in der Umgebung von Tell al Medain läßt sich vielleicht hier anreihen, nach Photographie allerdings kaum erkennbar: Menschliches Figürchen, H. 3,5 cm, „Bronze", Beine oberhalb der Knie abgebrochen, Hände vor der Brust zusammengelegt (H. Lenzen, UVB 24 [1968] 37 Taf. 17,h links); in Deutschland.

[32] Hrouda, Isin I Taf. 20,37; Frankfort, Cylinder Seals Taf. 28,b; 29,k; Moortgat, Vorderasiatische Rollsiegel Taf. 44.

[33] Opificius, Das altbabylonische Terrakottarelief 32 f. 37 ff. 207.

Neusumerische Zeit bis Ende des 2. Jahrtausends: Weihobjekte

Körper abgehalten, der Unterarm angewinkelt nach vorne gestreckt, die Hand geballt, hielt wohl ursprünglich einen Gegenstand. Der rechte Arm fehlt völlig. Die Haare fallen lang auf Schultern und Rücken herab, von der schraffierten Haarangabe der wahrscheinlich verflochtenen Haarmasse nur am Rücken noch Spuren zu erkennen, die Ohren bleiben frei; ähnliche Frisuren häufig bei altbabylonischen und „kassitischen" Terrakotten und kleinen Steinperücken.³⁴ Körper und Gliedmaßen sparsam modelliert, Schultern und Arm weniger fließend im Kontur als bei Nr. 180 bis 182. Armreife an den Handgelenken, vielfacher Halsring. Zapfen unter dem rechten Knie und der rechten Gesäßhälfte abgebrochen, unter dem rechten Fuß erhalten; am Rücken an der unteren Kante der Haarmasse kleiner Steg *(Taf. 36,184* nach Frankfort). – Baghdad, Iraq Mus. (IM 20631 = As 33:322). – H. Frankfort, Orient. Inst. Comm. 19 (1935) 6 f. Abb. 5; ders. u. a., The Gimilsin Temple and the Palace of the Rulers at Tell Asmar. Orient. Inst. Publ. 43 (1940) 205 f. 243 Abb. 107; ders., More Sculpture 21 Taf. 76 Nr. 337.

Während die anderen Statuetten auf Sockel oder andere Untersätze aufgedübelt waren, also als Einzelfiguren denkbar sind, gehörte dieses Stück Nr. 184 wegen der Ansatzstellen sicher funktional zu einem Gegenstand, Fankfort vermutet zu einem Gefäß (vgl. dazu auch die elamische Fischgöttin Nr. 216). Eine Vorstellung, wie so ein Gefäß ausgesehen haben könnte, vermittelt ein elamisches Bitumengefäß, an dessen Rand zwei Göttinnen angebracht sind.³⁵ Es wäre also denkbar, daß die unteren Zapfen auf einer unteren Platte, die zum Gefäß führt, angebracht waren, während der Steg im Rücken die Figur mit dem Gefäßrand verband.

WEIHOBJEKTE MIT MENSCHEN- UND TIERFIGUREN

Die Weihung kleiner Beterfiguren spielt in neusumerischer und altbabylonischer Zeit eine wesentlich geringere Rolle als in frühdynastischer. In Metall sind nur zwei sicher als Beter anzusprechende Statuetten erhalten, Vergleichsbeispiele kleinen Formats gibt es allerdings bei den Terrakotten, sowohl rundplastisch als auch im Relief.³⁶

Figürliche Weihgaben werden in altbabylonischer Zeit gerne auf hohe Sockel mit kleinen Gefäßen gesetzt (Nr. 172.192–195). Ob diesen Objekten allen eine ähnliche Funktion im kultischen Gebrauch zukam, läßt sich nicht feststellen; wahrscheinlich waren sie wie die Fürbitterinnen im Zusammenhang mit einem Kultbild aufgestellt (vgl. Anm. 17); Beter, fürbittende Gottheiten und dem Gott heilige Tiere bieten sich als figürlicher Schmuck solcher Weihgaben an (vgl. Inschrift von Nr. 192). Bei Figuren wie Nr. 185 mit ihrem Gußzapfen ist nicht auszuschließen, daß sie ursprünglich auch in Sockel dieser Art eingelassen waren.

185. Assur; Ištar-Tempel E (Ur III-Zeit?); Raum 3, auf Fußboden neben Herd. – Weibliche Statuette; H. 11,2 cm, „Kupfer", Vollguß. – Die stehende weibliche Figur ist mit einem langen, geschlungenen Gewand bekleidet, das die rechte Schulter frei läßt; ein vertikaler Saum fällt vom linken Handgelenk herab; es ist nicht mehr zu erkennen, ob der Gewandzipfel wie über der rechten Brust eingesteckt war oder von der linken Schulter frei herabfiel wie bei einer gudeazeitlichen Statuette aus Tello.³⁷ Die Hände sind vor der Brust übereinandergelegt. Vom Gesicht ist nur die linke Wangenpartie noch so weit erhalten, daß man die feine Ausarbeitung des Auges erkennen kann. Das Haar ist hinter die Ohren genommen und bauscht sich im Nacken, ein feines

---

³⁴ Ebd. Taf. 268,612; Hrouda, Isin I Taf. 9, IB 634; K. M. Abda, Sumer 30, 1974, arab. Teil 329 ff. Abb. 1.2; Börker-Klähn, in: RLA IV 6 f. s. v. Haartrachten; Spycket, La statuaire Taf. 174,a.b; Lenzen, UVB 12/13 (1956) Taf. 23,d.
³⁵ Amiet, Elam 278 Taf. 208.

³⁶ Barrelet, Figurines et reliefs en terre cuite Taf. 6.18 ff.
³⁷ de Sarzec, Découvertes Taf. 22ᵇⁱˢ,2,a–b = Spycket, La statuaire Taf. 139; sonst sind von der Akkad-Zeit an die Frauen meist mit beiden Schultern bedeckt dargestellt.

Flechtwerk überzieht gleichmäßig die ganze Frisur, wahrscheinlich handelt es sich um einen Turban, der um einen großen Nackenknoten geschlungen ist; weibliche Köpfe der neusumerischen Zeit, meist aus Tello, tragen auch oft das Haar in ein Tuch eingebunden, der Knoten wird aber stets von einem breiten Band unterteilt.[38] Die Figur ist unter dem anschmiegenden Gewand sorgfältig modelliert mit runden Schultern, naturalistischer Wiedergabe der Brust, des Gesäßes und der wenig ausladenden Hüften. Das unterste Stück der Beine mit den eng nebeneinander gesetzten Füßen ist nicht wie bei den Figuren der vorigen Gruppe zu einem Sockel vereinfacht, sondern schön ausgeformt; unter den Füßen der Gußzapfen stehengelassen (*Taf. 37,185* nach Orthmann). – Berlin, Vorderas. Mus. (VA? = AS 21766). – Andrae, Die archaischen Ischtar-Tempel 101f. Abb. 75 (91) Taf. 58 Nr. 145; Orthmann, Propyläen Kunstgeschichte 14 Taf. 61,b.c.

186. Kunsthandel; wahrscheinlich aus Sippar. – Männliche Statuette; Figur H. 29,5 cm, mit Sockel 35,5 cm; „Bronze", Spuren von Silberauflage. Stehender Mann im altbabylonischen langen Mantel, der die rechte Schulter frei läßt; rechter Arm angewinkelt vor den Körper gelegt, linker Oberarm vom Körper abgespreizt, Unterarm nach oben gestreckt, Hand geöffnet nach vorne gewandt, oberstes Stück abgebrochen. Die Drapierung des Gewandes mit breitem in drei Falten gelegten Bausch, der von der rechten Hüfte aus nahezu waagerecht verläuft und sich dann erst steil zur linken Schulter zieht, datiert die Figur zwischen Bursin und Hammurapi (19. bis Mitte 18. Jh.), ebenso die betonten vertikalen Falten und Säume, die Webekante ist als leichte Schraffur wiedergegeben.[39] Um den Hals liegt ein Reif mit kleinem Lunula-Anhänger, der hinten von einem Gegengewicht gehalten wird, das unter dem Gewand verschwindet. Das Gesicht ist unbärtig, von den Gesichtszügen nichts mehr zu sehen. Die Haare sind nach oben gebauscht, die kunstvoll gegeneinandergesetzten Schraffuren geben wohl einen fein geflochtenen Turban wieder.[40] Die Füße sind ein wenig auseinandergesetzt, frei gearbeitet, wahrscheinlich sind sie jeweils mit einem Gußzapfen in den wohl hohlen Sockel eingelassen.[41] Während der eine Gewandsaum über den Füßen im Bogen nach oben zieht, ist die Gußmasse zwischen den Säumen stehengelassen, eine Konvention, die von der Steinplastik übernommen ist, obwohl technisch bei dieser Statuette das kleine Dreieck über den Füßen hätte frei bleiben können.[42] Auf der Rückseite befand sich am Unterkörper eine nicht mehr lesbare vierzeilige Inschrift (*Taf. 38,186* nach Strommenger). – London, Brit. Mus. (BM 91145). – British Museum Guide 90; Zervos, l'Art de la Mésopotamie Taf. 234; Strommenger, Mesopotamien Taf. 147; L. de Meyer (Hrsg.), Tell ed-Dēr III (1980) 108 Nr. 116; 112 Addendum 1 Taf. 25.26.

Manche kleinen Metallfigürchen,[43] die auf Grund ihrer Fundlage wahrscheinlich in die 2. Hälfte des 2. Jahrtausends datieren, können vielleicht ebenfalls als solche Beter angesprochen werden; Vergleichsmaterial findet sich vor allem bei den mittelelamischen Statuetten aus Susa (Nr. 217 ff.).

187. Isin; Gula-Tempel, Hof B, Asphalt-Schicht des Meli-Šipak (12. Jh.). – Menschliche Statuette; H. 6,0 cm; Kupfer, mit weißem Belag an der rechten Hand und linken Backe. Wahrscheinlich in langem Gewand, vorne kleine Verdickung für Fußspitzen (?), breite Sockelzone. Rechter Unterarm nach oben angewinkelt, linker Arm fehlt; riesiger Kopf mit grober Angabe der Nase und der Augen, Verdickung am Nacken vielleicht als herabhängendes Haar zu deuten (*Taf. 42,187* nach Hrouda). – Baghdad, Iraq-Mus. (IM? = IB 1040). – Hrouda, Isin II 65 Taf. 25.27.

188. Assur; Ištar-Tempel, Tukulti Ninurta Bau, Kultraum der Ašuritu; auf dem Lehmestrich über altassyrischem Schutt, wahrscheinlich also Ende des 2. Jahrtausends. – Weibliche (?) Statuette; H. 6 cm; Blei. Im langen, glatten Gewand, unter den Füßen Gußzapfen; rechte Hand in Kinnhöhe erhoben, linker Arm herabhängend (*Taf. 42,188* nach Andrae). – Berlin, Vorderas.

---

[38] Vgl. Börker-Klähn a.a.O. (Anm. 34) 4 ff.; sie vergleicht mit einer Perücke aus Ur (Woolley, Ur Excavations VI Taf. 49,b), bei der das Haar aber breit verflochten flach in den Nacken hängt.

[39] Vgl. dazu das Siegel des Bursin (Anfang 19. Jh.) (Orthmann, Propyläen Kunstgeschichte 14 Taf. 139,l) und die Stele des Hammurapi (ebd. Taf. 181).

[40] Vgl. dazu Anm. 44 und Anm. 49 mit Beispielen für ähnliche Anhänger und Frisuren bei Terrakotten.

[41] Der Sockel ist unten mit einer Masse verschlossen, so daß sich die Technik nicht erkennen läßt.

[42] Zu frei gearbeiteten Säumen bei Rundplastik vgl. die Statuette des Šulgi (?) (Spycket, La statuaire Taf. 141).

[43] Ein Bleifigürchen aus Ninive ist nur in Umrißzeichnung veröffentlicht (Thompson, Ann. Arch. Anth. 20, 1933 Taf. 78,43).

Mus. (VA 7835 = Ass 20369). – Andrae, Die jüngeren Ischtar-Tempel 108 (k) Taf. 48, n.

189. Kunsthandel. – Männliche Statuette; H. 6,5 cm; Blei. Langes, glattes Gewand, unter dem die Füße hervorsehen, darunter Gußzapfen; rechter Arm angewinkelt erhoben, linker Unterarm nur im Ansatz erhalten, war wahrscheinlich etwas nach vorne gestreckt; Kopf ein wenig spitz ausgezogen, Mütze oder Frisur? (*Taf. 42, 189* nach Smith). – London, Brit. Mus. (BM 126612). – S. Smith, Brit. Mus. Quarterly 11, 1936–37, 58 ff. Taf. 20, 8.

190. Ur, wahrscheinlich Diqdiqqa. – Weiblicher Kopf? H. 3 cm; „Kupfer", Vollguß. Vom Haaransatz nichts zu sehen, Gesicht weich modelliert, breit, fleischig; in einem Auge noch Muscheleinlage, Nase zerstört. Nicht datierbar (*Taf. 37, 190* nach Mus. Phot.). – Philadelphia, Univ. Mus. (31-43-175 = U. 17436). – Woolley, Ur Excavations VII 251 Taf. 60; ders., Ur Excavations VIII 43 Taf. 28 (dort Fundort fälschlicherweise Gipar).

191. Kunsthandel (Warka?). – Männliche Statuette; H. 7,5 cm, „Bronze", wahrscheinlich Vollguß. Der Mann hat das rechte Knie auf den Boden gesetzt, das linke hochgestellt. Der linke Unterarm ist vor die Brust gelegt, der rechte war leicht nach oben angewinkelt, ist aber teilweise weggebrochen. Das lange Wickelgewand läßt die rechte Schulter und den linken Unterarm unbedeckt, von der rechten Hüfte zieht sich ein schraffierter Saum zum Knie. Am rechten Handgelenk trägt er einen Armreif, um den Hals einen Reif mit rundem Anhänger, das Gegengewicht verschwindet hinten unter dem Gewand. Im Gesicht sind noch die sorgfältig gezeichneten Brauen zu sehen, an der linken Wange noch Spuren eines kurzen gelockten Bartes. Das Haupthaar ist ebenfalls in kurze eng anliegende Buckellocken gelegt.[44] Beschädigung an der linken Schläfe wohl schon beim Gießen entstanden. Unter beiden Füßen Zapfen stehengelassen (*Taf. 39, 191* nach Mus. Phot.). – London, Brit. Mus. (BM 117886). – E. Sollberger, Iraq 31, 1969, 93 Taf. 10, c.

192. Kunsthandel (Larsa?). – Hortfund (?), wahrscheinlich zusammen mit Nr. 193.194.[45] – Männliche Statuette, H. 19,6 cm, Sockelh. 4,2 cm, L. 13 cm; „Bronze" mit Goldblechauflage. Der Mann kniet auf dem rechten Knie, das linke Bein ist hochgestellt. Die linke Hand ist geballt vor die Brust gelegt, der rechte Unterarm nach oben angewinkelt, die Hand ebenfalls geballt, nur der Zeigefinger ausgestreckt.[46] Ein kurzes Wickelgewand ist um den Körper geschlungen, es reicht bis zu den Knien, ein Zipfel ist über die linke Schulter nach hinten geworfen, das Tuch hat knotenartig betonte Säume. Das Gesicht trägt – wie auch die Hände – eine Goldblechauflage. Es ist fein gearbeitet mit einer kräftigen, aber nicht überlängten Nase, deutlichen Backenknochen, Lidrändern und Brauen; die Augen waren ursprünglich eingelegt. Wangen und Kinn bedeckt ein kurzer Bart mit vierstufigen Buckellocken. Auf dem Kopf sitzt eine breite kalottenförmige Kappe, vom Haaransatz ist nichts zu sehen; vielleicht ist das gesamte Haar als in einem Tuch eingebunden zu denken. Der linke Fuß ist mit der Sohle fest auf den Sockel gesetzt, der linke nur mit den Zehen, so daß das Bein vom Knie zur Ferse leicht ansteigt. Die Figur ist mit Zapfen in den hohlen Sockel eingelassen. Die rechte Hand war abgebrochen, ihre Haltung ist nicht gesichert. Der Sockel trägt an seiner Vorderseite ein kleines Gefäß mit Rand, eine längere Inschrift umzieht die anderen Seiten des Sockels, nur die vordere Hälfte der beiden Seitenflächen tragen ein Relief. Auf einer Seite ein liegender Widder, auf der anderen ein kniender Beter vor einer thronenden Gottheit. Die Haltung des Beters entspricht genau der der Figur auf dem Sockel; die Gottheit trägt das lange Falbelgewand, hat die rechte Hand vorgestreckt, Einzelheiten sind nicht zu erkennen (*Taf. 39, 192* nach Mus. Photo). – Paris, Louvre (AO 15704). – R. Dussaud, Monuments Piot 33, 1933, 1 ff. Taf. 1; Zervos, L'Art de la Mésopotamie Taf. 242; Strommenger, Mesopotamien Taf. XXX rechts; E. Sollberger, Iraq 31, 1969, 92 f., dort Inschrift ausführlich behandelt; Orthmann Propyläen Kunstgeschichte 14 Taf. XI.

Die Statuette Nr. 192 ist inschriftlich in die Zeit Hammurapis datiert: Lu-Nanna hat dem Gott Martu für das Leben des Hammurapi (und für sein eigenes) ein Bildnis in Gebetshaltung aus Kupfer, sein Gesicht mit Gold bedeckt, angefertigt und ihm als seinen (das heißt des Gottes) Diener geweiht.[47]

---

[44] Diese Frisur in Babylonien selten, da Männer sonst meist mit Kopfbedeckungen dargestellt sind wie bei Nr. 192 oder das Haar vom Wirbel aus gleichmäßig nach allen Seiten gekämmt wird.

[45] Beim Kauf waren an Nr. 192.193 Reste von Metallgefäßen ankorrodiert; dabei soll auch ein Bergkristallgefäß mit Inschrift des Rimsin gefunden worden sein.

[46] Porada, in: Oppenheim Festschrift 161 f. weist auf die einmalige Handhaltung mit nach oben gestrecktem Zeigefinger hin; auch wenn die Position der abgebrochenen Hand nicht ganz gesichert ist, bleibt der Finger in jedem Falle nach oben gerichtet.

[47] So nach Sollberger, Iraq 31, 1969, 92 f.

Es geht aus dieser Inschrift zwar nicht eindeutig hervor, daß der Dargestellte Lu-Nanna selbst ist, nicht etwa der König, aber es ist anzunehmen. Die schlichte Kappe, das kurze Gewand, das weder dem kurzen kriegerischen noch der langen Toga, in der Herrscher sonst dargestellt werden, entspricht und vor allem der kurze Bart deuten eindeutig auf eine nicht herrscherliche Persönlichkeit.[48] Auch die Formulierung ìr-da-ni-šè a mu-na-ru (weiht ihm als seinen Diener) spricht nicht für einen Herrscher. Zum Zusammenhang eines liegenden Widders, wie er auf dem Sockel dargestellt ist, mit dem Gott Martu/Amurru vergleiche auch den viergesichtigen Gott Nr. 163 und den liegenden Widder Nr. 194.

Die kniende Gebetshaltung der beiden Statuetten Nr. 191 und 192 kommt vor der altbabylonischen Zeit nicht vor. Außer bei diesen beiden Statuetten ist sie noch bei rundplastischen Terrakotten belegt.[49] Sie geben einen Knienden im langen gewickelten Mantel wieder, der ebenfalls die rechte Hand erhoben hat. Sein Haupthaar scheint auch in ein Tuch gehüllt, läßt sich im Umriß mit dem der Statuette Nr. 186 vergleichen; er trägt ebenfalls einen runden Anhänger, wie er auch auf Terrakottareliefs von Musikanten[50] und auch in Funden aus Mari, die Spycket in diesem Zusammenhang zusammengestellt hat,[51] belegt ist. Welche Kleidung und vor allem welche Frisur bestimmten Berufsgruppen vorbehalten war, läßt sich nur schwer feststellen; auf den Siegeln wird wohl immer nur der Herrscher oder ein hochgestellter Palastbeamter dargestellt. Die Terrakotten vermitteln ein breiteres Spektrum, zeigen aber auch nur bestimmte Ausschnitte des Lebens; daß manche Übereinstimmungen gerade auf Musiker hindeuten, mag Zufall sein.

193. Kunsthandel (Larsa?); vgl. Nr. 192. – Weihobjekt mit drei Ziegen; H. 22,5 cm, Sockel 7 × 7,5 × 7 cm; „Bronze" mit Goldblechauflage. Auf dem rechteckigen Sockel stehen drei Ziegenböcke auf den Hinterbeinen aufgerichtet, die Rücken stoßen aneinander, die Vorderbeine sind angewinkelt, die Hufe nicht abgestützt. Die Hörner verschränken sich so kunstvoll, daß die Spitzen jeweils zwischen den Hörnern des benachbarten Tieres enden, nur die Hörner des vorderen Ziegenbockes gehen im Halbkreis direkt in die des nächsten über. Die Gesichter tragen Goldblechauflage, in die das Maul nur schwach eingeritzt ist, die Augen waren ursprünglich eingelegt. Die Komposition ist ausgesprochen raffiniert, rundansichtig, sie erforderte auch eine hervorragende Gußtechnik, denn die Beine stehen völlig frei und sind jeweils mit einem Zapfen in den hohlen Sockel eingelassen. Durch die Gestaltung des Sockels ist die Hauptansicht festgelegt; wie bei Nr. 192 ist vorne ein kleines Gefäß angebracht, gleicher Größe und Form. Das Gefäß flankierend und stützend stehen an beiden Ecken des Sockels zwei anthropomorphe Figuren im langen Hemd, die durch die flache Hörnerkappe eindeutig als Gottheiten ausgewiesen sind. Die Körper sind kaum vom Block gelöst, nur die Köpfe ragen über ihn hinaus, die Gesichter sind mit Silberblech belegt. Einzelheiten der Gewänder und Gesichter sind nicht mehr zu erkennen; unter dem Hemd sind noch die Füße, etwas auseinander gesetzt, zu sehen (*Taf. 41,193* nach Orthmann). – Paris, Louvre (AO 15705). – R. Dussaud, Monuments Piot 33, 1933, 1 ff. Taf. 2; Strommenger, Mesopotamien Taf. XXX links; Orthmann, Propyläen Kunstgeschichte 14 Taf. 165,c.

194. Kunsthandel (Larsa?); vgl. Nr. 192. – Statuette eines Widders; H. 12 cm, Sockelh. 4,75 cm, L. 12 cm; „Bronze" mit Goldblechauflage. Der Widder liegt mit untergeschlagenen Beinen, den Kopf zur Seite gewandt, so daß die eine Längsseite eindeutig zur Schauseite wird. Während die Vorderbeine in der seit frühsumerischer Zeit üblichen Art angewinkelt sind, kommt das Liegemotiv bei den Hinterbeinen recht naturalistisch zum Ausdruck, indem beide Beine nebeneinan-

---

[48] Spycket (La statuaire 247) neigt auf Grund der kostbaren Goldauflagen dazu, in der Figur den König zu sehen. – Ähnliche Tracht auch auf einem Terrakottarelief; Seidl (in: Orthmann, Propyläen Kunstgeschichte 14, 302 zu Taf. 186,a) sieht in dieser Person eventuell einen Beter oder Stifter. – Mit Turban und kurzem Lockenbart, unter dem Turban sehen im Nacken kurze Locken hervor, auch ein Kopf aus Išċali (Frankfort, More Sculpture Taf. 73,a–c Nr. 333); die Frisur könnte dieselbe wie bei Nr. 191 sein; vgl. auch zu Nr. 245.

[49] Kunsthandel: Sollberger a.a.O. (Anm. 47) 93 Taf. 10,b (BM 134962); Terrakotta aus Babylon: O. Reuther, Die Innenstadt von Babylon WVDOG 47 (1926, Nachdr. 1968) Taf. 6,g, auch mit rundem Anhänger.

[50] Barrelet a.a.O. (Anm. 36) Nr. 777.

[51] Spycket, La statuaire 248f. Anm. 119. – Für runde Anhänger, kurze Bärte und Turban vgl. auch Wandmalereien aus Mari (Orthmann, Propyläen Kunstgeschichte 14 Taf. XV).

derliegen, das hintere also unter dem Körper hindurch nach vorne gestreckt ist. Der Körper ist sparsam modelliert mit Angabe der Schulterknochen, auch in der Rückansicht; von der fein gelockten Fellangabe sind nur noch Spuren zu sehen. Der Kopf ist sehr ähnlich wie bei den Ziegen von Nr. 193, was auch durch die Goldauflage bedingt sein mag. Die schön geschwungenen Hörner legen sich eng an den Kopf. Vom Sockel ist nur die hintere Fläche erhalten, die wie bei Nr. 192 eine Inschrift trägt. Falls der Sockel ebenfalls mit einem Gefäß versehen war, müßte es wohl an der vorderen Längsseite gesessen haben. Einlagen am rechten Auge noch intakt (*Taf. 40,194* nach Mus. Phot.). – New York, Guennol Coll., ausgestellt im Brooklyn Museum (L 50.6; ehemals Slg. Brummer). – R. Dussaud, Monuments Piot 33, 1933, 1 ff.; K. Wilkinson, in: I. E. Rubin (Hrsg.), The Guennol Collection I (1975) 68 ff.

Nr. 192 ist inschriftlich dem Gott Martu (Amurru) geweiht; dazu paßt auch die Darstellung eines Widders auf dem Sockel (s. S. 45 zu Nr. 163). Nr. 194 soll aus dem gleichen Hortfund stammen; die Reste der Inschrift sprechen auch dafür, daß dieser liegende Widder dem Gott Martu geweiht war.[52] Figur Nr. 193 desselben Hortfundes trägt keine Inschrift; dargestellt ist nicht ein Widder, sondern drei stehende Ziegenböcke. Auch dies ist in altbabylonischer Zeit ein beliebtes Motiv;[53] allerdings sind aufsteigende Ziegen auch schon in frühdynastischer Zeit verbreitet. Ein Zusammenhang mit dem Gott Martu ist nicht nachzuweisen. Kupper macht allerdings darauf aufmerksam, daß bei Siegeldarstellungen des Gottes Martu der Widder oft durch einen Ziegenbock ersetzt ist.[54]

195. Kunsthandel. – Männliche Statuette; H. 15 cm, H. der Figur 10,4 cm, Basisl. 9,1 cm, Basisbr. (in der Mitte) 6 cm, „Bronze". Die Figur sitzt, die Ellenbogen auf die hochgezogenen Knie gestützt, auf einem kleinen geflochtenen Kissen oder Sitzring. Die Füße sind nahe am Körper in einigem Abstand voneinander auf den Sockel gesetzt. Der flache Körper ist nach hinten gebogen, Schultern und Kopf wiederum etwas nach vorne geneigt, da die Handflächen an beide Wangen gelegt, den Kopf abstützen. Während Schultern und Arme normal proportioniert sind, sind die Beine sehr dünn und lang, vor allem der Körper ist sehr schmal und brettartig flach; Wirbelsäule, Brustbein und Rippen sind durch deutliche Einkerbungen wiedergegeben. Der Kopf, auf einem schlanken Hals, ist dagegen sehr groß mit auffallend gewölbtem Hinterkopf und hoher breiter Stirn; Mund, Nase, Augen und Ohren sind fein, wenn auch etwas summarisch gezeichnet. Die Figur ist mit einem Dübel in den hohlen Sockel eingelassen; an der Vorderseite des Sockels kleines Gefäß wie bei Nr. 192.193, auch die sich nach unten verbreiternde Form des Sockels mit dem abschließenden Rand wie bei Nr. 192.193 (*Taf. 39,195* nach Porada). – Cincinnati, Art Mus. (1956/14). – E. Porada, in: Oppenheim Festschrift 159 ff. Abb. 1–5; P. R. Adams (Hrsg.), Sculpture Collection of the Cincinnati Art Museum (1970) 66.

Die Form des Sockels mit dem kleinen Gefäß schließt dieses Stück eng an die teilweise datierten Nr. 192 und 193 an, eine Datierung in die Zeit Hammurapis ist also sehr wahrscheinlich, eine etwas frühere Datierung von Porada auf Grund des unreliefierten Sockels und der naturalistischen Wiedergabe der Figur ebensogut möglich.[55]

Das merkwürdige Erscheinungsbild dieser Figur ist von altbabylonischen Terrakottareliefs her bekannt, auf denen ab und zu zwei solche hockende Figuren mit dürrem Körper und deutlicher

---

[52] 1.[ᵈmar]-tu, 2. [dingir-ra]-ni-ir 3.-- 4.--/5. lugal Larsaᵏⁱ-ma 6.-- 7.dumu-- 8.--. – Vielleicht eine Weihung an Martu für das Leben eines Königs von Larsa von einem seiner Beamten, vgl. Sollberger IRSA IV B 14 i. j.

[53] Opificius, Das altbabylonische Terrakottarelief 183 Nr. 674ff.; vgl. auch Formen aus Mari (Parrot, Le Palais III Taf. 17 M 1036).

[54] Kupper a.a.O. (Anm. 6) 49ff.

[55] Porada, in: Oppenheim Festschrift 162, sieht in Sockel und Figur zwei Einzelelemente, die erst bei Nr. 192 zu einem einheitlichen Kunstwerk verschmelzen; die naturalistische Wiedergabe scheint ihr vor allem mit der Glyptik des Apilsin (1830–1813 v. Chr.) vergleichbar, sie zieht auch den Hund des Sumuel (1894–1866 v. Chr.) von Larsa aus Tello (Parrot, Tello Taf. 31) heran.

Angabe des Brustkorbes zu seiten einer stehenden Göttin mit Kleinkindern kauern.[56] Diese Art der überdeutlichen Rippenangabe ist auch sonst nicht selten; seit der Akkad-Zeit findet sie sich vor allem bei überwundenen Feinden.[57] Die kauernde Haltung ähnelt auffallend der Sitzhaltung von Affen, die gerade in der altbabylonischen Zeit oft dargestellt werden, ebenfalls auf solch geflochtenen Kissen sitzend.[58]

Eine Deutung dieser Figur sollte von den Terrakottareliefs mit der Göttin zwischen den beiden hockenden Figuren ausgehen. Porada deutet die Göttin als Geburtsgöttin, die beiden ausgemergelten Gestalten als Dämonen, als Kubu, ein Foetus, der zum bösen Dämon wird und so gefährlich wird wie ein unbestatteter Toter.[59] Wenn diese Deutung für die Reliefs zutreffen mag, wird sie aber für diese Statuette problematisch. Wenn man davon ausgeht, daß die Statuetten auf Sockeln mit kleinen Gefäßen alle den gleichen Sinn erfüllen sollten, muß man auch in dieser Statuette eine Weihung an eine Gottheit sehen; die unbekleidete Gestalt müßte dann in einer Beziehung zu dieser Gottheit stehen oder selbst diese Gottheit sein. Als Apotropaion im häuslichen Kult wird man so aufwendige Dämonenbilder kaum hergestellt haben; als Weihung in einen Tempel ist ein Dämon kaum vorstellbar, von einem Kult eines göttlichen Kubu in altbabylonischer Zeit wissen wir noch zu wenig.[60]

„SCHNALLEN" UND „STANDARTENAUFSÄTZE"

Die im folgenden zusammengestellte Gruppe schnallenartiger Geräte[61] zeigt deutlich, daß hier ein ursprünglich aus biegsamem Material hergestellter Gegenstand in die dauerhaftere Form des Bronzegusses umgesetzt wurde. Wie bei den Zügelringen werden Ösen gebogen und durch eine Zwinge oder bei den Nr. 196.198.200 durch eine vielfache Verschnürung zusammengehalten. Wie bei den Zügelringen kommen unverzierte Formen vor (vorläufig nur eine aus Tello bekannt[62]), die weitaus größere Zahl ist kunstvoll figürlich verziert. Leider fehlen für diese „Schnallen" die Darstellungen auf gleichzeitigen Monumenten, so daß ihr Zweck nicht so eindeutig zu bestimmen ist wie bei den Zügelringen. Als Teil des Pferdegeschirrs lassen sie sich nicht unterbringen, auch der Themenkreis des Figurenschmucks spricht gegen diese Verwendung. Betrachtet man alle Stücke dieser Gruppe, wird klar, daß nur die oberste und die unterste Öse funktionalen Charakter haben, durch sie kann ein bandartiger Gegenstand gezogen werden;[63] die Anbringung der Schnallen muß vertikal erfolgt sein – wegen des figürlichen Schmucks; die Tatsache, daß zwei oder auch drei der Schnallen mit einer Rolle versehen sind, spricht dafür, daß das durchgezogene Band bewegt werden sollte, allerdings fehlt bei den eindeutig mesopotamischen Stücken diese Rolle.

---

[56] Opificius, Das altbabylonische Terrakottarelief 76 f. Taf. 4,224; Barrelet a.a.O. (Anm. 36) Taf. 81,819; der hockende Mann alleine kommt auch auf einem Terrakottarelief aus Tell ed-Dēr vor (L. de Meyer, Tell ed-Dēr II [1978] Taf. 27,1).

[57] Orthmann, Propyläen Kunstgeschichte 14 Taf. 103; 185,b: Terrakottarelief mit Handwerker, ebenfalls mit dürrem Körper.

[58] Ebd. Taf. 186,b; runde Terrakottascheibe.

[59] Zu Kubu zuletzt Lambert, in: RLA VI 265 s. v. Kubu. Vergängliche Bilder des bösen Kubu spielen in Beschwörungen eine Rolle.

[60] Bei einer Weihgabe könnte es sich höchstens um einen schon beschwichtigten Kubu handeln, dem dann eventuell auch gute Eigenschaften zukommen; von dem Kult des ^{d}kubu im Assurtempel gibt es wenig Nachrichten (vgl. Anm. 59).

[61] Behandlung dieser Gruppe bei Barnett, in: Moortgat Festschrift 21 ff.; Calmeyer, Datierbare Bronzen 177 f.; Moorey, Rev. Assyr. 71, 1977, 137 ff.

[62] Paris, Louvre AO 12240; jetzt auch abgebildet bei Moorey a.a.O. (Anm. 61) 149 Abb. 9.

[63] Bei Nr. 196 u. 198 ist die obere Schlaufe frei, die Stücke konnten also am obersten Quersteg aufgehängt, das Band durch die obere und untere Schlaufe gezogen werden; bei den anderen ist aber die obere Schlaufe so verengt, daß sie keine Funktion mehr haben konnte, ein Band also durch den obersten Zwischenraum und durch die untere Schlaufe oder nur durch die untere Schlaufe gezogen werden mußte.

Neusumerische Zeit bis Ende des 2. Jahrtausends: „Schnallen" und „Standartenaufsätze" 57

Die dargestellten Figuren datieren diese Gruppe eindeutig in altbabylonische Zeit. Die unbekleideten Frauen von Nr. 196 entsprechen den Figuren Nr. 180–182, vor allem Nr. 180 stimmt im Körperbau auffällig mit den Frauen von Nr. 196 überein. Die männlichen Figuren in kurzem Schurz und mit Stirnlocke gehören ebenfalls zum Repertoire der altbabylonischen Glyptik und der Terrakottareliefs; sie tragen oft ein Eimerchen oder anderes Gefäß, oder auch einen Schemel,[64] und werden meist als „Kultdiener" bezeichnet, ohne daß man mit dieser Bezeichnung ihre tatsächliche Funktion erfassen könnte.

Auch die kauernden Affen erfreuen sich in altbabylonischer Zeit großer Beliebtheit, oft bei Tanz- und Musikszenen, aber auch sonst auf Siegeln in Gesellschaft der unbekleideten Frau, des Kultdieners, vieler Symbole und auch bei Einführungsszenen.[65] Die Stirnlocke der weiblichen Statuette Nr. 182 und die Stirnlocken der Männer der Schnallen Nr. 200.201 deuten auf eine vergleichbare Stellung im Umkreis des Tempelpersonals; beide sind auf Siegeln auch auf Podesten stehend dargestellt. Allerdings tragen die männlichen Figuren stets einen Gegenstand – auf den Schnallen haben sie ja auch Stützfunktion –, während die weiblichen Darstellungen nur selten ein Gefäß in Händen halten oder, wie bei den Schnallen, den Rahmen abstützen. Die Rosetten finden sich auf den Terrakottareliefs häufig bei Darstellungen weiblicher Figuren im Falbelmantel, es wird gern ein Bezug zur Ištar gesehen;[66] die Schnallen mit männlichen „Kultdienern" lassen sich nicht einmal vermutungsweise einer bestimmten Gottheit zuordnen.

Das Stück Nr. 198 ist höchstwahrscheinlich mit dem nur in grober Zeichnung veröffentlichten aus Adab identisch und damit das einzige aus einem Grabungszusammenhang, auch für Nr. 196 ist die Herkunft aus Babylonien wahrscheinlich.

Zum Zweck dieser „Schnallen" läßt sich zur Zeit nicht mehr sagen, als daß sie zu einem vorläufig noch unbekannten Stück des Tempelinventars gehörten.[67] Bänder spielten im Kult offenbar eine große Rolle, wie Darstellungen von der frühsumerischen bis zur altbabylonischen Zeit belegen.[68]

196. Babylon? (wahrscheinlich aus Rassams Grabungen). – Figürlich verzierte „Schnalle"; H. 11,2 cm, „Bronze". Die Schnalle wird gebildet von einem breiten, flachen, kunstvoll gebogenen Metallband, das in der Mitte von einer doppelten Ritzlinie geteilt und an den Kanten von Ritzlinien und einer schräg schraffierten Borte gerahmt wird, auf der Rückseite finden sich nur einfache Ritzlinien. Dieses Metallband formt eine doppelte Öse, die untere ist nahezu rechteckig, die obere flach oval, am Mittelstück überzieht eine vielfache Querritzung die zusammenstoßenden Partien des Bandes, so als wären sie an dieser Stelle fest zusammengeschnürt. Die untere Öse ist noch mehrfach unterteilt, über dem unteren Querband biegt sich ein dünner Steg hoch, der mit vier vertikalen Stegen nach oben verbunden ist; auf der oberen Öse sitzen zwei runde mit Querrillen versehene Knöpfe, die ebenfalls durch einen Quersteg verbunden sind. So bildet sich im ganzen ein Rahmen, der am obersten Quersteg aufgehängt und durch dessen obere Öse und den untersten Zwischenraum ein bandähnlicher Gegenstand gezogen werden konnte. An diesen Rahmen sind seitlich zwei rundpla-

---

[64] B. Buchanan, Catalogue of Ancient Near Eastern Seals in the Ashmolean Museum 1 (1966) 91 Nr. 502; Terrakottarelief: Orthmann, Propyläen Kunstgeschichte 14 Taf. 184,b; weitere Vergleiche bei Moorey a.a.O. (Anm. 61) 141 f.; die Stirnlocken lassen sich auf den Abbildungen aber kaum erkennen.
[65] Vgl. ebd. 141; Orthmann, Propyläen Kunstgeschichte 14 Taf. 186,b; zu Affen vgl. auch Barnett, Journ. Anc. Near Eastern Soc. Col. Univ. 5, 1973, 1 ff.
[66] Opificius, Das altbabylonische Terrakottarelief 60 ff.207.
[67] So Moorey a.a.O. (Anm. 61) 145; ihn erinnert der geschlungene Teil des Schnallenrahmens an die über der Brust gekreuzten Bänder mancher weiblicher Terrakotten, eventuell

könnte es sich bei dem Gerät dann um ein Webgewicht für solche Bänder handeln. Dagegen spricht, daß gerade bei altbabylonischen Terrakotten solche Bänder fast nie vorkommen; die Beispiele bei Opificius a.a.O. (Anm. 66) 48.205 zeigen eher Halsketten, mit Ausnahme der Stücke aus Susa; diese schmalen gekreuzten Bändern lassen sich nicht mit Ištar in Verbindung bringen, sind vielmehr ein seit der 'Ubaid-Zeit weitverbreitetes Schmuckelement (vgl. G. F. Dales, Rev. Assyr. 57, 1963, 34 ff.).
[68] Vgl. S. 21; schon frühsumerisch auf der Kultvase aus Uruk (Orthmann, Propyläen Kunstgeschichte 14 Taf. 69,a).

stische weibliche Figuren angelehnt; die Füße, zu einer Sockelzone verschmolzen, enden in Höhe der untersten Leiste, die Beine lehnen sich an die aufsteigenden Partien an, die jeweils inneren Arme sind nach oben angewinkelt auf die Rückseite der oberen Öse gelegt, auf der Vorderseite befindet sich an dieser Stelle eine sechsblättrige Rosette; der jeweils äußere Arm stützt die Brust. Die Figuren sind unbekleidet, der Aufbau der Körper ähnelt in hohem Maße dem von Nr. 180; das halblange Haar ist zu einer Nackenrolle verdickt, ein Haarband grenzt die glatte Kalotte gegen das übrige gewellte Haar ab. Das durch senkrechte Ritzungen unterteilte Halsband wird hinten von einem Gegengewicht gehalten, das aber in Höhe der Schulterknochen endet (*Taf. 44, 196* nach Mus. Phot.). – London, Brit. Mus. (BM 123899). – Th. G. Pinches, Guide to the Kouyunjik Gallery in the British Museum (1883) 189; R. D. Barnett, in: Moortgat Festschrift 24 Taf. 5,1.2; Calmeyer, Datierbare Bronzen 178f. (e); P. R. S. Moorey, Rev. Assyr. 71, 1977, 137 ff.

197. Kunsthandel. – Figürlich verzierte „Schnalle"; H. 10 cm, Br. 11,7 cm; „Bronze". Rahmen wie bei Nr. 196, in der unteren Öse nur zwei vertikale Verstrebungen. Die untere Leiste steht seitlich über und dient den weiblichen Figuren als Standfläche, der dünne hochgebogene Steg ist nicht gegen den übrigen Rahmen abgesetzt; durch diese beiden Veränderungen ist der Eindruck, der Rahmen sei aus einem Stück gebogen, zerstört. Die Figuren sind sehr viel weniger vom Rahmen gelöst als bei Nr. 196. Die Echtheit des Stückes muß angezweifelt werden[69] (*Taf. 43, 197* nach Barnett). – Teheran, Slg. Foroughi. – Sept mille ans d'art en Iran. Paris, Petit Palais Octobre 1961 – Janvier 1962 Nr. 289 Taf. 21; Barnett, in: Moortgat Festschrift 25 Taf. 5,3; Calmeyer, Datierbare Bronzen 177 D; E. Porada, Archaeology, 17, 1964, 204.

198. Bismaya (Adab)? – Figürlich verzierte Schnalle; H. 11,5 cm (9,5 cm?); „Bronze". Sehr ähnlich wie Nr. 196, die beiden Ösen etwas gedrückter, an der Verbindungsstelle ebenfalls viele Querritzungen. Da die untere Öse niedriger ist als bei Nr. 196, reicht der aufgebogene Steg bis zur Mittelpartie der Schnalle, die senkrechten Verstrebungen werden dadurch überflüssig. Haltung der weiblichen Figuren wie bei Nr. 196, ebenso die Rosetten. Oberhalb der Rosetten kauern zwei kleine Affen?, deren Arme zu dem kurzen oberen Steg reichen (*Taf. 43, 198* nach RL). – Istanbul, Archäol. Mus. (IOM 6260). – E. Unger, in: Geschichte des Kunstgewerbes 3 (1930) 359 Abb. 3; ders., in: RL VII 182 Taf. 174; Barnett, in: Moortgat Festschrift 24; Calmeyer, Datierbare Bronzen 178 Abb. 149 (f). (g?); in diesen Publikationen jeweils ohne Herkunftsangabe, daher nicht sicher mit dem nur in Umzeichnung und ohne Mus. Nr. publizierten Stück aus Adab zu identifizieren: E. J. Banks, Bismya or the Lost City of Adab (1912) 379 f., wahrscheinlich aus einer altbabylonischen Häuserschicht.

199. Kunsthandel. – Figürlich verzierte „Schnalle"; H. 16 cm, „Bronze". Rolle nicht zugehörig. Ähnlich wie Nr. 196, der geschlungene Charakter des Bandes nicht mehr so deutlich; die untere und obere Öse durch vier senkrechte Stege unterteilt, so daß der Ösencharakter völlig verloren ist, dafür unterhalb des Rahmens nochmals eine Rolle montiert, über die das durchgezogene Band laufen konnte; im ursprünglichen Zustand vielleicht statt der Rolle ein einfacher Steg. Oben stützen zwei kniende Figuren eine runde Öse. Seitlich stehen wieder die beiden weiblichen Figuren, einen Arm hinter die Rosette gelegt (*Taf. 43, 199* nach Barnett). – Slg. E. S. David. – Barnett, in: Moortgat Festschrift 25 Abb. 2; Calmeyer, Datierbare Bronzen 178 (h).

200. Kunsthandel. – Figürlich verzierte „Schnalle"; H. 12,8 cm, „Bronze". Der Rahmen sehr ähnlich wie bei Nr. 196, die obere Schlaufe sehr eng. Statt der weiblichen Figuren rahmen hier männliche die untere Öse, sie stehen mit dem äußeren Fuß auf der unteren Leiste, den inneren haben sie auf den hochgebogenen Steg gesetzt, so daß, jedenfalls bei dem linken, der Unterschenkel den einen Vertikalstab ersetzt. Statt nach Rosetten greifen hier die Arme nach glatten runden Scheiben, die eine Hand von vorne, die andere von hinten; auf Grund dieser Handhaltung deutet Calmeyer die Scheiben als Tympana. Die Männer tragen den kurzen Wickelrock und sind bis auf eine dicke Stirnlocke kahlrasiert[70] (*Taf. 43, 200* nach Barnett). – New Haven, Yale Univ. Bab. Coll. (YBC 2155). – B. W. Buchanan, Archaeology 15, 1962, 274 f.; R. D. Barnett, in: Moortgat Festschrift 24 Taf. 4,3; Calmeyer, Datierbare Bronzen 178 (i); P. R. S. Moorey, Rev. Assyr. 71, 1977, 141.

201. Kunsthandel. – Figürlich verzierte „Schnalle"; H. 14,2 cm, „Bronze". Bei dieser Schnalle wird der Rahmen von einzelnen Figurengruppen, die mit Stegen verbunden sind, gebildet. Hauptträger sind zwei männliche Figuren wie bei Nr. 200, sie tragen den kurzen gewickelten Rock, eine Schulter mit einem

---

[69] Der Vergleich Calmeyers, Datierbare Bronzen 177 D, mit neubabylonischen Stücken trifft nur auf dieses Stück zu, das sich bei den weiblichen Figuren für das Gesicht eindeutig nach solchen neubabylonischen Vorbildern richtet, sonst aber in fast allen Einzelheiten das altbabylonische Stück Nr. 196 nachahmt.

[70] Ähnliches Stück aus der Slg. Foroughi erwähnt bei Moorey, Rev. Assyr. 71, 1977, 141.

breiten Band bedeckt, und die Stirnlocke; ein Fuß steht seitlich der unteren Rolle, der andere ist jeweils gegen einen sich aufbäumenden Löwen gestemmt; auf dem Nacken der Löwen stehen zwei sich an einem Baum aufrichtende Ziegenböcke. Von dem Baum führen Stege zu den Köpfen der Männer, an ihren Enden hocken kleine Affen, die die oberste hochgebogene Öse stützen (Taf. 44,201 nach Barnett). – Oxford, Ashmolean Mus. (1971.25), ehemals Slg. Bomford. – Ghirshman, Iran (1964) 61 Abb. 502; R. D. Barnett, in: Moortgat Festschrift 24 Taf. 4,2; Calmeyer, Datierbare Bronzen 176 A; Antiquities from the Bomford Collection (1966) 46 f. Taf. 22 Nr. 23; P. R. S. Moorey, Ancient Iran (1975) Taf. 10; ders., Rev. Assyr. 71, 1977, 138 ff.

202. Kunsthandel. – Figürlich verzierte „Schnalle"; H. 11,9 cm, Br. 7,3 cm, Kupfer(!). Die untere Rolle ist durchlocht, wird von zwei männlichen Figuren flankiert, ein Stift geht durch die durchbohrten kleinen Sockel der Figuren und durch die Rolle. Die Köpfe der Männer sind durch einen halbkreisförmigen Steg miteinander verbunden. Sie tragen einen kurzen Schurz, haben einen langen Kinnbart, vom Haupthaar ist wegen der Ansatzstellen des Steges kaum etwas zu sehen. Die Beine sind eng beisammen, nur durch eine unorganische Ritzlinie voneinander abgesetzt. Der äußere Arm ist angewinkelt vor die Brust gelegt, der innere in Schulterhöhe abgestreckt und verschmilzt mit den ausgestreckten Armen einer mittleren männlichen Figur; die Armpartien sind so viel zu kurz und viel zu dick, mehr ein konstruktiver Quersteg als natürliche Arme. Bei der mittleren Figur scheint eine flache Kappe auf dem Kopf zu sitzen, grobe, ganz summarisch angegebene Gesichtszüge und Bart stimmen mit den anderen Figuren überein. Die Figur ist nur mit einem Gürtel bekleidet, oberhalb der Knie abgebrochen, wahrscheinlich waren die Füße auf einen hochgebogenen Steg gesetzt, der ebenfalls mit dem Quernagel verbunden war (Taf. 44,202 nach Mus. Phot.). – Paris, Louvre (AO 20473; ehemals Slg. Coiffard). – Calmeyer, Datierbare Bronzen, 177 B; P. R. S. Moorey, Rev. Assyr. 71, 1977, 137 ff. Abb. 4.

Die beiden letzten Stücke unterscheiden sich stilistisch von den anderen mesopotamischen. Schon der Aufbau des Rahmens, der die Figuren viel stärker mit einbezieht, weist auf andere Provenienz. Moorey sieht bei den Männern von Nr. 202 die elamische Frisur, was nicht ganz überzeugt.[71] Die unorganische Verschmelzung der Figuren mit dem Gerät deutet auf Iranisches; im elamischen Bereich lassen sich keine Vergleiche zu den menschlichen Figuren finden.[72]

Die kräftig muskulösen Körper der Tiere und Menschen von Nr. 201 wie auch die Tracht der Männer finden sich auf späten altbabylonischen Siegeln.[73]

Die beiden folgenden Stücke, sogenannte Waffentanzstandarten, werden hier angefügt; sie sind zwar wie Nr. 201 der vorigen Gruppe wohl nicht mesopotamischen Ursprungs,[74] entlehnen ihre Motive aber eindeutig dem altbabylonischen Bildrepertoire. Es handelt sich um durchbrochen verzierte Scheiben, die auf dem Rücken zweier Stiere ruhen; da in einem Fall noch das ebenfalls durchbrochen gearbeitete Stück einer Tülle erhalten ist, wird klar, daß es sich um Aufsätze für eine Stange, also um einen standartenartigen Gegenstand handelt. Die im Knielaufschema zu einer Art Swastika miteinander verbundenen männlichen Figuren finden sich in der Glyptik schon seit frühdynastischer Zeit. Calmeyer zieht zum Vergleich auch altbabylonische Terrakottamodel aus Mari heran.[75] Meist sind auf

---

[71] Ebd. 139; wegen der Ansatzfläche des Steges ist die Frisur aber sehr unklar; dort aber überzeugender Vergleich mit Amiet, Glyptique susienne. Mém. Délég. Iran 43 (1972) Taf. 173.174.
[72] Für Bart und Rock vgl. Nr. 242, stilistisch aber keine Ähnlichkeit.
[73] E. Porada, Corpus of Ancient Near Eastern Seals in North American Collections I (1948) 383; zahlreiche Vergleiche zu den einzelnen Figuren bei Moorey a.a.O. (Anm. 70) 139 ff.
[74] Zu den Stierfiguren vgl. R. Ghirshman, Tchoga Zanbil I. Mém. Délég. Iran 39 (1966) Taf. 34.

[75] Calmeyer, Datierbare Bronzen 50 ff.; als Siegelvergleich zitiert er für Frühdynastisch: Woolley, Ur Excavations II Taf. 207,214; für altbabylonisch: H. von der Osten, Ancient Oriental Seals in the Collection of Mr. Edward T. Newell. Orient. Inst. Publ. 22 (1934) Taf. 24,345; er vergleicht auch Terrakottaformen aus Mari: Parrot, Le Palais III Taf. 17,M 1129, auch mit Stäben in den Händen, sonst Bekleidung nicht zu erkennen, eventuell Oberkörper bedeckt, bärtig.

diesen Darstellungen die Männer allerdings bis auf einen Gürtel unbekleidet und bärtig und entsprechen dem Typ des Helden. Auf den beiden Standarten entspricht die Kleidung, kurzer Schurz und schärpenartig bedeckter Oberkörper, mehr einer Kriegstracht, außerdem sind die Gesichter unbärtig; ähnlich gekleidet sind die männlichen Figuren der Schnalle Nr. 201. Calmeyer deutet die Szene als kultischen Waffentanz.

203. Kunsthandel (Iran?). – Waffentanzstandarte; H. 33 cm; Bronze (analysiert). Breiter, von konzentrischen Rillen unterteilter Ring, gestützt von zwei Stieren, die, die Köpfe nach außen gerichtet, auf einer gemeinsamen Standplatte stehen, die wahrscheinlich mit einer gitterartig durchbrochenen Tülle verbunden war. Oben auf dem Ring liegende Ziege oder Hirsch, Kopf nach vorne gedreht, seitlich in gleichmäßigem Abstand je drei Vögel mit auf den Rücken gelegtem Kopf. Die vier verflochtenen Figuren im Inneren stoßen mit Kopf und seitlich ausgestreckten Armen an die Innenkante des Ringes, die zusammentreffenden Hände sind jeweils mit einem kurzen Stab mit dem Ring verbunden. Die Knielaufhaltung läßt immer das vorgestreckte Bein der einen Figur gegen die Hüfte der nächsten stoßen, die zurückgesetzten Füße treffen auf das Knie der hinteren, so bleibt im Inneren nur ein winziges Loch, begrenzt von den vier nach hinten gestreckten Unterschenkeln. Ein kurzer Rock reicht bis zu den Knien, die übermäßig schlanke Taille umschließt ein Gürtel, am Oberkörper sieht man über den Schultern zwei Gewandkanten. Die Köpfe sind sehr grob gebildet und entsprechen in keiner Weise dem sonst so raffinierten Gebilde. Die Haltung der Stiere ist sehr steif und aufrecht. Am Schaft drei sehr stilisierte menschliche Figuren (*Taf. 45,203* nach Mus. Phot.). – Paris, Louvre (AO 2397). – L. Heuzey, Rev. Assyr. 5, 1902, 103 ff.; A. U. Pope (Hrsg.), A Survey of Persian Art IV (1938) Taf. 42; F. Sarre, Archiv Orientforsch. 14, 1941–42, 195 ff. Abb. S. 196; Parrot, Assur Taf. 156; Calmeyer, Datierbare Bronzen 50 ff. Abb. 51.

204. Kunsthandel; in Teheran angekauft. – Waffentanzstandarte; H. 21,5 cm, Durchm. Ring 15,6 cm, „Bronze". Sehr ähnlich wie Nr. 203. Oben auf dem Ring, nach Sarre, Hirsch mit abgebrochenem Geweih. Tülle nicht erhalten. Hirschfigur nach anderer Seite gerichtet als bei Nr. 203, kann also als Gegenstück gedient haben (*Taf. 45,204* nach Borowski). – Toronto, Roy. Ontario Mus. (ehemals Slg. Sarre). – Sammlung F. u. M. Sarre, Katalog der Ausstellung im Städelschen Kunstinstitut (1932) 17 Nr. 92; F. Sarre, Archiv Orientforsch. 14, 1941–42, 197; E. Borowski, Archaeology 5, 1952, 22 ff. Abb. 1; J. Potratz, Iranica Ant. 3, 1963, 125; Calmeyer, Datierbare Bronzen 51.

TEMPELSCHMUCK

Von dem einst sicher reichen Tempelschmuck aus Metall haben sich nur die Torlöwen aus Mari erhalten.[76] Sie zeigen in der Technik deutlich die Tradition der frühdynastischen Zeit: Gehämmerte Metallplatten über einem Holzkern, Einlagen für Augen und Zähne entsprechen weitgehend den Löwen aus Tell al 'Ubaid (Nr. 73). Eventuell sind diese Löwen mit einem Jahresdatum des Zimrilim (1782–1759 v. Chr.) in Verbindung zu bringen: Das Jahr, als Zimrilim die Löwen aus dem Tor des Dagan gehen ließ.[77]

Löwen als Tempelwächter waren in altbabylonischer und kassitischer Zeit weit verbreitet, wie zahlreiche Exemplare kleineren Formats aus weniger aufwendigem Material wie Terrakotta zeigen;[78] aus Susa sind auch kleinere Steinlöwen erhalten.[79]

---

[76] Zur Überlieferungslage solcher Statuen im 1. Jahrtausend vgl. S. 73.
[77] G. Dossin, Syria 21, 1940, 167.
[78] Z. B. aus Tell Harmal: Orthman, Propyläen Kunstgeschichte 14 Taf. 167; aus Nuzi: ebd. Taf. 171.
[79] Amiet, L'art d'Agadé au Musée du Louvre (1976) Nr. 59.60, nicht genau datiert.

205. Mari; Dagan-Tempel.[80] – Zwei Löwenprotomen; L. 70 cm; Bronzescheiben mit Nägeln über Holzkern befestigt; Augen aus Kalkstein mit eingelegten Schieferpupillen, im geöffneten Maul Zähne aus Knochen. Das Tier hat die Vorderbeine nach vorne gestreckt, war also liegend dargestellt; eventuell Spuren der Hinterbeine neben dem Körper erhalten. Der Kopf ist etwas zur Seite gedreht, wahrscheinlich dem Eintretenden zugewandt, so daß es sich bei dem abgebildeten Exemplar um den linken Löwen handelt. Die Mähne ist in groben Zotten angegeben, die Schulter ist glatt belassen. Das Maul ist drohend aufgesperrt, die Barthaare sind nur summarisch angegeben, die Ohren halbrund, aufgestellt. Ob die Löwen ursprünglich voll plastisch ausgearbeitet oder als Protomen vor die Türleibung gesetzt waren, läßt sich nicht mehr feststellen (*Taf. 45,205* nach Orthmann). – Paris, Louvre und Aleppo, Nat. Mus. – A. Parrot, Syria 19, 1938, 25 ff. Abb. 15 Taf. 10; ders. ebd. 20, 1939, 5 ff.; Strommenger, Mesopotamien Taf. XXVII; Orthmann, Propyläen Kunstgeschichte 14 Taf. 168.

TIERAMULETTE?

Figürliche Metallfunde aus Gräbern sind vorläufig nur in Assur erhalten. Auch dort beschränken sich Metallfigürchen auf einen einzigen Typ, nämlich kleine liegende Ziegen. Sie spielten offenbar bei der Grabausstattung eine große Rolle, denn sie werden zahlreich in Kupfer, Blei und Fritte verwandt.[81] Bei den Metallfiguren handelt es sich höchstwahrscheinlich um Anhänger (Amulette), da, jedenfalls bei den Bleifigürchen, Ansätze der Gußkanäle am Rücken ursprünglich als Ösen dienen konnten. Die Frittefigürchen sind größer und werden auch in akkadische Zeit datiert.[82] Die Datierung der Gräber mit Metallfigürchen ist nicht immer eindeutig festzulegen; bei Nr. 206 ist eine Datierung frühestens in altassyrischer Zeit sicher, während Nr. 207 sicherlich nicht später als altassyrisch anzusetzen ist.[83]

206. Assur; Grab 20.[84] – Drei Ziegenfigürchen; L. ca. 3 cm, H. ca. 4 cm; „Kupfer". Liegend, den Kopf zur Seite gedreht, alle nach rechts gerichtet (*Taf. 42,206* nach Haller). – Beifunde: drei gleiche Figürchen aus Blei; Schmuck; drei altassyrische Rollsiegel; Kupfergefäße; Nadel; Bronzedolch; Keramik (Schultereimer); nach Rollsiegeln Grab altassyrisch datiert. – Berlin od. Baghdad (Ass. 20504,m). – Haller, Gräber und Grüfte 10 Taf. 10,a.

207. Assur; Gruft 10. – Fünf Gazellenfigürchen. – Beifunde: eine gleiche Figur aus Blei; zwei Kupfernadeln; zwei Bronzedolche; Kupferschale; wenig Schmuck; Keramikschale; Gruft von der Assurzikkurat überbaut, also altassyrisch. – Berlin od. Baghdad (Ass. 2503). – Haller, Gräber und Grüfte 100; unpubliziert.

208. Assur; Gruft 20. – Zwei Ziegenfigürchen. „Bronze". – Beifunde: wenig Schmuck; Speerspitze aus Bronze(?); Nadel; Keramik; auf Grund der Ziegenfigürchen altassyrisch datiert. – Berlin od. Baghdad (Ass. 20574). – Haller, Gräber und Grüfte 104, unpubliziert.

209. Assur; Gruft 77. – Liegende Gazelle; „Bronze". Gruft ausgeraubt. – Berlin (Ass. 13162 = VA Ass. 1821). – Haller, Gräber und Grüfte 169, unpubliziert.

210. Assur. – Zwei Ziegenfigürchen; L. 3 cm, H. 4,25 cm; „Bronze"; scheinen aus der gleichen Form zu kommen (*Taf. 42,210* nach Layard). – London, Brit. Mus. (BM 120399; 120400). – A. H. Layard, The Monuments of Nineveh I (1853) Taf. 96,13.

---

[80] Nebeneinander im Inneren der Cella beim Eingang gefunden. Falls die zahlreichen Augeneinlagen, die im Gebiet des Tempels gefunden wurden, tatsächlich zu vergleichbaren Statuen gehörten, wären den Plünderern nur die beiden Exemplare entgangen, die dann wohl aber nicht mehr in situ lagen.

[81] Hrouda, in: Haller, Gräber und Grüfte 184, weist auf die Dreizahl der Figürchen in Gräbern hin; er sieht eventuell eine Beziehung zu Ritualen.

[82] Haller, Gräber und Grüfte 6, Grab 1 und 2 Taf. 7,f; Andrae, Die archaischen Ischtar-Tempel Taf. 49,a.

[83] Aus Grab 18, das ans Ende der Ur III-Zeit datiert wird, ist ein Bleifigürchen dieser Art erhalten (Haller, Gräber und Grüfte 9 Taf. 9,f.).

[84] In einem altakkadischen Haus, aber oberhalb des Fußbodens.

ALT- UND MITTELELAMISCHE ZEIT

Für das 2. Jahrtausend bilden die zahlreichen Metallfunde aus Susa eine willkommene Ergänzung zu den wenigen Stücken aus dem mesopotamischen Bereich. Diese elamischen Statuetten stimmen in Ikonographie und Funktion so weitgehend mit den mesopotamischen überein, daß es sinnvoll scheint, sie in diesem Band abzuhandeln.

Diese gute Überlieferungslage in Susa beruht vor allem auf reichen Depotfunden aus dem von Šulgi gegründeten Inšušinak-Tempel; schon in der Person des Gründers wird die enge Beziehung zu Mesopotamien deutlich. Das reichste Depot dieser Art, das aus tranché 23, enthielt auffallend viel Metallgegenstände:[1] Statuetten aus „Bronze" von niederen Gottheiten, Betern und Beterinnen, unbekleideten Frauen, Möbelfüße in Form von Tierfüßen, Prunkwaffen, figürlich verzierte Nadeln oder Nägel, Schmuck und auch Eisenringe; Terrakotten, Frittefigürchen (S. 66), Elfenbeine, Muschelstückchen, Siegel und auch kleine Steinplinthen, auf denen Metallfigürchen mit ihren Gußzapfen aufgesockelt werden konnten.[2] Die Siegel datieren in frühelamische (frühsumerische) bis mittelelamische Zeit, jüngeres Material kommt nicht vor, wie auch bei den Terrakotten ganz deutlich wird. Die Deponierung dieser kostbaren Stücke, die aber wohl nicht mehr gebraucht wurden, muß also in mittelelamischer Zeit erfolgt sein.

GÖTTERSTATUETTEN

Auch in Elam werden die Götter im Falbelgewand und mit der Hörnerkrone dargestellt. Elamische Eigenheit scheint das weite Ausladen des unteren Hörnerpaares und eine Vorliebe für Schlangen in Zusammenhang mit Göttern zu sein. Diese Schlangen finden sich nicht nur beim Gott auf dem Schlangenthron (vgl. eventuell Nr. 215) sondern auch bei niederen Gottheiten, etwa bei Nr. 212 auf der Mütze und auch am Altartisch Nr. 247.[3]

Da vorläufig sicher datiertes Vergleichsmaterial aus altelamischer Zeit fehlt, lassen sich die kleinen Statuetten meist nicht mit Sicherheit der alt- oder der mittelelamischen Zeit zuordnen.

211. Susa; genaue Fundstelle nicht mehr festzustellen. – Götterstatuette; H. Figur 17,5 cm, L. Dorn 3 cm; „Bronze", teilweise mit Goldauflage. Der stehende Gott trägt ein Falbelgewand, das die rechte Schulter frei läßt wie bei Nr. 163; die rechte Hand ist geballt vor die Brust gelegt, der linke Arm angewinkelt nach vorne gestreckt, die ebenfalls geballte Hand mit Goldblech überzogen, wahrscheinlich hielten beide Hände einen Gegenstand. Das Gesicht ist sehr sorgfältig ausgearbeitet, vor allem die Augen mit den Brauenbögen, Lidern und gewölbten Augäpfeln, ebenso der Mund und der klar umrissene, geschwungen herabhängende Schnurrbart; der Kinnbart ist dagegen nur als glatte Fläche angegeben, durch eine deutliche Querlinie von den lang herabhängenden Bartsträhnen getrennt. Unter dem kappenartigen Ansatz der Hörnerkrone ist über der Stirn ein glattes Band zu sehen, am Hinterkopf ein Haarknoten. Sicher war das Gesicht auch mit einer Goldfolie belegt, in die Haaransatz, Kinnbart und Brauen mit feinen Linien geritzt waren. Das unterste Hörnerpaar der Krone ist frei gearbeitet, die oberen Hörner sind nur im Relief angegeben. Die Füße sind zu

---

[1] de Mecquenem, Mém. Délég. Perse 7 (1905) 61 ff.; zu den Gründungsdepots des Šulgi, die mit den hier behandelten Depots nichts zu tun haben, vgl. ebd. 63.

[2] Ebd. 103 Abb. 340–343; zu kleinen Steinsockeln im syrischen Bereich vgl. Seeden, PBF.I,1 (1980) Taf. 117.

[3] Ausführlich zu elamischen Göttern mit Schlangen P. de Miroschedji, Iranica Ant. 16, 1981, 1 ff.; eine Identifikation mit Inšušinak kann für die kleinen, untergeordneten Gottheiten nicht zutreffen.

einem kompakten Sockel verschmolzen, darunter ein langer Dorn zum Einlassen in einen offensichtlich hohen Sockel. Eine tiefe Einkerbung auf der linken Körperseite diente wohl zur Befestigung einer Edelmetallauflage, eine Eigenheit, die nur bei dieser Statuette auftaucht und in Babylonien offenbar nicht üblich war (*Taf. 46,211* nach Encyclopédie). – Paris, Louvre (Sb 2823). – Pézard/Pottier, Catalogue Nr. 237; Contenau, Manuel II 858 f.; Encyclopédie Photographique Taf. 263,A; Amiet, Elam 312 f. Taf. 234,A–B; Spycket, La statuaire 228 Taf. 152.

212. Susa; genaue Fundstelle nicht mehr feststellbar. – Gott auf Wagen; H. 15,7 cm, „Bronze", Figur Vollguß. Der sitzende Gott ist in das lange Falbelgewand gekleidet, das beide Schultern bedeckt. Die rechte Hand ist geballt vor die Brust gelegt, die linke ebenfalls, sie hält einen Wedel. Das Gesicht ist ähnlich wie bei Nr. 211, die Nase weggebrochen; die Gesichtszüge sind nicht so sauber ausgearbeitet, Schnurrbart, einstufig gelockter Kinnbart und lang herabhängende gedrehte Bartlocken deutlich voneinander abgesetzt. Die Ohren sind die eines Tieres, das Haar ist über der Stirn schräg schraffiert, hinter den Ohren fallen zwei ebenso stilisierte lange Locken über die Schultern nach vorne. Über den Ohren kleine runde Vertiefungen zum Einsetzen von separat gearbeiteten Hörnern. Auf dem Kopf sitzt eine kalottenförmige Kappe, die von einer Schlange bekrönt wird. Unterhalb der Knie ist die Figur sozusagen ausgehöhlt, das Gewand ist nur seitlich stehengelassen, unter beiden Enden ist der Fuß in Schnabelschuhen[4] angegeben, die Figur so rittlings auf den Bock des getrennt gegossenen Wagens gesetzt. Ein dünner, langer Nagel verbindet Figur und Wagen. Der Wagen besteht nur aus dem Sitz mit hinten hochgezogener Lehne, zwei seitlichen Tritten für die Füße, unter denen die hohle Achse läuft, die Räder fehlen. Vor der Figur ragen zwei kolbenförmige Gebilde hoch, das eine oben gerundet und durchlocht, das andere mit einer Vertiefung, eventuell ein Köcher. Ob durch das Loch des anderen tatsächlich die Zügel geführt waren, wie Pézard vorschlägt, ist zweifelhaft (*Taf. 46,212* nach Mus. Phot.). – Paris, Louvre (Sb 2824). – Pézard/Pottier, Catalogue Nr. 243; Contenau, Manuel II 859 Abb. 609.610; Amiet, Elam 318 Taf. 238; Orthmann, Propyläen Kunstgeschichte 14 Taf. XXXIV; Spycket, La statuaire 308 Taf. 198.

213. Susa; Tempel des Inšušinak, Depot tranché 23. – Rock einer Götterstatuette; H. 4,5 cm, Zapfenl. 3 cm; „Bronze", Vollguß. Die vier Stufen des Rocks sind völlig glatt, auf der Rückseite kaum ausgeprägt, unter dem Rock breite Sockelzone ohne Angabe der Füße; alt- bis mittelelamisch (*Taf. 49,213* nach de Mecquenem). – Paris, Louvre (Sb 11218). – R. de Mecquenem, Mém. Délég. Perse 7 (1905) 76 Taf. 18,8.

214. Susa; ohne Grabungszusammenhang. – Männliche Statuette; H. 8,3 cm; „Bronze". Statuette endet in Hüfthöhe, darunter Nagel zum Einlassen in einen Unterkörper, wahrscheinlich aus anderem Material. Vollbart und Haar fallen bis zur Taille, die Arme sind nach vorne angewinkelt, die Hände abgebrochen. Auf dem Kopf sitzt eine flache Kappe, die wahrscheinlich vorne in zwei nun abgebrochenen Hörnern auslief (*Taf. 49,214* nach Amiet). – Paris, Louvre (Sb 6588). – R. de Mecquenem, Mém. Délég. Perse 7 (1905) 37 Abb. 38; Amiet, Elam 409 Taf. 309.

Für Götterdarstellung mittelelamischer Zeit bietet die Stele des Untaš-Napiriša (1265–45)[5] gute Vergleichsmöglichkeiten. Der thronende Hauptgott des obersten Registers, wahrscheinlich auf einem Schlangenthron zu ergänzen, hat Tierohren wie Nr. 212 und auch seitlich über die Schultern fallende Locken. Der beide Schultern bedeckende Falbelmantel (zu trennen von dem eine Schulter freilassenden Wickelgewand, wie es die Hauptgötter tragen), der Wedel in der linken Hand und die einfache Hörnermütze sprechen aber für eine niedere Gottheit; der bärtige Gott mit Stierohren, zwei nach vorne fallenden Locken im Falbelmantel findet sich häufig auf altbabylonischen Terrakottareliefs, allerdings mit Waffen.[6]

Die Mischwesen der Stele tragen teilweise flache Hörnerkappen und lange Bärte wie Nr. 214, das man sich entsprechend in einen Tierunterkörper aus anderem Material eingesetzt vorstellen könnte.[7]

---

[4] Ähnliche Schuhform auch auf einer mittelelamischen (?) Stele (Orthmann, Propyläen Kunstgeschichte 14 Taf. 287,a).

[5] Ebd. Taf. 290; ausführlich bei Miroschedji, Iranica Ant. 16, 1981, 9 ff.

[6] Opificius, Das altbabylonische Terrakottarelief 90 ff. 214 ff., häufig so der sogenannte Unterweltsgott mit eingebundenem Leib.

[7] Die Deutung als Wagenlenker (Amiet, Elam 409) nicht überzeugend, da Wagenlenker nur selten die Arme so angewinkelt halten (vgl. Nr. 212 und Nr. 36; s. auch S. 18 mit Anm. 41; S. 20 mit Anm. 58).

Eine Datierung in mittelelamische Zeit ist bei Nr. 212 und Nr. 214 also möglich; auch bei Nr. 211 spricht die Barttracht mit dem Schnurrbart, der deutlich in seitlich herabhängenden Locken ausläuft, für eine späte Datierung.[8] Welche Gegenstände diese Gottheiten in den vorgestreckten Händen hielten, ist nicht mehr festzustellen; Ring und Stab sollten nur bei Hauptgottheiten ergänzt werden.

215. Susa; Tempel des Inšušinak; Depot tranché 23. – Thronender Gott; H. 9 cm, „Bronze". Der sitzende Gott trägt das Falbelgewand, das wahrscheinlich die rechte Schulter frei läßt; die linke Hand ist vor die Brust gelegt und hält eine Schlange, der rechte Arm ist nach oben angewinkelt, die Handfläche geöffnet. Über der Stirn sitzt ein weit ausladendes Hörnerpaar, andere Einzelheiten sind wegen des Erhaltungszustandes nicht zu sehen. Der kleine Hocker (oder Schlangenthron?) ist auf eine große, mitgegossene Plinthe gesetzt, die Thronlehne führt in ganzer Breite über den Kopf hinaus, an ihrer Rückseite schlängeln sich vier Schlangen empor, die mit ihren Köpfen über die obere Kante nach vorne ragen (*Taf. 49,215* nach Amiet). – Paris, Louvre (Sb 2891). – R. de Mecquenem, Mém. Délég. Perse 7 (1905) 75 Taf. 18,1–2; ebd. 12 (1911) 202 Abb. 382; Amiet, Elam 310 Taf. 233,A–B; P. de Miroschedji, Iranica Ant. 16, 1981, 6 Taf. 3.

Vergleichsbeispiele für Gottheiten auf hochlehnigen Thronen finden sich nur bei Terrakotten, ausnahmsweise beim Sockelrelief von Nr. 192. Meist handelt es sich um weibliche Gottheiten, ein besonders schönes Exemplar aus Ur gibt aber ebenfalls eine männliche Gottheit wieder.[9] Diese Terrakotten sind meist so gearbeitet, daß sie aufgestellt werden konnten und man sie sich im heimischen Kult durchaus als Ersatz für ein größeres Götterbild denken kann. Auch Nr. 215 läßt sich, so wie es ist, aufstellen und bedarf keiner besonderen Aufsockelung.

216. Kunsthandel; angeblich aus Tang-i Sarvah, Susiana. – Geräteteil in Form einer Göttin mit Fischschwanz; H. 12 cm; „Bronze". Die Göttin im mehrstufigen Falbelrock ist sitzend wiedergegeben, der Unterkörper nur in der vorderen Partie ausgearbeitet, so daß er auf einen quaderförmigen Sitz montiert werden konnte, unter dem Gewand sehen die Füße hervor, allerdings sind sie nur im groben Umriß ausgearbeitet. Der Oberkörper ist wahrscheinlich mit einer kurzärmeligen „Bluse" bekleidet, doppelte Wülste am Oberarm können als Armreife oder als Gewandsäume gedeutet werden. Um den Hals liegt ein Collier mit rautenförmigen Anhängern, das hinten von einem Gegengewicht gehalten wird. Vorne ist in der Taille ein breiter Gürtel angegeben; die Arme sind auf dem Schoß nach vorne gestreckt, die Handflächen nach oben gekehrt, um die Handgelenke vierfache Reife. Der Kopf ist auffallend tief gearbeitet mit weit nach vorne gezogenem Kinn, auch die riesigen Augen liegen nicht in der Fläche, sondern sind weit nach hinten ausgezogen. Das Haar ist kunstvoll verflochten und im Nacken und weit über die Stirn stark gebauscht, eine dünne Flechte bildet eine Mittellinie. An den Unterkörper schließt sich horizontal ein langer Fischleib an. In der untersten Stufe des Falbelrockes ist ein Nietloch, die Löcher im Fischschwanz sind noch mit den kurzen Metallstiften versehen, mit denen die Figur befestigt war (*Taf. 46,216* nach Mus. Phot.). – London, Brit. Mus. (BM 132960). – R. D. Barnett, Brit. Mus. Quarterly 26, 1962/63, 96 Taf. 44,a–b; Amiet, Elam 314f. Taf. 235,A.B; Orthmann, Propyläen Kunstgeschichte 14 Taf. 286; P. Calmeyer, Arch. Mitt. Iran 13, 1980, 108.

---

[8] Auf altbabylonischen Denkmälern kommt ein deutlich herabhängender Schnurrbart nicht vor, der Oberlippenbart ist mit kurzer feiner Strichelung markiert, Wangen und Kinn sind von kurzen Löckchen bedeckt (vgl. z. B. Orthmann, Propyläen Kunstgeschichte 14 Taf. 158.159); der ausgeprägte Schnurrbart dann bei kassitischen Denkmälern (ebd. Taf. 193,b). – Die Datierung einer Stelenbekrönung bei Börker-Klähn (Altvorderasiatische Bildstelen 167ff. Nr. 114) in altelamische Zeit muß abgelehnt werden, wegen der Form der Hörnerkrone (zunächst waagerecht geführte und dann steil nach oben biegende Hörner mit getrepptem Aufbau) und des mißverstandenen um den rechten Oberarm gewickelten Falbelgewands.

[9] Woolley, Ur Excavations VII Taf. 81,151; McCown/Haines, Nippur I Taf. 133; Amiet, Elam 297 Taf. 221.

Alt- und mittelelamische Zeit: Menschliche Statuetten 65

Vergleichsmöglichkeiten für Datierung und Interpretation dieser Figur sind kaum vorhanden. Der Fischschwanz deutet auf eine Wassergottheit, allerdings gibt das Gewand keinen Hinweis in diese Richtung; Wassergottheiten finden sich auch auf der Stele des Untaš-Napiriša, bei denen der Unterkörper geschuppt ist und statt in Füßen in zwei Flossen endet;[10] die göttlichen Wesen dieser Stele tragen allerdings eine Hörnerkappe, auch ihre Frisur ist völlig anders. Die Handhaltung ist ebenfalls außergewöhnlich, findet sich aber ebenso bei einer der Figuren der Kultszene Nr. 246 und den Frittefiguren S. 66. Eine Datierung in mittelelamische Zeit ist möglich, der Gesichtstyp mit den überlängten, schräg in der Gesichtsfläche stehenden Augen allerdings völlig einmalig und in seiner ornamental dekorativen Art eher in neuelamische Zeit passend. Ebenfalls in die Spätzeit weist ein Vergleich mit den Achsnägeln aus Uruk (vgl. S. 87 Anm. 38), bei denen Halbfiguren als Geräteteil verwendet werden – auch Nr. 216 ist ja keine voll ausgearbeitete Figur; aus mittelelamischer Zeit sind solche Teilfiguren vorläufig nicht bekannt. Zu welcher Art Gerät die Göttin gehört haben könnte, ist nicht mehr festzustellen; sie an einem Gefäß anzupassen ist schwierig, es sei denn als zusätzlichen Aufsatz auf einem langen Griff.

MENSCHLICHE STATUETTEN

Aus einem Depot in tranché 27 stammen zwei Statuetten von Opferträgern aus Silber und aus Elektron, die nahezu gleich sind (Nr. 217.218). Sie zeigen in besonders schöner Ausführung den Typ des mittelelamischen Beters, wie er vielfach, wenn auch meist weniger sorgfältig gearbeitet, auch aus dem Depot tranché 23 erhalten ist (Nr. 219–224). Er ist bekleidet mit einem langen, unten wenig ausschwingenden, oft mit einem Fransensaum versehenen Rock, der sich über den Füßen etwas aufbiegt und die Fußspitzen sehen läßt. Bei Nr. 217.218 ist der Vertikalsaum nicht angegeben, der Rock wird von einem doppelt geschlungenen Gürtel gehalten, ein dichtes Punktmuster, wie es in mittelelamischer Zeit üblich ist, überzieht den Stoff. Der Oberkörper wirkt unbekleidet, ist aber bei Nr. 217 bis zu den Schultern von einem Sternchenmuster bedeckt, so daß man doch an eine Oberkörperbekleidung wie bei der großen Statue Nr. 230 denken muß. Der linke Arm ist vor die Brust gelegt, die Hand stützt ein Opfertier, der rechte Arm ist angewinkelt erhoben, die Handfläche geöffnet. Nr. 217 und 218 stimmen auch im Gesicht weitgehend überein, mit gefächerten Augenbrauen, klar umgrenzten Lidern, kräftiger Nase, geraden aber fein modellierten Lippen. Der Bart hängt weit auf die Brust, die Haarsträhnen sind durch gewellte Ritzungen angegeben, ein lang herabhängender Schnurrbart begrenzt den zweistufigen Backenbart. Der Kopf ist wahrscheinlich von einem Tuch eingehüllt, die kreuzweisen Schraffuren von Nr. 217 sind eher als Turban, denn als Haarmasse zu interpretieren. Um die Stirn führt ein gedrehtes diademartiges Band, eventuell die gedrehten Enden des Turbans.

217. Susa; Tempel des Inšušinak; Depot tranché 27. – Statuette eines Opferbringers; H. 6,3 cm, Sockelh. 1,5 cm; Elektron, Sockel Bronze. Hält mit der linken Hand ein Zicklein; die Augen sind ungewöhnlich schräg gestellt. Mit einem Zapfen in den hohlen Sockel eingedübelt (*Taf. 47,217* nach de Mecquenem). – Paris, Louvre (Sb. 2758). – R. de Mecquenem, Mém. Délég. Perse 7 (1905) 132f. Taf. 24,1a–c; Pézard/Pottier, Catalogue Nr. 374; Strommenger, Mesopotamien Taf. 184 links; Amiet, Elam 421 Taf. 319.

218. Susa; Tempel des Inšušinak; Depot tranché 27. – Statuette eines Opferbringers; H. 6 cm, Sockelh. 1,5 cm; Silber, Sockel Bronze. Auf der linken Hand liegt ein kauerndes Opfertier. Füße etwas näher beisammen

---

[10] Orthmann, Propyläen Kunstgeschichte 14 Taf. 290.

als bei Nr. 217, Gesicht etwas weniger sorgfältig nachgearbeitet, rechte Hand abgebrochen. Ebenfalls mit einem Zapfen in den Sockel eingedübelt (*Taf. 47,218* nach de Mecquenem). – Paris, Louvre (Sb 2759). – R.

de Mecquenem, Mém. Délég. Perse 7 (1905) 132 f. Taf. 24,2a–c; Pézard/Pottier, Catalogue Nr. 375; Contenau, Manuel II 927 Abb. 643; Strommenger, Mesopotamien Taf. 184 rechts; Amiet, Elam 418 Taf. 318.

Die Datierung dieses Depots in mittelelamische Zeit ist durch diese beiden Figuren sowie durch neun vergleichbare aus Fritte gesichert; dazu gehörte noch ein aus Gold getriebener Löwenkopf an langem Wetzstein, ein Stierkopfanhänger aus Lapis, eine Lapistaube, Perlen und ein Löwenamulett.[11] Die Frittefiguren tragen die typisch mittelelamische Frisur mit dem aus dem Nacken nach vorne gekämmten Haar,[12] die sich durchaus auch unter dem Turban der beiden Metallfiguren verbergen kann; ob bei diesen die schraffierte Partie über der Stirn nun zum Turban gehört oder Haar wiedergibt, muß ungeklärt bleiben.

Die Datierung der folgenden Beter und Opferbringer erfolgt vor allem auf Grund ikonographischer Details. Im Unterschied zu Nr. 217 und 218 ist bei ihnen der Oberkörper wahrscheinlich unbedeckt, der Rock zeigt aber ebenfalls die typische Form mit dem breit ausschwingenden Saum, der sich über den Füßen oft etwas aufbiegt; meist ist der schräg zur linken Hüfte verlaufende Vertikalsaum angegeben, in einigen Fällen ist auch deutlich der Gewandzipfel noch bogenförmig über den Gürtel geschlagen. Neben der „elamischen" Frisur mit den über die Stirn gekämmten Haaren kombiniert mit einem kurzen Bart kommen auch kahlrasierte Männer vor. Wenn auch so einige Figuren besonders in der Kopfbildung an neusumerische erinnern (z. B. Nr. 224), wird hier eine Datierung in mittelelamische Zeit vorgezogen, da auch diese Figürchen in der Bildung des Unterkörpers sich nicht von den sicher mittelelamischen wie Nr. 219 unterscheiden.

Meist haben diese Beter den rechten Arm angewinkelt erhoben, mit geöffneter Handfläche, die linke Hand ist vor die Brust gelegt; in einigen Fällen hält sie ein kleines Tier wie bei Nr. 220,[13] bei Nr. 219 hält ausnahmsweise die rechte Hand den Vogel. Bei den Frittefiguren kommt auch eine mit der Handfläche nach oben gekehrte vorgestreckte rechte Hand vor[14] (vgl. auch Nr. 246).

219. Susa; Tempel des Inšušinak; Depot tranché 23. – Männliche Statuette; H. 11 cm, „Bronze". Der lange Rock verbreitert sich kaum merklich nach unten, der Saum schwingt etwas aus und wölbt sich über den Füßen auf, Vertikalsaum von linker Hüfte bis zu den Füßen, Rockstoff und Gürtel mit Punktmuster überzogen. Kopf wirkt kahlrasiert, Schädel aber ebenfalls mit Punktmuster versehen (zur Angabe der Haare?). Die Hände sind übereinander vor die Brust gelegt, die rechte hält einen Vogel. Unter den Füßen langer Gußzapfen (3,7 cm) (*Taf. 47,219* nach de Mecquenem). – Paris, Louvre (Sb 2889). – R. de Mecquenem, Mém.

Délég. Perse 7 (1905) 73 f. Taf. 15,1–3; Amiet, Elam 414 Taf. 315.

220. Susa; Tempel des Inšušinak; Depot tranché 23. – Männliche Statuette; H. 5,3 cm, „Bronze"; in Kniehöhe abgebrochen. Rock mit vorderem Vertikalsaum, über der linken Hüfte ein Stoffende bogenförmig über den Gürtel gezogen; die linke Hand hält ein kleines Tier (Zicklein?) vor die Brust, der rechte Arm ist nach oben angewinkelt, die offene Hand berührt das Kinn; Augen, Nase, Mund und Ohren überdeutlich ausgearbeitet, Kopf und Wangen kahlrasiert. Oberkörper und Rock sehr dünn und schmal, Kopf dagegen riesig

---

[11] de Mecquenem, Mém. Délég. Perse 7 (1905) 131 ff.; Frittefiguren abgebildet Taf. 23,4–6.

[12] Spycket (La statuaire 310) nimmt an, daß diese Frisur auch schon in altelamischer Zeit vorkommt; sie zieht einen Kopf (ebd. Taf. 201) heran, für den eine altelamische Datierung möglich ist.

[13] Eine Szene mit einem Opferträger dieser Art vor einem Gott auf einem mittelelamischen Siegel bei Orthmann, Propyläen Kunstgeschichte 14 Taf. 297,e.

[14] Andere Frittefigürchen legen die rechte Hand vor die Brust, etwas höher als die linke, dies entspricht eventuell der freier gearbeiteten Handhaltung der Metallfiguren.

(*Taf. 48,220* nach de Mecquenem). – Paris, Louvre (Sb 2822). – R. de Mecquenem, Mém. Délég. Perse 7 (1905) 75 Taf. 16,6; Amiet, Elam 423 Taf. 321.

221. Susa; Tempel des Inšušinak; Depot tranché 23. – Männliche Statuette; H. 10 cm, „Bronze". Rock verbreitert sich nur am unteren Saum, die Fußspitzen sehen hervor, der Vertikalsaum durch zwei Ritzlinien bogenförmig von linker Hüfte zum rechten Fuß, doppelt geschlungener Gürtel, über den an der linken Hüfte das Stoffende bogenförmig überhängt. Die linke Hand vor die Brust gelegt, die rechte teilweise abgebrochen, war aber sicher wie bei Nr. 220 offen nach oben gehalten. Kopf nahezu quadratisch, sehr massig, kahlrasiert (*Taf. 47,221* nach de Mecquenem). – Paris, Louvre (Sb 2826, ehemals 8609). – R. de Mecquenem, Mém. Délég. Perse 7 (1905) 74 Taf. 16,1–2; Pézard/Pottier, Catalogue Nr. 240.

222. Susa; Tempel des Inšušinak; Depot tranché 23. – Männliche Statuette; H. 8,1 cm, Zapfenl. 1,5 cm; „Bronze". Stark korrodierte Oberfläche; schmaler, langer Rock, Füße sehen unter dem Saum hervor, Hand- und Armhaltung wie bei Nr. 221, rechte Hand sehr groß. Starke Ausblühung am Hinterkopf wirkt wie Haarknoten, der Kopf war aber sicher wie bei Nr. 220 und 221 kahlrasiert (*Taf. 48,222* nach de Mecquenem). – Paris, Louvre (Sb 6785, ehemals 8612). – R. de Mecquenem, Mém. Délég. Perse 7 (1905) 74 Taf. 16,5.

223. Susa; Tempel des Inšušinak; Depot tranché 23. – Männliche Statuette; H. 8 cm ohne Gußzapfen; „Bronze". Langer, schmaler Rock ohne Angabe des Vertikalsaums, Füße vom Rock bedeckt, breiter, doppelter Gürtel mit überhängendem Stoffzipfel. Arm- und Handhaltung wie bei Nr. 221, Ellenbogen allerdings sehr weit vom Körper abgespreizt, rechte Hand sehr groß. Kopf recht groß und rund (*Taf. 48,223* nach de Mecquenem). – Paris, Louvre (Sb 8610). – R. de Mecquenem, Mém. Délég. Perse 7 (1905) 74 Taf. 17,2.

224. Susa; Tempel des Inšušinak; Depot tranché 23. – Männliche Statuette; H. 10,3 cm mit Zapfen; „Bronze". Im Umriß ähnlich wie Nr. 222, Arme nicht frei gearbeitet; gerader Vertikalsaum von linkem Handgelenk ausgehend, hinten schräger Saum von linker Schulter zu rechter Hüfte; Füße sehen unter dem Saum hervor, massive Sockelzone mit schmalem Zapfen (*Taf. 48,224* nach de Mecquenem). – Paris, Louvre (Sb 2892). – R. de Mecquenem, Mém. Délég. Perse 7 (1905) 75 Taf. 17,3.

225. Susa; Tempel des Inšušinak; Depot tranché 23. – Männlicher Kopf; H. 3,6 cm; „Bronze". Kahlrasiert, Oberfläche völlig korrodiert; rechte Augeneinlage erhalten (*Taf. 48,225* nach de Mecquenem). – Paris, Louvre (As 8707). – R. de Mecquenem, Mém. Délég. Perse 7 (1905) 75 Taf. 19,2.

226. Susa; Acropole; tranché 28. – Männliche Statuette; H. 12 cm, „Bronze". Bekleidet mit dem langen, glatten Rock, dessen verdickter Saum sich über den Füßen etwas aufbiegt; breiter Gürtel. Linke Hand auf die Brust gelegt, rechter Unterarm mit geöffneter Hand erhoben, zur Haltung vgl. Nr. 186. Kurzer Bart und ebenfalls kurze, nach vorne über die Stirn gekämmte Haare; unter den Füßen kein Gußzapfen, sondern eine Vertiefung für einen Dübel, 2,7 cm tief (*Taf. 47,226* nach de Mecquenem). – Paris, Louvre (Sb 2747). – R. de Mecquenem, Mém. Délég. Perse 7 (1905) 74 Taf. 15,4–6; Zervos, L'Art de la Mésopotamie Taf. 198; Amiet, Elam 415 Taf. 316.

227. Susa; Tempel des Inšušinak; Depot tranché 23. – Männliche Statuette; H. 5 cm, „Bronze". Unterstes Drittel weggebrochen. Arme am Körper anliegend, unter den Ellenbogen Gußmasse stehengeblieben, Spitze der rechten Hand abgebrochen, hinten Gürtel angegeben. Gesicht breit und massig aber mit feiner Ausarbeitung der Nase und der Lippen; „elamische" Frisur wie bei Nr. 226 (*Taf. 47,227* nach Mus. Phot.). – Paris, Louvre (Sb 6791). – R. de Mecquenem, Mém. Délég. Perse 7 (1905) 74 Taf. 16,8.

228. Susa; Tempel des Inšušinak; Depot tranché 23. – Männliche Statuette; H. 4,4 cm, „Bronze". Nahezu identisch mit Nr. 227, aber nicht aus derselben Form, auch in Kniehöhe abgebrochen; am linken Arm Unsauberkeit des Gusses; in der Rückansicht Gürtel und Umrißlinie der Arme deutlicher (*Taf. 47,228* nach de Mecquenem). – Paris, Louvre (Sb 6792 ehemals 8614). – R. de Mecquenem, Mém. Délég. Perse 7 (1905) 75 Taf. 16,10.

229. Susa; Tempel des Inšušinak; Depot tranché 23. – Männlicher Kopf; H. 2,3 cm, „Bronze". Haartracht wie bei Nr. 226, Bart nur an der rechten Wange zu erkennen; Gesicht sorgfältig modelliert, recht breit, Wangenpartie deutlich gegen den Hals abgesetzt, Nase durch Beschädigung abgeplattet (*Taf. 47,229* nach de Mecquenem). – Paris, Louvre (Sb 6583). – R. de Mecquenem, Mém. Délég. Perse 7 (1905) 76 Taf. 16,11; Amiet, Elam 425 Taf. 323.

Weibliche Beter oder Opferbringer sind, wie auch in Mesopotamien, recht selten. Die Statue der Königin Napir-Asu (13. Jh. v. Chr.) ist allerdings eines der erstaunlichsten Kunstwerke des Vorderen Orients in Größe, Technik und künstlerischer Ausführung. An dieser Statue läßt sich die mittelelamische Tracht bis in alle Einzelheiten erkennen; eine kleine Frittefigur aus Tšoġa Zambil stimmt in vielen

Details des Gewandes, der Stoff- und Saummusterung, der Handhaltung und auch der Armreifen mit ihr überein.[15] Es handelt sich also nicht um einen Einzelfall oder eine Herrschertracht. Leider fehlt bei Nr. 230 wie auch bei der Frittefigur der Kopf, so daß man nicht mit Sicherheit sagen kann, welche Frisur zu dieser Tracht gehört. Am ehesten wird man eine kunstvoll verflochtene, gebauschte, teilweise von einem Tuch eingehüllte Haartracht ergänzen, wie sie der qualitätvolle kleine Kopf Nr. 231 und andere mittelelamische weibliche Köpfe, meist aus Ton, zeigen.[16]

230. Susa; Tempel der Ninḫursag; côte + 31. – Weibliche Statue, laut Inschrift der Königin Napir-Asu (13. Jh. v. Chr.); H. 1,29 m, 1750 kg; „Bronze", in zwei Teilen von 3 cm Dicke „cire perdu" gegossen und über einem Metallkern zusammengefügt. Kopf, linker Arm und Teile der linken Oberkörperhälfte weggebrochen, dadurch ist der innere gegossene Kern sichtbar. Die seitlichen Nähte, an denen Vorderteil und Rückenteil zusammengelötet(?) sind, noch deutlich zu erkennen. Die Arme sind angewinkelt, die Hände vor dem Körper in Taillenhöhe übereinandergelegt. Der Oberkörper ist in ein eng anliegendes Gewand gehüllt, das auch die Oberarme bedeckt, es handelt sich um einen dünnen, mit kleinen Punkten übersäten Stoff; Vorder- und Rückenteil bestanden aus zwei getrennten Tüchern, die an Schulter und Oberarm mit Schließen zusammengehalten wurden, an der Schulter ist es eine Palmettenfibel oder Agraffe, am Arm eine einfache Spange. Der Unterkörper ist in einen breiten, fransengesäumten Schal gehüllt, das eine Fransenende ist in der Taille breit umgeschlagen und fällt auf die Hüften herab, das andere bildet den weit ausschwingenden Gewandsaum. Vor der linken Körperhälfte fällt der ebenfalls durch Bordüren kunstvoll verzierte Vertikalsaum herab, dessen oberster umgeschlagener Zipfel unterhalb der Hände zu sehen ist. Auch dieser Stoff hat feines Punktmuster. Ob die Fußspitzen wie bei den Frittefigürchen unter dem Gewandsaum angegeben waren, ist fraglich; bei sorgfältig gearbeiteten Metallstatuetten wie Nr. 217.218 biegt sich der gesamte Fransensaum über den Füßen auf, was bei der Napir-Asu ja nicht der Fall ist; eine so vereinfachte Darstellung wie bei den Frittefiguren ist nur schwer vorstellbar bei einer so qualitätvollen Figur. Oberkörper und Arme sind großflächig, weich modelliert, bei den Händen mit den langen, schlanken Fingern ist jedes Glied durch kleine Hautfältchen markiert, es gibt im vorderasiatischen Bereich keine Figur, bei der die Hände so überzeugend wiedergegeben sind. Am linken Ringfinger sitzt ein Ring, wie er aus der 2. H. des 2. Jt.s oft belegt ist,[17] am rechten Handgelenk ein vierfacher Armreif (Taf. 50,230 nach Strommenger). – Paris, Louvre (Sb 2731). – V. Scheil, Mém. Délég. Perse 5 (1904) 1ff.; G. Lampre, Mém. Délég. Perse 8 (1905) 245 ff. Taf. 15–16; Amiet, Elam 372 Taf. 280; Strommenger, Mesopotamien Taf. 182–183; E. Porada, Expedition 13, 3/4, 1971, 29 f.; Orthmann, Propyläen Kunstgeschichte 14 Taf. 289.

231. Susa; Tempel des Inšušinak; Depot tranché 23. – Weiblicher Kopf, H. 2,7 cm; „Bronze". Das im Nakken zu einem breiten Knoten gebauschte Haar ist von einem kompliziert geschlungenen Turban bedeckt. Das Gesicht ist breit und voll, Nase, Augen und Lippen dagegen zart gearbeitet, ähnlich wie bei dem ebenfalls qualitätvollen Kopf Nr. 229 (Taf. 48,231 nach de Mecquenem). – Paris, Louvre (Sb 2821). – R. de Mecquenem, Mém. Délég. Perse 7 (1905) 75 Taf. 16,13; Amiet, Elam 424 Taf. 322.

232. Susa; Tempel des Inšušinak; Depot tranché 23. – Weibliches Gesicht; H. 2,5 cm; Goldblechauflage; langer Halsansatz erhalten, sicher Auflage für eine Statuette (Taf. 49,232 nach Amiet). – Paris, Louvre (Sb 5726). – R. de Mecquenem, Mém. Délég. Perse 7 (1905) 66 Taf. 13,3; Amiet, Elam 430 Taf. 328.

233. Susa; Tempel des Inšušinak; Depot tranché 23. – Weibliche Statuette; H. 10,7 cm (Zapfen 0,8 cm); „Bronze". Langes, glattes Gewand, an der Vorderseite keinerlei Angabe von Säumen, die Füße sehen unten hervor, sonst ist der kurze, breite Sockel nur durch eine Einziehung vom Gewand abgesetzt; Körper völlig flach. Hinten sieht man am Hals eine doppelt geritzte V-förmige Linie, bei anderen Figuren ist oft der von einem Gegengewicht herabgezogene Halsschmuck so charakterisiert. Linker Arm eng am Körper angewinkelt vor die Brust gelegt, die Hand hält einen Vogel; rechter Arm mit geöffneter Handfläche nach oben angewinkelt, Oberarm kaum vom Körper abgesetzt. Ge-

---

[15] Ebd. Taf. 288; R. Ghirshman, Tchoga Zanbil II. Mém. Délég. Arch. Iran 40 (1968) Taf. 7,1–3.

[16] Amiet, Elam 460 Taf. 351; aus Elfenbein 427 Taf. 325; Orthmann, Propyläen Kunstgeschichte 14 Taf. 294,a; Spycket, La statuaire Taf. 207.208; das kleine Köpfchen, das meist zusammen mit der Figur Anm. 15 abgebildet wird, gehört wahrscheinlich zu einem männlichen Körper (Ghirshman a.a.O. [Anm. 15] Taf. 7,4–6).

[17] Vgl. Woolley, Ur Excavations VIII Taf. 36 U. 16187.

sicht sehr grob, mit scharfen Markierungen nachgearbeitet; Haar in der Mitte gescheitelt, in einfacher Kranzflechte um den Kopf gelegt und im Nacken in einem Knoten zusammengefaßt. Wahrscheinlich ist das Gewand als langes Schalgewand, das den rechten Arm und die rechte Schulter einhüllt, zu denken[18] (*Taf. 48,233* nach de Mecquenem). – Paris, Louvre (Sb 6790, ehemals 8616). – R. de Mecquenem, Mém. Délég. Perse 7 (1905) 74 Taf. 16,3–4; Pézard/Pottier, Catalogue Nr. 240bis.

234. Susa; Tempel des Inšušinak; Depot tranché 23. – Weiblicher Kopf; H. 3 cm; „Bronze". Vom Gesicht nichts mehr zu erkennen, Frisur wie bei Nr. 233 u. 236 (*Taf. 49,234* nach de Mecquenem). – Paris, Louvre (Sb 11219). – R. de Mecquenem, Mém. Délég. Perse 7 (1905) 75 Taf. 16,12; Pézard/Pottier, Catalogue Nr. 424,c.

235. Susa (anciens fonds). – Weibliche Statuette; H. 5,5 cm; „Bronze". Im langen Gewand, das unten seitlich ausschwingt; die Füße sehen unten hervor, sind auffallend lang. Rechter Arm fehlt vollständig, Oberfläche so korrodiert, daß die Ansatzspur nicht mehr zu erkennen ist, auch Gewandsäume zeichnen sich nirgends ab. Der linke Unterarm ist weit nach vorne gestreckt, die Hand hielt wohl etwas. Kopf unverhältnismäßig groß, Nase weit vorspringend; Haar kranzartig um den Kopf gelegt und im Nacken zu einem Knoten zusammengefaßt; eventuell an Nr. 233 anzuschließen. – Paris, Louvre (Sb 6877). – Unpubliziert.

236. Susa; Tempel des Inšušinak; Depot tranché 23. – Weibliche Statuette; H. 6,4 cm; „Bronze". Wahrscheinlich mit langem Gewand, in Wadenhöhe abgebrochen; Gewandsäume nirgends angegeben, Brust schwach ausgearbeitet; Oberarme eng an den Körper gelegt, Unterarme steil nach oben angewinkelt, so daß die offenen, einander leicht zugeneigten Handflächen fast das Gesicht berühren. Um das Haar führt ein hinten überkreuztes Band, das über der Stirn zu einem Knoten verdickt ist. Wie bei Nr. 235 Körper völlig flach (*Taf. 48,236* nach de Mecquenem). – Paris, Louvre (Sb 2827). – R. de Mecquenem, Mém. Délég. Perse 7 (1905) 75 Taf. 16,9; Amiet, Elam 428 Taf. 326.

Von der Haltung her hier anzuschließen sind zwei Figürchen aus dem Kunsthandel, die dem elamischen Bereich zugeordnet werden, deren Echtheit aber zweifelhaft ist; bei beiden handelt es sich um Fürbitterinnen.

237. Kunsthandel. – Fürbittende Göttin; H. 9,4 cm, „Bronze". So restauriert, daß ursprünglicher Zustand nur schwer zu rekonstruieren ist; Ansatz der Arme antik, dadurch Armhaltung wohl richtig ergänzt, wenn auch die Unterarme jetzt übertrieben gebogen sind. Die von den Ellenbogen ausgehend verdickten Gewandpartien wirken wie die Vertikalsäume eines Mantels (vgl. Nr. 174); ein mit Fransen versehener Gewandzipfel über der rechten Brust deutet eher auf das ein- oder zweizipflige Schalgewand hin. Die Oberfläche des Gesichts verschwunden; in einer Augenhöhle noch Rest der Muscheleinlage. Das Haar fällt auf Schultern und Nacken und wird von einem Band gehalten. – Toronto, Slg. Borowski. – Muscarella, Ladders to Heaven 202 Nr. 162.

238. Kunsthandel. – Ähnliche Statuette wie Nr. 237, Echtheit zweifelhaft. – New York, Met. Mus. Art. – P. Oliver, Bull. Met. Mus. 18, 1960, 257 Abb. 16.

239. Susa. – Weibliche Statuette; H. 9 cm; „Bronze". Unterkörper läuft in einen flachen Nagel aus, dessen unterstes Ende abgebrochen ist; es fehlt der linke Oberarm und der ganze rechte Arm; der linke Unterarm ist vor den Körper gelegt und hält ein Kind, dessen Arme nach oben gestreckt und dessen Beine angewinkelt sind; Gesicht kaum noch zu sehen, Frisur teilweise zerstört, großer Turban und im Nacken gebauschtes Haar, daher eventuell an mittelelamische Köpfe anzuschließen (*Taf. 49,239* nach Amiet). – Paris, Louvre (Sb 6582). – G. Jéquier, Mém. Délég. Perse 1 (1900) 127 Abb. 296; Amiet, Elam 426 Taf. 324.

Bei den weiblichen Figuren ab Nr. 236 ist es sehr schwierig, zu entscheiden ob eine Beterin oder eine Göttin wiedergegeben werden sollte. Während die Armhaltung von Nr. 236 eindeutig für Fürbitterin spricht und die Handhaltung von Nr. 233 sich ebenso bei den Betern Nr. 220–224 wiederfindet, bei beiden mit einem Vogel, ist ein Figürchen wie Nr. 235 gar nicht einzuordnen; bei allen ist die

---

[18] Vielleicht handelt es sich um die vereinfachte Darstellung eines Schalgewandes wie bei einer kleinen mittelelamischen Steinstatuette (Spycket, La statuaire 315 Taf. 206).

Ausarbeitung oder auch der Erhaltungszustand zu schlecht, um an Hand der Kleidung oder auch des Kopfputzes eine Entscheidung zu fällen; ähnlich ist die Lage in Nuzi (Nr. 175–178). Das Thema Frau mit Kind von Nr. 239 findet sich zahlreich bei Terrakotten, auch da läßt sich nicht entscheiden, ob es sich um niedere Gottheiten oder um Frauen handelt.[19]

Neben diesen bekleideten Frauen und Fürbitterinnen kommen in Susa auch unbekleidete Frauen vor, die sich an die altbabylonischen und eventuell kassitischen anschließen lassen; eine Datierung in das 1. Jt. verbietet die Fundlage.

240. Susa; Tempel des Inšušinak; Depot tranché 23. – Weibliche (!) Statuetten; H. 5 cm; „Bronze". Unbekleidet, Hände vor die Brust gelegt, linker Arm fast vollständig abgebrochen, am rechten nur die Ellenbogenpartie; Beine eng beisammen, wohl modellierte Oberschenkel, ausgeprägtes Gesäß, Füße abgebrochen. Haarkalotte völlig glatt, Locken fallen über die Schultern nach vorne (*Taf. 48,240* nach Mus. Phot.). – Paris, Louvre (Sb 6587). – R. de Mecquenem, Mém. Délég. Perse 7 (1905) 75 Taf. 16,7; Pézard/Pottier, Catalogue 424 b.

241. Susa; Tempel des Inšušinak; Depot tranché 23. – Fragmente männlicher Statuetten. a) Linke Schulter mit Arm und Opfertier; H. 5 cm; b) Rücken mit Ansatz des rechten Armes, teilweise hohl; H. 4 cm; c) rechte Hand; L. ca. 4,7 cm; d) rechter Arm. – Paris, Louvre (a: As 8730; b: As 8758; c: Sb 11220; d: As 8694). – R. de Mecquenem, Mém. Délég. Perse 7 (1905) 76.

Einige Metallstatuetten aus Susa, meist ohne genaue Fundortangabe, lassen sich weder zeitlich noch inhaltlich einordnen und werden deshalb hier im Anschluß an die alt- und mittelelamischen Statuetten aufgeführt.

242. Susa. – Männliche Statuette; H. 9,5 cm, Kupfer. Bekleidet mit dem knielangen Schurz, Unterschenkel merkwürdig verdickt, klobige Füße, unter jedem der Füße langer Gußzapfen, so daß die Figur mit gespreizten Beinen aufgesockelt werden konnte, was sonst in Susa nicht belegt ist. Taille sehr schmal, Schultern dagegen breit ausladend, Unterarme nach vorne gestreckt, leicht erhoben, beide Hände abgebrochen. Der Kinnbart hängt eckig auf die Brust, Gesicht nur grob angedeutet; über der Stirn zwei Verdickungen, eventuell Hörner? nicht datierbar. – Paris, Louvre (Sb 6787). – Unpubliziert.

243. Susa. – Männliche Statuette; H. 7,8 cm, „Bronze". In ein langes Gewand gehüllt, das wahrscheinlich linke Schulter und linken Arm bedeckt, von linker Schulter scheint ein Vertikalsaum herabzuführen. Der rechte Arm ist dicht am Körper nach oben angewinkelt, der linke wohl vor die Brust gelegt, aber vom Gewand völlig verdeckt. Der Kopf ist riesig, mit sehr großen, deutlich umrandeten Augen, breitem Mund und klobiger Nase, völlig kahlrasiert; dagegen der Körper sehr schmal; nicht einzuordnen. – Paris, Louvre (Sb 6789). – Unpubliziert.

244. Susa. – Männliche Statuette; H. 7,1 cm, „Bronze". Unbekleidet, Arme eng am Körper, nach oben angewinkelt; Rückgrat mit Ritzlinie, die sich bis zu den Füßen als Trennungslinie der sonst kaum voneinander abgesetzten Beine fortsetzt; unter den Füßen Gußmasse stehengelassen; Geschlecht war angegeben; Gesicht nur im groben Umriß zu erkennen, Kopf war kahlrasiert; Vergleichsmöglichkeiten fehlen. – Paris, Louvre (Sb 6788). – Unpubliziert.

Die zeitliche Einordnung des folgenden Kopfes Nr. 245 ist außerordentlich schwierig und erfolgt hier nur versuchsweise.

245. Kunsthandel; angeblich aus der Umgebung des Urmiasees. – Männlicher Kopf; H. 34,3 cm; Kupfer; Vollguß. Zum Aufsetzen gearbeitet, frei herabhängender Bart verdeckte die Nahtstelle. An Wangen und

---

[19] Amiet, Elam 297 Taf. 221; 300 Taf. 224; zum Thema Frau mit Kind bei altbabylonischen Terrakottareliefs vgl. Opificius, Das altbabylonische Terrakottarelief 77 ff. 208 f.

Kinn kurze, gedrehte Locken, die herabhängende Partie des Bartes in leicht gewellten, geritzten Strähnen, die sich an den Enden einrollen; um die Lippen feine kurze Behaarung, der Oberlippenbart seitlich weit über die Mundwinkel hinweggeführt, zu einem „Schnurrbart" ausgebildet. Der Mund eher klein, die Oberlippe unter dem Bart kaum zu sehen. Die Nase ist kurz, die Wangen kaum modelliert; die Augenhöhlen für Einlagen sehr schmal; die Lider, vor allem die unteren, formen die Wölbung des Augapfels nach. Die Brauen sind fein gefiedert, über der Nasenwurzel nicht zusammengeführt. In der Mitte der Stirn drei Fältchen geritzt. Das Haar verschwindet unter einem fein verflochtenen, eng anliegenden Turban, nur über der rechten Schläfe sieht eine Reihe kleiner Löckchen hervor. Die Ohrläppchen liegen eng an, die Ohrmuscheln stehen dagegen weit vom Kopf ab (*Taf. 50,245* nach Orthmann). – New York, Met. Mus. Art (47.100.80). – C. K. Wilkinson, Bull. Met. Mus. 7, 1948–49, 193 mit Abb.; Orthmann, Propyläen Kunstgeschichte 14 Taf. 284; Spycket, La statuaire 250f. Taf. 172,a–b.

Ein Vergleich mit dem Kopf aus Ninive Nr. 49 zeigt vor allem Unterschiede, nur die drei Stirnfältchen wirken fast wie ein Zitat, da sie sonst auch nie zu belegen sind. Stilistisch lassen sich keine Parallelen finden, die kurze, breite Nase, die wie zusammengepreßt wirkenden Lippen sind ungewöhnlich. Der feinsträhnige Bart mit dem „Schnurrbart" findet sich zum Beispiel bei den mittelelamischen Statuetten Nr. 217.218, die ebenfalls das Haar in einen Turban eingebunden tragen. Zum Turban läßt sich am ehesten ein kleiner altbabylonischer Kopf aus Isčali heranziehen.[20] Meist wird eine Datierung in altelamische Zeit vorgeschlagen, ohne daß sich diese Vermutung erhärten läßt, da keine altelamischen Köpfe erhalten sind. Eine Datierung in mittelelamische Zeit ist ebenso möglich; auf einer Statue wie der der Napir-Asu, könnte man sich ebenfalls einen voll gegossenen Kopf vorstellen; ob sich unter dem Turban die typisch mittelelamische Frisur verbergen kann, ist fraglich, wie auch bei den Statuetten Nr. 217.218, die ihr Haar ähnlich eingebunden tragen; eine schlichte Lockenfrisur, wie sie für diese Zeit ebenfalls belegt ist,[21] wäre auch denkbar.

ALTAR; „KULTSZENE"

246. Susa; in einem Grab eingemauert. – Modell einer Kulthandlung – Ṣit Šamši;[22] Grundfläche 60 × 40 cm; „Bronze". In der Mitte der rechteckigen Grundplatte knien sich zwei unbekleidete Männer gegenüber; einer hält die Hände mit nach oben gekehrten Flächen nach vorne gestreckt; er ist kahlköpfig, der Schädel ist aber wie bei Nr. 219 mit einem Punktmuster überzogen. Der andere hält etwas in den vorgestreckten Händen, er hat die „elamische" Frisur mit den über die Stirn gekämmten Haaren; vielleicht ist eine Handwaschung dargestellt. Umgeben sind die Figuren von verschiedenen, teilweise mitgegossenen Gebilden, die sich eventuell als zwei Gebäude, am ehesten Tempel, einen Altar (?) mit runder Vertiefung, deuten lassen; hinzu kommen jeweils in einer Reihe zweimal vier runde Erhebungen (Opfer), vor den Tempeln Altäre (?) mit runden Vertiefungen, zwei Pfeiler, ein riesiges bauchiges Gefäß, zwei rechteckige Behälter, eine Stele mit Plattform (?) und Bäume, deren Blätter so dünn waren, daß sie fast vollständig durch Oxydation zerstört sind. In zwei Teilen gegossen, Figuren und einige der Objekte separat gearbeitet und eingedübelt. Inschriftlich in die Zeit des Šilhak-inšušinak (um 1150–20 v. Chr.) datiert; in einen Gipsblock eingegossen und so in den Ziegelverband eingebunden (*Taf. 51,246* nach Orthmann). – Paris, Louvre (Sb 2743). – J.-E. Gautier, Recueil Travaux 31, 1909, 41 ff.; ders., Mém. Délég. Perse 12 (1911) 143 ff.; R. Ghirshman, Arts Asiatiques 4, 1957, 120d.; Amiet, Elam 392 Taf. 297,A–C; Orthmann, Propyläen Kunstgeschichte 14 Taf. 292,b.

---

[20] Frankfort, More Sculpture Taf. 73,A–C, der ebenfalls kleine Löckchen sehen läßt; vgl. auch S. 54 mit Anm. 48.

[21] Spycket, La statuaire Taf. 202.203, zu letzterem vgl. Anm. 16; elamische Frisur mit Angabe kleiner Ringellöckchen bei Amiet, Elam 446 Taf. 341.

[22] Was sich unter der Bezeichnung „Sonnenaufgang" verbirgt, ist unklar, es muß sich wohl um einen Kultvorgang handeln, vgl. zuletzt Börker-Klähn, Altvorderasiatische Bildstelen Nr. 127 S. 175 f.

247. Susa; Acropole. – Altartisch? Grundfläche 1,58 × 0,705 m; „Bronze". Rechteckige Platte, eine Schmalseite unverziert mit einer Verlängerung, die eventuell zur Befestigung des Objekts an einem anderen Gegenstand diente; die anderen Kanten seitlich nach unten umgebogen, ringsum in einer Höhe von ca. 30 cm abgebrochen. Vor den Längsseiten sind jeweils zwei, vor der Schmalseite eine menschliche Figur angebracht, deren Köpfe, die die Platte überragten, abgeschlagen sind; es sind nur die Oberkörper erhalten, die Unterkörper sind mit dem gesamten Unterbau des Altars verloren. Die Oberkörper sind sehr muskulös, von einem Gewand ist nichts zu erkennen, die Arme sind seitlich weit abgespreizt, die Hände vor die Brust geführt; die rechte geballte Hand ist über die linke gesetzt, beide umschließen einen Hohlraum, der ein Gefäß gehalten haben kann, oder auch einen anderen Gegenstand.[23] An den Längskanten des Tisches liegt jeweils eine Schlange, die an zwei Stellen hochgebogen ist, so daß Flüssigkeit von der leicht gewölbten Platte abfließen kann; auch die Hohlräume der Hände sind vielleicht mit einem Becken verbunden gewesen (*Taf. 51,247* nach Orthmann). – Paris, Louvre (Sb 185). – J. de Morgan, Mém. Délég. Perse 1 (1900) 106.161 ff. Taf. 12; P. Toscanne, ebd. 12 (1911) 217; Pézard/Pottier, Catalouge Nr. 231; Amiet, Elam 383 Taf. 291; Orthmann, Propyläen Kunstgeschichte 14 Taf. 292,a.

Während der „Altartisch" Nr. 247 im Zusammenhang mit Flüssigkeit tatsächlich im Kult eine Rolle spielen konnte, ist der Zweck von Nr. 246 völlig unklar. Falls die Fundlage im Mauerwerk eines Grabes tatsächlich primär wäre, müßte man in der Szene ein mit dem Totenkult verbundenes Ritual sehen. Doch scheint es sehr unwahrscheinlich, daß ein so aufwendiges Gebilde, dessen Gefäße auch zur Aufnahme von Flüssigkeit dienen konnten, höchstens zu einmaligem Gebrauch hergestellt und dann sofort vermauert wurde; ein solches Grab müßte sich auch durch hervorragendes Inventar auszeichnen. Es handelt sich wohl doch eher um ein kostbares Weihgeschenk des Šilhak-inšušinak oder eines Mitglieds seines Hofes, das wie die meisten anderen Bronzefunde aus Susa zur Sicherung gut vergraben wurde.

Die Entstehungszeit des Altartisches Nr. 247 läßt sich nicht so genau festlegen; Amiet datiert in mittelelamische Zeit vor allem wegen des Vergleichs mit der Stele des Untaš-Napiriša.[24]

KLEINE TIERFIGUREN, AMULETTE, NADELN?

Einziger Anhaltspunkt für die Datierung kleiner Tierfiguren aus Elam bilden die Funde aus Tšoǧa Zambil und die aus dem Depot tranché 23 aus Susa, dessen Metallfigürchen nicht später als mittelelamisch datiert werden können (vgl. S. 62). Einige Tierfüße aus diesem Depot stammen eventuell nicht von Möbeln, sondern von Tierfiguren.[25] Ein kleiner silberner Drachenkopf mit Vergoldung[26] gehörte vielleicht, wie der goldene Löwenkopf aus dem Depot tranché 27,[27] als Griffprotome zu einem Wetzstein. Kleine Affen auf dünnen Stäben wie Nr. 248 treten schon im Königsfriedhof von Ur auf (Nr. 135); Affen sind in altbabylonischer Zeit besonders beliebt (vgl. S. 57), kommen aber auch in späteren Epochen immer wieder vor.[28] Die kleine Ziegenfigur auf Stab Nr. 251 – es handelt sich sicher

---

[23] Porada, in: Orthmann, Propyläen Kunstgeschichte 14, 385 nimmt an, daß es sich um weibliche Wesen handelt; männliche Gottheiten oder Genien sind sonst auch bärtig dargestellt. Auf der Stele des Untaš-Napiriša (ebd. Taf. 290) sind die Fischgenien mit schlangenförmigen Wasserströmen in den Händen ebenfalls weiblich.

[24] Amiet, Elam 383, vergleicht vor allem die Form der Schlangen.

[25] de Mecquenem, Mém. Délég. Perse 7 (1905) 76f. Taf. 18.19.

[26] Ebd. 67 Taf. 13,1 a–b; Amiet, Elam 385 Taf. 293: L. 3,3 cm, Paris, Louvre (Sb 6595 oder As 5451).

[27] de Mecquenem, Mém. Délég. Perse 7 (1905) 134f. Taf. 24,3; Amiet, Elam 422 Taf. 320: L. 15,5 cm mit Stein, Paris, Louvre (Sb 2769).

[28] Ebenfalls aus dem Depot tranché 23 ein Lapisaffe: de Mecquenem, Mém. Délég. Perse 7 (1905) 115 Abb. 398; ein Äffchen aus Fritte: Ghirshman, Tchoga Zanbil II. Mém. Délég. Arch. Iran 40 (1968) Taf. 72.

nicht um eine Nadel – erinnert in Haltung und Ausrichtung an die Figürchen der frühdynastischen Zügelringe; Vergleichsmaterial aus dem 2. Jt. fehlt vorläufig noch.[29]

248. Susa; Tempel des Inšušinak, Depot tranché 23. – Nadel, bekrönt von einem Affen; L. 6,3 cm; Kupfer mit 4% Arsen. Hockend, keine Einzelheiten zu erkennen (*Taf. 49,248* nach de Mecquenem). – Paris, Louvre (Sb 10194). – R. de Mecquenem, Mém. Délég. Perse 7 (1905) 89 Taf. 18,5.

249. Susa. – Affenfigürchen auf einem oben eingerollten Stab; „Bronze"; nicht datierbar. – Paris, Louvre (Sb 13939). – Unpubliziert.

250. Tšoġa Zambil; Grab, Palais Hypogée. – Nadel (?) von einem Affen bekrönt; H. 2,4 cm; „Bronze" (*Taf. 49,250* nach Ghirshman). – Teheran, Iran Bastan Mus.? (G.T. – Z 917). – R. Ghirshman, Tchoga Zanbil II. Mém. Délég. Arch. Iran 40 (1968) Taf. 85.

251. Susa; Tempel des Inšušinak, Depot tranché 23. – Ziege auf Stab; L. 5 cm, Standplatte L. 1,75 cm; „Bronze". Stehend, hochbeinig, gerade aufgerichteter langer Hals, kurzes schräg nach oben stehendes Schwänzchen (*Taf. 49,251* nach de Mecquenem). – Paris, Louvre (As 8480). – R. de Mecquenem, Mém. Délég. Perse 7 (1905) 89 Taf. 19,3.

252. Susa; Tempel des Inšušinak, Depot tranché 25.[30] – Vier Schlangen; L. 24,7 cm; „Bronze"; vgl. S. 42, Schlangen aus Tepe Gaura. – Paris, Louvre (Sb 6439). – R. de Mecquenem, Mém. Délég. Perse 7 (1905) 52 Abb. 88; Pézard/Pottier, Catalogue Nr. 265,a; P. Amiet, Rev. du Louvre 15, 1965, 160 Abb. 9; ders., Elam 384 Taf. 292.

253. Susa; Tempel des Inšušinak, Depot tranché 23. – Horn und Ohr eines Tieres; L. 2,7 cm; „Bronze" mit Goldauflage (*Taf. 49, 253* nach de Mecquenem). – Paris, Louvre (Sb 5729). – R. de Mecquenem, Mém. Délég. Perse 7 (1905) 67 Taf. 13, 10.

1. JAHRTAUSEND

Die Hauptmasse der Bronzefiguren des 1. Jahrtausends machen apotropäische Statuetten aus. Auch sie kommen zwar recht selten aus gesichertem Fundzusammenhang, lassen sich aber zum Teil auf Grund der schriftlichen Überlieferung recht gut benennen und einordnen. Da sie teilweise als Amulette den Toten mit ins Grab gegeben oder aber zum Schutz des Hauses unter Fußböden vergraben wurden, haben sie sich besser erhalten als das Tempelinventar. Eine Vorstellung von der blühenden Metallindustrie der neuassyrischen Zeit vermitteln fast nur die orientalischen Importe aus Griechenland und assyrisierende Stücke aus den Nachbarprovinzen. Ausnahmen bilden, wie P. Calmeyer feststellt, nur die Treibarbeiten und Gewichte aus den rasch wieder verlassenen Hauptstädten Balawat und Ḫorsabad.[1]

Von der in Inschriften reichlich belegten Großplastik hat sich gar nichts erhalten, nicht einmal spärliche Reste wie in früheren Epochen.[2]

In der Technik verändert sich nichts gegenüber dem 2. Jahrtausend. Wie weit reines Kupfer für Gußarbeiten noch verwandt wird, läßt sich an dem hier vorgelegten Material nicht nachweisen.

Hohe Metallsockel sind keine belegt, dafür fanden sich aber in Assur kleine Steinsockel,[3] wie auch schon in Susa (s. o. S. 62).

---

[29] Einige weitere Tierfigürchen aus Susa werden demnächst von Tallon (vgl. S. 3 Anm. 1) publiziert. – Kleine Metalltiere aus Tšoġa Zambil, die ins 12.–6. Jh. v. Chr. datiert werden (Ghirshman, Tchoġa Zanbil I. Mém, Délég. Arch. Iran 39 [1966] 39.100f. Taf. 55.84), lassen sich an mesopotamisches Material nicht anschließen.

[30] Im Zusammenhang mit Siegeln (spätestes aus der Isin-Larsa-Zeit), Bronzeanhängern, Muscheln, Perlen, einem Alabastergefäß u. a., ähnliches Ensemble wie im Depot tranché 23.

[1] Zschr. Assyr. 63, 1973, 123 ff.; zu Balawat vgl. jetzt aber J. Curtis in: J. Curtis (Hrsg.), Fifty Years of Mesopotamian Discovery (1982) 113 ff.

[2] Demnächst dazu B. Engel, Zoomorphe Darstellungen an assyrischen Palästen und Tempeln nach den schriftlichen Quellen (Dissertation Heidelberg 1983).

[3] Andrae, Die jüngeren Ischtar-Tempel Taf. 38.41

Einige kleine Gußformen haben sich erhalten, für Pazuzuköpfe aus Terrakotta (vgl. S. 75) und auch eine kleine Steinform für einen Hund.[4]

Die Statuette Nr. 342 und der Wetzstein Nr. 378, die noch ins 2. Jt. datieren, sind aus thematischen und ikonographischen Gründen in diesem Kapitel aufgeführt, ebenso die beiden altbabylonischen Lampen Nr. 380 und 381.

APOTROPÄISCHE DARSTELLUNGEN

Darstellungen von Dämonen oder Genien, das heißt von übermenschlichen Wesen spielen im 1. Jahrtausend eine große Rolle, sowohl in der Großplastik wie auch in teilweise recht bescheidener Kleinplastik. Zum Repertoire der assyrischen Palastreliefs gehören zahlreiche Dämonengestalten, die sicherlich schützende Funktion hatten und vor allem an den Eingängen konzentriert vorkommen.[5] Zahlreiche kleine Tonfigürchen, in Kästchen unter den Fußböden von Tempeln, Pälasten und Häusern deponiert, hatten ebenfalls Schutzfunktion, wie ihre Inschriften deutlich machen; ihre Niederlegung bildet Bestandteil eines umfangreichen Rituals zum Schutz des Hauses.[6] Einzelpersonen wehrten sich gegen böse Einflüsse mit kleineren Amuletten oder auch mit Nadeln, Fibeln oder anderen Schmuckstücken, die apotropäische Darstellungen trugen. Teilweise lassen sich die häufig dargestellten Wesen benennen, teilweise ist ihre genaue Funktion nicht zu erfassen.

Pazuzu

Besonders zahlreich überliefert sind Darstellungen des Winddämons Pazuzu;[7] von ihm gibt es rundplastische Statuetten aus Metall, flache, reliefierte Tafeln aus Metall und Stein und vor allem unzählige Köpfe aus Metall, Stein und Terrakotta.[8] Viele dieser Objekte sind beschriftet, so daß die Benennung eindeutig ist. Pazuzu verursachte Kopfkrankheiten, konnte aber auch als Gegner gegen andere Dämonen eingesetzt werden, auch bei der Vertreibung der Dämonin Lamaštu spielt er eine Rolle.[9]

Die Statuetten konnten aufgestellt und auch an Ösen aufgehängt werden und dienten so sicherlich dem Schutz eines Hauses oder eines Raumes, ebenso wohl auch die größeren Tafeln, vor allem die aus Metall, die zu schwer waren, um auf der Person getragen zu werden. In Räumen aufgehängt waren auch die größeren Metall- und Steinköpfe, die ebenfalls Ösen auf dem Kopf haben; die Terrakottaköpfe sind teilweise zwar auch für eine Aufhängung durchbohrt, können aber auch auf Stäben aufgesetzt gewesen sein, wie teilweise die langen Hälse mit senkrechten Bohrungen zeigen. Wieweit solche

---

[4] Aus Diqdiqqa, Steatitform für kleinen Hund, L. 2,3 cm, H. 2 cm (U. 16745), Woolley, Ur Excavations VII 86.243, nicht abgebildet.

[5] Dazu gute Zusammenfassung bei J. Reade, Baghd. Mitt. 10, 1979, 35 ff.; manche seiner Benennungen sind allerdings nicht überzeugend.

[6] Ausführliche und grundlegende Arbeit dazu Rittig, Assyrisch-babylonische Kleinplastik.

[7] Zusammenfassend zu Pazuzu F. Thureau-Dangin, Rev. Assyr. 18, 1921, 163 ff.; C. Frank, Mitt. Altorient. Gesellsch. 14,2, 1941; E. Klengel-Brandt, Forsch. u. Ber. 12, 1970, 37 ff.; Zusammenstellung der Inschriften bei W. G. Lambert, ebd. 41 ff.

[8] Ausnahmsweise auch eine Terrakottaform für ein Pazuzurelief aus Nippur, aus TA IV (assyrische Häuserschicht), McCown/Haines, Nippur I Taf. 143,3; seitenverkehrt angelegt, keine Vorrichtung für Aufhängung.

[9] Thureau-Dangin a.a.O. (Anm. 7) 165. Die Stelle ist allerdings nur fragmentarisch erhalten, wie dieser Pazuzu aus Bronze im Ritual eingesetzt wurde, geht nicht daraus hervor; die Annahme, er werde der Frau um den Hals gehängt, ist reine Vermutung.

Terrakottaköpfe im Ritual zur Vertreibung des Pazuzu eine Rolle spielten, ist ungewiß; die Inschrift auf einem besonders schönen Terrakottaexemplar läßt vermuten, daß Priester sich teilweise solcher Köpfe während eines Rituals bedienten.[10] Winzige, hinten abgeflachte Köpfchen aus Metall, Ton und Fritte wurden als Anhänger getragen, an Ketten, vielleicht auch an Gürteln[11] und sind daher in Gräbern häufig zu finden (vgl. Nr. 270.271). Pazuzuköpfe finden sich außerdem an Fibeln,[12] an Keulenköpfen[13] und auch an Siegeln (Nr. 277–280).

Alle Belege für Pazuzu, inschriftliche und bildliche, datieren in das 1. Jahrtausend;[14] Funde kleiner Anhänger in seleukidischen Gräbern zeigen seine lange Beliebtheit. Bis nach Ägypten reichte die Verbreitung dieser Dämonenfigur, teilweise als Export, teilweise aber auch mit lokalen Nachahmungen (vgl. Nr. 260).

Die Ikonographie des Dämons ist weitgehend festgelegt, so daß die Benennung auch unbeschrifteter Objekte meist eindeutig ist. Die Gestalt ist aufgerichtet, mit menschlichen Schultern und Armen, oft auch Oberschenkeln; der Körper mit dem weit vorgewölbten Brustkorb ist tierisch und wird als Hundekörper angesprochen. Statt der Hände hat er Raubtierpranken, die Beine enden in Vogelklauen. Die Figur ist fast stets ithyphallisch dargestellt, der hochgebogene Schwanz ist der eines Skorpions; aus den Schultern wachsen zwei Flügelpaare. Der Kopf ist im Aufbau zwar menschlich, hat aber stets ein aufgerissenes Raubtiermaul, eine vorgezogene Hunde- oder Löwenschnauze; über den meist kreisrunden hervorstehenden Augen legen sich geschwungene Hörner um den oben abgeflachten Schädel, die denen eines Ziegenbockes am ähnlichsten sind; an einen Ziegenbock erinnert auch der zipflige Kinnbart; der Backenbart lädt seitlich weit aus und verleiht so dem Kopf den für Pazuzu typischen eckigen Umriß. Die Ohren sind manchmal menschlich, oft aber auch tierisch. Die Quaderform des Kopfes mit abgeflachtem Schädel, das breite Maul und die kugeligen Augen sind die Merkmale auf Grund derer auch viele unscheinbare, kaum ausgearbeitete Köpfchen als Pazuzu identifiziert werden können.

Eine genauere Datierung innerhalb der neuassyrischen Zeit ist vorläufig noch nicht möglich, denn selbst bei den zahlreichen Terrakottaköpfen liegen noch zu wenige durch die Fundlage gesicherte Datierungen vor.[15] Ob die kleinen Köpfchen aus späten Gräbern erst in seleukidischer Zeit hergestellt worden sind oder als kostbare Schmuckstücke so lange in Ehren gehalten wurden, wage ich nicht zu entscheiden.

Aus Nippur und Babylon sind auch Terrakottaformen erhalten, in denen solch kleine Köpfchen gegossen werden konnten; leider ist auch bei diesen Stücken die Datierung nicht eindeutig.[16]

254. Kunsthandel; in Alexandria erworben. – Pazuzustatuette; H. (mit Öse) 15 cm; Bronze, mit Säure gereinigt. Die Figur steht aufrecht, in leichter Schrittstellung, auf einer Plinthe. Um die „Unterschenkel" ist eine Blechschicht gelegt, so daß die Beine ganz deutlich die eines Vogels sind, am vorgewölbten Brustkorb sind die Rippen durch Ritzlinien angegeben. Der rechte Arm ist nach oben angewinkelt zur Seite gestreckt, der

---

[10] Klengel-Brandt, Orientalia N.S. 37, 1968, 81 ff., Terrakottakopf aus Assur mit Inschrift: Dies ist der Kopf des Pazuzu, den G. der Goldschmied und Ekstatiker des Assur durch die Kunstfertigkeit seiner Hände gemacht hat; um dem Volk zu zeigen, hält er ihn in seinen Händen.

[11] O. Reuther, Die Innenstadt von Babylon. WVDOG 47 (1926, Nachdr. 1968) 24 Abb. 22.

[12] Fibeln hier nicht katalogisiert, vgl. Ghirshman, Iranica Ant. 4, 1964, 90 ff. Taf. 25,13–15; Calmeyer, Datierbare Bronzen 98 f., der in diesen Stücken (aus der Slg. Foroughi) reinen assyrischen Stil sieht; er verweist auch auf den Bezug Pazuzu-Lamaštu-Fibel; sowohl Pazuzu als auch Fibeln spielen im Lamaštu-Ritual eine Rolle.

[13] Keulenköpfe (Waffen) ebenfalls nicht katalogisiert, vgl. z. B. Jantzen, Samos VIII Taf. 51; meist werden die Fratzen auf diesen Keulen als Löwen angesprochen (Calmeyer, Datierbare Bronzen 93 f.).

[14] Lambert a.a.O. (Anm. 7) 47.

[15] Klengel-Brandt a.a.O. (Anm. 7) 39 f.

[16] Ebd. Taf. 4,1–3; M. Gibson, Orient. Inst. Comm. 22 (1975) 39 Abb. 31,3; Nippur, WA 8–13, level III über Mauer, diese Schicht allerdings stark gestört.

linke hängt herab, die Raubtierpranken sind sorgfältig ausgeführt. Arme und Körper sind fast wie im Hochrelief vor die Fläche des doppelten Flügelpaares gesetzt; das obere führt von den Schultern bis in Kopfhöhe, das untere hängt bis in Wadenhöhe herab. Die unteren gebogenen Kanten der Flügel sind im Umriß gewellt mit kurzen Ritzlinien, die das Gefieder angeben, die innere Fläche ist durch regelmäßige Querlinien unterteilt. Auf der Rückseite biegt sich der Skorpionsschwanz ösenartig auf. Das Untergesicht ähnelt dem eines Hundes, mit deutlich durch feine Strichelung wiedergegebenen Lefzen, weit vorgezogener Schnauze; im geöffneten Maul ist die Zunge zu sehen; die gewölbten Wangen sind als doppelte Palmette stilisiert, die kreisrunden Augen liegen unter dicken Brauenwülsten, darüber legt sich das geschwungene Hörnerpaar, das über der Nasenwurzel in einer Verdickung zusammenläuft. Die Ohren scheinen menschlich. Auf dem flachen Schädel sitzt eine große gerillte Öse. Wegen der starken Reinigung läßt sich nicht mehr feststellen, ob ursprünglich eine Bartbehaarung angegeben war. Auf der Rückseite vierzeilige akkadische Inschrift[17] (*Taf. 52,254* nach Mus. Phot.). – Paris, Louvre (MNB 467; ehemals Slg. Demetrio). – Pottier, Catalogue 131 f. Nr. 146 Taf. 31; F. Thureau-Dangin, Rev. Assyr. 18, 1921, 189 f.; Parrot, Assur Taf. 131; Margueron, Mesopotamien Taf. 102; H. Schmökel, Ur, Assur, Babylon³ (1962) Taf. 81.

255. Kunsthandel; angeblich aus Warka. – Pazuzustatuette; H. 8,1 cm, Br. 6 cm; „Bronze". Bei dieser Statuette sind die Oberschenkel nach vorne gerichtet, so daß die Figur zu hocken scheint. Brustkorb in der oberen Partie besonders stark vorgewölbt, andere Einzelheiten weniger deutlich ausgearbeitet; Beine enden in Vogelklauen, Hände undeutlich; Armhaltung wie bei Nr. 254. Körper und Arme ganz von den Flügeln hinterfangen, die eine geschlossene Rückenfläche bilden, nicht einmal der Schwanz ist auf der Rückseite angegeben. Flügel ohne Binnengliederung; Kopfumriß charakteristisch mit breit ausgezogenem Unterkiefer, wahrscheinlich geben die seitlichen Ausbuchtungen und der Zipfel unter dem Maul den Bart wieder; dicke Augen und Brauenwülste. Auf dem Kopf hohe, ovale Scheibe, die zuoberst für eine Aufhängung durchloch ist. Kleine Standplatte unter den Füßen (*Taf. 53,255* nach Margueron). – Paris, Louvre (AO 6692). – Pottier, Catalogue 132 Nr. 147 (keine Abb.); F. Thureau-Dangin, Rev. Assyr. 18, 1921, 190 f.; Margueron, Mesopotamien Taf. 21.

256. Kunsthandel. – Pazuzustatuette; H. 5,5 cm; Metall. Hockende Haltung wie Nr. 255; Brustkorb vorgewölbt, Gliedmaßen menschlich, Klauen; Armhaltung wie bei vorigen, Flügel vorne mit Innenzeichnung; Schwanz eingerollt; Öse auf dem Kopf; akkadische Inschrift hinten auf den Flügeln (*Taf. 55,256* nach Saggs). – Unbekannter Privatbesitz. – H. W. F. Saggs, Archiv Orientforsch. 19, 1959–60, 123 f. Abb. 1.2 (nur grobe Umrißzeichnung).

257. Nippur; Hill V. – Pazuzustatuette; H. 8 cm; „Bronze". Stark korrodiert, Beschreibung nach Phot. von Gipsabguß. Schrittstellung, vier Flügel, unterer rechter abgebrochen, Armhaltung wie bei Nr. 254; Tierklauen und Vogelfüße an Gips nicht zu erkennen, Skorpionsschwanz als Öse. Kopfumriß charakteristisch. Hinterkopf vierfach unterteilt, auf Schädel dicke Öse; Standplatte (*Taf. 52,257* nach Mus. Phot. von Gips). – Istanbul, Archäol. Mus. – Mus. Journal 8, 1917, 43 Abb. 13; E. Lichty, Expedition 13/2, 1971, 26.

258. Kunsthandel. – Pazuzustatuette; H. 10 cm; „Bronze". Die Figur steht mit weit gespreizten Beinen auf einer kleinen Standplatte, die Unterschenkel scheinen wie bei Nr. 254 von einer Metallschicht umgeben und wirken so wie Vogelbeine; Unterarme nach vorne gestreckt, Hände undeutlich. In Taillenhöhe ein kleines Flügelpaar, leicht nach unten geführt. Kopf mit besonders breitem Maul, Bärtchen, Schnauze; Schädel nicht so abgeflacht wie sonst üblich, aufliegendes Hörnerpaar?, keine Öse auf dem Kopf; dafür große Öse im Nacken. Schwanz? (*Taf. 52,258* nach Cat. Sotheby). – Ehemals Slg. Smeets, vorher Slg. Borowski?. – A Private Collection (Weert, The Netherlands 1975) Nr. 46; Cat. Sotheby Parke Bernet, London 7. Nov. 1977 Nr. 63 Taf. 17,63.

259. Kunsthandel (Ägypten). – Pazuzustatuette; H. 9,6 cm; „Bronze". Die Figur steht in leichter Schrittstellung auf einer winzigen Standfläche, kaum größer als die großen Vogelfüße. Der Körper besonders lang, vor allem im Verhältnis zu den kurzen Beinen; ithyphallisch; auf der Brust eine weit vorstehende Partie, die wohl dem weit vorgewölbten Brustkorb der anderen Statuetten entspricht. Armhaltung wie bei Nr. 254, Unterarme allerdings weitgehend abgebrochen; Kopf sehr grob, aber typischer breiter Kiefer mit Tierschnauze, kugelige Augen, Zunge in breitem Maul sichtbar. Öse auf dem Kopf nur im Ansatz erhalten, auch vom Schwanz nur der Ansatz zu sehen; keine Flügel (*Taf. 53,259* nach Mus. Phot.). – London, Brit. Mus. (E 55349). – P. R. S. Moorey, Iraq 27, 1965, 38.

---

[17] Inschrift nach Lambert a.a.O. (Anm. 7) 42: Ich Pazuzu, Sohn des Hanpu, König der lilû-Dämonen, ich selbst will die mächtigen Berge ersteigen, die bebten, die Winde die entgegenwehen, haben ihre Richtung nach Westen genommen, ich selbst habe ihre Flügel gebrochen.

1. Jahrtausend: Pazuzu

260. Kunsthandel (Ägypten). – Pazuzustatuette; H. 10,8 cm; „Bronze". Statuette steht mit leicht gespreizten Beinen auf kleiner Standplatte; Unterkörper der eines Vogels. Oberkörper menschlich; Oberarme in Schulterhöhe zur Seite gestreckt, Unterarme nach oben angewinkelt, Hände abgebrochen. Seitlich, unterhalb der Arme setzt jeweils ein doppeltes Flügelpaar an, das obere waagerecht geführt, größtenteils abgebrochen, das untere hängt schräg nach unten; Gefieder durch feine Ritzungen angegeben. Von der Taille aus führen seitlich Wülste über die Schultern und scheinen so als Halterung für die Flügel zu dienen.[18] Kopf typisch für Pazuzu, breites Untergesicht, Maul mit Bart, Löwenschnauze, kugelige Augen, Menschenohren, Hörner. Auf dem abgeplatteten Schädel eine breite Öse; Skorpionsschwanz hochgebogen, mit einem Steg zum Körper hin verbunden. Phönikische oder aramäische Inschrift in vier Zeilen auf beiden Körperseiten von den Achseln bis zu den Füßen; Besitzer- oder Handwerkerinschrift (*Taf. 52,260* nach Moorey). – Oxford, Ashmolean Mus. (1892.43). – P. R. S. Moorey, Iraq 27, 1965, 33 ff. Taf. 8.

Die Statuette Nr. 260 unterscheidet sich stilistisch und ikonographisch von dem üblichen assyrischen Pazuzubild. Die Haltung ist völlig unbewegt; Beine, Körper und Arme liegen in einer Ebene, auch die Flügel bleiben in dieser Ebene, da sie seitlich ansetzen. Vogelunterkörper und flacher Oberkörper finden sich bei den Pazuzudarstellungen der Lamaštutafeln, dort ist Pazuzu auch mit den erhobenen Armen wiedergegeben, da er die obere Tafelkante umklammert. Nur der Kopf entspricht den üblichen rundplastischen Pazuzuköpfen. Es wäre denkbar, daß diese Statuette ohne Kenntnis rundplastischer Statuetten entstanden ist und nur Lamaštutafeln und Pazuzuköpfe als Vorbilder dienten. Eine Entstehung in Mesopotamien ist auszuschließen; die Inschrift, die ja nicht die übliche Beschwörungsformel beinhaltet, zeigt, daß nur ein Figurentyp übernommen wurde, die Funktion der Statuette aber wohl eine andere war als in Mesopotamien.

261. Kunsthandel. – Pazuzutafel; H. 7,5 cm, Br. unten 5,2 cm; „Bronze". Flache Tafel mit erhöhtem Rand, nur eine Seite reliefiert; an oberer Kante zwei Ösen, teilweise abgebrochen. Pazuzu in Schrittstellung nach rechts, Unterkörper deutlich im Profil, Vogelbeine, aufgebogener Skorpionsschwanz; Oberkörper von vorne mit deutlicher Angabe der Rippenbögen; Armhaltung wie bei Statuetten, rechter angewinkelt erhoben, linker herabhängend, deutlich mit Raubtierpranken; zweifaches Flügelpaar in flachem Relief, teilweise noch feine Strichelung des Gefieders zu erkennen. Kopf nahezu vollplastisch mit weit vorgezogener Schnauze, zweiteiligem Bärtchen, gewölbten Wangen, dicken runden Augen und seitlich abstehenden Ohren, Schädel abgeflacht. Relief kunstvoll in verschiedenen Ebenen angelegt (*Taf. 53,261* nach Mus. Phot.). – London, Brit. Mus. (BM 86263). – Brit. Mus. Guide 236 f.; K. Frank, Mitt. Altorient. Gesellsch. 14/2, 1941, 23; Budge, Amulets Taf. 12.

262. Kunsthandel. – Pazuzukopf; H. 8,8 cm; „Bronze". An diesem Kopf alle Merkmale eines Pazuzu besonders deutlich ausgeprägt. Sehr dünner Hals, darauf ein Kopf mit fast menschlichem Umriß. Breites Untergesicht mit weit aufgerissenem Maul, bei dem die geschwungenen Lefzen mit feiner Strichelung angegeben sind und die beiden Zahnreihen und die Zunge sehen lassen. Die Schnauze ist die eines Löwen mit der dafür typischen Palmettenstilisierung; die Wangen sind zu stark hervortretenden Wülsten seitlich ausgezogen; die Augen sind kugelrund unter dicken Lidern und weit hervortretenden Brauenbögen. Von der Nasenwurzel ausgehend legen sich dünne, leicht gerieflte Hörner in einem Bogen um den oben abgeflachten Schädel; vor den nur schwach ausgearbeiteten wohl menschlichen Ohren sitzt noch ein kleiner hörnerartiger Auswuchs. Das Untergesicht bedeckt ein zweistufiger, fein gestrichelter Bart, der unterhalb der Ohren breit absteht und unter dem Kinn in zwei Zipfeln ausläuft. Auf dem Kopf sitzt eine große Öse; der Kopf war für eine Aufhängung gearbeitet, keinesfalls für eine Aufstellung (*Taf. 54,262* nach de Clercq). – Slg. de Clercq (D 202); Verbleib unbekannt, nicht im Louvre. – M. de Clercq, Catalogue, Antiquités Assyriennes II (1903) 232 f. Taf. 35.

263. Nimrud. – Pazuzukopf; H. 9 cm; „Bronze", Vollguß. Sehr ähnlich wie Nr. 262; langer, dünner

---

[18] Ähnlich, vor allem in der Rückansicht, wirken die über die Schultern gelegten Schlangen einer „phönikischen" Metallstatuette im Louvre (Spycket, La statuaire 428 Taf. 279).

Hals; breites Maul mit kunstvoll geschwungenen Lefzen, keine Angabe der Zähne und Zunge; Bart Unterkiefer eckig rahmend, zwei schräg schraffierte Zipfel unter dem Kinn; Schnauze niedriger als bei Nr. 262, gekraust; die runden Augen unter dickem Oberlid werden von Wangen- und Brauenwulst gleichmäßig gerahmt; über den Augenwinkeln setzen die Hörner mit einer runden Verdickung an; die Ohren muschelartig, sicher nicht menschlich, vor den Ohren nur kleine Verdickung; die Stirn teilt sich in zwei Buckel, auch der Hinterkopf ist in vier gewölbte Flächen gegliedert; die Öse sitzt leicht vertieft auf dem abgeflachten Schädel (Taf. 54,263 nach Mus. Phot.). – London, Brit. Mus. (BM 93089). – H. A. Layard, Nineveh and Babylon (1853) Abb. S. 181; C. Bezold, Ninive und Babylon³ (1909) Abb. 81 (4. Aufl. S. 144 Abb. 136); Budge, Amulets 110.

264. Kunsthandel. – Pazuzukopf; H. 10,5 cm; „Bronze", Vollguß. Maul wie bei Nr. 262 mit gestrichelten Lefzen, Zähnen und Zunge, Bart seitlich fast wie Ohren ausbuchtend, nur an den beiden Kinnzipfeln Haarangabe durch Ritzungen; Wangen, Augen mit Lidern, Brauenbögen und Hörner sehr ähnlich wie bei Nr. 254, an den inneren Augenwinkeln runde Verdickungen; Ohren menschlich mit kleinen hörnerartigen Verdickungen; Kopf hinten glatt, oben abgeflacht mit dicker Öse (Taf. 53,264 nach Barnett). – London, Brit. Mus. (BM 132964). – R. D. Barnett, Brit. Mus. Quarterly 26, 1962/63, 94 Taf. 40,c.

265. Nimrud; North-West Palace. – Pazuzukopf; H. 4 cm, „Bronze". Backenbart wie bei Nr. 254 sorgfältig gestrichelt, weit ausladend, die beiden Zipfel am Kinn nur durch Ritzung voneinander abgesetzt; Maul mit Zähnen, an der Unterlippe kleine Verdickung, die wohl die Zunge wiedergeben soll. Wangen als Doppelwulst ausgebildet, Augen besonders groß, Brauen deutlich durch feine Ritzung als Haare charakterisiert, weniger stark vorgewölbt als bei den anderen Köpfen. Hörner steigen von der Schnauze steil nach oben, feine Querkerbungen und die Form deuten auf Ziegenhörner hin. Kopf hinten viergeteilt, oben flach mit Öse. Der Kopf wirkt im Aufbau durch die weit vorgezogene Schnauze sehr viel tierischer als die anderen; trotz des kleinen Formats in allen Details sehr sorgfältig ausgeführt (Taf. 54,265 nach Moorey). – Oxford, Ashmolean Mus. (1951.33 = ND 1042). – M. Mallowan, Nimrud and its Remains I (1966) 119 (dort als ND 884); P. R. S. Moorey, Ancient Iraq (1976) Taf. 29 (mit falscher Mus.Nr.).

266. Ninive; (Building on the Flats beyond Kouyounyik) Period III SH II 4. – Pazuzukopf; H. 5,8 cm; „Bronze". Ähnlich wie die vorigen, aber etwas menschlicher, weder Ziegenbart noch Auswüchse vor den Ohren, auch die Hörner kaum zu erkennen, am Hals Falten angegeben (Taf. 54,266 nach Mus. Phot.). – London, Brit. Mus. (BM 124279). – R. C. Thompson, Ann. Arch. Anth. 20, 1933, 78 Taf. 78,20.

267. Kunsthandel. Pazuzukopf; H. 2,9 cm; „Bronze". Trotz breiten aufgerissenen Mauls Untergesicht nicht so breit und eckig wie üblich, da der Bart sich in gleichmäßigem Schwung um das Kinn zieht, ohne die abstehenden Büschel; Raubtierschnauze sehr kurz, Augen schräg gestellt mit langgezogenen Lidern, geschwungenen Brauenwülsten, darüber die Hörner; Öse auf dem Kopf abgebrochen, Hinterkopf vierfach geteilt; Ohren abstehend, nicht menschlich. Dieser Kopf wirkt durch seine längliche Form, die kurze Schnauze, die nahezu natürlichen Wangen und Augen mehr wie eine menschliche Fratze als wie ein aus verschiedenen Tierelementen zusammengesetztes Gesicht, trotzdem sind die für einen Pazuzu ausschlaggebenden Merkmale deutlich ausgeführt (Taf. 55,267 nach Muscarella). – Slg. Borowski, Toronto. – Muscarella, Ladders to Heaven 140 Nr. 102.

268. Kunsthandel. – Pazuzukopf; H. 6,9 cm; „Bronze". Kopfform nahezu quaderförmig; außerordentlich geometrisiert. Kinn eckig, geradlinig begrenzt, vorne gleichmäßig senkrecht und waagerecht geritzt, seitlich in Rauten für die Haarangabe des Bartes; Maul offen mit Zähnen; Raubtiernase, vorgewölbte Wangen und Knopfaugen wie bei Pazuzu üblich. Stirn sehr weit hochgezogen, mit seitlich herausgewölbten Hörnern; Ohren rein menschlich; Öse weit hinten auf dem Schädel. Vergleichsbeispiele finden sich nicht bei Bronzeköpfen, sondern eher bei solchen aus Stein und Ton,[19] Echtheit zweifelhaft. (Taf. 55,268 nach Muscarella). – Slg. Borowski, Toronto. – Muscarella, Ladders to Heaven 140 Nr. 101.

269. Uruk; Oberfläche. – Pazuzukopf; H. 2,45 cm; „Bronze". Anhänger mit großer Öse, hinten flach, langer, dünner Hals, weit abstehende Ohren oder seitliche Haarbüschel, eckiger Bart (Taf. 55,269 nach Lenzen). – Deutschland, Uruk-Slg. (W 20561). – H. Lenzen, UVB 20 (1964) 27 Taf. 20,c.

270. Nippur; Grab 3 B 87, in SE 76 I 2 eingetieft. – Pazuzukopf; H. 2,3 cm; „Bronze"; ähnlich wie Nr. 269 (Taf. 55,270 nach McCown). – Beifunde (in parthischem Pantoffelsarkophag): Perlen und zwei Fingerringe aus Bronze. – Baghdad, Iraq. Mus.? (3 N 437). – McCown/Haines, Nippur II Taf. 62,4.

---

[19] Z. B. Klengel-Brandt a.a.O. (Anm. 7) Taf. 4,8–9.

271. Nippur; Grab 2, von WA 50c level V, in VI eingetieft. – Pazuzukopf; H. 2,85 cm; „Bronze"; vgl. Nr. 270 (*Taf. 55,271* nach Gibson). – Beifunde (in Terrakottasarkophag): drei glasierte Gefäße; Kupfernadel; Knochenspachtel; Pazuzukopf lag in Beckenhöhe, vielleicht Gürtelanhänger; achaemenidisch-seleukidisch. – Baghdad, Iraq. Mus.? (11 N 53). – M. Gibson, Orient. Inst. Comm. 22 (1975) 74.94 Abb. 73,7.

272. Susa. – Pazuzukopf; H. 2,6 cm; „Bronze". Im Umriß ähnlich wie Nr. 269–271, Details sorgfältig ausgearbeitet; großes Maul mit Zähnen, Nase und Augen nahezu menschlich, breites Untergesicht mit den seitlich abstehenden Büscheln aber für Pazuzu charakteristisch; stiftartiger Hals unten abgebrochen. – Paris, Louvre (Sb 9169 ehemals E 189). – Unpubliziert.

273. Mesopotamien. – Wahrscheinlich von Rich, Rawlinson oder Rassam aufgelesen. – Pazuzukopf; H. 4,8 cm; „Bronze". Sehr grob und kantig, abgenutzt, Bart auffallend lang (*Taf. 54,273* nach Mus. Phot.). – London, Brit. Mus. (BM 93090). – Unpubliziert.

274. Kunsthandel (Beirut). – Pazuzukopf; H. 3,7 cm; „Bronze". Vereinfacht, aber typischer Kopfumriß; Mund als Vertiefung, Bart gestrichelt, aber ohne seitliche Büschel, keine Hörner (*Taf. 54,274* nach Mus. Phot.). – Oxford, Ashmolean Mus. (1890.44). – Unpubliziert.

275. Kunsthandel. – Pazuzukopf; H. 2,3 cm; „Bronze". Grob, Öse oben ausgebrochen (*Taf. 52,275* nach Mus. Phot.). – London, Brit. Mus. (BM 91309). – Unpubliziert.

276. Kunsthandel. – Pazuzukopf; H. 1,7 cm; „Bronze". Umriß wie bei Pazuzuköpfen, sonst keine Einzelheiten zu erkennen (*Taf. 52,276* nach Mus. Phot.). – London, Brit. Mus. (82.-5.-16,3). – Unpubliziert.

277. Susa. – Stempelsiegel mit Pazuzuköpfen; H. 3,6 cm; „Bronze". Auf dem flachen Knauf des Stempelsiegels sitzen januskopfig zwei Pazuzumasken, die sich mit ihrem halbrunden Untergesicht genau der Form des Knaufes anpassen, von dem sie nur durch eine schmale Rille abgesetzt sind; die Mäuler sind aufgerissen, Schnauze und Wangen nur summarisch angegeben, Brauen weit vorgewölbt, darüber die Hörner; die seitliche Trennung der Masken erfolgt durch die weit abstehenden Ohren, die beiden Köpfen gemeinsam sind; die große Öse verbindet oben beide Köpfe. Stempel: Capride und Mondsichel (*Taf. 54,277* nach Mus. Phot.). – Paris, Louvre (Sb 3739). – P. Amiet, Glyptique susienne. Mém. Délég. Arch. Iran. 43 (1972) Taf. 187 Nr. 2168.

278. Kunsthandel. – Rollsiegel mit Pazuzukopf; H. 5,3 cm; „Bronze". Pazuzukopf nur im Umriß erkennbar, aufgerissenes Maul, Tierschnauze, eckiger Schädel, Menschenohren?, oben abgeflacht mit Öse; Hals dicker und menschlicher als üblich, da er sich unten zu einer runden Standfläche verbreitert, die nur durch eine Ritzung abgesetzt, genau auf dem Rollsiegel aufsitzt. Rollsiegelbild: Zwei stehende Figuren flankieren einen stark stilisierten Lebensbaum, über dem eine Flügelsonne schwebt; daneben eine kniende Figur, die eine Mondsichel stützt. Stempelbild auf unterer Fläche: Flügelsonne (*Taf. 54,278* nach Mus. Phot.). – Paris, Louvre (AO 21111). – P. Amiet, La revue du Louvre 12, 1962, 186f. Abb. 5 (datiert 7. Jh.).

279. Kunsthandel. – Rollsiegel mit Pazuzukopf; H. 3,6 cm; „Bronze". Hals schlank, nicht gegen Zylinder abgesetzt; Bart zieht sich gleichmäßig um das Untergesicht, von Ohr zu Ohr, grob senkrecht schraffiert, vgl. Nr. 267; Maul nicht ausgeführt, Schnauze nur grob umrissen, Augen weit hervortretend, keine Hörner, große Öse. Rollsiegelbild: Tier mit Göttersymbol auf dem Rücken. Stempelbild auf unterer Fläche: Rosette. Pazuzukopf ungewöhnlich, keinesfalls an mesopotamische anzuschließen, soll „luristanisch" sein (*Taf. 55,279* nach Cat.). – Slg. Foroughi, Teheran. – Sept mille ans d'art en Iran. Petit Palais Octobre 1961–Janvier 1962 Taf. 31,2 Nr. 424; P. R. S. Moorey, Iraq 27, 1965, 37 Anm. 42.

280. Kunsthandel; in Kairo angekauft. – Stempelsiegel mit Pazuzukopf; H. 2,4 cm; „Bronze". Kopfform ungewöhnlich, nach oben schmaler werdend, riesige Ohren; nicht mesopotamisch. Siegelbild: zwei Steinböcke einen Baum flankierend (*Taf. 54,280* nach Mus. Phot.). – Oxford, Ashmolean Mus. (1922.6). – P. R. S. Moorey, Iraq 27, 1965, 37 Anm. 43. Abrollung: H. Danthine, Le palmier-dattier et les arbres sacrés dans l'iconographie de l'Asie occidentale ancienne (1937) Taf. 198.1145.

Lamaštu

Pazuzu tritt oft in Zusammenhang mit der Fieberdämonin Lamaštu auf.[20] Im Gegensatz zu Pazuzu gibt es keine rundplastischen Darstellungen der Lamaštu; sie kommt ausschließlich auf Tafeln aus Stein und Metall vor. Zahlreiche Rituale geben genaue Anweisungen, wie man sich gegen diese Fieberdämonin, die besonders auch für das Kindbettfieber verantwortlich ist, schützen kann. Einige dieser Rituale datieren in das zweite Jahrtausend, der größte Teil aber in das erste, wie auch die bildlichen Darstellungen. Zu diesen Ritualen gehören Beschwörungsformeln, die oft auf den reliefierten Tafeln niedergeschrieben sind und so eine sichere Identifikation der Lamaštu erlauben. Die Hauptperson dieser Darstellungen, Lamaštu, ist meist in sehr ähnlicher Weise wiedergegeben. Der Kopf ist der eines Löwen, allerdings mit langen aufgestellten Rinderohren; am Hinterkopf sitzt oft eine knotenartige Verdickung und ein Knauf an einer längeren Nadel? Die aufrechte Haltung ist die eines Menschen, der Körper ist allerdings meist tierisch, da er mit feiner Strichelung für die Angabe eines Fells überzogen sein kann; die Hände sind menschlich, die Beine enden stets in Vogelfüßen. In einigen Fällen ist der Oberkörper menschlich mit deutlich angegebener weiblicher Brust, an denen Lamaštu zwei Tiere, Schwein und Hund säugt. Oft steht sie in einer Barke auf einem Esel; in Ritualen gibt es die Anweisung, eine kleine Lamaštufigur, einen Esel und eine Barke aus Ton herzustellen, denen während des Rituals dann eine bestimmte Funktion zukommt. Erwähnt werden auch zahlreiche Gegenstände, mit denen man offensichtlich Lamaštu besänftigen konnte: Spindel, Kamm, Gefäße, Lampe, Schuh; diese Gegenstände sind häufig auf den Lamaštutafeln abgebildet. Die Barke ist oft von Wasser und Pflanzen umgeben, in dieser Szene erscheint auch ab und zu Pazuzu.

Zu dieser Hauptszene treten noch drei weitere Szenen, meist in drei Streifen übereinander angeordnet. Zuoberst eine Aufreihung von Göttersymbolen, darunter eine Reihung von sieben tierköpfigen Gestalten in Angriffshaltung, deren Deutung ungeklärt ist; im dritten Streifen dann eine sogenannte Beschwörungsszene mit einem Liegenden zwischen in Fischhäuten gekleideten Männern und eine Gruppe von einem oder zwei Löwendämonen mit einem „Held", alle in Angriffshaltung.

Auf der Rückseite zahlreicher Lamaštutafeln ist Pazuzu dargestellt, meist in Rückansicht den Kopf über die obere Tafelkante gereckt, so daß sein vollplastisch ausgeführtes Gesicht die Vorderseite bekrönt.

Diese Tafeln, mit der Darstellung der durch Geschenke besänftigten Lamaštu, der Darstellung des Kranken umgeben von Genien, mit der Aufreihung der Symbole aller Götter, die im Ritual beschworen werden und mit dem Text der Beschwörung selbst versehen sind sozusagen die Umsetzung des Rituals in dauerhaftes Material und bieten so immerwährenden Schutz. Sie wurden an Ösen aufgehängt; an kleineren Durchbohrungen oder Ösen an der Unterkante konnten eventuell noch zusätzliche Amulette angehängt werden.

281. Kunsthandel; in Syrien (Nähe von Palmyra?) angekauft. – Lamaštutafel; H. 13,5 cm, Br. 8,5 cm; „Bronze", gegossen. Rechteckige Tafel, untere Kante beidseitig verdickt, an den beiden oberen Ecken je eine Öse, Vorder- und Rückseite reliefiert. Vorderseite durch vier erhabene Standlinien in vier Bildstreifen unterteilt. Oberster Streifen von links nach rechts sieben Göttersymbole: Hörnerkrone für Assur, Widder-

---

[20] Zu Lamaštu vgl. Thureau-Dangin a.a.O. (Anm. 7) 161 ff.; H. Klengel, Mitt. Inst. Orientforsch. 7, 1959/60, 334 ff.; demnächst W. Farber, in: RLA V s. v. Lamaštu.

oder Löwenstab für Ea oder Nergal, Blitzbündel für Adad, Spaten für Marduk, Griffel für Nabu, Stern für Ištar, Flügelsonne für Šamaš, Mondsichel für Sin, Siebengestirn für Sibitti und Lampe für Nusku. Im zweiten etwas breiteren Streifen schreiten von links nach rechts sieben langgewandete Figuren, den linken Arm nach vorne gestreckt, den rechten hinter dem Kopf erhoben; sie sind gegürtet und schräg über ihren Oberkörper führt ein Band wie von einem Schwertgehänge; die Köpfe sind die eines Löwen, Wolfs(?), Schakals oder Hundes, Widders, Ziegenbocks, Vogels und einer Schlange; das Gewand bedeckt die Füße. Der dritte Streifen ist gleich hoch wie der zweite und zeigt eventuell eine Beschwörungsszene, von links nach rechts: eine Lampe auf einem hohen Ständer, eine Kline mit einer liegenden bärtigen Figur gerahmt von zwei Menschen in Fischhaut, beide bärtig mit leicht erhobener rechter Hand (die linke Figur hält vielleicht einen Wedel) und herabhängender rechter, die ein Henkelgefäß zu tragen scheint. Daneben zwei Löwenmenschen mit Vogelfüßen und Schwertgehänge in sogenannter Angriffshaltung einander gegenüber, ganz rechts ein nach rechts gewandter Mann ebenfalls in dieser Haltung, bärtig, herabhängendes Haar, mit runder Kappe. Im untersten doppelt breiten Streifen Lamaštu kniend auf einem Esel in einer Barke; unter der Standlinie dieses Bildfeldes befindet sich noch ein schmaler Streifen mit Fischen, in den die Barke hineinreicht. Links von Lamaštu schreitet ein nach rechts gewandter Pazuzu, der den Statuetten Nr. 254 und 257 weitgehend entspricht: Vogelbeine, Skorpionsschwanz, linken Arm nach unten hängend, rechten angewinkelt erhoben, vier Flügel, eckiger Kopf mit Raubtiermaul, eckiger Bart, der unter dem Kinn in einem Zipfel ausläuft. Lamaštu hat beide Hände erhoben und umklammert zwei Schlangen; an ihrer Brust hängen seitlich zwei kleine Tiere, wahrscheinlich Hund und Schwein. Der Löwenkopf wird überragt von einem hochstehenden Rinderohr, am Hinterkopf zwei unerklärliche Knäufe, fast wie ein Haarknoten mit großer Nadel. Der Körper ist, wie auch der des Pazuzu, von feiner Strichelung, die ein Fell wiedergeben soll, überzogen. Das rechte Bilddrittel nehmen zwei Pflanzen und darüber die aufgereihten Geschenke ein: eine Flasche, ein Kamm, ein Behälter, eine Fibel, ein Tierhuf, ein Schuh, eine Lampe und ein Stoffballen. Die Rückseite ist sehr viel flacher reliefiert als die Vorderseite. Die verdickte Unterkante dient dem aufgerichteten Pazuzu als Standfläche, seine Tatzen umklammern die obere Kante, der Kopf blickt vollplastisch über die Tafel und bekrönt so die Vorderseite. Wie üblich ist der Unterkörper in Schrittstellung nach rechts wiedergegeben, mit Vogelbeinen, Skorpionsschwanz, Schlange als Penis; Oberschenkel und Körper sind von einem Schuppenmuster bedeckt; der Oberkörper ist in Rückansicht wiedergegeben, so daß die Flügel in voller Fläche dargestellt werden konnten; das lang von den Schultern herabhängende Paar verdeckt teilweise das kleinere nach oben gerichtete; das Gefieder ist sorgfältig durch feine Ritzungen in zwei Stufen ausgeführt. Kopf von hinten nur wenig gerundet; Maul besonders weit aufgerissen; der fein gestrichelte Bart lädt seitlich sehr weit und eckig aus und zieht sich fächerförmig bis zu den Ohren. Schnauze palmettenartig stilisiert, Wangen in zwei Wülsten hervortretend. Die Augäpfel treten weit aus dem Schädel hervor, darüber die gebogenen Hörner, der Schädel oben flach. Das höhere Relief der Lamaštuseite, der nach vorne ragende Kopf des Pazuzu, dagegen die völlig flache Rückseite legen bei dieser Tafel die Hauptansichtsseite fest. Diese Tafel zeichnet sich durch besonders reiche und sorgfältige Nacharbeitung aus, der größte Teil der feinen Details ist durch Gravierung angegeben. In der linken unteren Ecke zwei Durchbohrungen (*Taf. 56,281* nach Mus. Phot.). – Paris, Louvre (AO 22205), ehemals Slg. de Clercq. – M. de Clercq, Catalogue, Antiquités Assyriennes II (1903) 213 ff. Taf. 34 oben; M. Clermont-Ganneau, Rev. Arch. N.S. 2, 38, 1879, 337 ff. Taf. 25; Parrot, Assur Taf. 130,A.B; H. Klengel, Mitt. Inst. Orientforsch. 7 (1959/60) 334 Nr. 1; P. Amiet, Rev. du Louvre 18, 1968, 305 f. Abb. 6.

282. Kunsthandel; Surgul, angeblich aus Warka. – Lamaštutafel; H. 15 cm, Br. 8,5 cm; „Bronze". Öse in der Mitte der unteren Kante, eventuell auch an den unteren Ecken je eine ausgebrochene Öse. Die oberen Ecken von zwei fratzenhaften Köpfen bekrönt, einer abgebrochen. Der oberste Bildstreifen mit den Göttersymbolen sehr schmal: von links nach rechts Hörnerkrone, Mondsichel, Flügelsonne, Stern, Blitzbündel, Spaten, Griffel, Siebengestirn. Im zweiten, sehr viel höheren Streifen ausnahmsweise nur sechs statt sonst sieben tierköpfige Wesen, alle in „Angriffshaltung" und im kurzen Schurz, Beine nicht deutlich als Menschen- oder Tierbeine zu erkennen; von links nach rechts: Löwe?, Vogel, Hund?, ?, Ziegenbock (offenbar keine Schlange). Im dritten Streifen die „Beschwörungsszene", von links nach rechts: stehende menschliche Figur nach rechts, die linke Hand zu einer Lampe auf hohem Ständer erhoben, Kline mit liegender Gestalt, bärtiger Mann im Fischumhang nach links, rechte Hand erhoben, Gestalt im kurzen Schurz in Angriffshaltung nach rechts, wahrscheinlich Löwendämon. Vierter Streifen, etwas höher als die mittleren, zeigt in der Mitte Lamaštu in einer Barke kniend, die Hände mit den Schlangen erhoben, von ihrer Brust zwei Tiere(?) ausgehend. Links von ihr steht eine Gestalt im langen Umhang, wahrscheinlich im Löwenfell,[21] nach rechts ausschreitend; rechts im Bildfeld sind die Geschenke aufgereiht, von denen nur die Lampe deutlich zu erkennen ist. Das untere Drittel der Rückseite war wahrscheinlich mit einer Inschrift versehen oder jedenfalls für eine Inschrift vorbereitet, darüber kurze Standlinie, auf der sich Pazuzu aufrichtet, die Vogelfüße weit gespreizt in Schrittstellung nach rechts, beide Arme nach oben gereckt, die Hände umklammern die Kante, der Hals ist unnatürlich gelängt, so daß der Kopf über die Kante herüberragen kann. Der Körper und die Arme in recht hohem Relief, aber nur noch undeutlich zu erkennen, das herabhängende Flügelpaar nur seitlich des Körpers in schwach geritztem Umriß und mit Gefieder angegeben, das obere Flügelpaar scheint zu fehlen, Schwanz hochgebogen. Der Kopf ist sehr klein mit hochgestellten Ohren und erinnert in keiner Weise an Pazuzuköpfe, sondern wirkt wie der eines Hundes oder Löwendämons (vgl. Nr. 285). Die eine erhaltene Fratze an der oberen Ecke der Tafel sieht im Umriß sehr viel mehr wie ein Pazuzukopf aus (*Taf. 56,282* nach de Clercq). – Istanbul, Archäol. Mus. (IOM 1741). – M. de Clercq, Catalogue, Antiquités Assyriennes II (1903) 316 ff. Taf. 34 unten; E. Nassouhi, Guide sommaire (1926) 32 Taf. 9; H. Klengel, Mitt. Inst. Orientforsch. 7 (1959/60) 335 Nr. 2.

283. Kunsthandel. – Lamaštutafel; H. 13,1 cm, Br. oben 8,6 cm, Kopf H. 1,9 cm; „Bronze"; untere Hälfte teilweise zerstört, Ränder weggebrochen. Vorderseite durch vier breite Stege in vier nicht ganz regelmäßige Streifen geteilt. Zuoberst Reiter auf Panther(?) nach rechts, Mondsichel(?), Person nach links. Im zweiten Streifen Person nach links, eine zweite nach rechts, länglicher Gegenstand auf Beinen, vielleicht Kline mit Krankem?, Person nach links, Person nach rechts. Im dritten Streifen eine Person nach links und eine Kline mit Liegendem flankiert von zwei weiteren Personen. Im untersten Streifen nur das Mittelstück mit der Barke erhalten, Figur in der Barke nicht mehr zu erkennen. Auf der Rückseite in sehr hohem Relief eine pazuzuähnliche Figur. Schrittstellung nach rechts, wahrscheinlich Vogelfüße, langer geschwungener Schwanz, wie der eines Löwen; Arme bilden eine Diagonale, linker schräg nach oben, rechter nach unten gestreckt; in ganz schwachem Umriß ein nach oben ragendes Flügelpaar zu erkennen. Oberkörper in Vorderansicht, Kopf ebenfalls frontal auf merkwürdig dünnem, stangenartigen Hals. Mund breit, aber geschlossen, zweigeteilter Kinnbart, kurze runde Nase, großflächige Wangen, Augen groß, aber nicht kreisrund unter dicken gebogenen Lidern, seitlich abstehende Rinderohren; Stirn nicht plastisch angegeben, etwa einen Zentimeter über den Lidern drei vorstehende Zapfen, wirken wie dicke Haarbüschel. Auf der Vorderseite sitzt ganz oben in der Mitte ein runder Knauf, dessen Oberfläche völlig zerstört ist; vielleicht war hier ursprünglich ein Pazuzukopf gemeint (*Taf. 57,283* nach Mus. Phot.). – London, Brit. Mus. (BM 108979). – Brit. Mus. Guide 194 f.; K. Frank, Mitt. Altorient. Gesellsch. 14,2, 1941, 11 f. Taf. 2,2; Budge, Amulets Taf. 14; H. Klengel, Mitt. Inst. Orientforsch. 7 (1959/60) 338 Nr. 29; P. R. S. Moorey, Iraq 27, 1965, 34.

284. Kunsthandel. – Lamaštutafel; H. 14,8 cm, Br. 7,5 cm; „Bronze". Tafel schmaler als die vorigen, keine Ösen, sondern wie bei Steintafeln oben breiter durchlochter(?) Steg stehengelassen; Vorderseite flach reliefiert, an den Kanten schmaler erhöhter Rand in gleicher Breite wie die Trennlinien zwischen den drei Bildfeldern; Rückseite lange Inschrift. Im obersten sehr schmalen Bildstreifen Göttersymbole von links nach rechts: Spaten mit „Wimpeln", Griffel mit „Wimpeln",[22] Mondsichel, Flügelsonne, Stern, Siebengestirn, die sonst meist zuerst aufgeführte Hörnerkrone fehlt. Im zweiten doppelt so breiten Streifen sieben tierköpfige Stäbe statt der üblichen Tierdämonen, oder auch Tierköpfe auf überlängten Hälsen, von links nach rechts: Schlange, Schakal(?), Löwe, Vogel, Antilope oder sonstiger Capride, Ziege oder Widder, Wolf(?). Die unteren zwei Drittel der Fläche nimmt die Darstellung der Lamaštu ein. Ihr rechter Fuß steht in der Barke, der linke ist auf den Nacken des in der Barke stehenden Esels gesetzt. An ihre deutlich angegebenen Brüste springen seitlich ein Schwein und ein Hund; die erhobenen Hände umklammern Schlangen; aus dem Löwenhaupt ragen vorne die hochgestellten Rinderohren hervor, hinten ein länglicher Gegenstand, Haarnadel(?) (vgl. Nr. 281). Unter der Barke eine Schildkröte, ein Fisch und ein Krebs, seitlich zwei Pflanzen. In der oberen linken Ecke dieses Bildfeldes befindet sich die übliche Beschwörungsszene: links eine Lampe auf Ständer, davor die Kline mit Liegendem, ausnahmsweise mit dem Kopfende nach rechts, dahinter eine menschliche Figur. Rechts oben füllen die Geschenke die Bildfläche: Kamm, Fibel, zwei Gefäße(?) und anderes (*Taf. 57,284* nach Mus. Phot.). – Baghdad, Iraq Mus. (IM 74648). – K. M. Abadah, Sumer 28, 1972, 78 Abb. 3.4.

---

[21] Zu Mensch mit Löwenfell zuletzt Ellis, in: M. de Jong Ellis (Hrsg.), Essays on the Ancient Near East. In Memory of J. J. Finkelstein (1977) 67 ff.

[22] Zu Spaten und Griffel mit „Wimpel" vgl. U. Seidl, Baghd. Mitt. 4, 1968, 119.

Während Nr. 281 das gesamte Bildrepertoire der Lamaštutafeln klar wiedergibt, zeigen die anderen Metalltafeln doch viele Merkwürdigkeiten. Nr. 282 etwa nur sechs statt sieben Tierdämonen, was auf den zahlreichen Steintafeln sonst nicht belegt ist, außerdem ist die Figur des Pazuzu sehr ungewöhnlich; hinzu kommt, daß diese Tafel nur an der unteren Kante Ösen aufweist. Noch eigenartiger ist die Pazuzufigur von Nr. 283, die Bildstreifen der Vorderseite geben nur noch recht verschwommen die üblichen Darstellungen wieder; diese Tafel hat gar keine Vorrichtungen zum Aufhängen.

Das qualitätsvolle Stück Nr. 284 ist das einzige aus Metall mit Inschrift, sowohl Inschrift als auch Bild weichen von allen übrigen Tafeln ab. Die Darstellung der Lamaštu ist besonders lebendig, das Relief aber merkwürdig flächig, vielleicht ist es in einer Stein- und nicht in einer Terrakottaform hergestellt worden.

Während für Nr. 283 provinzielle Entstehung, das heißt in diesem Fall nur, ohne genaue Kenntnis des originalen Bildrepertoires und ohne volles Verständnis des Dargestellten, angenommen werden kann, ist Nr. 284 sicherlich ein zwar vom üblichen abweichendes aber wohl durchdachtes Stück.

Löwendämon, „Held", Fischgenius

Die Figurengruppe Löwendämon – „Held" in Angriffshaltung, die oft die sogenannte Beschwörungsszene der Lamaštutafeln abschließt, tritt auch in anderem apotropäischen Zusammenhang auf. Die sorgfältigsten Darstellungen finden sich auf den Orthostatenreliefs des Sanherib, Asarhaddon und Assurbanipal;[23] der Held trägt auf diesen Reliefs die runde Hörnerkappe und das im Nacken gebauschte Haar, ist also deutlich als göttliches Wesen charakterisiert; im Gegensatz zum Löwendämon hält er nie eine Waffe in Händen, beide tragen einen Dolch an der Hüfte, der wahrscheinlich an dem über die rechte Schulter gelegten Riemen befestigt ist. „Held" und Löwendämon stehen sich nicht als Gegner gegenüber, sondern sind sicherlich Gefährten, beide mit Schutzfunktion. Dies wird deutlich bei einigen Pazuzu- und Lamaštutafeln aus Stein, bei denen sie den bösen Dämon rahmen, also gleichwertig gegen ihn eingesetzt sind;[24] auch bei der Gruppe Nr. 385 stehen sie ja nebeneinander, nach vorne gerichtet.

Daß es sich bei dem Löwendämon Nr. 386 um einen guten Dämon handelt, legt auch die Inschrift nahe: er hält Böses fern,[25] außerdem werden auch Tonfiguren von ihm zum Schutz des Hauses vergraben.[26] Beide Figuren können verdoppelt werden, wie z. B. bei Nr. 287, sind also wie U. Seidl feststellt, Vertreter einer Spezies, nicht Einzelwesen.[27]

Der Mann in Fischhaut, der oft verdoppelt den Liegenden der Beschwörungsszene rahmt, ist wegen seiner Hörner ebenfalls als göttliches Wesen anzusehen; seine Identifikation mit einem apkallu in Fischumhang scheint sicher.[28]

---

[23] Zusammenstellung bei Reade, Baghd. Mitt. 10, 1979, 36.39 f.; vgl. z. B. Gadd, The Stones of Assyria (1936) Taf. 17; Barnett, The Sculptures from the North Palace of Ashurbanipal (1976) Taf. 4 (Held immer ohne Waffen, Löwenmensch mit Dolch und Stab).

[24] Lamaštutafel aus Babylon (Berlin, Vorderas. Mus. VA 6959): F. H. Weißbach, Babylonische Miscellen. WVDOG 4 (1903) 42 f. Abb. = Klengel a.a.O. (Anm. 20) 335 Nr. 5. – Pazuzutafel, ebenfalls aus Babylon (BE 33683): Saggs, Archiv Orientforsch. 19, 1959/60, 124 f. Abb. 3–6, als Bab 33683 bei Klengel a.a.O. 349, dort noch weitere Beschwörungstafeln mit der Figurengruppe Löwendämon-Held erwähnt (ebd. Abb. 9.10,b); vgl. auch noch H. R. Hall, La sculpture babylonienne et assyrienne au British Museum. Ars Asiatica 11 (1928) Taf. 60 (BM 91899).

[25] Übersetzung nach Rittig, Assyrisch-babylonische Kleinplastik 109: Zerschmetterer des Nackens des Bösen, der Eilende, der eingreift...? schnellfüßiger Läufer, der seine Brüder nicht festhält, die Füße des Bösen halte fern.

[26] Ebd. 103 ff. Nr. 12; zur Benennung zuletzt Reade a.a.O. (Anm. 23) 39 f., der in Anlehnung an Woolley, Journ. Roy. As. Soc. 1926, 695 Nr. 7; 711 Anm. 31 eine Gleichsetzung mit dem aus Ritualtexten bekannten großen Löwendämon ugallu vorschlägt.

[27] Seidl a.a.O. (Anm. 22) 173.

[28] Zuletzt ausführlich bei Rittig a.a.O. (Anm. 25) 80 ff.216.

285. Babylon oder Umgebung? – Figurengruppe Löwendämon und „Held" auf dünnem Stift; H. des Löwendämons 6,3 cm; „Bronze"; unter der runden Standplatte der Figuren Ansatz eines dünnen Stabes, der früher länger erhalten war und etwa nach 1,5 cm eine Durchlochung hatte. Nebeneinander stehen links der Löwenmensch, dicht neben ihm der „Held", beide in sogenannter Angriffshaltung mit angewinkelt erhobenem rechten Arm und vorgestrecktem linken; beide tragen den kurzen Schurz mit Vertikalsaum und ein Schwertband über der Brust. Bei dem Held ist auch ein Dolch unter dem linken Arm zu sehen; er hat beide Hände geballt, während der Löwendämon in der linken einen kurzen Gegenstand hält, in der rechten ist möglicherweise ein Dolch zu ergänzen, denn es sind zu beiden Seiten der Faust Spuren eines abgebrochenen Gegenstandes zu sehen. Der Held ist bärtig, sein Haar bauscht sich im Nacken, auf dem Kopf sitzt eine runde Mütze. Der Löwendämon ist mit aufgesperrtem Maul und hochstehenden Rinderohren wiedergegeben, seine Beine scheinen menschlich (*Taf. 55,285; 58,285* nach Mus. Phot.). – London, Brit. Mus. (BM 115509). – R. K. Porter, Travels in Georgia, Persia, Armenia, Ancient Babylonia (1821/22) 425 Taf. 80,4; U. Seidl, Baghd. Mitt. 4, 1968, 173 I 3 h; Rittig, Assyrisch-babylonische Kleinplastik 128 f.

286. Kunsthandel. – Statuette eines Löwendämons; H. 9,3 cm; „Bronze". Rechte Hand und Füße mit Beinansatz abgebrochen. Er trägt den kurzen Schurz mit breitem Gürtel und breiter gestrichelter Angabe des Vertikalsaums. Oberkörper unbekleidet, auch kein Schwertband angegeben. Rechter Arm seitlich angewinkelt in Angriffshaltung erhoben, linker eng am Körper herabgeführt, linke Faust durchloch, hielt sicher einen Gegenstand, vielleicht eine Waffe aus anderem Material; über der linken Hüfte steckt im Gürtel ein nach hinten überstehender Dolch. Kniegelenke und Schlüsselbein durch Ritzungen angegeben, ebenso die Muskulatur an Armen und Beinen. Hals, Nacken und Kopf mit einer zackig geritzten Mähne bedeckt; Löwenkopf naturalistisch mit aufgerissenem Maul und kleinen, tiefliegenden Augen. Steil nach oben stehende Rinderohren, dazwischen kammartig aufgesetzter Haarbüschel, seitlich ganz ähnlich eckig abstehende Haarbüschel. Über der rechten Hüfte Inschrift (*Taf. 58,286* nach Mus. Phot.). – London, Brit. Mus. (BM 93078). – R. C. Thompson, The Devils and Evil Spirits of Babylonia 2 (1904) Titelblatt; Brit. Mus. Guide 171 mit Abb.; K. Frank, Babylonische Beschwörungsreliefs. Leipziger Semitische Stud. III,3 (1908) 26 ff.; ders., Mitt. Altorient. Ges. 14/2, 1941, 33; U. Seidl, Baghd. Mitt. 4, 1968, 173 I 3 g; Margueron, Mesopotamien Taf. 110; Rittig, Assyrisch-babylonische Kleinplastik 107 ff. (dort auch Inschrift ausführlich).

287. Assur. – Glocke; H. 30 cm; Bronze, gegossen. Zylindrisch mit halbkugeligem Abschluß; Klöppel in Form einer Schlange, ebenso der Henkel, der durch zwei Ösen geführt ist. Auf dem zylindrischen Teil umlaufender Bildfries, oben und unten von einer erhöhten Leiste begrenzt: Löwendämon nach rechts, Gruppe von „Held" nach rechts und einem Paar einander zugewandter Löwendämonen, Fischmensch nach rechts, ein Paar einander zugewandter Löwendämonen. Der „Held" deutlich mit Hörnerkappe, die Löwendämonen mit Vogelklauen, beide Figuren stimmen weitgehend mit denen der Reliefs des Assurbanipal (669–631 v. Chr.) überein.[29] Auf der gewölbten Oberseite zwei Schildkröten und eine Eidechse(?) (*Taf. 55,287; 58,287* nach Orthmann). – Berlin, Vorderas. Mus. (VA 2517). – B. Meissner, Babylonien und Assyrien I (1920) Abb. 142; RL IV,2 Taf. 144; J. B. Pritchard, The Ancient Near East in Pictures (1954) Abb. 665; G. R. Meyer, Forsch. u. Ber. 3/4, 1961, 134 Abb. 10; U. Seidl, Baghd. Mitt. 4, 1968, 153,I; Orthmann, Propyläen Kunstgeschichte 14 Taf. 265.

Nr. 286 mit seiner Beschwörungsformel ist wohl in seiner Funktion den Pazuzustatuetten, die ja ähnlich beschriftet sind, vergleichbar; zum Schutz des Hauses und seiner Insassen ist es als einzeln aufgestelltes Figürchen durchaus denkbar und wird am ehesten mit einer einfachen Standplatte zu ergänzen sein. Meist ist diese Figur mit Vogelfüßen dargestellt (vgl. Nr. 287), bei unscheinbareren Darstellungen kommen aber auch Menschenbeine vor, etwa bei dem Löwendämon von Nr. 285, Nr. 286 ist den Darstellungen bei Assurbanipal sehr ähnlich und daher sicher mit Vogelfüßen zu ergänzen.

Die Verwendung von Nr. 285 ist kaum mehr zu rekonstruieren; die Gruppe bekrönte sicherlich einen funktionalen Stift, wie die nicht mehr erhaltene obere Öse beweist. Für eine Gewandnadel ist der

---

[29] Vgl. Anm. 23.

1. Jahrtausend: Amulette mit Götterdarstellung

Kopf zu groß, für einen Achsnagel der Schaft zu dünn; er diente sicherlich zur Befestigung eines Gegenstandes und war zur erhöhten Sicherheit mit einer apotropäischen Darstellung versehen.

Die Glocke Nr. 287, die mit Figuren der „Beschwörungsszene" geschmückt ist, könnte selbst in einer Beschwörung eine Rolle gespielt haben.[30] Die Wassertiere deuten auf einen Bezug zu Ea, dem Herrn des Süßwassers, der aber auch der Gott der Weisheit und Beschwörung war.

Amulette mit Götterdarstellung

288. Kunsthandel; in Syrien angekauft. – Amulett; H. 4,2 cm; „Bronze". Rechteckiges Täfelchen, beidseitig reliefiert, Rand ein wenig erhöht, Darstellungen eingetieft; obere Ecken abgerundet, breiter durchlochter Steg oben zum Aufhängen, wie sonst vor allem bei Steinamuletten. 1. Seite: Thronende Gottheit nach links auf Löwendrachen, die rechte Hand erhoben, die linke mit einem Ring vorgestreckt, auf dem Kopf hoher Polos von einem Stern bekrönt, an der hohen Lehne des Throns sechs Sterne; wegen Sternen und Löwendrache wahrscheinlich Ištar; vor ihr ein Beter im langen Schalgewand, die rechte Hand erhoben, die linke mit nach oben geöffneter Handfläche vorgestreckt; oben im Feld Mondsichel und Stern. 2. Seite: Zwei aufgerichtete Löwendrachen einander gegenüber *(Taf. 55,288* nach RL). – Paris, Louvre (AO 23004). – Longpérier, Musée Napoléon III. Choix de monuments (o. J.) Taf. 1,4.4a; Pottier, Catalogue Taf. 28 Nr. 172; RL VIII Taf. 61,a.b.

Von diesem Amulett soll angeblich ein Tonabdruck in Hilla gefunden worden sein (Paris, Louvre MNB 1100). Weitere Tonabdrücke von diesem oder einem sehr ähnlichen Stück befinden sich in der Sammlung de Clercq; und zwar handelt es sich um vier Abdrücke der Seite mit der Anbetungsszene[31] und einen Abdruck von der Seite mit den Löwendrachen.[32] Das Amulett Nr. 288 konnte also als Stempel benutzt werden; die Darstellung ist allerdings nicht unbedingt als Stempel, also seitenverkehrt, angelegt,[33] da Götter den Ring meist in der linken Hand halten, während Beter die rechte zum Gebet erheben. Die Tracht des Beters legt eine Datierung in die Zeit Sargons nahe (vgl. S. 102).

289. Kunsthandel. – Reliefiertes Täfelchen; H. 6 cm; „Bronze". Rechteckig, obere Kante leicht gewölbt, keine Vorrichtung zum Aufhängen, nur vorne reliefiert. Eine Gottheit im Profil nach rechts steht auf einem nach rechts schreitenden Löwen, das linke Bein hat sie auf seinen Kopf gesetzt. Sowohl der Kopf des Löwen als auch der der Gottheit sind en face wiedergegeben. Die Gottheit trägt eine mehrfache Hörnerkrone und den langen geschlitzten Rock, der das linke Bein frei läßt, ihre Arme sind nach vorne gestreckt, auf dem Rücken befindet sich ein Strahlen- oder Keulenkranz, eine Identifizierung mit der kriegerischen Ištar ist sicher; vor ihr steht ein kleiner Beter; er scheint kahlköpfig und mit einem kurzen Rock und langem geschlitzten Übergewand bekleidet, eine außerordentlich unübliche Darstellung. Oben im Feld Mondsichel und Flügelsonne *(Taf. 57,289* nach Mus. Phot.). – London, Brit. Mus. (BM 119437). – Budge, Amulets Taf. 12.

---

[30] Zu Glocken vgl. Calmeyer, in: RLA III 430 s. v. Glocke.
[31] M. de Clercq, Antiquités Assyriennes II (1903) Taf. 10,8.9 (9bis und 9ter nicht abgebildet); nach Photo nicht eindeutig festzustellen, ob alle aus der gleichen Form, und zwar nach dem Metallamulett Nr. 288, hergestellt wurden, die Maße könnten übereinstimmen; wann diese Abdrücke hergestellt wurden ist fraglich!

[32] Ebd. Taf. 10,10.
[33] Zum eindeutig seitenverkehrt angelegten Stempel für eine Pazuzutafel vgl. Anm. 8.

Außer diesen gegossenen reliefierten Amuletten gibt es zahlreiche Ritztäfelchen, teilweise auch aus Edelmetall. Ein besonders großes und aufwendiges zeigt eine Götterprozession.[34] Ištar auf einem Löwen findet sich auch auf gravierten Silberamuletten aus Assur[35] und Sinçirli.[36]

Anthropomorphe „Schutzgenien"

Die Figürchen Nr. 290–294 lassen sich nicht genauer benennen; sie sind zwar nicht alle deutlich als übernatürliche Wesen charakterisiert, scheinen aber doch die Funktion von Schutzgenien zu erfüllen.

290. Ur; Gipar, unter Pflaster des Nabonid (556–539 v. Chr.), Raum ES 4. – Männliche Statuette; H. 6 cm; „Bronze". Stehende Figur, in ein langes glattes Gewand gehüllt; hält ein Gefäß vor der Brust; Haar fällt gebauscht in den Nacken, langer Bart; nach Abbildung nicht sicher zu erkennen, ob in ganzer Länge erhalten oder kniend (*Taf. 60,290* nach Woolley). – Beifunde: drei Hundefigürchen (Nr. 307). – Baghdad, Iraq Mus. (IM 962 = U 2854). – Woolley, Ur Excavations IX 16.111 Taf. 25.

291. Tell Taynat; Statthalterpalast. – Männliche Statuette; H. ca. 9–10 cm; „Bronze". Die Figur kniet, den linken Fuß nach vorne gesetzt, auf einer schmalen Standplatte; die Hände halten ein Gefäß mit verdicktem Rand vor der Brust, die Ellenbogen sind weit vom Körper abgespreizt. Während Oberkörper und linkes Bein eindeutig unbekleidet und daher auch sorgfältig modelliert sind, scheint das rechte Bein verhüllt, was sich eventuell mit einem langen, geschlitzten Rock erklären läßt. Der Vollbart fällt lang auf die Brust und ist durch gleichmäßige Querrillen unterteilt, nur der lange Schnurrbart hebt sich deutlich dagegen ab; das ebenso gegliederte Haupthaar fällt breit auf die Schultern. Die Gesichtszüge sind überdeutlich mit wulstigen Lippen, breiter Nase und großen, stark umränderten Augen (*Taf. 60,291* nach Börker-Klähn). – Antiochia, Mus. – C. W. McEwan, Am. Journ. Arch. 41, 1937, 13.15 Abb. 9; J. Börker-Klähn, Baghd. Mitt. 6, 1973, 52 Taf. 20,1; dies., Oudh. Meded. 55, 1974, 126 f.

292. Nimrud; Burnt Palace, Raum 32. – Figürlich verzierter Achsnagel; L. 13,5 cm; „Bronze". Runder, sich nach unten etwas verjüngender Stab, am unteren Ende Durchlochung. Bekrönt von einer auf beiden Knien liegenden männlichen Figur im langen glatten Gewand, das den Körper ganz einhüllt; die Hände sind vor die Brust gelegt; langer Bart, in dickem Bausch auf die Schultern fallendes Haupthaar (*Taf. 58,292* nach Mallowan). – Baghdad, Iraq. Mus. (IM? = ND 2136). – Mallowan, Nimrud I 208 f. Abb. 142.

293. Samos; Südbau, Hinterfüllung der westlichen Kanalmauer. – Kniender Mann; H. 6,4 cm; „Bronze". Eine männliche Figur, von einem langen Gewand völlig eingehüllt, kniet auf beiden Knien, die Hände sind nach vorne gestreckt und halten einen großen eiförmigen Gegenstand. Die niedrige spitze Mütze ist gegen die Haarmasse nicht klar abgegrenzt, so daß der Eindruck entsteht, als trage die Figur eine helmartige Kopfbedeckung, die Ohren und Nacken bedeckt (*Taf. 58,293* nach Jantzen). – Vathy, Mus.? (B 931). – Jantzen, Samos VIII 66 Taf. 65; P. Calmeyer, Zschr. Assyr. 63, 1973, 127 f.

294. Kunsthandel (Grabung von Botta?). – Figürlich verzierter Vierkantstab; H. Figur 17 cm, Gesamtl. 29 cm, Br. 4,1 cm; „Bronze". Stab unten abgebrochen, bekrönt von einem Palmettenkapitell, auf dem eine männliche Figur steht, die einen hohen, oben ausschwingenden Polos trägt, auf dem eine dicke Öse sitzt. Über einem kurzen Schurz trägt die Figur das nur an einer Seite bis auf die Füße reichende Gewand, dessen Stoff feine vertikale Strichelung aufweist und in drei Stufen gegliedert ist; das rechte unbedeckte Bein und die nebeneinandergesetzten Füße sind nur grob ausgearbeitet, Gewand und Beine sind säulenartig verschmolzen. Der Oberkörper ist von einem enganliegenden kurzärmeligen Hemd mit Punktmuster bedeckt, über die linke Schulter führt ein schräges Band. Der rechte Arm hängt völlig gerade, eng an den Körper gelegt, herab, der linke Unterarm ist angewinkelt nach vorne gestreckt, beide Hände sind zu Fäusten geballt. Der massige Kopf sitzt halslos auf dem Körper; der

---

[34] Budge, Amulets Abb. S. 98: London, Brit. Mus. (BM 118796), H. 9,4 cm; lange Inschrift; ein Gott auf Drachen, ihm gegenüber drei weitere Gottheiten, der mittlere mit Sichelschwert auch auf Drachen.

[35] O. Sümer, Ann. Mus. Istanbul 7, 1956, 81 f. Abb. 30.31: H. 4 cm, Ištar auf Löwe, vor ihr zwei Beter (Istanbul, Archäol. Mus [1286]).

[36] F. v. Luschan, Die Kleinfunde von Sendschirli. Ausgrabungen in Sendschirli V (1943) Taf. 44,a–e; 46,a–e, ähnlich wie die aus Assur (Anm. 35).

dreigestufte Bart hängt lang auf die Brust, Backen- und Schnurrbart sind deutlich gegeneinander abgesetzt. Das Gesicht ist breit, großflächig, ähnlich wie bei Nr. 291. Das Haar ist hinter die Ohren genommen und bauscht sich im Nacken. Über der Stirn sitzt ein Wulst (Haarangabe?), darauf der Polos mit einem Hörnerpaar, so daß die Figur klar als göttlich gekennzeichnet ist (Taf. 59,294; 60,294 nach Mus. Phot.). – Paris, Louvre (AO 6517), vorher lange Privatbesitz bei Moṣul. – Pottier, Catalogue 131 Nr. 145 Taf. 30; Margueron, Mesopotamien Taf. 19; J. Börker-Klähn, Baghd. Mitt. 6, 1973, 55.

Während die Stücke Nr. 290.291.293 als einzeln aufgestellte oder deponierte Statuetten denkbar sind, bilden Nr. 292 und 294 eindeutig nur figürlichen Schmuck eines Gerätes. Die Deutung von Nr. 292 als Achsnagel ist überzeugend, wenn auch nicht völlig gesichert, denn figürlich verzierte Metallstifte dienten sicher auch zur Befestigung anderer Geräte als Wagenräder. Die Achsnägel aus Salamis (Zypern) mit ihrer Kriegerfigur[37] zeigen, daß solche reich ausgestatteten Nägel tatsächlich an besonderen Wagen Verwendung fanden. Zwei Achsnägel aus Uruk[38] mit sogenannten Betern auf einem Eisendorn sind, wie Calmeyer gezeigt hat, sicher neuelamisch; ähnliche Achsnägel kommen dann auch in achämenidischer Zeit vor.[39] Diese Art der figürlichen Achsnägel, die nicht eine ganze Figur, sondern nur deren oberen Teil als Bekrönung tragen, lassen sich aber kaum mit dem assyrischen Figürchen von Nr. 292 in Verbindung bringen (zu einer ähnlichen Teilfigur vgl. auch Nr. 216) und helfen auch bei der Deutung des Knienden nicht weiter (s. dazu S. 88). Undatierbar sind die beiden Achsnägel aus Susa mit Köpfen in Igelform.[40]

Bei den Grabungen von Karmir Blur (Urartu) ist ein Geräteteil gefunden worden, das sich in fast allen Details mit Nr. 294 vergleichen läßt.[41] Es handelt sich um einen bartlosen Gott, auf dessen gehörntem Polos ebenfalls eine dicke Öse sitzt. Er ist mit dem langen Schalgewand bekleidet, in der herabhängenden rechten Hand hält er eine Keule (?), in der vor den Körper gelegten linken eine Axt. Er steht auf einem Palmettenkapitell, in das ein abgebrochener Eisenkern eingreift. Wie bei Nr. 294 greift kein Teil über die Säulenform hinaus. Die Funktion dieser beiden Objekte muß die gleiche sein; der Eisenkern des urartäischen Stückes spricht dafür, daß diese Geräte einer großen Beanspruchung ausgesetzt waren. Eine Deutung als Achsnagel ist nicht auszuschließen, die Befestigung erfolgte über die Öse auf dem Kopf der Figuren. Allerdings lassen sich zum Aufbau dieser Geräte auch zahlreiche Elfenbeine heranziehen; es handelt sich um mehrkantige oder auch runde Stäbe, oft mit rundem Knauf, die mit einem Kapitell unterschiedlicher Form abschließen; auf diesem Kapitell steht oft eine Figur, meist eine unbekleidete weibliche, aber auch männliche sind belegt.[42] Diese Figuren tragen auf dem Kopf wiederum ein Kapitell mit einer Einlassung, wie Barnett meint für einen Federwedel. Es könnte

---

[37] V. Karageorghis, Excavations in the necropolis of Salamis III. Salamis V (1973) 19.29.70 Taf. 101–104: aufwendige Achsnägel aus Eisen mit Kriegerfiguren aus Bronze, Gesamtl. 56 cm, Nagell. 16 cm, durchloch; aus einem Wagengrab.

[38] J. Schmidt, UVB 28 (1978) 40ff. Taf. 19–21: vom Oberflächenschutt des Garäus-Tempels; L. 19,5 cm, Nagell. 11,7 cm, Figur „Bronze", Nagel Eisen, nicht durchloch.

[39] Zusammenstellung bei Calmeyer, Arch. Mitt. Iran, 13, 1980, 99ff.; die Halbfiguren der Nägel aus Uruk vergleicht er überzeugend mit einem neuelamischen Relief des Adda-Hamiti-Inšušinak (Orthmann, Propyläen-Kunstgeschichte 14 Taf. 296,b) und nimmt ebenfalls Herstellung in Elam an (S. 104f.); eine weibliche Figur ähnlicher Art mit Hörnerkrone aus Privatbesitz publiziert er erstmals in diesem Zusammenhang (S. 108 Taf. 26); als Nachfolger dieser neuelamischen Stücke sieht er vom Typ her vergleichbare Stücke aus achämenidischer Zeit an (S. 99ff.). Falls das Stück mit Hörnerkrone Taf. 26 echt ist und in diesen Zusammenhang gehört, muß auch für die anderen nicht unbedingt Beterfunktion angenommen werden.

[40] Zusammen mit Fahrzeug gefunden; Basisplatte der Igel durchbohrt, L. 12,7 cm, „Bronze"; Paris, Louvre (Sb 9630; 13916): de Mecquenem, Rev. Assyr. 19, 1922, 138 Abb. 16; R. Ellis, Berytus 16, 1966, 44 Abb. 5. – Zu Igeln im elamischen Bereich vgl. Amiet, Elam 433 Taf. 330 (Depot).

[41] B. B. Piotrovski, Urartu (1969) Taf. 106.

[42] Barnett, A catalogue of the Nimrud ivories² (1975) 103 ff.; Stäbe mit Knauf ebd. Taf. 82, Kapitelle mit Figuren Taf. 77.92 (die Figuren von Taf. 77 sicher meist männlich); Kapitelle mit Ansatz des Vierkantstabes Taf. 78 S 259f.

sich also bei Nr. 294 ebenfalls um einen solchen Stabgriff handeln; was an der Öse befestigt war, muß allerdings offenbleiben.

Die apotropäische Funktion von Nr. 290 geht eindeutig aus der Fundlage hervor: unter dem Fußboden eines Raumes, zusammen mit drei kleinen Bronzehündchen. Die Deponierung entspricht der von Tonfiguren, die zum Schutz des Hauses unter Ritualanweisungen in Häusern vergraben wurden (s. o. S. 74); genaue Parallelen für Nr. 290 finden sich bei diesen Tonfiguren vorläufig nicht. Am ehesten läßt sich der Mann mit Gefäß an Tonfigürchen aus Ur anschließen, die allerdings die Hörnerkrone tragen;[43] daneben gibt es auch zahlreiche Statuetten von Männern, ohne Hörnerkrone, die aber meist eine Lanze in Händen halten.[44] Auch die Terrakotten des sogenannten Flaschenhaltertyps, vorläufig meist aus Uruk, wären heranzuziehen; aber auch deren Bedeutung ist unklar.[45]

Da die Figur aus Taynat Nr. 291 ebenfalls ein Gefäß hält, das in seiner Form an die zahlreichen wassersprudelnden Aryballoi der Genien erinnert, handelt es sich bei dieser Figur sicherlich ebenfalls um ein übermenschliches Wesen. Falls das Gewand tatsächlich als langer, aber vorne weit geöffneter Rock zu interpretieren ist, spräche auch dies für einen Genius, ein anderes Gewand ist aber nicht auszuschließen.[46]

Die kniende Haltung der Figuren Nr. 292.293 findet sich bei den Tonfiguren nicht, wird aber in Ritualen erwähnt. In dem Ritual für den sogenannten Ersatzkönig etwa sollen Bilder von Knienden aus Tamariskenholz hergestellt werden; diese halten Honig und Quark und sind mit einer Inschrift ausgestattet: ‚Geh hinaus, das Böse der schlechten Träume! Komm herein, das Gute des Palastes!' Sie werden im Palast vergraben. Die kniende Haltung kommt also auch bei Schutzgenien vor.[47]

Hörnerkrone oder andere Kopfbedeckungen sind bei der Identifizierung der einzelnen Typen nicht ausschlaggebend. Sowohl bei dem Mann mit Hund (Nr. 325–335) als auch bei dem Helden (Nr. 285) kommen Kappen mit und ohne Hörner vor, manchmal sind diese Schutzgenien sogar barhäuptig. Die schlichte Kappe trägt der Kniende aus Samos Nr. 293; der Gegenstand in seinen Händen ist rätselhaft. In Ritualen werden zahlreiche Gegenstände erwähnt, die Schutzgenien in die Hände gegeben werden, teilweise handelt es sich auch um Pasten und ähnliches, wie bei den oben erwähnten Knienden.

Während das Figürchen aus Ur (Nr. 290) wahrscheinlich in der Zeit des Nabonid (556–539 v. Chr.) deponiert wurde, muß die Figur aus Tell Taynat (Nr. 291) doch eher in die 2. H. des 8. Jh.s datiert werden (keinesfalls vor 740 wegen Fundlage im Statthalterpalast, der wahrscheinlich unter Tiglatpilesar III. gegründet wurde). Eine Datierung durch Vergleich mit rein assyrischen Denkmälern ist allerdings nicht ganz stichhaltig, da das Stück doch wohl in Nordsyrien gearbeitet wurde, die Gesichtszüge sich im assyrischen auch so nicht wiederfinden.[48] Ähnliches gilt für die Figur Nr. 294,

---

[43] Rittig, Assyrisch-babylonische Kleinplastik 50 Nr. 1.4.1–6.

[44] Ebd. 59 ff.

[45] Ch. Ziegler, Die Terrakotten von Warka. Ausgrabungen der DFG in Uruk-Warka 6 (1962) Taf. 19.20.

[46] Für knienden Genius im Schlitzrock vgl. J. B. Stearns, Reliefs from the Palace of Ashurnaṣirpal II. Archiv Orientforsch. Beih. 15 (1961) 50ff. Taf. 67ff. Typ B-II-e-i. Männer im langen Schlitzrock zeichnen sich allerdings meist durch besondere Kopfbedeckungen aus. – Ein ähnliches Gewand kommt auch bei Stützfiguren syrischer Elfenbeine vor (Barnett a.a.O. [Anm. 42] Taf. 88). – Die Darstellungen eines langen Gewandes bei Personen, die ein Knie hochgestellt haben, bereitet immer Schwierigkeiten. Vgl. Nr. 191 und auch die Nagelfiguren des Gudea bei Rashid, PBF.I,2 (1983) Nr. 80ff., diese Figuren tragen alle ein langes Gewand, zeigen aber trotzdem das aufgestellte Bein teilweise unbedeckt. – Für unbekleidete Tonfiguren mit Gefäß vgl. Rittig a.a.O. (Anm. 43) 65 f. Nr. 3.4.

[47] Hinweise ebd. 176; 189 ein anderes Ritual erwähnt, bei dem zwei kniende Statuetten aus dupranu-Holz hergestellt werden, vgl. Borger, Bibl. Orient. 30, 1973, 176ff., bes. 181. – Eine Deutung als kniender Beter, wie Calmeyer (Arch. Mitt. Iran 13, 1980,106) für Nr. 292 vorschlägt, ist zwar von der Ikonographie her nicht völlig auszuschließen, als Bekrönung eines Achsnagels im assyrisch-babylonischen Bereich erwartet man aber eher eine Figur mit Schutzfunktion, die Betern nicht zukommt.

[48] Börker-Klähn (Baghd. Mitt. 6, 1973, 52) datiert ins ausgehende 8. Jh.

deren Frisur zwar nicht vor dem 7. Jh. entstanden sein kann, die aber kaum in Assyrien hergestellt wurde; dagegen spricht das breite, aber nicht fleischige Gesicht, der massige, halslos aufsitzende Kopf und vor allem die flaue Behandlung der Arme und Beine. Der Achsnagel aus Nimrud (Nr. 292) muß auf Grund seiner Frisur und des Gesichts ebenfalls ins 7. Jh. datiert werden. Die Bronze aus Samos (Nr. 293) zeigt nach Calmeyer Übereinstimmung mit dem Achsnagel (Nr. 292) in Haltung und Stil;[49] eine Datierung ins 7. Jh. wird auch durch einen Vergleich mit den apotropäischen Tonfiguren untermauert.

295. Kunsthandel. – Figürlich verzierter Dreifuß; H. 25,2 cm; „Bronze". Die Beine werden von Entenköpfen, aus deren Schnäbel Rinderhufe ragen, gebildet. Auf einem Palmettenkapitell, an das die drei Beine anstoßen, steht eine weibliche Figur im glatten langen Hemd, das sich nur über den Füßen ein wenig aufbiegt und sonst bis auf die Standfläche herabfällt. Die Brust ist deutlich als weibliche modelliert, die Arme liegen eng am Körper an, die Hände sind unterhalb der Brust übereinandergelegt. Das Gesicht ist breit und voll, das gleichmäßig gewellte Haar fällt im dicken Bausch auf Schultern und Nacken. Auf dem Kopf sitzt ein Lotoskapitell, das sicher als Untersatz diente (Taf. 59,295 nach Orthmann). – Erlangen, Archäol. Slg. Univ. – L. Curtius, Münch. Jahrb. bild. Kunst 8, 1913, 1 ff.; C. F. Lehmann-Haupt, Armenien einst und jetzt 2 (1931) 521 ff.; M. van Loon, Urartian Art (1966) 99; H.-V. Herrmann, Olympische Forsch. 6 (1966) 66; P. R. S. Moorey, Levant 5, 1973, 83 ff.; J. Börker-Klähn, Baghd. Mitt. 6, 1973, 47; Orthmann, Propyläen Kunstgeschichte 14 Taf. 264.

Gesichtstyp und Frisur datieren diesen Ständer in nachsargonische Zeit. Sogenannte Karyatiden, die auf Palmettenkapitellen stehen und ein Lotoskapitell auf dem Kopf tragen, finden sich bei den Elfenbeinen der Loftusgruppe. Bei diesen syrischen Stücken wie auch bei vergleichbaren Bronzeständern, die Moorey überzeugend in den syrischen Bereich setzt, sind die weiblichen Figuren allerdings meist unbekleidet.[50] Die weibliche Figur des Erlanger Dreifußes unterscheidet sich in keiner Weise von weiblichen Darstellungen des 7. Jh.s; nichts deutet mit Sicherheit auf einen göttlichen Aspekt.[51] Allerdings sind aus Ur kleine apotropäische Tonfiguren erhalten, die ebenfalls eine Frau im glatten Gewand und ohne Kopfschmuck wiedergeben, die aber auf Grund des Fundzusammenhanges sicher in den magischen Bereich gehören.[52] So ist auch bei der Ständerfigur anzunehmen, daß sie eine schützende Funktion hat, wie die in ähnlicher Art verwendete Figur mit Hörnerpolos Nr. 204.[53]

296. Kunsthandel. – Kesselattasche; H. ?; „Bronze". Menschlicher Oberkörper, mit ausgebreiteten Armen auf einem Flügelpaar mit Schwanz aufsitzend, durch Hände und Schwanz gingen Niete, teilweise noch erhalten, mit denen die Attasche am Kesselrand befestigt war. Im Rücken, oberhalb des Schwanzes Öse mit großem Ring. Brust weit vorgewölbt und unterschnitten, so daß sie über den Gefäßrand griff. Das kurzärmelige Gewand schließt an den Oberarmen und am Hals mit einer doppelten Ritzlinie ab. Das Gesicht ist breit, sehr fleischig, die Rundung der Wangen deutlich gegen das Kinn abgesetzt, die Nase eher zierlich, die Augen gelängt. Das gewellte Haar liegt flach über der Stirn an, erst im Nacken bauscht es sich zu einem dicken, in sieben Lockenreihen gegliederten Schopf (Taf. 59,296 nach Herrmann). – London, Brit. Mus. (BM 22494). – Brit. Mus. Guide 213; C. F. Lehmann-Haupt, Armenien einst und jetzt 2,2 (1931) 866 f. mit Abb.; E. Kunze, Kretische Bronzereliefs (1931) 267.271; H. Kyrieleis, Marb. Winckelmann-Progr.

---

[49] Calmeyer, Zschr. Assyr. 63, 1973, 127 f.

[50] Moorey, Levant 5, 1973, 83 ff.; an Vergleichen aus Elfenbein zitiert er Barnett, A Catalogue of the Nimrud Ivories² (1975) Taf. 80–81; vgl. auch Anm. 42.

[51] Orthmann, Propyläen Kunstgeschichte 14 Taf. 173,c (weibliche Figur aus Assur).

[52] Rittig a.a.O. (Anm. 43) 69 Nr. 4.1.1–2 (Woolley, Ur Excavations IX Taf. 26,7).

[53] Für Darstellung von Ständern mit Tierhufen, Kapitellen, aber ohne figürlichen Schmuck vgl. Kudurrus: z.B. Parrot, Assur Taf. 217 (Marduk-zākir-šumi I.).

1966, 12 ff.; H.-V. Herrmann, Olympische Forsch. 6 (1966) 56 Nr. 1 Taf. 22; Calmeyer, Datierbare Bronzen 110; O. W. Muscarella, in: S. Doeringer u. a. (Hrsg.), Art and Technology (1970) 110f. Anm. 17; ders., Hesperia 1962, 317ff.; J. Börker-Klähn, Baghd. Mitt. 6, 1973, 47 Taf. 23,3.4.

297. Delphi. – Kesselattasche; H. 15,5 cm, Br. 14,5 cm; „Bronze". Männliche Büste auf Flügelpaar mit Schwanz; die Unterarme sind nach oben angewinkelt, so daß die halb geöffneten Hände über den Kesselrand griffen. Das Gefieder ist sehr plastisch wiedergegeben, der Schwanz mit stark eingerollten Federn ornamental; im Rücken dicke Öse. Gewand schließt im Rücken mit breitem Gürtel ab, an den Oberarmen dreifache Ritzung des Ärmelsaumes. Die Brustpartie, schräg nach vorne geführt, ragte ebenfalls über den Kesselrand. Das Gesicht ist bärtig, kleine Buckellocken bedecken die Wangen, die auf die Brust fallende Partie ist zweifach gestuft. Die Augen sind klein, mit stark vorgewölbten Brauenbögen. Die Haare sind in gleichmäßigen Wellen um den Kopf gelegt, im Nacken bauschen sie sich in drei dicken übereinanderliegenden Lockenreihen (*Taf. 59,297* nach Herrmann). – Kopenhagen, Nat. Mus. (13258). – E. Kunze, Kretische Bronzereliefs (1931) 268.275 Beil. 6; H.-V. Herrmann, Olympische Forsch. 6 (1966) Nr. 37 Taf. 23; H. Kyrieleis, Marb. Winckelmann-Progr. 1966, 12 ff.; J. Börker-Klähn, Baghd. Mitt. 6, 1973, 47 Taf. 23,1.2.

Wie bei dem Dreifuß Nr. 295 datieren Frisur und Gesichtstyp die Attasche Nr. 296 in die Zeit nach Sanherib (7. Jh.).[54] Die Brust ist in diesem Fall vielleicht nur so weit vorgewölbt, um die Verbindung zum Gefäß zu erleichtern, muß also nicht unbedingt als weiblich interpretiert werden. Der enge Bezug zur Figur des Dreifußes läßt aber eine weibliche Deutung als nicht völlig abwegig erscheinen; männliche Genien ohne Bart wären recht ungewöhnlich.[55] Bei Nr. 297 weist zwar die Frisur ebenfalls in die Zeit nach Sargon, der bärtige Gesichtstyp ist aber doch sehr viel schmaler und feiner; auch die gerippte Haarangabe, die in dieser Form eigentlich gescheiteltes, in Wellen gelegtes Haar voraussetzt, unterscheidet sich von der Attasche Nr. 296, bei der die vertikalen Strähnen angegeben sind. Die gerippte Haarangabe findet sich bei den Bronzen aus Samos (Nr. 343.345), ebenfalls die feinen Gesichtszüge. Börker-Klähn datiert wegen des Gesichtstyps und der Haare früher als die Attasche Nr. 296, in die Zeit von 727–680 v. Chr., also Sargon bis Sanherib; bei Werken der Kleinkunst, die nicht so unmittelbar den Stil der Palastreliefs widerspiegeln, sollte allerdings ein größerer Spielraum bei der Datierung offengelassen werden.[56]

Hunde

Das 1. Jt. ist besonders reich an kleinen Hundefigürchen aus Ton und Bronze. Kleine Tonhunde wurden zum Schutz des Hauses zu mehreren in einer Ziegelkapsel unter dem Tor vergraben; Ritualtext und Grabungsbefund stimmen in diesem Fall aufs Genaueste überein, sogar die in den Ritualen erwähnten Inschriften finden sich auf den Originalen wieder.[57]

Hunde aus Metall werden in den Texten nie erwähnt und kommen auch nie in Ziegelkapseln vor; einige sind allerdings wie die Tonhunde unter Fußböden gefunden worden, eine ähnliche Funktion, also Schutz des Hauses, kann bei diesen vorausgesetzt werden. Das Bildnis eines Hundes, dessen Namensaufschrift in ähnlicher Weise wie bei den neuassyrischen Tonhunden auf seine Funktion als Angreifer hinweist, hat schon Ibbisin in neusumerischer Zeit anfertigen lassen.[58]

---

[54] Börker-Klähn a.a.O. (Anm. 48) 47 datiert ans Ende der Regierungszeit Asarhaddons; Moorey a.a.O. (Anm. 50) 84f. weist auf die große Ähnlichkeit zum Erlanger Dreifuß (Nr. 295) hin.

[55] Stearns a.a.O. (Anm. 46) 38 Typ A-II-e-ii; 50 Typ B-IIc; Reade a.a.O. (Anm. 23) 36, der sie weiblich deutet. – Zu unbärtigen Genien und Göttern in Urartu s. S. 98.

[56] Börker-Klähn a.a.O. (Anm. 48) 47.

[57] Ausführlich bei Rittig a.a.O. (Anm. 43) 116ff.216f.

[58] Sollberger, Royal Inscriptions from Ur 2. Ur Excavations Texts VIII (1965) 8f. Nr. 37.

Der Hund spielt aber nicht nur als angreifender Wächter eine Rolle, sondern auch als Begleittier der Heilgöttin Gula.[59] Die Häufung kleiner Hunde aus Terrakotta, Bronze, Goldblech und auch geritzt auf Metalltäfelchen[60] im Bereich des Gula-Tempels in Isin, spricht dafür, daß diese Hunde nicht schlichte Wächter sind. Die Dankesinschrift an Gula auf einer kassitischen Hundeterrakotta aus Isin[61] und zahlreiche beschriftete Terrakotten mit Hunden aus dem Bereich eines Gula-Tempels in der Nähe von 'Aqar Qûf[62] stellen den Bezug zu Gula eindeutig her. Auch die Hundestatuette aus Stein aus der Zeit des Larsa-Herrschers Sumu-Ilum ist der Göttin Nin-Isina (Gula) geweiht.[63] Wir müssen also stets mit dieser zweifachen Funktion des Hundes rechnen, nur genau beobachtete Fundumstände können da weiterhelfen.

Die wenigen sicher in altbabylonische und kassitische Zeit zu datierenden Hündchen aus Isin (Nr. 298–300.303) und Nippur (Nr. 312) sind hier zusammen mit den Wächterhündchen des 1. Jt.s behandelt worden. Stilistisch lassen sich vorläufig noch keine Datierungen vornehmen.

Über die Hunderassen läßt sich nur wenig sagen; einige der schönen Exemplare zeigen einen schlanken, nicht allzu hohen Hundetyp mit aufgestellten Ohren, wie er auch auf den Kudurrus und Siegeln als Tier der Gula vorkommt, manche nähern sich mehr dem Molosserhund an. Viele sind völlig unbestimmbar; fast alle haben einen buschigen, geschwungenen, nicht allzu langen Schwanz.

298. Isin; kassitischer Gula-Tempel, auf Pflaster im Durchgang zu Raum XXIV (70,20 N/89,80 W; +10,31 m). – Hundefigürchen; H. 3 cm; „Bronze". Liegend, auf Plinthe, die unten „Stifte" zur Befestigung trägt (sind damit stehengelassene Gußzapfen gemeint?) (Taf. 61,298 nach Hrouda). – Baghdad, Iraq Mus. (IM? = IB 1176). – Hrouda, Isin II 16.66 Taf. 27.

299. Isin; kassitischer Gula-Tempel, Raum XIX (+10,48 m). – Hundefigürchen; H. 3,9 cm, L. 4,9 cm; „Bronze". Sitzend, schlank, auf Plinthe (Taf. 61,299 nach Hrouda). – Baghdad, Iraq. Mus. (IM? = IB 1047). – Hrouda, Isin II 66 Taf. 27.

300. Isin; kassitischer Gula-Tempel, Raum VII, Cella (+11,65 m). – Hundefigürchen; H. 3,2 cm, Br. 1,9 cm; „Bronze". Sitzend, auf Plinthe, auf dem Kopf kleine Scheibe (vgl. auch Nr. 310); im Nacken Öse, war also ein Amulett (Taf. 61,300 nach Hrouda). – Baghdad, Iraq Mus. (IM? = IB 779). – Hrouda, Isin II 66 Taf. 27.

301. Isin; Gula-Tempel, Raum II unter der Oberfläche. – Doppelfigur von Hunden; H. 2,6 cm, Br. 3,7 cm; „Bronze". Stark korrodiert, zwei sitzende Hunde, mit dem Rücken zueinander, jeweils mit Öse im Nacken (Taf. 61,301 nach Hrouda). – Baghdad, Iraq Mus. (IM? = IB 749). – Hrouda, Isin II 66 Taf. 27.

302. Isin; Gula-Tempel, Schutthalde. – Hundefigürchen; H. 2,6 cm, Br. 1,3 cm; „Bronze". Auf Plinthe sitzend, Öse im Nacken (Taf. 61,302 nach Hrouda). – Baghdad, Iraq Mus. (IM? = IB 1233). – Hrouda, Isin II 66 Taf. 27.

303. Isin; Nordabschnitt II (335 N 45 E 15 altbabylonisch). – Hundefigürchen; H. 2 cm, Br. 1 cm; Goldblech. Sitzend, mit Halsband und angelöteter Öse im Nacken (Taf. 61,303 nach Hrouda). – Baghdad, Iraq Mus. (IM? = IB 800). – Hrouda, Isin II 66 Taf. 25.27.

304. Isin; Oberfläche, 250-60 N/0-10 E. – Hundefigürchen; H. 1,5 cm; „Bronze". Sitzend, Öse im Nacken. – Baghdad, Iraq Mus. (IM? = IB 84). – Hrouda, Isin I 53.

305. Isin; 252,45 N/19,9 E, Gründungsniveau oberes Bauwerk. – Hundefigürchen; H. 3 cm, L. 4,6 cm; „Bronze". Liegend (vgl. auch Nr. 298) (Taf. 61,305 nach Hrouda). – Baghdad, Iraq Mus. (IM? = IB 101). – Hrouda, Isin I 53 Taf. 12.

306. Kunsthandel. – Hundefigur; H. 7,7 cm; „Bronze". Sitzend, die Vorderbeine zwischen die Hinterbeine gestellt, dadurch der Rücken ungewöhnlich steil aufgerichtet, eckige geöffnete Schnauze, abstehende Ohren, auf dem Kopf zipfelartige Verdickung; läßt sich kaum mit mesopotamischen Hunden vergleichen, merkwürdig auch die runde Verdickung im Nacken, nach Photographie nicht festzustellen, ob sie ursprünglich als Öse durchlocht war. Sitzmotiv erinnert an Affen (Taf. 61,306 nach Erlenmeyer). – Privatslg. – M.

---

[59] Seidl, in: RLA IV 497 s. v. Hund; I. Fuhr, in: Hrouda, Isin I 135 ff.
[60] Hrouda, Isin I 52 f. Taf. 25 I B 13 a–c.
[61] Ebd. 90.
[62] M. A. Mustafa, Sumer 3, 1947, 19 ff.
[63] Spycket, La statuaire Taf. 190; Inschrift: Sollberger, IRSA IV B 7 c.

L. und H. Erlenmeyer, Archiv Orientforsch. 20, 1963, 102 ff. Abb. 11.

307. Ur; Gipar, unter Pflaster des Nabonid (556–539), Raum ES 4. – Vgl. Nr. 290. – Drei Hundefigürchen; „Bronze"; sitzend. a: H. 4,8 cm, schlank mit buschigem Schwanz. b: H. 5,2 cm, Gesicht mit Goldblech überzogen. c: H. 4 cm, schlecht erhalten (*Taf. 61,307* nach Woolley). – a: Philadelphia, Univ. Mus. (? = U. 2867); b: Baghdad, Iraq Mus. (IM? = U. 2963); c: Verbleib unbekannt (U. 3107). – L. Woolley, Antiquaries Journ. 5, 1925 Taf. 40; ders., Ur Excavations IX 16.111 f. Taf. 25; jeweils nur „a" abgebildet; Rittig, Assyrisch-babylonische Kleinplastik 119 Nr. 16.2.15 bis 17.

308. Ur; Gipar, unter Pflaster des Nabonid, im Durchgang von ES 3 nach 4. – Hundefigürchen; H. 3,1 cm; „Bronze". Sitzend, summarisch gearbeitet (*Taf. 61,308* nach Woolley). – Philadelphia, Univ. Mus. (? = U. 2853). – Woolley, Ur Excavations VIII 102 Taf. 28 (dort andere Fundortangabe); ders., Ur Excavations IX 16.111 Taf. 25; Rittig, Assyrisch-babylonische Kleinplastik 119 Nr. 16.2.14.

309. Ur; Ningal-Tempel, unter Fußboden des Sin-balassu-iqbi? (ca. 650 v. Chr.) in Raum 7. – Hundefigürchen; H. ?; „Bronze". Sitzend, sehr zerstört (vgl. auch Nr. 308); ähnliches Exemplar ohne Fund-Nr. in anderem Raum. – Baghdad, Iraq Mus. ? (U. 3372). – Woolley, Ur Excavations V 64.67; ders., Ur Excavations VIII 103; Rittig, Assyrisch-babylonische Kleinplastik 118 Nr. 16.2.1.

310. Ur; Nanna Cortyard, Raum 1 unter Lehmschicht der Innenwand (Sin-balassu-iqbi). – Hundefigürchen; H. 4,5 cm; „Bronze". Sitzend, im Nacken durchbohrt, mit Halsband, auf dem Kopf kleiner Aufsatz (vgl. auch Nr. 300). – Baghdad, Iraq Mus. ? (U. 12183). – Woolley, Ur Excavations V 95.97; ders., Ur Excavations VIII 105.

311. Ur; Oberfläche. – Zwei Hundefigürchen; „Bronze". Sitzend. a: H. 1,5 cm; b: H. 1,4 cm. – Baghdad, Iraq Mus. (IM? = a: U. 18752; b: U 3024). – Woolley, Ur Excavations IX 112.130.

312. Nippur; WA level V. locus 22, fl. 5, nahe Nordost-Wand (altbabylonisch).[64] – Tempel? – Hundefigürchen; H. 2,2 cm; „Kupfer". Sitzend, eingerollter Schwanz, Hinterbeine nach vorne gestreckt, keine Standplatte; Hals und Kopf kaum abgesetzt; trotz anderer Datierung (?) sehr ähnlich wie Nr. 308 (*Taf. 61,312* nach Gibson). – Baghdad, Iraq Mus.? (12 N 749). – M. Gibson, Orient. Inst. Comm. 23 (1978) 11.31 Abb. 16,3.

313. Nippur; Enlil-Tempel I (Post temple structure), zwischen Ziegeln der Fundamente westlich von Raum 5 (tiefer als das Pflaster, parthisch?). – Hundefigürchen; H. 3,8 cm; „Bronze". Sitzend, sehr qualitätvoll, breit ausgearbeitete Schenkel, schlanke Füße; kurze Schnauze, runde, hoch gestellte Ohren; Halsband? (*Taf. 62,313* nach McCown). – Baghdad, Iraq Mus. (IM 55923 = 2 N 95). – McCown/Haines, Nippur I 24 Taf. 33,4; Rittig, Assyrisch-babylonische Kleinplastik 120 Nr. 16.2.25.

313 A. Nippur; Nord-Tempel, in 9I2 eingetieft. – Hundefigürchen; H. 1,9 cm; „Bronze". Sitzend auf Standplatte, Öse im Nacken (*Taf. 61, 313 A*). – Baghdad, Iraq Mus.? (4 N 94). – McCown/Haines, Nippur II Taf. 74,5.

314. Nippur; Heiligtum südöstlich des Ekur-Hofes; unter dem (wahrscheinlich neubabylonischen) Fußboden unmittelbar unter dem parthischen Fundament. – Sechs Hundefigürchen; H. 5,3–8,75 cm, L. 4,3–10 cm; „Bronze". Drei stehende, zwei sitzende und ein liegender mit zur Seite gewandtem Kopf; alle auf Standplatten (*Taf. 61,314* nach Crawford). – Beifunde: Mann mit Hund (Nr. 325). – Baghdad, Iraq Mus.? – V. E. Crawford, Archaeology 12, 1959, 81 ff. mit Abb.; Rittig, Assyrisch-babylonische Kleinplastik 117 f. Nr. 16.1.6–11.

315. Babylon? – Hundefigürchen; H. 6,8 cm; „Bronze". Sitzend, schöne Arbeit, Oberfläche stark zerstört; gebogener, an rechte Keule geschmiegter Schwanz, Beine frei gearbeitet, schwach noch die Angabe der Rippen zu erkennen; Halsband (*Taf. 62,315* nach Mus. Phot.). – London, Brit. Mus. (BM 130723). – Unpubliziert.

316. Babylon? – Hundefigürchen; H. 3,7 cm; „Bronze". Sitzend, sehr aufrecht, Brust nach vorne gewölbt, Keulen modelliert (*Taf. 62,316* nach Mus. Phot.). – London, Brit. Mus. (BM 118510). – Unpubliziert.

317. Uruk; von Loftus aufgelesen. – Hundefigürchen; H. 4 cm; „Bronze". Sitzend, buschiger Schwanz, schlank, stark korrodiert (*Taf. 62,317* nach Mus. Phot.). – London, Brit. Mus. (BM 118008). – C. L. Woolley, Journ. Roy. As. Soc. 1926, 689 ff. Taf. 12,15.

317 A. Uruk; Eanna-Bezirk. – Qa XIV 5 in Raubloch. – Hundefigürchen; H. 3,6 cm; „Bronze". Sitzend, ohne Standplatte, Kopf zur Seite gedreht (*Taf. 61, 317 A*).

---

[64] In einer Ascheschicht zusammen mit altbabylonischen Terrakotten, Perlen, älteren Rollsiegeln, Kopf einer frühdynastischen Steinstatuette, Bronzeschmuck, einem Steingefäß des Ibbisin und einem riesigen Terrakottafuß.

– Deutschland, Uruk-Slg. (W 18240). – H. Lenzen, UVB 13 (1956) 45.

318. Nimrud; Nordwestpalast, Brunnen N. – Vier Hundefigürchen; H. 3,8–6,5 cm; „Bronze". a) Stehend, Füße ausgearbeitet, nach oben stehender buschiger Schwanz, terrierartig (ND 2214); b) stehend, kurzer Schwanz, langer Körper, fast wie der einer Katze (ND 2182); c) sitzend, Beine teilweise abgebrochen, lange, spitze Schnauze, schlanker Körper, Schenkel deutlich modelliert (ND 2183); d) stehend, ähnlich wie a (ND 2185) (Taf. 62,318 nach Mallowan). – Baghdad, Iraq Mus. (IM?). – Mallowan, Nimrud I 103.146f. Abb. 86 (die S. 103 erwähnte Inschrift bezieht sich wahrscheinlich auf Tonhunde); Rittig, Assyrisch-babylonische Kleinplastik 121 Nr. 16.1.26–28.

319. Ḫorsabad. – Sechs Hundefigürchen; H. 2,8–6,8 cm; „Bronze". Sitzend, auf quadratischer oder ovaler Standplatte. – Paris, Louvre (verschollen). – E. Pottier, Note des Objets d'Antiquités provenant des fouilles de Ninive déposés au Ministère d'Etat par M. V. Place, Paris le 9 Mai 1856 Nos. 6–11. In: M. Pillet, Khorsabad (1918) 86 (S. 88 Anmerkung von E. Pottier, daß sie schon damals vergeblich im Louvre gesucht wurden); Rittig, Assyrisch-babylonische Kleinplastik 120 Nr. 16.2.18–23.

320. Tell Yara (bei Moṣul). – Gruppe von drei Hundefigürchen; L. 2,8 cm; „Bronze" (Taf. 61,320 nach Layard). – London, Brit. Mus. (BM 119438). – A. H. Layard, Monuments of Nineveh I (1853) Taf. 96,16.

321. Tell Aǧrab; Schutt. – Saluki-Figur; „Kupfer". – Ag. 35:1134. – P. Delougaz u. a., Private Houses and Graves in the Diyala Region. Orient. Inst. Publ. 88 (1967) 270; unpubliziert.

Einige vergleichbare Hündchen aus Susa werden hier angeschlossen, manche Hunde aus Susa müssen allerdings eher im Zusammenhang mit iranischen Bronzen gesehen werden (zwei unpublizierte Figürchen aus Paris, Louvre Sb 13946.13954). Nr. 324 gehört auf Grund der Fundlage ins 2. Jt. (vgl. S. 62).

322. Susa. – Hundefigürchen; H. 3,7 cm; Bronze (analysiert). Sitzend, Beine frei gearbeitet, Halsband, vgl. Nr. 313. – Paris, Louvre (Sb 13941). – Unpubliziert.

323. Susa. – Hundefigürchen; H. 2,5 cm; „Bronze". Stehend, ohne Standplatte; dicker Kopf, kurze Schnauze, Hals kaum ausgeprägt, kurzer, nach oben eingerollter Schwanz (Taf. 62,323 nach Mus. Phot.). – Paris, Louvre (Sb 13949, ehemals AOD 458). – M. Dieulafoy, L'acropole de Susa (1893) 436 Abb. 325.

324. Susa; Inšušinak-Tempel, Depot tranché 23. – Hundefigürchen; H. 2,15 cm; „Bronze". Stehend, Hinterbeine abgebrochen, Schwanz kurz, nach oben gestellt, Kopf sehr groß auf kräftigem Hals (Taf. 61,324 nach de Mecquenem). – Paris, Louvre (As 8672). – R. de Mecquenem, Mém. Délég. Perse 7 (1905) Taf. 18,6.

Mann mit Hund

Die Figurengruppe Mann und Hund hat Rittig überzeugend der magischen Kleinplastik zugeordnet, ihre Identifikation mit der aus Ritualtexten bekannten Gruppe „Urgula und sein Hund" ist allerdings abzulehnen.[65] Die Fundlage von Nr. 325 aus Nippur zusammen mit sechs Metallhündchen Nr. 314 spricht eindeutig dafür, daß es sich bei dieser Gruppe ebenfalls um Wächter des Hauses handelt; leider ist dies die einzige Gruppe, von der die Fundlage bekannt ist.

Der Mann ist stets stehend dargestellt, die linke Hand auf den sitzenden Hund gelegt, die rechte erhoben. Er trägt das lange Hemd und manchmal eine runde Kappe; Nr. 326 zeigt an dieser Kappe wahrscheinlich ein Hörnerpaar, Nr. 325 trägt eine polosartige Kopfbedeckung, es handelt sich also um

---

[65] Rittig a.a.O. (Anm. 43) 126f.218f. (dort zitiert nach G. Meier, Archiv Orientforsch. 14, 1941, 140.146, dort Urgula zusammen mit Göttern erwähnt). An dieser Stelle handelt es sich aber eindeutig um eine Darstellung des Sternbildes urgula-Löwe; dazu vgl. W. v. Soden, Akkadisches Handwörterbuch (1979) s. v. urgulû; eine rein anthropomorphe Wiedergabe des urgula scheint danach kaum möglich.

94 Der Fundstoff

ein göttliches Wesen. Die genaue Bedeutung und Herleitung der über der Brust gekreuzten Bänder, wie sie die Statuetten Nr. 325 und 329 tragen, ist noch unklar. Im ausgehenden 2. Jt. sind sie im sogenannten Isin II-Stil auf Kudurrus beim Herrscher (oder auch beim Gott?) belegt; in neuassyrischer Zeit sind sie ein Würdezeichen des babylonischen Königs, das aber auch in besonderen Fällen vom assyrischen König übernommen wird.[66]

Nr. 335 aus Isin weicht in einigen Merkmalen von den übrigen Darstellungen ab: Der Mann kniet, er hat die rechte, nicht wie sonst üblich die linke Hand auf den Hund gelegt, dafür ist die linke erhoben. Terrakotten von knienden Menschen, von Hunden und in einem Fall auch die Standplatte einer Terrakotte, auf der ein kniender Mann und Hund zu ergänzen sind, sind aus einem Gula-Tempel aus der Nähe von ʿAqar Qûf bekannt;[67] es handelt sich um kleine Statuetten, die den erkrankten Menschen, vielleicht auch zusammen mit einem heilkräftigen Hund, darstellen. Solch eine Dankesgabe könnte auch Nr. 335 sein (vgl. S. 91 Anm. 61). Es handelt sich in diesen Fällen bei dem Hund aber sicher nicht um das die Göttin vertretende Symboltier, sondern um einen Hund, der im Heilprozeß eine Rolle spielte.[68] Ein Bildnis eines Weihenden in so enger Verbindung mit dem Hunde der Gula wäre sehr ungewöhnlich, da Menschen Göttersymbolen immer in gebührender Verehrung gegenüberstehen. Für die Gruppen des 1. Jt.s ist die Deutung als Schutzfigürchen vorzuziehen, wie sie für Nr. 325 und 326 gesichert scheint.

325. Nippur; Heiligtum südöstlich des Ekur-Hofes; unter dem Fußboden unmittelbar unter dem parthischen Fundament. – Vgl. Nr. 314. – Mann mit Hund; H. 8,75 cm?; „Bronze". Mann im langen Gewand, dünne gekreuzte Bänder über der Brust (vgl. dazu auch Nr. 329), den linken Arm um einen sitzenden Hund gelegt, rechter Unterarm abgebrochen, Oberarm weit zur Seite gestreckt, fast wie bei „Angriffshaltung"; bärtig, hohe Kopfbedeckung, Polos? (*Taf. 63,325* nach Amiet). – Baghdad, Iraq Mus. (IM 61394). – V. E. Crawford, Archaeology 12, 1959, 81 ff. mit Abb.; Rittig, Assyrisch-babylonische Kleinplastik 126 Nr. 20.1; P. Amiet, Die Kunst des Alten Orient (1977) Abb. 732; Spycket, La statuaire 391 Anm. 157.

326. Kunsthandel, in Aleppo angekauft. – Mann mit Hund; H. 4,2 cm; „Bronze". Mann bärtig, im glatten langen Hemd, Haare fallen auf den Rücken, auf dem Kopf runde Kappe, über der Stirn zwei dünne runde Stege, der eine wenig nach oben gebogen, höchstwahrscheinlich ein Hörnerpaar. Rechter Arm angewinkelt erhoben, der linke auf den Hals des Hundes gelegt; Hund kurzbeinig mit massigem Körper und buschigem, gebogenen Schwanz (*Taf. 62,326* nach Moorey). – Oxford, Ashmolean Mus. (1920.59). – P. R. S. Moorey, Ancient Iraq (1976) Taf. 30; H. Kyrieleis, Jb. Dtsch. Arch. Inst. 94, 1979, 40 Abb. 13.

327. Kunsthandel. – Mann mit Hund; H. 7,3 cm; „Bronze". Ähnlich wie Nr. 326, unter dem Gewand stehen vorne die großen Füße hervor, wahrscheinlich mit Bart und in den Nacken fallendem Haar wie Nr. 326 und 333, weder am Gewand, im Gesicht noch am Kopf Einzelheiten zu erkennen. Die rechte Hand ist

---

[66] Auf den Kudurrus des Marduk-nadin-aḫḫe 1098–1081 (Orthmann, Propyläen Kunstgeschichte 14 Taf. 193,b); des Nabu-kudurri-uṣur I? (Strommenger, Mesopotamien Taf. 270); des Marduk-apla-iddina II. (ebd. Taf. 274); nach Seidl (Baghd. Mitt. 4, 1968, 198) ist nicht immer mit Sicherheit zu entscheiden, ob es sich um Darstellungen des Herrschers oder eines Gottes handelt. Zum Problem der Deutung dieser Bänder im Isin II-Stil vgl. auch Calmeyer, Reliefbronzen im babylonischen Stil. Abhandl. Bayer. Akad. Wiss. Phil.-hist. Kl. N.F. 73 (1973) 185. – Zu Darstellungen dieser Bänder bei assyrischen Herrschern vgl. die Stelen des Adadnerari III. (Orthmann, Propyläen Kunstgeschichte 14 Taf. 212) und des Šamši-Adad V. (Börker-Klähn, Altvorderasiatische Bildstelen Nr. 161).

[67] Mustafa, Sumer 3, 1947, 19 ff.

[68] Anders deutet Kyrieleis (Jb. Dtsch. Arch. Inst. 94, 1979, 42 ff.), da ihm die Thematik der magischen Kleinplastik unvertraut war (die Abhandlung von Rittig erschien erst nach Abfassung seines Aufsatzes). – Die erhöhte Standfläche unter dem Hund Nr. 333 ist für einen Symbolsockel zu niedrig und diente wohl dem Größenausgleich von Mann und kleinem Hund; der Gestus mit erhobener Hand ist nicht auf Beter beschränkt (vgl. zu den Götterstatuetten S. 99); eine Beziehung dieser Figurengruppe zu Hera herzustellen ist verfrüht, schließlich sind auch die anderen assyrischen oder assyrisierenden Typen aus dem Heraheiligtum (Mardukdrache Nr. 360, Beterstatuetten Nr. 343.345, Götterstatuetten Nr. 336–338) vorläufig aus anderen griechischen Heiligtümern nicht belegt; eine Beziehung Marduk-Hera ist aber unwahrscheinlich.

ans Gesicht geführt, der linke Arm weit zur Seite gestreckt und um den Hals des großen, dem Mann bis zur Schulter reichenden Hundes gelegt. Hund sorgfältiger modelliert als der Mann mit herausgearbeiteten Schenkeln, dickem, nach oben gerolltem Schwanz und frei gearbeiteten Vorderbeinen; zwischen Mann und Hund deutlicher Zwischenraum (Taf. 64,327 nach Mus. Phot.). – London, Brit. Mus. (BM 94346). – L. Woolley, Journ. Roy. As. Soc. 1926, 689 ff. Taf. 12,18; Hrouda, Isin I 52 Anm. 2; H. Kyrieleis, Jb. Dtsch. Arch. Inst. 94, 1979, 40 Abb. 14–15.

328. Kunsthandel. – Mann mit Hund; H. 5,4 cm; „Bronze". Rechte Hand des Mannes abgebrochen, linke auf den Hals des Hundes gelegt; Kalotte mit zwei Ritzungen (Haarband?) gegen das herabhängende Haar abgesetzt; beide Figuren recht schlank, Hund sehr hoch, aber kompakt gegossen (Taf. 62,328 nach Mus. Phot.). – London, Brit. Mus. (BM 86262). – Unpubliziert.

329. Susa; nach Diebstahl angekauft. – Mann mit Hund; H. 10,5 cm; Kupfer (mit Spuren von As, Ag, Fe, Pb, etc.). Mann im langen Gewand, unter dem vorne die Fußspitzen hervorsehen; breiter, hoch sitzender Gürtel, über der Brust gekreuzte schmale Bänder. Rechte Hand ans Kinn geführt, linke umfaßt den Hals des Hundes; kurzer Bart, in den Nacken fallendes Haar, breites Haarband; die Augenpartie sorgfältig ausgearbeitet, mit Lidern und dick hervortretenden Brauen, Ohren angedeutet. Der Hund ist eng an den Mann geschmiegt, Beine nur reliefmäßig aus der Gußmasse hervortretend, kurze, breite Schnauze, Molosser? (Taf. 63,329 nach Mus. Phot.). – Paris, Louvre (Sb 5632). – M. Dieulafoy, L'acropole de Suse (1893) 437 Abb. 327; Amiet, Elam 530 Taf. 406.

330. Kunsthandel. – Mann mit Hund; H. 6,3 cm; „Bronze". Ecke der Standplatte mit linker Vorderpfote des Hundes fehlt. Mann im langen, eng gegürteten Hemd, Einziehung der Taille deutlich markiert. Haar fällt breit gefächert auf Nacken und Schultern, die Kalotte ist glatt, die übrige Haarmasse wie auch der Bart durch Querrillen gestuft, über der Stirn Band? Der rechte Unterarm ist abgebrochen, kann aber nur bis in Brusthöhe erhoben gewesen sein, die linke Hand liegt auf der Schulter des Hundes, der Arm ist nahezu gestreckt, da zwischen Mann und Hund ein Zwischenraum bleibt. Hund schlank, mittelhoch, Schwanz kurz geringelt (Taf. 62,330 nach Kyrieleis). – Chicago, Orient. Inst. Mus. (A 31335). – H. Kyrieleis, Jb. Dtsch. Arch. Inst. 94, 1979, 40 f. Abb. 16–18.

331. Samos; Heraion N/O 14–15.[69] – Mann mit Hund; H. 8,6 cm; „Bronze"; unter der Standplatte Stellen der drei abgearbeiteten Gußzapfen zu sehen. Mann im kurzärmeligen gegürteten Gewand, die Füße nicht angegeben; über die linke Schulter führt ein schräges Band; der Rock hinten mit langen Vertikalritzungen versehen als Angabe der Falten. Langer, breiter Bart mit Querrillen, wie das die Schultern und Nacken gleichmäßig bedeckende Haar, Kalotte ebenfalls mit Haarangabe, breites Haarband. Rechte Hand geöffnet erhoben, linker Arm herabhängend, Hand ruht auf dem Nacken des Hundes; Hund niedrig mit eingerolltem Schwanz und katzenartigem Gesicht (Taf. 63,331 nach Kyrieleis). – Vathy Mus. (B 2086). – H. Kyrieleis, Jb. Dtsch. Arch. Inst. 94, 1979, 33 Abb. 1–5.

332. Samos; Heraion. – Mann mit Hund; H. ca. 6,5 cm; „Bronze". Mann im langen Gewand, gegürtet?, die rechte Hand in Brusthöhe erhoben, die linke auf der Schulter des Hundes; beide Figuren hoch und schlank wie bei Nr. 329, Oberfläche stark zerstört, Gußzapfen ausnahmsweise bei diesem Typ nicht abgearbeitet (vgl. auch Nr. 335) (Taf. 63,332 nach Jantzen). – Vathy Mus.? (BB 779). – Jantzen, Samos VIII 70.73 Taf. 72; P. Calmeyer, Zschr. Assyr. 63, 1973, 129; H. Kyrieleis, Jb. Dtsch. Arch. Inst. 94, 1979, 39 f.

333. Samos; Heraion (vgl. Nr. 331). – Mann mit Hund; H. 8 cm; „Bronze"; unter der Standfläche die drei Gußkanäle zu erkennen. Im langen Hemd, Gürtel nur schwach angegeben, Einziehung der Taille. Rechte Hand geöffnet erhoben, linke auf Hund gelegt; Bart und Haar ganz flach, ohne Querteilung, auf der Kalotte kleine Musterung für Haarangabe. Hund steht erhöht auf kleinem Sockel. Plumper als Nr. 331 und 332, weniger frei gearbeitet (Taf. 63,333 nach Kyrieleis). – Vathy Mus. (B 2087). – H. Kyrieleis, Jb. Dtsch. Arch. Inst. 94, 1979, 33 f. Abb. 7–10.

334. Kunsthandel. – Mann mit Hund; H. 7 cm; „Bronze". Mann im langen Hemd, vorne wie bei Nr. 333, hinten Einziehung der Taille. Linker Arm extrem dick, Hand nicht klar abgegrenzt, rechte Hand leicht erhoben. Haar und Bart in schwach geritzten vertikalen Strähnen herabfallend, Haupthaar aus der Stirn nach hinten gekämmt, ohne Scheitel. Linie des Haar- und Bartansatzes ungewöhnlich geschwungen; Gesichtszüge fein ausgearbeitet, Brauen geschwungen, Augen

---

[69] Zur Datierung vgl. A. Furtwängler, Athen. Mitt. 95, 1980, 151 ff. – In Schicht a gefunden, aber aus der Schicht b abgesackt, Deponierungsschicht zur Beseitigung nicht mehr benötigter Sakralgegenstände; der größte Teil der beigefundenen Keramik datiert in die 2. H. des 7. Jh.s; lokale Keramik entspricht weitgehend der aus Brunnen G (vgl. Anm. 78); in den 30er Jahren des 7 Jh.s ein Wasserbecken darübergebaut.

länglich, bis an die Nase geführt. Weder Haarwiedergabe noch Gesichtszüge sind mesopotamisch, auch der Hund ist ungewöhnlich, ohne oder mit viel zu breitem Hals; nach Photographien muß die Echtheit bezweifelt werden (Taf. 63,334 nach Kyrieleis). – New York, Met. Mus. Art (Acq. No. 39.30), ehemals Slg. Brummer. – H. Kyrieleis, Jb. Dtsch. Arch. Inst. 94, 1979, 42 Abb. 19.20.

335. Isin; 255,05 N/3,8 E.[70] – Mann mit Hund; H. 4 cm; „Bronze". Umriß nur undeutlich zu erkennen, Gußzapfen unter Standplatte; der Mann scheint zu knien, sein linker Arm ist erhoben (?), der rechte liegt auf dem sitzenden Hund (Taf. 61,335 nach Hrouda). – Baghdad, Iraq Mus. (IM? = IB 29). – Hrouda, Isin I 52 f. Taf. 12.25.

Ein Versuch, diese Statuetten genauer zu datieren und verschiedenen Kunstkreisen, das heißt dem assyrischen oder dem babylonischen, zuzuordnen, ist für die plumpen, summarisch gearbeiteten Stücke Nr. 325–328 und 333 kaum möglich. Die apotropäischen Tonfiguren magischer Wesen, die zum Schutz der Häuser vergraben wurden, sind teilweise ebenso vereinfacht im Umriß, teilweise auch besser gearbeitet; ihr Fundort ist meist bekannt, und es zeigt sich, daß in Assur und in Babylon äußerst ähnlich gearbeitet wurde, wenn der gleiche Figurentyp dargestellt werden sollte.[71] Für die schlanken, sorgfältiger gearbeiteten Stücke 329–332 finden sich Vergleiche bei Terrakotten,[72] zu der Haarwiedergabe von Nr. 330 ist Nr. 352 aus Ur eine gute Parallele; die Faltenwiedergabe am Hemd von Nr. 331 ist zwar Eigenheit der babylonischen Tracht, wird aber nicht nur in Babylonien in dieser Weise dargestellt, sondern ebenso in Assyrien oder auch in Sinçirli, so ist auch eine provinzielle Entstehung dieser Figuren möglich (Nr. 334?.326). Ein Vergleich mit assyrischer Hofkunst hilft auch bei einer Datierung kaum weiter, vor allem für die Spätzeit (2. Hälfte 7. Jh.), in die diese Figuren teilweise sicher gehören.[73]

Nr. 331 und 333, die unter dem Wasserbecken lagen, sind so vorzüglich erhalten, daß die Gußtechnik ausnahmsweise erkennbar war, sonst lassen sich abgearbeitete Gußzapfen kaum jemals nachweisen.

GÖTTERSTATUETTEN

Im folgenden ist eine kleine Gruppe von Statuetten zusammengestellt, die sich wegen eines Polos mit Hörnern als göttlich ansprechen lassen. Im Gegensatz zu den apotropäischen Statuetten sind sie alle für eine Aufsockelung gearbeitet, das heißt ein Gußzapfen wurde stehengelassen oder die frei gearbeiteten Füße mußten in einen Sockel eingepaßt werden (vgl. zu Sockeln S. 73). Drei der Stücke kommen aus Samos, die übrigen aus dem Kunsthandel. Keines läßt sich mit Sicherheit dem zentralen Bereich Assyrien oder Babylonien zuordnen; bei Nr. 336 läßt sich eine assyrische Provenienz zwar vermuten,

---

[70] Hrouda, Isin I 53 erwägt Zugehörigkeit zu Grab S 4.

[71] Vgl. z. B. Rittig a.a.O. (Anm. 43) Abb. 13.14, beide aus Assur, daneben Abb. 10 aus Ur. – Zu einer Zuschreibung der Figuren „Mann mit Hund" zum babylonischen Stil vgl. Kyrieleis a.a.O. (Anm. 68) 42 ff.

[72] Woolley, Ur Excavations IX Taf. 26,7; 28,24 (Flaschenhalter); Ziegler a.a.O. (Anm. 45) Taf. 19,282; für das Gesicht von Nr. 329 vgl. einen Terrakottakopf aus Assur, E. Klengel-Brandt, Die Terrakotten aus Assur im Vorderasiatischen Museum Berlin (1978) Nr. 400 Taf. 11.

[73] Kyrieleis a.a.O. (Anm. 68) weist selbst auf die assyrische Thronbasis des Salmanassar III. hin (Mallowan, Nimrud and its Remains II [1966] Abb. 371,d); vgl. auch die Stele des Asarhaddon aus Sinçirli (Hrouda, Kulturgeschichte Taf. 49,1), dort auch die plumpen Proportionen und die flachere Haarwiedergabe, die als babylonische Merkmale gelten, aber außerhalb der offiziellen Hofkunst Assyriens, wie sie die Palastreliefs widerspiegeln, allgemein verbreitet sind. So ist auch der Versuch von Kyrieleis a.a.O. 42 Anm. 23 in Nr. 291 aus Tell Taynat ein babylonisches Werk zu sehen, unhaltbar und aus historischen Gründen sehr unwahrscheinlich; Figuren aus dem 8. Jh. (Nr. 291) sollten nicht so ohne weiteres mit solchen aus dem 7. Jh. verglichen werden; manche Eigenheit spätbabylonischer Kleinkunst ist wohl eher als Zeitstil anzusehen, assyrische Vergleichsmöglichkeiten gibt es nur wenige, vgl. Anm. 72.

1. Jahrtausend: Götterstatuetten

der Erhaltungszustand der Figur ist aber für eine sichere Aussage zu schlecht. Sicher aus Assur kommt eine Götterstatuette mit niederer Hörnerkappe.[74]

Die Figuren tragen alle ein langes Gewand, wahrscheinlich ein gegürtetes Hemd, wie es bei Göttern oft belegt ist.[75]

336. Samos; Heraion, unter Pflaster der Südhalle.[76] – Götterstatuette; H. 14,5 cm; „Bronze". Die Figur war völlig korrodiert und ist unsachgemäß gereinigt worden. Nach Photos des gereinigten und ungereinigten Zustandes sieht man, daß sie ein langes Gewand trägt, eventuell sehen unten die Füße hervor, darunter noch Gußzapfen erhalten. Das Gesicht ist bärtig, die Haare fallen in den Nacken, leicht gebauscht am Ende, auf dem Kopf sitzt ein Polos mit Hörnerpaar, oben im Polos Loch für einen vielleicht aus anderem Material gearbeiteten Aufsatz, am ehesten einen Stern.[77] Die Unterarme waren beide angewinkelt nach vorne gestreckt, die Hände fehlen (*Taf. 65,336* nach Jantzen). – Vathy, Mus. (B 165). – E. Kunze, Kretische Bronzereliefs (1931) 238f. Beil. 5,a.b; H. Walter/K. Vierneisel, Athen. Mitt. 74, 1959, 40; Jantzen, Samos VIII 70 Taf. 69; J. Börker-Klähn, Baghd. Mitt. 6, 1973, 41 ff. Taf. 17.18.

337. Samos; Heraion, Brunnen G.[78] – Götterstatuette; H. 20 cm, H. der Figur 18,4 cm; „Bronze". Langes Gewand, laut Publikation mit einem Punktmuster überzogen; Gewand nur knöchellang, Füße darunter frei gearbeitet, stehen auf einer kleinen angegossenen Standplatte, unter der der Gußzapfen stehengeblieben ist. Gewand endet mit einem breiten Saum, eventuell Fransen; die Taille ist schmal eingezogen, der Körper brettartig flach. Die Unterarme sind beide nach vorne gestreckt, der rechte etwas höher als der linke, die rechte Hand hält einen Becher, die linke ist mit der offenen Handfläche nach oben gedreht. Das bärtige Gesicht nur grob angedeutet, auffallend sind die großen Augen, die wie bei Terrakotten aufgesetzt wirken. Das Haar fällt lang auf den Rücken ohne Angabe von gebauschten Locken. Auf dem Hinterkopf sitzt eine kleine hohe Mütze (Polos?) mit einem Hörnerpaar. Die Haltung ist völlig steif (*Taf. 65,337* nach Athen. Mitt.). – Vathy, Mus. (B 1218). – H. Walter/K. Vierneisel, Athen. Mitt. 74, 1959, 35 ff. Nr. 4 Beil. 80,2; 81,1; Jantzen, Samos VIII 70 Taf. 69; P. Calmeyer, Zschr. Assyr. 63, 1973, 133.

338. Samos; Heraion, Brunnen G, vgl. Nr. 337. – Götterstatuetten; H. 21,3 cm; „Bronze", „Kernguß". Knöchellanges Gewand mit unterem Fransenabschluß, Füße weit auseinandergesetzt, frei gearbeitet, unter beiden ein Loch für Befestigung. Völlig gerade Körperhaltung, starke Einziehung an der Taille; breite Schultern, Oberarme weit vom Körper herabgeführt, linker Unterarm waagerecht nach vorne gestreckt, Hand so geballt, daß Raum bleibt, um einen Gegenstand hindurchzustecken; rechter Unterarm mit geöffneter Hand leicht nach oben angewinkelt. Gesicht bartlos, fein geschnitten, mit kurzer, schmaler Nase, geraden Lippen und kleinen Augen. Das Haar fällt in einer dünnen Schicht auf Schultern und Nacken, die senkrecht geritzten Haarsträhnen verdicken sich am Ende ein wenig zu Locken. Auf dem Kopf hoher Polos mit einem Hörnerpaar. Die Ohren sind auf die Haarfläche aufgesetzt (*Taf. 64,338* nach Jantzen). – Vathy, Mus. (B 1217). – P. Demargne, La naissance de l'art grec (1964) 324 Abb. 418–19; H. Walter/K. Vierneisel, Athen. Mitt. 74, 1959, 35 ff. Nr. 3 Beil. 79.80,1; H.-V. Herrmann, Jahrb. Dtsch. Arch. Inst. 81, 1966, 126 Abb. 37–39; H. Kyrieleis, Arch. Anz. 1969, 166.170; Jantzen, Samos VIII 76 Taf. 78; P. Calmeyer, Zschr. Assyr. 63, 1973, 129; J. Börker-Klähn, Baghd. Mitt. 6, 1973, 48 Taf. 24.25,1; dies., Oudh. Meded. 55, 1974, 127 Taf. 24,3.

339. Kunsthandel. – Götterstatuette? H. 11,2 cm; „Bronze". Knöchellanges Gewand, unter dem auffallend kleine, frei gearbeitete Füße hervorsehen, zwischen den Füßen unterhalb des Fransensaumes aber etwas Gußmasse stehengelassen. Unterhalb des Gürtels bis auf die Hüften reichende Ritzlinien, die vielleicht wie bei Nr. 343 den Fransenschal andeuten sollen. Ein breites Band führt über die linke Schulter, am linken Arm sind Ritzungen für Fransen, der Halsausschnitt ist

---

[74] Berlin, Vorderas. Mus. (VA 6989), unpubliziert.
[75] Rittig, Assyrisch-babylonische Kleinplastik Abb. 3.7.9.
[76] Zur Datierung der Südhalle um 640/630 v. Chr. vgl. H. Walter, Samos V (1968) 88; die beigefundenen Scherben datiert er spätestens an den Anfang des 7. Jh.s.
[77] Zu Sternen auf Götterpoloi vgl. z.B. Orthmann, Propyläen Kunstgeschichte 14 Taf. 217. XXIII,a.273,a–c.274,c.g.
[78] Zusammenstellung der Importe aus Brunnen G bei Walter/Vierneisel, Athen. Mitt. 74, 1959, 35 ff., zum Brunnen 18 ff., den sie in die Zeit ca. 710–640/30 v. Chr. datieren. S. 34 zusammenfassend zum Inhalt des Brunnens: Gegenstände, die nach der Opferhandlung oder beim Abräumen des Altars in gewissen Zeitabständen in den Brunnen geworfen wurden.

durch eine doppelte Ritzlinie markiert. Zwischen Oberarmen und Körper viel Gußmasse stehengelassen, Unterarme gleichmäßig nach vorne genommen, Hände geballt. Der rechte Unterarm war von einer zweiten Metallschicht umhüllt, die vorne abgebrochen ist; man sieht noch den Ansatz eines separat aufgesetzten Gegenstandes. Der Bart ist nicht sehr lang, völlig ungegliedert, der Oberlippenbart fehlt. Die Nase springt scharf aus der Stirn hervor, die Augenhöhlen für Einlagen sind riesig. Das völlig glatte Haar fällt auf Schultern und Nacken. Die Oberfläche des Polos ist ebenfalls völlig glatt, zwei seitliche Löcher dienten vielleicht zum Einlassen von Hörnern, von oben her ist der Polos ebenfalls durchbohrt. Die Figur ist weitgehend brettartig flach, nur Bauch und Gesäß wölben sich dagegen unnatürlich weit vor und stechen damit merkwürdig gegen die sonst so geradlinig aufgebaute Figur ab (*Taf. 65,339* nach Barnett). – London, Brit. Mus. (BM 132962). – R. D. Barnett, Brit. Mus. Quarterly 26, 1962–63, 94 Taf. 40,a.b; J. Börker-Klähn, Oudh. Meded. 55, 1974, 126 ff. Taf. 24,1.2; O. W. Muscarella, in: L. D. Levine/T. C. Young (Hrsg.), Mountains and Lowlands. Bibliotheca Mesopotamica 8 (1977) 189 Nr. 214.

340. Kunsthandel. – Oberkörperfragment; H. 7,7 cm; „Bronze". Sehr ähnlich wie Nr. 339, in Taillenhöhe abgebrochen, Unterarme fehlen, Oberarme auffallend kurz, Bruchstelle des linken Armes Loch für Flickung? Bart sehr lang, Haarbausch im Nacken dreifach gestuft, Nase völlig abgeplattet, große Augenhöhlen; am Oberkörper kein Gewandsaum angegeben. Seitliche Löcher im Polos, zusätzlich aber in flachem Relief Hörner angegeben, Polos auch oben durchlocht. – London, Brit. Mus. (BM 135280). – Unpubliziert.

341. Kunsthandel. – Thronender Gott; H. 9,5 cm; „Bronze". Sitzende männliche Figur im glatten langen Hemd, Thron nicht erhalten, war eventuell aus anderem Material, in der Sitzfläche der Figur noch Spuren der Aufsockelung. Unter dem Fransensaum sehen die Fußspitzen noch hervor; hinten V-förmiger Halsausschnitt geritzt, offenbar Gewand kurzärmelig, sonst keine Einzelheiten zu erkennen. Gesicht grob mit abgeplatteter Nase, auf die Brust fallender Bart, vom Backenbart aber nichts zu sehen. Haare hängen flach in den Nacken, auf dem Kopf ein Polos mit Hörnerpaar und kleiner Verdickung oben. Der Polos paßt sich in der unteren Partie merkwürdig dem Kopf an, eine sonst nicht zu belegende Einzelheit. Unterarme abgebrochen, waren aber wohl wie bei den anderen Statuetten angewinkelt nach vorne gestreckt (*Taf. 65,341* nach Muscarella). – Toronto, Slg. Borowski. – Muscarella, Ladders to Heaven 138 Nr. 98.

Nr. 338 wird allgemein als urartäisch angesehen, vor allem wegen der geraden Haltung, des unmodellierten Körpers, der wenig organischen Einziehung der Taille und der frei unter dem Gewand hervorsehenden Füße, Eigenheiten, die sich in ähnlicher Weise bei einer kleinen Götterfigur aus Van[79] wiederfinden; bei beiden sind die Füße unten etwas sohlenartig verdickt; auch der bartlose Göttertyp mit Polos ist in Urartu im Gegensatz zu Assyrien belegt.[80] Als provinziell stuft Calmeyer[81] auch das Stück Nr. 337 ein, eine stilistische Einordnung ist wegen der minderen Qualität schwierig; für den kleinen Polos lassen sich keine Parallelen finden, ebensowenig wie für einen Gott mit Gefäß.

Nr. 339 läßt sich ebenfalls kaum an andere Denkmäler anschließen; befremdlich wirkt die völlig glatte Oberfläche in Verbindung mit den Partien, bei denen stehengebliebene Gußmasse nicht klar gegen den Körper abgesetzt ist, wie etwa zwischen den Füßen, zwischen Oberarmen und Körper und zwischen Bart und Haupthaar; das vogelähnliche Profil findet sich am ehesten im nordsyrischen und auch im urartäischen Raum.[82] Zu denken gibt auch der fehlende Oberlippenbart und die riesigen Augenhöhlen; eingelegte Augen kommen bei Kleinbronzen im 1. Jahrtausend sonst nicht vor. Die glatte Oberfläche, bei der noch die Reste eines Schalgewandes zu ahnen sind, sprechen vielleicht für ein

---

[79] Orthmann, Propyläen Kunstgeschichte 14 Taf. 388,b.
[80] Ebd. Taf. 378.XLV,a.
[81] Zschr. Assyr. 63, 1973, 133.

[82] Orthmann, Propyläen Kunstgeschichte 14 Taf. XLV,a. dort auch Figur mit Hörnerpolos im Schalgewand.

unsachgemäß restauriertes Stück nordsyrischer Provenienz, eventuell handelt es sich aber auch einfach um eine Fälschung. Das gleiche gilt dann auch für Nr. 340 (eventuell auch für Nr. 341).[83]

Völlig flache thronende Gestalten wie Nr. 341 finden sich im syrischen und auch im urartäischen Bereich, allerdings meist weibliche.[84]

Götter können mit unterschiedlicher Handhaltung dargestellt werden. Der unpublizierte Gott aus Assur (vgl. Anm. 74) erhebt die geöffnete rechte Hand, ein Gestus, der sowohl bei Göttern als auch bei Betern (vgl. Nr. 343–345) belegt ist. Die eventuell urartäische Statuette Nr. 338 erhebt die Hand weniger steil, bei dem urartäischen Gott aus Van (vgl. Anm. 79) ist die rechte Handfläche waagerecht nach vorne gestreckt. Bei all diesen Darstellungen ist der linke Unterarm mit geballter Hand nach vorne angewinkelt, in der Faust ist sicher ein Gegenstand zu ergänzen. Andere Gottheiten strecken beide Hände gleichmäßig geballt nach vorne, in beiden hielten sie Symbole;[85] so wird auch Nr. 336 zu ergänzen sein. Die offene linke Hand von Nr. 337 ist für einen Gott ungewöhnlich, vielleicht muß doch ein Gegenstand auf der Handfläche ergänzt werden. Die außergewöhnlichen Figuren Nr. 339.341 mit ihren vorgestreckten Unterarmen passen gut in dieses Bild. Der „Genius" der Griffigur Nr. 294, der sicher erst in nachsargonische Zeit datiert, läßt sich mit seinem herabhängenden rechten Arm nicht einordnen.

Tonfiguren von niederen Gottheiten hielten meist Waffen und Stäbe in den Händen, auf Grund dieser Attribute ist in einigen Fällen dann auch eine Identifizierung des Gottes möglich. Um hohe Götter wird es sich auch bei diesen Metallstatuetten im einfachen Hemd kaum handeln. Ob sie im Kult, eventuell im häuslichen, oder wie die Tonfiguren im Ritual eine Rolle spielten, läßt sich nicht entscheiden. Zur Datierung vgl. S. 102.

BETER

Folgende Statuetten werden hier vor allem auf Grund des Gewandes, der Frisur ohne göttlichen Aufsatz und der Armhaltung als Beter angesprochen.

342. Kunsthandel, Nähe des Urmia-Sees. – Männliche Statuette; H. 30 cm; „Bronze", in zwei Teilen, teilweise hohl gegossen; 1542 g. Kopf, Arme und Füße fehlen. Der Körper ist nahezu zylindrisch aufgebaut. Über den langen, glatten, unten mit Fransen abschließenden Rock ist ein Schal geschlungen, der ringsum mit kurzen Fransen versehen ist; er ist über der linken Hüfte hochgezogen, ein umgeschlagener Zipfel hängt über das Gesäß herab. Am Oberkörper lassen sich deutlich zweierlei Säume unterscheiden, ein glatter und ein gestrichelter. Beide erscheinen nebeneinander an der Halslinie, am Rücken sind sie in etwas größerem Abstand von den Schultern zum Gürtel geführt, wie zwei breite, in den Gürtel gesteckte Bänder. Am linken Oberarm ist noch eine doppelte Linie zu sehen, eventuell die Begrenzung des kurzärmeligen Gewandes. Der linke Oberarm war eng am Körper angelegt, eine Ansatzstelle an der linken Hüfte zeigt, daß auch der Unterarm seitlich herabhing. Der rechte Arm war sehr viel freier gearbeitet, der Ansatz des Oberarmes deutet auf eine leicht nach vorne gerichtete Haltung. Vielleicht war der Oberarm nach oben angewinkelt vor die Brust geführt und dort mit einem Stift, auf den ein kleines Loch auf der Brust hinweist, befestigt. In dem vorne doppelt geführten Gürtel steckt ein Gerät mit Griff. Da die Inschrift angibt, daß die Statuette von einem Schrei-

---

[83] Nicht aufgeführt, da weder assyrisch noch wirklich assyrisierend, eine Figur dieser Art aus Samos (Kyrieleis, Arch. Anz. 1969, 166ff. Abb. 1–3.5); Oberkörper mit steil zurückgenommenem langen Hals, überlängtes Gesicht und Frisur lassen sich nicht in dem hier behandelten Raum unterbringen, Vergleiche müssen eher in Kleinasien gesucht werden.

[84] Urartu: M. van Loon, Urartian Art. Publ. Inst. hist. arch. Stamboul 20 (1966) Taf. 10; Syrien: D. Harden, The Phoenicians (1962) Taf. 83 (in Baalbek angekauft, Oxford, Ashmolean Mus. [1889.807]).

[85] Orthmann, Propyläen Kunstgeschichte 14 Taf. XXIII,a, dort beide Handhaltungen nebeneinander.

ber gestiftet ist, und sicherlich der Stifter wiedergegeben ist, wird dies wohl sein Schreibgerät sein (*Taf. 66,342* nach Moortgat). – Paris, Louvre (AO 2489). – L. Heuzey, Les origines orientales de l'art (1891) 265 Taf. 8; E. Ledrain, Rev. Assyr. 2, 1892, 91 f.; F. Thureau-Dangin, ebd. 6,4, 1907, 133; Pottier, Catalogue 132 f. Nr. 148 Taf. 30; Contenau, Manuel III 1173 Abb. 771; Parrot, Assur Taf. 134; Moortgat, Kunst, 125 Taf. 248.249; Spycket, La statuaire, 372 Taf. 240,a.b; zur Inschrift A. K. Grayson, Assyrian Royal Inscriptions I (1972) 142; zuletzt K. H. Deller, Oriens Ant. 22, 1983, 17 ff.

Laut Inschrift hat Šamši-Bel, der Schreiber von Arbela für das Leben des Königs Assurdan, für sein eigenes Leben und das seines ältesten Sohnes der Ištar von Arbela diese Statue aus Bronze mit dem Gewicht von 4 (?) Minen geweiht und mit einem Namen versehen. Die Statuette stammt also aus Arbela und ist nach Armenien verschleppt worden. Sie datiert in die Zeit eines Königs Assurdan, also entweder ins 12. Jh., in die Zeit von 935–912 v. Chr. oder gar erst in die Zeit des Assurdan III. (772 bis 754 v. Chr.). Das jüngste Datum ist sehr unwahrscheinlich in Anbetracht der zahlreichen Darstellungen dieser Epoche, von denen diese Figur ikonographisch und auch stilistisch völlig abweicht. Gewänder der Art von Nr. 342 kommen in ähnlicher Weise auf einem Kudurru aus der Zeit des Melišipak (12. Jh.) vor.[86] Ob Schreiber in dieser Zeit bartlos dargestellt werden, wissen wir nicht, später ist dies durchaus möglich; allerdings ist nicht auszuschließen, daß diese Statuette einen kürzeren Bart trug. Da wir aus dem 10. Jh. keine Denkmäler zum Vergleich heranziehen können, läßt sich von archäologischer Seite eine sichere Entscheidung nicht treffen. Nun hat aber K. H. Deller kürzlich überzeugende Gründe dafür angeführt, die Inschrift Assurdan I. zuzuschreiben, so daß die Frühdatierung jetzt gesichert scheint.[87] Eine iranische Götterstatuette, die offensichtlich diesen Typ nachbildet, läßt sich nicht genauer einordnen.[88]

343. Samos; Heraion. – Männliche Statuette; H. 11 cm; „Bronze". Bekleidet mit einem langen, unten mit kurzen Fransen abschließenden Rock, ein kurzer Fransenschal ist um die Hüften gelegt und über die linke Schulter geführt. Die Details des Gewandes, wie Gürtel, Vertikalsaum, Fransen und Stoffmuster aus kleinen Quadraten sind sorgfältig eingeritzt, auf der Brust hängt ein halbmondförmiger Anhänger. Unter dem Gewandsaum ist eine kompakte Sockelzone stehengelassen, aus der nur die Fußspitzen hervorragen, darunter breiter Gußzapfen. Die Unterarme sind beide leicht nach oben angewinkelt nach vorne gestreckt, die rechte Hand ist teilweise zerstört, war aber nicht geballt, die linke offene Handfläche ist nach oben gedreht. Das Gesicht ist bartlos, oval, nur noch undeutlich zu erkennen. Die Haare legen sich gleichmäßig gestuft über Kopf und Nacken und lassen die Ohren frei. Oberkörper nicht modelliert, Hüften unterhalb der Taille deutlich angegeben, vor allem Gesäß stark ausgebildet, Unterkörper sonst ebenfalls flach; die Profilansicht zeigt eine etwas vorgewölbte Bauchlinie (*Taf. 67,343* nach Jantzen). – Berlin, Antikenmuseum, Staatl. Mus. (Inv. 31638 = BB 773). – H. Kyrieleis, Arch. Anz. 1969, 167 f. 169 f. Abb. 5–8; Jantzen, Samos VIII 70 Taf. 71; P. Calmeyer, Zschr. Assyr. 63, 1973, 128; J. Börker-Klähn, Baghd. Mitt. 6, 1973, 44 ff. Taf. 22 u. Abb. 2; dies., Oudh. Meded. 55, 1974, 127 Taf. 24,7.

344. Kunsthandel. – Männliche Statuette; H. 6,8 cm; „Bronze". Gleiche Tracht wie Nr. 343, Einzelheiten aber nur summarisch angegeben. Unter dem Gewandsaum ebenfalls Sockelzone, Füße deutlich daraus hervorragend, darunter breiter Gußzapfen. Der linke Unterarm nach vorne gestreckt, der rechte leicht nach oben angewinkelt, beide Hände abgebrochen. Bart fällt lang auf die Brust, Schnurrbart angegeben; im nur ganz grob skizzierten Gesicht sind Mund und Backenbart gar nicht ausgeführt, Börker-Klähn erwägt eine Belegung mit Goldblech. Die Haarkalotte ist völlig glatt, mit einem Band gegen den Nackenschopf abgesetzt. Der Schädel ist oben abgeplattet, Spuren eines Aufsat-

---

[86] Ebd. Taf. 192,a.
[87] Deller, Oriens Ant. 22, 1983, 17 ff.; die Argumente von Spycket (La statuaire 372) für eine Datierung ins 10. Jh. werden damit hinfällig.
[88] Calmeyer, Datierbare Bronzen 127 f. 143. 165 Nr. 48 Abb. 133.

zes sind nicht vorhanden; es könnte sich auch um einen Gußfehler handeln. Der Körperumriß ist sehr ähnlich wie bei Nr. 343, die Hüften etwas weniger ausgeprägt (*Taf. 65,344* nach Börker-Klähn). – Leyden, Rijksmus. Oudh. (A 1951/2.4). – J. Börker-Klähn, Oudh. Meded. 55, 1974, 125 ff. Taf. 23 und Abb. 6.

345. Samos; südlich des Phoikos-Altars, unter Zementstraße. – Männliche Statuette; H. 11,3 cm; „Bronze". Die Figur ist in ein langes kurzärmeliges Gewand gehüllt, Details sind nicht mehr zu erkennen, nur die Einziehung an der Taille läßt vermuten, daß es gegürtet war. Im Körperumriß ist die Figur mit den beiden vorigen zu vergleichen, es könnte also ein ähnliches Gewand zugrunde liegen, oder aber ein einfaches Hemd; die Fußspitzen sind zu sehen, der Gewandsaum, der Rock und Sockelzone trennt, nicht erkennbar. Der rechte Unterarm ist nach oben angewinkelt, die Hand geöffnet, der linke Arm hing wohl leicht abgespreizt nach unten, er ist allerdings unterhalb des Ellenbogens abgebrochen. Das Haar fällt in dickem Bausch in den Nacken, über der Stirn ist die Unterteilung in gleichmäßige Wellen noch erkennbar. Der Bart hängt lang herab, ist aber an den Wangen nur noch in schwachem Umriß erhalten. Gußzapfen offenbar nicht erhalten; bei der Statuette eine hohle Bronzebasis (H. 3,6 cm) gefunden, die als zugehörig betrachtet wird (*Taf. 67,345* nach Jantzen). – Vathy, Mus. (B 1594). – E. Homann-Wedeking, Arch. Anz. 1965, 428 ff. 433 f. Abb. 8; Jantzen, Samos VIII 70 Taf. 70; J. Börker-Klähn, Baghd. Mitt. 6, 1973, 43 ff. Taf. 19; 20,2.3; 21.

Nr. 343 mit dem Schalgewand, dem unbedeckten Haar und den leeren Händen läßt sich mit Sicherheit als menschliche Darstellung ansprechen; Männer im Gefolge des Königs auf Reliefs des Salmanassar III. bis Tiglatpilesar III. geben diesen Typ wieder, vor allem die Bartlosigkeit bei Männern findet sich zu dieser Zeit nur bei Höflingen.[89] Bei Nr. 345 ist das Gewand nicht mehr zu erkennen, die Bartlosigkeit spricht aber – jedenfalls im babylonisch-assyrischen Raum – für eine menschliche Statuette, auch der herabhängende linke Arm wäre für einen Gott ungewöhnlich. Für Nr. 344 ist eine Deutung als Gott nicht völlig von der Hand zu weisen, da sich auf dem merkwürdig gestalteten Kopf ein Hörnerpaar in Edelmetallauflage ergänzen ließe, der Mann bärtig ist und bei einer Götterstatuette provinzieller Herkunft auch das Schalgewand vorkommen kann;[90] in der linken abgebrochenen Hand könnte auch ein Göttersymbol gewesen sein.

Die Arm- und Handhaltung ist bei den Figuren unterschiedlich. Nr. 344 zeigt den üblichen Gruß- oder Betgestus, der bei Göttern und Betern belegt ist (vgl. S. 99); ob die rechte Hand geöffnet war[91] oder geschlossen mit vorgestrecktem Zeigefinger,[92] läßt sich nicht mehr feststellen. Mit deutlich geöffneter rechter Hand ist Nr. 345 dargestellt.[93] Die gleichmäßig erhobenen Hände von Nr. 343 sind schwieriger zu erklären, kommen aber, wie Börker-Klähn festgestellt hat, bei Opferszenen vor.[94] Diese Opferszenen zeigen, daß diese Handhaltungen alle den Dienst vor der Gottheit ausdrücken können, vielleicht mit unterschiedlichen Aspekten, die sich am archäologischen Material aber nicht ablesen lassen.

---

[89] Orthmann, Propyläen Kunstgeschichte 14 Taf. 208–210; Tiglatpilesar III. ebd. Taf. 216. – Bei all diesen Darstellungen mit dem bis zu den Hüften reichenden Fransenschal, der über die linke Schulter gelegt ist, führt die vordere schräg verlaufende Partie über den Gürtel, während bei den Statuetten der Gürtel über den Schal geführt ist.

[90] Z. B. in Urartu (ebd. Taf. XLV,a).

[91] Vgl. z. B. einen Wesir vor König Sargon (ebd. Taf. 220), oft auch der König selbst (ebd. Taf. 216.218.233,b).

[92] Vgl. ebd. Taf. 195.198.212; diese beim Herrscher häufig belegte Handhaltung seltener bei einfachen Betern, vgl. Frankfort, Cylinder Seals (1939) Taf. 33.34. Assurnaṣirpal abwechselnd mit offener und geballter Hand in gleicher Szene vor dem „Lebensbaum" (Strommenger, Mesopotamien Taf. 191).

[93] Die Parallelen, die Börker-Klähn (Baghd. Mitt. 6, 1973, 55 ff.) heranzieht, sind nicht gut gewählt, denn es handelt sich bei diesen Darstellungen von Höflingen meist um Rückansichten, bei denen der rechte Arm nach hinten weist, auf Menschen, die dem König vorgeführt werden; bei den Statuetten ist doch eindeutig ein Grußgestus nach vorne, zu einer gegenüberstehenden Gottheit oder Person gemeint.

[94] Ebd. 57 ff. mit Abb. 8; gerade diese Beispiele (vor allem d) zeigen aber ganz deutlich die gleichmäßig erhobenen Arme von Nr. 343 und die Haltung von Nr. 344 gleichwertig nebeneinander bei Personen im Schalgewand vor einem Opferständer; die Unterscheidung der Gesten für Nr. 345: Beamter in profaner Funktion, für Nr. 343: Beamter vor Gott, kann für Weihstatuetten schlecht zutreffen.

Zur Datierung der neuassyrischen anthropomorphen Kleinplastik tragen die Funde aus Samos leider kaum etwas bei. Der Fund von Nr. 336 unter der Südhalle des Heraion zwischen Scherben der geometrischen bis archaischen Zeit, sagt wenig aus, gibt nur einen terminus ante 640/630 v. Chr., der Errichtung der Südhalle. Das Fransengewand und die Haartracht der Nr. 343–344 finden zahlreiche Parallelen in den Reliefs von Salmanassar III. (858–824 v. Chr.) bis Tiglatpilesar III. (745–727 v. Chr.). Während bei Salmanassar der Fransensaum ähnlich kurz ist wie bei den Statuetten, weist Börker-Klähn auf die vor allem unter Tiglatpilesar beliebte Stoffmusterung mit kleinen Quadraten hin, die bei älteren Reliefs aber ja auch in Farbe angegeben gewesen sein könnten. Auch der sich unten allmählich verdickende Haarschopf findet sich auf diesen Reliefs wieder, wobei sich Nr. 343 recht gut mit Darstellungen auf der Thronbasis des Salmanassar III. vergleichen läßt, während die Frisur von Nr. 344 und 345 eher auf die Zeit Tiglatpilesars hinweist.[95] Eine genauere Datierung als in den Zeitraum vom Ende des 9. bis zum späten 8. Jh. sollte nicht vorgenommen werden. Eine Datierung einer Statuette wie Nr. 343, die sich sicherlich eng an die offizielle Hofkunst anschließt, in sargonische Zeit ist wenig wahrscheinlich. Ob die Proportionen von dem stark zerstörten Stück Nr. 336, bei dem der Unterkörper sehr gelängt ist, eine Spätdatierung rechtfertigen, muß zweifelhaft bleiben, aber auch die Datierung von Börker-Klähn in das letzte Viertel des 8. Jh.s[96] bleibt in dem hier abgesteckten Zeitraum.

Urartäische Darstellungen lassen sich auf Grund dieser Merkmale, Tracht und Frisur, nicht datieren, da in Urartu diese Darstellungsart in der Zeit des Tiglatpilesar III. von Assyrien übernommen wird und in ähnlicher Art auch weiterhin tradiert wird, bis ins 6. Jh.

Eventuell hier anzuschließen sind einige kleine Bronzefigürchen aus Tell Halaf.

346. Tell Halaf; sog. Kultraum unter dem Expeditionshaus. – Männliche Statuette; H. 7,4 cm; „Bronze". Im langen, bis auf die großen Füße fallenden gegürteten Gewand; rechte Hand vor das Gesicht, linke vor die Brust gelegt; langer Bart, Haar fällt auf die Schultern, um den Kopf breites Haarband (*Taf. 60,346* nach Hrouda). – Berlin, Vorderas. Mus. (VA 12830). – Hrouda, Tell Halaf IV 4 f. Taf. 2,10.

347. Tell Halaf; sog. Kultraum unter dem Expeditionshaus. – Männliche Statuette; H. 5,1 cm; „Bronze". Oberfläche sehr zerstört, unter den Füßen breiter Gußzapfen; wahrscheinlich im langen Gewand, Figur von Schultern zu Füßen schmaler werdend; Oberarme eng am Körper anliegend, Unterarme nach vorne gestreckt. Hände abgebrochen. Gesicht bartlos, die Haare fallen in breitem Bausch auf die Schultern (*Taf. 60,347* nach Hrouda). – Berlin, Vorderas. Mus. (VA 12831). – Hrouda, Tell Halaf IV 5 Taf. 2,13.

348. Tell Halaf; sog. Kultraum unter dem Expeditionshaus. – Männlicher Oberkörper; H. 4,2 cm; „Bronze". Nur Oberkörper mit herabgeführten Oberarmen erhalten, Unterarme waren wohl nach vorne gestreckt; Bart, Haar in den Nacken fallend, auf dem Kopf Aufsatz, Hrouda vermutet eine Federkrone (*Taf. 60,348* nach Hrouda). – Köln, Orient. Sem. – Hrouda, Tell Halaf IV 5 Taf. 2,11.

349. Tell Halaf; sog. Kultraum unter dem Expeditionshaus. – Männliche Figur; H. 5,6 cm; „Bronze". Figur ähnlich wie Nr. 347, langer breiter Zapfen unter den Füßen; Arme freier nach vorne gestreckt (*Taf. 60,349* nach Hrouda). – Köln, Orient. Sem. – Hrouda, Tell Halaf IV 5 Taf. 2,14.

350. Tell Halaf; sog. Kultraum unter dem Expeditionshaus. – Weibliche Statuette; H. 5 cm; „Bronze". Sitzfigur, die Hände unter die Brüste gelegt; zylindrische Kopfbedeckung (*Taf. 60,350* nach Hrouda). – Köln, Orient. Sem. – Hrouda, Tell Halaf IV 5 Taf. 2,12.

---

[95] Vgl. die Beispiele bei Anm. 89; zur Einordnung in die Zeit Tiglatpilesars III. vgl. Börker-Klähn a.a.O. (Anm. 93) 44 f.; dies., Oudh. Meded. 55, 1974, 128, datiert Nr. 345 auf Grund des Vergleiches mit Nr. 343 auch in die 2. H. des 8. Jh.s, allerdings schlägt sie provinzielle Entstehung vor.

[96] Börker-Klähn, Baghd. Mitt. 6, 1973, 42.

Während Nr. 350 von Hrouda zu Recht mit den Steinstatuen aus demselben Kultraum in Verbindung gebracht wurde,[97] läßt sich ein Figürchen wie Nr. 346 durchaus an assyrische Beter wie Nr. 344 anschließen, Nr. 347 an die ebenfalls bartlose Figur Nr. 343.

351. Kamiros, Rhodos; Akropolis, Brunnenschacht.[98] – Statuette eines Dromedarreiters; H. 7,8 cm, L. 9,4 cm; „Bronze". Das Dromedar liegt auf untergeschlagenen Beinen, der Körper berührt nicht den Boden; keine Spuren einer Verdübelung. Der Hals, im Querschnitt rechteckig, ist hoch aufgerichtet und mit einem Halsband versehen. Der Kopf ist außerordentlich naturalistisch gelungen, besonders das Maul mit der charakteristischen Oberlippe. Der Körper zeigt dagegen nur deutlich gearbeitete Schenkel, der Höcker ist völlig vernachlässigt, die Rückenlinie dadurch ganz gerade; der kleine, kastenförmige Sattel sollte wohl eigentlich den Höcker überdecken. Auf dem Sattel sitzt der Reiter mit gespreizten Beinen. Er trägt den kurzen Schurz mit Wulstgürtel; die Arme hängen herab, die linke Hand greift nach dem Sattel, die rechte hält einen krummen Stock oder eine Peitsche, mit der das Tier angetrieben wird. Der Oberkörper ist steil aufgerichtet, die Schultern sind sehr breit und stark abfallend. Der Bart fällt, in deutliche Rippen gestuft, auf die Brust. Das Haupthaar ist in groben Strähnen aus der Stirn straff nach hinten gekämmt und fällt gerade auf den Nacken; es ist die charakteristische Frisur arabischer Camelidenreiter, die oft auf Reliefs belegt ist (allerdings nicht mit einem so gerieften Bart (*Taf. 67,351* nach Börker-Klähn. – London, Brit. Mus. (BM 135845). – H. B. Walters, Catalogue of the Bronzes, Greek, Roman, and Etruscan in the British Museum (1899) Nr. 222 Taf. 3; L. Curtius, Jahrb. Dtsch. Arch. Inst. 43, 1928, 286 f. Abb. 7–9; K. Schauenburg, Bonner Jahrb. 155/56, 1955/56, 66 Anm. 43 (zur Datierung des Brunnens); ders., ebd. 162, 1962, 99; J. Börker-Klähn, Baghd. Mitt. 6, 1973, 51 ff. Taf. 25,2; 26 (ausführlich zur Datierung); dies., Oudh. Meded. 55, 1974, 126 Taf. 24,4–5; R. D. Barnett/M. Falkner, The Sculptures of Tiglath-Pileser III (1962) XVIII Abb. 1.

Dromedarreiter werden auf Reliefs des Tiglatpilesar III. häufig dargestellt, und zwar ebenfalls mit diesem kastenförmigen Sattel, der auf Reliefs des Assurbanipal zum Beispiel nicht mehr vorkommt. Da sich aber sonst bei diesen Darstellungen zwischen Tiglatpilesar III. und Assurbanipal kaum etwas verändert, ist eine genaue Datierung der Statuette kaum möglich. Die Beifunde datieren nach Börker-Klähn hauptsächlich in die erste Hälfte des 7. Jh.s, manche sind aber doch auch später.[99] Barnett schlägt vor, daß es sich um die Weihung eines griechischen Soldaten handelt, der unter Assurbanipal gekämpft hat, dann müßte aber die Bronze sofort nach ihrer Herstellung schon wieder weggeworfen worden sein. Es handelt sich sicher um ein assyrisches, oder zumindest in einer benachbarten assyrischen Provinz hergestelltes Stück, denn die Charakterisierung des Arabers ist die der assyrischen Palastreliefs, es ist die Wiedergabe eines Fremdlings, so wie die Assyrer ihn darstellen, eine Typisierung, die sicher nur in Assyrien Geltung hatte. Als assyrisches Werk bleibt die Statuette von ihrer Bedeutung her allerdings völlig unverständlich. Ein kriegerischer Assyrer hat es sicherlich nicht geweiht, denn es ist ja kein besiegter Araber; daß ein arabischer Kamelreiter in Hofdiensten sich so darstellt und im Tempel sich so verewigen läßt, muß auch sehr zweifelhaft sein. Da es sich wohl kaum um eine Spezialanfertigung für den Export oder gar um ein Kunstwerk für den profanen Gebrauch handelt, sollte man diese Statuette eher im Zusammenhang mit kleinen Tierfiguren aus Bronze sehen, wie sie zahlreich aus Babylon und Assur erhalten, aber noch nicht publiziert sind (dabei auch Cameliden), deren Bedeutung im einzelnen aber auch noch nicht geklärt ist (vgl. S. 106).

---

[97] Hrouda, Tell Halaf IV 5. – Vgl. auch ein Steinfigürchen aus Assur (Andrae, Die jüngeren Ischtar-Tempel Taf. 48,f.; undatiert).

[98] Weitere Funde aus dem Brunnen: Bronzen (Fibeln), Steinperlen, Skarabäen (einer von Psammetich I., 666–612 v. Chr.), Amulette, Elfenbein, Gold, wenige Gefäße, eine Terrakotte; Scherben nach Schauenburg protokorinthisch (drittes Viertel 7. Jh.); zusammenfassend zu diesen Funden und ihrer Datierung Börker-Klähn, Baghd. Mitt. 6, 1973, 53 ff.

[99] Ebd. 52 ff., dort auch Vergleichsbeispiele. Sie datiert wegen des Sattels und wegen ähnlichen Körperbaus wie bei Nr. 291 aus Tell Taynat ins 8. Jh.

EDELMETALLAUFLAGEN

Wie schon in früheren Epochen konnten auch im 1. Jahrtausend Statuetten in kompositer Technik hergestellt werden. Materialsparend und deswegen vor allem für Edelmetall verwandt, war die Möglichkeit, Statuetten, wohl meist aus Holz, mit dünnem Blech zu belegen; Funde aus Ur und Uruk lassen vermuten, daß auch kostbare Toilettenstäbchen aus Holz so verkleidet wurden.

352. Ur; Enunmaḫ, Raum 5. – Schmuckhort über Nebukadnezar-Pflaster. – Weibliche Figur auf Nadel; H. 18,5 cm, H. Figur 6,2 cm; Goldblech über Holz getrieben. Figur im langen Hemd, Füße sehen unten hervor, Hände vor der Brust übereinandergelegt. Gestufte Locken fallen schräg auf Schultern und Nacken (*Taf. 58,352; 60,352* nach Mus. Phot.). – Beifunde: Schmuck; kleine Silbervase; Waagschalen aus Silber; Bronzeschalen; Deckel eines Elfenbeinkästchens. Datum der Deponierung persisch. – Philadelphia, Univ. Mus. (CBS 15246 = U. 456). – Woolley, Ur Excavations IX 29 f. 106 Taf. 21.

353. Uruk; Doppeltopfgrab W 15903. – Menschliches Gesicht; H. 2,3 cm; Silberblech. Anzahl kleiner Löcher für Befestigung auf Unterlage. Haar fällt gebauscht, aber nicht gegliedert auf Schultern und Nacken; über der Stirn wahrscheinlich breites Band, eventuell ist aber auch der glatte Haaransatz gemeint. Breites, zurückhaltend modelliertes Gesicht (*Taf. 69,353* nach Nöldeke). – Beifunde: Die Maske lag in einer Flasche außerhalb des eigentlichen Grabes, zusammen mit Perlen, Ohrgehängen, Holzstäbchen und einer schlanken Figur aus Holz, die dem Typ der Flaschenhalterinnen entsprechen soll (Figur L. 6,5 cm); Grab neubabylonisch. – Baghdad, Iraq Mus. (W 15903). – A. Nöldeke, UVB 7 (1936) 30 f. Taf. 26,k.

354. Assur; Nebo-Tempel, auf Fußboden c B 7 II r 34,90 (Zeit des Sin-šar-iškun 627?–612 v. Chr.). – Menschliches Gesicht; H. 4 cm; Goldblech. Nur das Gesicht ausgeführt, ohne Ohren, Haaransatz und Hals; vielleicht Plattierung einer Metallstatuette, bei der nur das Gesicht hervorgehoben wurde. Flaches, breites Gesicht (*Taf. 69,354* nach Andrae). – Berlin, Vorderas. Mus. (VA 5562 = Ass S 20000). – Andrae, Die jüngeren Ischtar-Tempel 107 Taf. 48,h.

355. Susa; tranché 87. – Gesicht und Hände; H. 6,2 cm; Silberblech. Augen mit Elfenbein und Muschel eingelegt; Hände zu Fäusten geballt, die ursprünglich Gegenstände hielten[100] (*Taf. 69,355* nach Amiet). – Paris, Louvre (Sb 6597). – R. de Mecquenem, Mém. Délég. Perse 7 (1905) 43 ff. Taf. 7; Amiet, Elam 470 Taf. 355; 527 Taf. 404.

Nr. 352 läßt sich gut mit spätbabylonischen Terrakotten aus Ur, Uruk und „Assur" vergleichen, allerdings sind diese meist unbekleidet;[101] ähnlich dargestellt ist auch die weibliche Figur auf dem Erlanger Dreifuß (Nr. 295). Ebenfalls eine solche Flaschenhalterin, allerdings aus Holz, fand sich in dem Grab W 15903 zusammen mit der Silbermaske Nr. 353. Es ist also anzunehmen, daß diese Maske einmal ein ähnliches Holzfigürchen zierte,[102] allerdings ein etwas größeres, dafür sprechen auch die Reste von Holzstäbchen in demselben Grab. Die größeren Auflagen Nr. 354 und 355 werden wohl zu richtigen Statuetten gehört haben; vor allem der Befund von Nr. 355 zusammen mit einem Szepter spricht für ein aufwendiges kleines Götterbild. Metallzusätze für ein Götterbild sind auch aus Assur erhalten.[103] Gegossene Zusätze aus Bronze für Statuetten, wie ein Bart aus wahrscheinlich nachassyri-

---

[100] Vielleicht ist in den Händen ein Szepter zu ergänzen, wie eines aus Silber mit Schlangenkopf aus demselben Depot (Amiet, Elam 526 Taf. 403); weitere Funde aus diesem Depot: zwei Perücken aus glasierter Keramik, Perlen, Muscheln, sechs Rollsiegel, eine Taube aus Fritte, eine Keule und Reste von Waffen und Nägel aus Eisen. – Silberbruchstücke von Auflagen auf Statuetten sind auch aus dem älteren Depot tranché 23 belegt (de Mecquenem, Mém. Délég. Perse 7 [1905] 71 Abb. 141–143).

[101] Woolley, Ur Excavations IX Taf. 26,7; Ziegler a.a.O. (Anm. 45) Taf. 17,253; Andrae, Die jüngeren Ischtar-Tempel Taf. 48,a.b. Auch hier wieder Übereinstimmung zwischen Werken der Kleinkunst aus Assyrien und Babylonien, gerade in der Spätzeit.

[102] A. Nöldeke, UVB 7 (1936) Taf. 26,l.

[103] Andrae a.a.O. (Anm. 101) Taf. 59: Kupferbeschläge einer Götterstatue (Ass. 7071), bei denen es sich um Zusätze wie einen Polos handelt.

scher Schicht aus Nippur¹⁰⁴ oder ein kleines Bronzegesicht, eventuell schon aus achämenidischer Zeit,¹⁰⁵ sind vorläufig sonst nicht überliefert.

RELIEFS

356. Kunsthandel. – Relief mit Königsdarstellung; H. 33 cm, Br. 31 cm, Dicke 15 cm; 13,9 kg; „Bronze", gegossen. Bruchstück eines Reliefs mit der Darstellung eines Königs nach rechts, hinter ihm, etwas kleiner, eine weibliche Figur, beide in Hüfthöhe abgebrochen. Der König trägt ein glattes, kurzärmeliges Gewand, der rechte Arm ist nach oben angewinkelt und hält einen länglichen Gegenstand in Gesichtshöhe, die linke Hand hält einen Stab; die Muskelstränge an den Armen sind deutlich angegeben. Das Gesicht ist weitgehend durch eine rechteckige Vertiefung zerstört, der Bart hängt lang auf die Brust, das Haupthaar bauscht sich im Nacken, auf dem Kopf sitzt eine Tiara mit lang herabhängendem Band. Der rechte Arm der Frau entspricht dem des Königs, die linke Hand hält einen Spiegel. Das Gesicht ist undeutlich, aber mit besonders stark ausgeprägtem Untergesicht und Doppelkinn; die Haartracht ist die gleiche wie beim König, aber mit einer Mauerkrone, auf den Rücken hängt ein langes tordiertes Band. Die Oberfläche des Reliefs ist mit Schrift überzogen (*Taf. 68,356* nach Mus. Phot.). – Paris, Louvre (AO 20185). – A. Parrot/J. Nougayrol, Syria 33, 1956, 147 ff.; Parrot, Assur 118 Taf. 133; A. K. Grayson, Sumer 19, 1963, 111 f.; E. Weidner, Archiv Orientforsch. 21, 1966, 130; Börker-Klähn, Altvorderasiatische Bildstelen 213 f. Nr. 220.

357. Kunsthandel. – Relief mit zwei Personen; H. 22,2 cm; „Bronze", gegossen. Zwei Personen nach links, die vordere von Stirn bis Hüften erhalten; die Hände mit geöffneten Handflächen erhoben; bekleidet mit dem Schalgewand; das Haar ist in Wellen hinter die Ohren geführt, bauscht sich im Nacken, quadratische Schraffuren markieren die Löckchen; schmale, langgezogene Augen, Backenknochen über dem gelockten Backenbart auffallend stark hervorgehoben. Bart fällt dreifach gestuft auf die Brust. Unterarmmuskeln durch viele Linien angegeben. Hintere Person mit ähnlich erhobenen Händen (*Taf. 69,357* nach Basmachi). – Baghdad, Iraq Mus. (IM 62197). – F. Basmachi, Sumer 18, 1962, 48 Abb. 1; A. K. Grayson, Sumer 19, 1963, 111 f.; E. Weidner, Archiv Orientforsch. 21, 1966, 130; Börker-Klähn, Altvorderasiatische Bildstelen 214 Nr. 221.

Frisur, Gesichtsbildung und Inschrift datieren diese Reliefs in die Zeit des Sanherib oder des Asarhaddon. Die Fragmente der Inschrift lassen vermuten, daß sie beide ursprünglich zu einem Relief des Sanherib gehörten.¹⁰⁶

358. Kunsthandel. – Relief mit Trommlerin; H. 7,3 cm, Br. 3,81 cm; „Bronze", gegossen. Rechteckiges Täfelchen, unten mit Zapfen zum Einlassen. Dargestellt ist eine Trommlerin nach rechts mit lang auf den Rücken hängendem Haar und einem komplizierten Gewand mit breitem Umschlag über den Hüften. Calmeyer datiert wegen der Tracht in seinen Isin II-Stil (Anfang 1. Jt.); vgl. auch Terrakotten mit ähnlichen Darstellungen aus Nippur,¹⁰⁷ die aber nicht genauer datiert sind. Das Stück ist ein Unikat; über seinen Gebrauch läßt sich nichts sagen, als Aufsatz auf einem Musikinstrument wäre es denkbar¹⁰⁸ (*Taf. 69,358* nach Calmeyer). – Cleveland, Mus. of Art (69.67). – P. Calmeyer, Reliefbronzen in babylonischem Stil. Abhandl. Bayer. Akad. Wiss. Phil.-hist. Kl. N.F. 73 (1973) 182 Anm. 330a Abb. 133.

---

¹⁰⁴ Aus Enlil-Tempel I₁ (2 N 65), Bart größte Dicke 1,6 cm, hinten flach (McCown/Haines, Nippur I Taf. 33,5).

¹⁰⁵ Muscarella (Hrsg.), Ancient Art. The Norbert Schimmel Collection (1974) Nr. 116: männliches Gesicht mit Bart, hinten konkav; sicher nicht assyrisch, eventuell achämenidisch oder falsch.

¹⁰⁶ So nach mündlicher Auskunft von K.-H. Deller, der damit dem Datierungsvorschlag von Grayson (Sumer 19, 1963, 111 f.) den Vorzug gibt. Die Nennung der Naq'ia, der Gemahlin Sanheribs, läßt die Möglichkeit einer Entstehung unter Sanherib oder Asarhaddon offen; genaue Parallelen zu diesem Text fehlen noch; nach Deller läßt sich aber zur Zeit die in der Inschrift angesprochene Bautätigkeit in Assur nur unter Sanherib belegen.

¹⁰⁷ L. Legrain, Terra-Cottas from Nippur (1930) Taf. 14.15.

¹⁰⁸ Vgl. Aufsatz auf einer Trommel auf einem neusumerischen Reliefgefäß: Strommenger, Mesopotamien Taf. 128 unten.

359. Susa; Acropole. – Reliefplatte; 1,05 × 0,82 m; „Bronze", gegossen. Erhalten ist vor allem ein Zug von sieben Kriegern auf einer schmalen Standleiste, die gleichzeitig die reliefierte Partie der Platte von der unteren, nur durch Ritzungen verzierten Fläche abtrennt. Die Krieger sind alle in der gleichen Weise wiedergegeben: Bekleidet sind sie mit dem kurzen, vorne übereinandergeschlagenen Rock, einem glatt anliegenden kurzärmeligen Oberteil und einem sehr breiten, die Taille eng zusammenfassenden Gürtel; über die rechte Schulter führt ein schräges Band, mit dem der Köcher am Rücken befestigt ist. Das Haar fällt lang auf den Rücken, zwei kürzere Locken rahmen den Bart. Auf dem Kopf sitzt ein Helm – oder ist es die Frisur? –, die Stirn weit überragend. Die herabhängende linke Hand hält den Bogen, der rechte Arm ist angewinkelt hinter dem Kopf erhoben, die Hand hält eine lange, gebogene Waffe. Über den Köpfen sind Spuren weiterer Reliefdarstellungen erhalten; den Hintergrund füllt eine lange undatierte Inschrift mit Aufzählung von Opfern an mehrere Gottheiten. Auf der unteren Partie sind Bäume und Vögel in einfacher Ritzung wiedergegeben[109] (Taf. 68,359 nach Orthmann). – Paris, Louvre (Sb 133). – J. de Morgan, Mém. Délég. Perse 1 (1900) 163 Taf. 13; V. Scheil, ebd. 11 (1909) 86; Pézard/Pottier, Catalogue Nr. 229 Taf. 15; Amiet, Elam 404 Taf. 305; Orthmann, Propyläen Kunstgeschichte 14 Taf. 293; Börker-Klähn, Altvorderasiatische Bildstelen 173 Nr. 123; zur Inschrift zuletzt F. W. König, Die elamischen Königsinschriften. Archiv Orientforsch. Beih. 16 (1965) 144 Nr. 69.

Die Datierung des Reliefs Nr. 359 ans Ende des 2. Jt.s oder schon in neuelamische Zeit ist schwierig zu entscheiden. Die langen Seitenlocken und auch die schmal eingezogene Taille finden sich vor allem auf neuelamischen Denkmälern, wie einer Stelenbekrönung, deren Umarbeitung überzeugend ins 8. Jh. datiert wird,[110] und anderen Reliefs; die vertikale Schriftrichtung kommt allerdings im 1. Jt. kaum noch vor.[111]

TIERFIGUREN

Nur wenige der hier zusammengestellten Tierfigürchen lassen sich mit Sicherheit datieren.[112] So unsicher wie die Datierung ist auch meist die Zweckbestimmung. Manche der Tiere, denen man Symbolcharakter zuschreiben kann, waren wohl Zusätze zu Kultgeräten, andere, wie Nr. 366–369 konnten aber offensichtlich als eigenständige Statuetten aufgestellt werden.

360. Samos; 1957 Kai Nord unter Estrich. – Drache; L. 8,9 cm, H. 10,5 cm; „Bronze". Der Drache liegt, die Vorderbeine nach vorne gestreckt, auf einer schmalen langen Standplatte; der Körper ist lang, mit kräftig herausgearbeiteten Keulen, der Hals ist gerade aufgerichtet, der Kopf niedrig, sicherlich soll es ein Schlangenkopf sein, der aber recht kurz ausgefallen ist; die Mundpartie wirkt eher wie eine Schnauze als wie ein Schlangenmaul, auf der Stirn sitzen zwei Hörner; Oberfläche stark korrodiert. Von der hinteren Schmalkante der Plinthe ragt ein Schaft empor, der oben lanzenförmig endet. Es handelt sich also eindeutig um

---

[109] Porada, in: Orthmann, Propyläen Kunstgeschichte 14, 385, nimmt an, daß die unbeholfene Ritzzeichnung nicht gleichzeitig mit dem qualitätvollen Relief entstanden sein kann. Qualität und Technik sind aber in keiner Weise datierend, gerade Ritzzeichnungen weichen zu allen Zeiten stark vom „offiziellen" Stil ab.

[110] Amiet, Elam 410 Taf. 310; U. Seidl, Berl. Jb. Vorgesch. 5, 1965, 175 ff.

[111] Felsrelief von Šikaft-i Salman (Amiet, Elam Taf. 421). – Die seitlichen Locken dieser Männerfrisuren sollten nicht mit den seit altbabylonischer Zeit bei Göttern und Göttinnen üblichen über die Schulter fallenden Locken in Zusammenhang gebracht werden. Die Datierung dieser Stele bei Börker-Klähn (Altvorderasiatische Bildstelen 167 ff.) in altelamische Zeit überzeugt nicht. – Vgl. auch das neuelamische Relief des Adda-Hamiti-Inšušinak (Orthmann, Propyläen Kunstgeschichte 14 Taf. 296,b) für Kopfputz und schmale Taille; dort auch neben der horizontal verlaufenden Inschrift eine vertikale Namensbeischrift, sie sich so besser in die Reliefdarstellung einfügt.

[112] Unpublizierte Tiere aus älteren Grabungen (z. B. Assur und Babylon) können vielleicht noch zu sicheren Datierungen verhelfen.

einen Spaten, der wie der Drache selbst den Gott Marduk vertreten kann. Das Tier ist mitten im Leib durchlocht, sein Schwanz legt sich dem Schaft entlang nach oben *(Taf. 70,360* nach Jantzen). – Vathy Mus.? (B 1124). – Jantzen, Samos VIII 71 Taf. 72; P. Calmeyer, Zschr. Assyr. 63, 1973, 128.

361. Kunsthandel. – Drache; H. 9,5 cm; „Bronze". Ähnlich wie Nr. 360, auf langer Plinthe liegend; die Modellierung der Hinterkeulen, der Vorderbeine, der lange, schlanke etwas gebogene Hals, der zierliche Kopf mit den vorgewölbten Augen und Hörneransätzen lassen die vorzügliche Arbeit noch erkennen. Wie Nr. 360 ist die Figur in der Mitte durchlocht, das Loch an der Unterseite der Plinthe von einer wulstartigen Verdickung umgeben. Hinten ragt nicht ein breiter, sondern ein zweigeteilter Schaft empor, entweder für einen zweiteiligen Griffel oder Griffel und Spaten; Griffel wie auch Drachen sind Symbole des Nabu, Sohn des Marduk *(Taf. 70,361* nach Mus. Phot.). – London, Brit. Mus. (BM 129388). – S. Smith, Brit. Mus. Quarterly 12, 1937/38, 139 Taf. 47,d.

362. Ur; Streufund (EH site). – Drachenkopf; H. 4,5 cm, L. 3 cm; „Bronze". Kopf und Halsansatz erhalten, Oberfläche geschuppt, Schlangenmaul, große Augen, keine Hörner; nicht einzuordnen, vielleicht handelt es sich sogar um eine Schlange und nicht um einen Drachen *(Taf. 69,362* nach Woolley). – London, Brit. Mus. (BM 118629 = U. 6784). – Woolley, Ur Excavations VI 42 Taf. 49,n.

Nr. 360 datiert sicherlich wie die anderen vorderasiatischen Importstücke in Samos in neuassyrische Zeit (vgl. S. 102); Nr. 361 wird hier versuchsweise angeschlossen.[113] Beide Objekte waren, wie die Durchlochung zeigt, Zusatz oder Aufsatz; Nr. 361, das mit seiner Plinthe nicht flach aufliegt, läßt vermuten, daß das Tier auf einem Stab montiert war.

Bildliche Darstellungen zeigen häufig den Drachen, der Griffel oder Spaten auf dem Rücken trägt, oder auch beides zusammen, als Stabbekrönung kommt er allerdings nicht vor.[114]

363. Kunsthandel. – Vier Fische; „Bronze", Vollguß. Flossen und Augen plastisch ausgearbeitet, Körper mit Schuppen überzogen, Schwanzflosse mit feiner Strichelung. a) L. 10,2 cm; b) L. 11,1 cm, unten Zapfen erhalten *(Taf. 71,363 b* nach Mus. Phot.); c) L. 15 cm, unten schlitzartige Vertiefung, neben der Rückenflosse ein Loch; d) L. 10,8 cm. – London, Brit. Mus. (a: BM 102985; b: BM 102986; c: BM 102987; d: BM 102988). – Budge, Amulets 103 mit Abb.

364. Susa (fouilles de Morgan). – Fisch; L. 7,5 cm; Kupfer mit 4,1% Sn (andere geringe Zusätze), Vollguß. Rücken-, Bauch- und Schwanzflossen plastisch ausgearbeitet; an der Unterseite langer, teilweise abgebrochener Zapfen erhalten; sehr ähnlich wie Nr. 363. – Paris, Louvre (Sb 13944). – Unpubliziert.

365. Babylon? – Fisch; L. 8,3 cm, H. (mit Flosse) 2,5 cm; Bronze. Körper sehr schmal, endet hinten stumpf ohne ausgeprägte Schwanzflosse; Kopf breit mit Angabe der Augen (nur eines deutlich erhalten); Rückenflosse dicht hinter dem Kopf, auf der rechten Seite zwei, auf der linken eine Flosse; Inschrift auf linke und rechte Seite verteilt: (links) Wenn ein Fisch nicht seine beiden Flossen hat, wird das feindliche Land untergehen; Jahr 12 (rechts) des Nebukadnezar, des Königs von Babylon, Sohn des Napopolassar, des Königs von Babylon. – Die Asymmetrie der Flossen ist also beabsichtigt; die Datierung des Fisches ist auf das Jahr 592 v. Chr. festgelegt *(Taf. 69,365* nach Klengel). – Berlin, Vorderas. Mus. (VA Bab. 4374). – E. Klengel-Brandt, Forsch. u. Ber. 5, 1962, 31 ff.; P.-R. Berger, Neubabylonische Königsinschriften. AOAT 4/I (1973) 164.

Die Inschrift von Nr. 365 gehört zu der Gattung der Omina, wie sie häufig auf kleinen Tonmodellen zu finden sind,[115] aus Metall sind mir sonst keine Beispiele bekannt. Diese Deutung kann für die

---

[113] Bei einem Drachenkopf in Paris (Louvre AO 4106, Parrot, Assur Taf. 230) gibt es keinerlei Anhaltspunkte für mesopotamische Herkunft aus einer der hier behandelten Epochen.

[114] Vgl. vor allem Seidl, Baghd. Mitt. 4, 1968, 119 f. 122 f. – Calmeyer (Zschr. Assyr. 63, 1973, 128) vermutet, daß es sich um ein babylonisches Stück handelt, da Marduk in Assyrien wenig vertreten ist. – Ein kleiner Bronzespaten mit Griff in Schlangenform und einer Inschrift mit Nennung des Nabu wurde in Tşoga Zambil in kassitischem Zusammenhang gefunden: R. de Mecquenem/J. Michalon, Recherches à Tchoga Zembil. Mém. Délég. Arch. Iran 33 (1953) 56 Abb. 26 Taf. B,2–4; Amiet, Elam 359 Taf. 266.

[115] Z.B. eine Humbaba-Maske aus Ton im Brit. Mus. (BM 116624): S. Smith, Ann. Arch. Anth. 11, 1924, 107 ff. Taf. 13.

anderen Fische nicht zutreffen. Weder bei den apotropäischen Tonfiguren, die bei Ritualen eine Rolle spielen, noch als Göttersymbole lassen sich Fische belegen; Fischmenschen, Ziegenfische und Männer in Fischumhängen kommen zwar häufig vor, vor allem in Beziehung zu Ea,[116] Fische bilden aber immer nur einen Zusatz bei Szenen, die mit Wasser zu tun haben; sie konnten aber auch aus kostbarem Material Ea geweiht werden.[117] Da die Fische Nr. 363 und 364 sicherlich alle auf etwas aufgesetzt waren, könnte man vermuten, daß sie Dekorationselemente eines Wasserbeckens oder eines anderen Gegenstandes, der mit Ea in Verbindung stand, waren.

366. Kunsthandel. – Ziegenfigur; H. mit Ständer 9,9 cm; „Bronze". Die Ziege liegt mit untergeschlagenen Beinen, nur das linke Vorderbein ist nach vorne gestreckt, auf einer abgerundeten Plinthe, die wiederum auf vier Tierbeinen ruht, wahrscheinlich in einem Guß hergestellt. Der Leib ist sehr schlank, die Oberfläche so korrodiert, daß von der ursprünglich sehr feinen Arbeit kaum noch etwas zu sehen ist; die Hörner sind parallel nach hinten geführt, durch schräge Ritzungen ist eine Torsion angegeben (*Taf. 70,366* nach Mus. Phot.). – London, Brit. Mus. (BM 128889). – S. Smith, Brit. Mus. Quarterly 11, 1936/37, 120 Taf. 33,b.

Wie der Untersatz zeigt, ist dieses Tier als Einzelstück aufgestellt worden, wahrscheinlich in ähnlicher Funktion wie der Widder Nr. 194; eine Datierung in das 2. Jt. ist nicht ausgeschlossen. Auch die Datierung der folgenden Tiere in das 2. oder 1. Jt. muß vorläufig noch offenbleiben.

367. Susa. – Ziegenfigur; H. 4 cm; Bronze. Liegt mit untergeschlagenen Beinen auf einer Plinthe, Kopf zur Seite gedreht; Körper kurz und kräftig, Liegemotiv nicht so flach wie bei Nr. 366 oder auch bei den Ziegen aus Assur Nr. 206–210; Kinnbart angegeben. – Paris, Louvre (Sb 13940). – Unpubliziert.
368. Sippar. – Ziegenfigur; H. 4 cm; „Bronze". Sehr glatt gearbeitet, Hinterbeine zusammengefaßt, Vorderbeine kaum zu sehen, Hörner in massivem Bogen wiedergegeben, vielleicht auch nachassyrisch (*Taf. 69,368* nach de Meyer). – London, Brit. Mus. (BM 121176). – L. de Meyer (Hrsg.), Tell ed-Dēr III (1980) 108 Taf. 29 Nr. 117.
369. Kunsthandel. – Ziegenfigur; H. 3,5 cm; „Bronze"; sehr ähnlich wie Nr. 368, breitere Plinthe (*Taf. 71,369* nach Mus. Phot.). – London, Brit. Mus. (BM 121162). – Unpubliziert.
370. Kiš; Mound W, am Fundament der äußeren Westmauer. – Hirsch; H. 14 cm; „Bronze", Tonkern im Körper noch erhalten. Füße auf Zapfen für Aufsockelung. Sehr korrodiert, Vorderbeine abgebrochen; hochbeinig, Körper geschwungen, Kopf ein wenig aus der Körperachse gedreht, Ohren weit abstehend, frei gearbeitet wie auch das massige Geweih (*Taf. 70,370* nach Moorey). – Oxford, Ashmolean Mus. (1924.317). – Langdon, Excavations at Kish I 92 Taf. 28,2; P. R. S. Moorey, Ancient Iraq (1976) Taf. 25; ders., Kish, Fiche 4,6 B.

Moorey datiert diesen Hirsch ins 7. Jh. Daß in neuassyrischer Zeit vorzügliche kleine Tierfiguren hergestellt wurden, zeigen die Beispiele der Drachen Nr. 360.361, für einen Hirschen fehlen vorläufig Vergleiche aus Mesopotamien; eine Gegenüberstellung mit iranischen Tieren zeigt aber sofort Unterschiede.

371. Ur; Oberfläche, Nähe der nordöstlichen Stadtmauer. – Vogel; L. 4,5 cm; „Bronze". Grober Umriß, mit Gußzapfen; vgl. Bleivögel aus Assur (Andrae, Die jüngeren Ischtar-Tempel Taf. 44,g–k), die ins späte 1. Jt. gehören (*Taf. 69,371* nach Woolley). – Philadelphia, Univ. Mus. (31-16-206 = U. 14417). – Woolley, Ur Excavations IX 116 Taf. 25.

---

[116] Zu Männern in Fischumhängen vgl. o. S. 83, zu Fischmenschen (kulilu) vgl. Rittig, Assyrisch-babylonische Kleinplastik 218; ebd. 97 zu Ziegenfisch.

[117] Unger, in: RLA III 67 f. s. v. Fisch; kleine Fischamulette kommen seit frühsumerischer Zeit vor.

TIERPROTOMEN

Aus neuassyrischen Palästen hat sich eine Reihe von Tierprotomen – vor allem von Stieren und Antilopen – erhalten, die höchstwahrscheinlich Schmuckteile von kostbaren Möbeln waren.[118] Sie sind alle aus Bronzeblech getrieben, teilweise ist ein Bitumenkern erhalten. Manche von ihnen, wie Nr. 373.374 werden auch als Rhyta gedeutet; dagegen spricht aber doch der lange, zylindrische Schaft ohne jegliches Verzierungselement, auch ohne deutlichen Rand. Abbildungen von Tierkopfgefäßen[119] und auch Beispiele aus achämenidischer Zeit[120] weisen alle eine sich nach oben erweiternde Form auf. Diese Bronzen werden demnächst von J. Curtius[121] ausführlich vorgelegt, hier wird daher nur eine kurze Aufzählung vorgenommen.

372. Ḫorsabad (fouilles 1852). – Kopf einer Antilope; L. 12,1 cm; Bronzeblech getrieben. Der Kopf läuft in einer langen, sich nur unmerklich erweiternden Röhre aus; sparsam modelliert, nur Schnauze gegen nahezu runden Kopf abgesetzt; Ohren und Hörner liegen völlig flach an; Augen mit doppelten Bögen getrieben, Falten an Schnauze nur geritzt. Völlig geschlossener Umriß, der kaum über das röhrenförmige Ende hinausragt (Taf. 71,372 nach Mus. Phot.). – Paris, Louvre (N 8259, Inv. Nap. 3094). – A. de Longpérier, Notice des antiquités assyriennes, babyloniennes...³ (1854) Nr. 216; V. Place, Ninive et l'Assyrie III (1867) Taf. 73,8; Pottier, Catalogue 137 Nr. 155; P. Amiet, Rev. du Louvre 19, 1969, 338 Abb. 21.

373. Ḫorsabad (fouilles 1852). – Kopf einer Antilope; L. 13,6 cm; Bronzeblech getrieben. Sehr ähnlich wie Nr. 372. Schaft etwas länger, Ohren etwas kürzer und breiter, nicht über die gleiche Matrize getrieben (Taf. 71,372 nach Mus. Phot.). – Paris, Louvre (N 8260, Inv. Nap. 3095). – A. de Longpérier, Notice des antiquités assyriennes, babyloniennes...³ (1854) Nr. 217; V. Place, Ninive et l'Assyrie III (1867) Taf. 73,9; Pottier, Catalogue 137 Nr. 155; P. Amiet, Rev. du Louvre 1969, 338 Abb. 22.

374. Ḫorsabad. – Rinderkopf; H. 9 (8,5) cm, L. 7,5 (6) cm; Bronzeblech, getrieben. Kurzer Hals, schließt mit doppelter Linie ab, kleine Löcher für Befestigung; Zwischen den Ohren und bis zum Maul kleine Locken, Ohren flach nach hinten gelegt, keine Hörner, nur kleine Verdickungen (Taf. 74,374 nach Botta). – Paris, Louvre (AO 2168, N 8256). – A. de Longpérier, Musée Napoléon III. Choix de monuments antiques (o. J.) Nr. 213; Botta, Monuments de Ninive II (1849) Taf. 164; V (1850) 168 (dort vergleichbare Stücke erwähnt); Pottier, Catalogue 137 Nr. 154.

375. Nimrud; Nordwest-Palast, große Halle. – Stierkopf? Vom langen Schaft nur Reste erhalten, Kopf saß etwas nach unten gerichtet daran; fragmentarisch, aber offenbar ohne Locken (Taf. 74,375 nach Layard). – London, Brit. Mus. – H. A. Layard, Monuments of Nineveh I (1849) Taf. 96,4.

376. Nimrud. – Zwei Stierköpfe, bei einem die Verlängerung zur Montierung auf einer Lehne noch erhalten; beide ähnlich wie Nr. 374 mit Lockenreihen zwischen den Hörnern und um den Hals. – London, Brit. Mus. (BM 119435). – Unpubliziert.

377. Nimrud. – Stierkopf und eventuell Antilopenkopf (vgl. Nr. 372), von dem wenig Bronze, aber der modellierte Bitumenkern erhalten war. – Verbleib unbekannt. – Abgebildet bei: H. A. Layard, Nineveh and Babylon (1853) Abb. S. 199.[122]

Kleinere gegossene Tierköpfe dienten auch als Griff oder Fassung für Wetzsteine, Fliegenwedel und ähnliches. Auf den neuassyrischen Palastreliefs sind solche Geräte oft deutlich abgebildet, allerdings

---

[118] Hrouda, Kulturgeschichte 67 ff. Taf. 16.

[119] Ebd. Taf. 19; ähnlich wie Nr. 372, aber mit kurzem, weit offenem Zylinder ein iranisches Rhyton: Orthmann, Propyläen Kunstgeschichte 14 Taf. 266,a.

[120] Porada, Alt-Iran (1962) 159 Abb. S. 161 oben: Matrize aus Stein für Löwenkopfrhyton?

[121] J. E. Curtis, An Examination of Late Assyrian Metalwork (1979; unpublished Ph. D., University of London).

[122] Eine bei Layard, Monuments of Nineveh I (1849) Taf. 96,14 abgebildete Statuette eines Widders nicht auffindbar, soll aus Wadi Jehennen (Nähe von Moṣul) stammen. – Eine weitere Widderprotome, deren Hals geschlossen ist, befindet sich im Brit. Mus., unpubliziert.

läßt sich den Darstellungen natürlich nicht entnehmen, ob diese Tierköpfe aus Metall oder aus Elfenbein hergestellt waren.[123]

378. Sippar? von Rassam aufgelesen. – Wetzstein, Fassung in Form eines Widderkopfes; L. Stein und Kopf 25,6 cm; Kopf „Bronze", wahrscheinlich weitgehend hohl gegossen; Weihinschrift des Tukulti-Mer, Königs von Hama an Šamaš von Sippar.[124] Hörner nach hinten gebogen, teilweise frei gearbeitet, Augenhöhlen für Einlagen; in der Schnauze Öse, außerdem ein Loch, vielleicht nicht beabsichtigt; sehr qualitätvoll (*Taf. 71,378* nach Mus. Phot.). – London, Brit. Mus. (BM 93077). – T. G. Pinches, Transactions of the Soc. of Biblical Archaeol. 8 (1885) 351 ff. Taf. 4,4; S. Smith, Early History of Assyria (1928) Taf. 18,a; L. de Meyer (Hrsg.), Tell ed-Dēr III (1980) 104 Nr. 72.

379. Kunsthandel. – Widderkopf mit Röhre, wahrscheinlich für Wedel; L. ?; „Bronze". Hörner flach um die Ohren nach vorne gelegt, Augäpfel plastisch ausgeführt, Fell durch kleine Buckel angegeben (*Taf. 71,379* nach Mus. Phot.). – New York, Met. Mus. (51.178). – C. K. Wilkinson, Bull. Met. Mus. 10,8, 1952, 237 mit Abb.

Nr. 379 stimmt auffallend mit Darstellungen auf den Reliefs überein.[125] Ähnliche Gegenstände mit solchen kannelierten Röhren sind sehr oft aus Elfenbein erhalten,[126] allerdings müßte an diese noch der eigentliche Griff ansetzen.

LAMPEN UND GEWICHTE IN TIERFORM

Lampen in Tierform sind nur drei Exemplare überliefert; Nr. 380.381 lassen sich auf Grund ihrer Fundlage in die altbabylonische Zeit datieren, Nr. 382 läßt sich an keine bekannten mesopotamischen Löwendarstellungen anschließen, die Datierung muß offenbleiben.

380. Iščali; Kititum-Tempel, Antecella. – Lampe in Löwenform; L. ca. 10 cm; „Kupfer". Körper hohl, im Rücken großes Loch mit erhöhtem Rand; auf kurzen Beinen, die eigentlich kaum zu einem Löwen passen. Der Unterkiefer weit nach vorne gezogen, oben geöffnet (*Taf. 74,380* nach Frankfort). – Baghdad, Iraq-Mus. (IM 24316). – H. Frankfort, Orient. Inst. Comm. 20 (1936) 97f. Abb. 75.

381. Iščali; Kititum-Tempel, Antecella. – Lampe in Löwenform; erhaltene L. ca. 5 cm; nur fragmentarisch erhalten, war wohl ein Gegenstück zu Nr. 380 (*Taf. 74,381* nach Frankfort). – Baghdad, Iraq-Mus.? – H. Frankfort, Orient. Inst. Comm. 20 (1936) 97f. Abb. 76.

382. Ur (Grabung von Hall). – Lampe in Form eines Löwen; L. 13,1 cm, Br. an Vordertatzen 3,3 cm; „Bronze", teilweise hohl gegossen. Hintere Hälfte des Körpers weggebrochen, da Wandung sehr dünn. Beine am Körper anliegend, voll gegossen; Mähne zieht sich in drei mit Strichelung versehenen Streifen vom Kopf bis zu den Hinterkeulen. Über dem hinteren Teil eine Öffnung, Schwanz an die Öffnung gelegt. Offener Unterkiefer weit vorgeschoben (*Taf. 71,382* nach Mus. Phot.). – London, Brit. Mus. (BM 115319). – British Museum Guide 82; unpubliziert.

---

[123] Für Wetzsteine, die meist zusammen mit einem Dolch ins Gewand gesteckt wurden, vgl. Hrouda, Kulturgeschichte 81 Taf. 22,21–26, dort auch Tierprotomen mit Ösen und Schnur. Vgl. auch einen Wetzstein aus Schiefer mit Goldfassung in Form eines Löwenkopfes, mittelelamisch (Amiet, Elam Taf. 320).

[124] Zur Inschrift vgl. F. Thureau-Dangin/P. E. Dhorme, Syria 5, 1924, 279 f.; E. Weidner, Analecta Orientalia 12 (Festschr. Deimel), 1935, 336 ff.; zu Tukulti-Mer vgl. Cambridge Ancient History II,2, 469, Zeit des Assurbelkala oder Tiglatpilesar (11. Jh.).

[125] Hrouda, Kulturgeschichte 106 Taf. 32.

[126] Mallowan, Nimrud and its Remains I (1966) 145 Abb. 85; vgl. auch Barnett, A Catalogue of the Nimrud Ivories² (1975) 104.

Die figürlichen Gewichte aus Metall datieren alle in das 1. Jt.; während die Entenform seit neusumerischer (wohl auch schon akkadischer) Zeit in Stein belegt ist, kommen die Gewichtslöwen offenbar nur in Metall vor.[127] Eine erschöpfende Behandlung dieser Gewichte steht noch aus, hier werden sie nur nach Angaben in den Publikationen katalogisiert.

383. Nimrud; Nordwestpalast, unter umgestürztem Stierkoloß am Eingang b der großen Halle. – 16 Löwengewichte; a–h gehören zu einer Serie: sie liegen auf einer mitgegossenen Plinthe, Vorderbeine nach vorne gestreckt, den Schwanz um die rechte Hinterkeule gelegt, Bauchmähne nicht angegeben, Schulter- und Kopfmähne in dicken Schuppen, gegen das Gesicht kranzartig verdickt, Schulter bei c, d und f bedeckt. Ohren liegen eng an, mit der Öffnung nach unten, Wangen und Barthaare sind palmettenartig stilisiert, die Nase ist gekraust, die Zähne sind angegeben. Die Henkel sind jeweils separat gegossen und in Löcher eingepaßt.

a. L. 28,2 cm; Henkel mit Verdickung am Ansatz zum Gewichtsausgleich; auf linker Seite 15 Striche; auf rechter Seite und Basis aramäische Inschrift: 15 königliche Minen (keine Keilinschrift); 14,934 kg (Taf. 72,383 a nach Mus. Phot.). – London, Brit. Mus. (BM 91220). – Layard Nr. 1; CIS II Nr. 1.

b. L. 19,7 cm; Henkel; auf linker Seite fünf Striche; auf rechter Seite und Basis aramäische Inschrift, auf Rücken Keilinschrift: Palast des Salmanassar, Königs von Assyrien, 5 königliche Minen; 5,043 kg (Taf. 72,383 b nach Mus. Phot.). – London, Brit. Mus. (BM 91221). – Layard Nr. 2; CIS II Nr. 2 Taf. 1,2.

c. L. ca. 15 cm; Henkel fehlt; auf linker Seite drei Striche; auf rechter Seite und Basis aramäische Inschrift, auf Rücken Keilinschrift: Palast des Salmanassar, 3 königliche Minen; 2,865 kg (Taf. 72,383 c nach Mus. Phot.). – London, Brit. Mus. (BM 91226). – Layard Nr. 3; CIS II Nr. 3.

d. L. 13,1 cm; Henkel; sehr dicke Plinthe; auf linker Seite zwei Striche; auf rechter Seite und Basis aramäische Inschrift, auf Rücken Keilinschrift: Palast des Salmanassar, Königs von Assyrien, 2 königliche Minen; 1,992 kg (Taf. 72,383 d nach Mus. Phot.). – London, Brit. Mus. (BM 91222). – Layard Nr. 4; CIS II Nr. 4.

e. Henkel fehlt; auf linker Seite ein Strich; auf rechter Seite der Basis aramäische Inschrift, Keilinschrift auf dem Rücken: Palast des Salmanassar (?), Königs von Assyrien, 1 königliche Mine; 955 g. – London, Brit. Mus. – Layard Nr. 8; CIS II Nr. 6.

f. L. 8,5 cm; hochgewölbter Henkel; auf linker Seite zwei gekreuzte Striche; auf Basis aramäische Inschrift, auf rechter Seite (?) Keilinschrift: Palast des Salmanassar, Königs von Assyrien, ⅔ königliche Mine; 666 g (Taf. 72,383 f nach Mus. Phot.). – London, Brit. Mus. (BM 91230). – Layard Nr. 9; CIS II Nr. 7.

g. L. 6,1 cm; Henkel; auf linker Seite vier Striche; auf rechter Seite (oder auf der Unterseite?) aramäische Inschrift, auf Rücken undeutliche Keilinschrift: Palast des Salmanassar (?), ¼ königliche Mine; 227 (237) g (Taf. 72,383 g nach Mus. Phot.). – London, Brit. Mus. (BM 91232). – Layard Nr. 13; CIS II Nr. 11.

h. Henkel; auf linker Seite fünf Striche; auf rechter Seite und Basis aramäische Inschrift, auf Rücken Keilinschrift: Palast des Salmanassar, Königs von Assyrien, ⅕ königliche Mine; 202 g; loser, nicht geschlossener Ring um den Hals als Gewichtsausgleich? – London, Brit. Mus. – Layard Nr. 14; CIS II Nr. 12.

Nr. i–p gehören einem etwas unterschiedlichen Typ an, sie waren nie mit Henkeln versehen; bei Nr. j–m liegt eine andere Gewichtseinheit zugrunde, bei der die Mine nur das halbe Gewicht der königlichen Mine des Salmanassar beträgt.

i. L. 12,8 cm; Maul geschlossen, Mähne weniger plastisch, flammenartig geritzt, ebenso die Bauchmähne; auf der Schulter geritzte Rosette; Wangen glatt, nur Schnauze palmettenartig stilisiert. Auf linker Seite zwei Striche, wahrscheinlich auf rechter aramäische Inschrift, auf Rücken Keilinschrift: Palast des Salmanassar, Königs von Assyrien, 2 königliche Minen; 1,931 kg (Taf. 72,383 i nach Mus. Phot.). – London, Brit. Mus. (BM 91223). – Layard Nr. 5; CIS II Nr. 5.

j. Auf linker Seite ein Strich; auf Unterseite aramäische Inschrift, auf rechter Seite Keilinschrift: Palast des Sargon, Königs von Assyrien, 1 königliche Mine; 481 g. – London, Brit. Mus. (BM 91227). – Layard Nr. 10; CIS II Nr. 8.

k. Ein Strich auf linker Seite; aramäische Inschrift auf Unterseite, Keilinschrift auf linker Seite zerstört: 1 Mine, Salamanassar? 468 g. – London, Brit. Mus. – Layard Nr. 11; CIS II Nr. 9.

l. Auf rechter Seite (oder auf Unterseite?) aramäische Inschrift, Keilinschrift: Palast des Sanherib, Königs

---

[127] In Syrien (Ugarit) lassen sich Gewichtslöwen aus Metall schon im 2. Jt. belegen (Land des Baal. Syrien – Forum der Völker und Kulturen. Ausstellung Berlin 1982. Nr. 116: Löwe mit Bleifüllung, Rind mit Bleifüllung und losem Ring um den Hals wie bei Nr. 383n aus Nimrud).

von Assyrien, ½ Mine; 240 g. – London, Brit. Mus. (BM 91231). – Layard Nr. 12; CIS II Nr. 10.
m. Keine aramäische Inschrift, Keilinschrift: Palast des Tiglat Pilesar (III.?), Königs von Assyrien, 2 königliche Minen; 946,46 g. – London, Brit. Mus. – Layard Nr. 6.
n. L. ca. 5 cm; drei Striche auf rechter Seite; auf Unterseite aramäische Inschrift, auf Rücken Keilschrift: Palast des Sargon, Königs von Assyrien; 52 g. Um den Körper ursprünglich ein loser Ring (Taf. 74,383 n nach Layard). – London, Brit. Mus. (BM 91234?). – Layard Nr. 15; CIS II Nr. 13.
o. L. 4,4 cm; zwei Striche auf einer Seite, aramäische Inschrift auf Unterseite; 35 g. – London, Brit. Mus. – Layard Nr. 16; CIS II Nr. 14.
p. Ohne Inschrift. – London, Brit. Mus. – Layard Nr. 7.
Weitere Literatur zu a–p: H. A. Layard, Monuments of Nineveh I (1849) Taf. 96,1 (Löwe a). 7.8 (Löwe n). 17 (Löwe i); ders., Nineveh and Babylon (1853) 601 mit Tafel (der Hinweis auf Layard Nr. 1–16 bei dem Löwen a–p bezieht sich auf diese Tafel); Brit. Mus. Guide 170 f. Nr. 37–52; RL IV/1,317; R. D. Barnett, A Catalogue of the Nimrud Ivories² (1975) 4 f.134.

384. Ḫorsabad; am Eingang des Tores F, neben der Türe befestigt. – Löwengewicht? H. 29 cm; 61 kg; Bronze. Liegemotiv wie bei vorigen, Schwanz auf die rechte Hinterkeule gelegt, Tatzen sorgfältig ausgeführt. Schulter- und Bauchmähne in dicken länglichen Zotten läßt die Schulter frei, um das Gesicht ist sie wulstartig verdickt. Ohren flach, schräg nach hinten gelegt. Maul weit aufgerissen, an Wangen doppelte Palmette, Schnauze stark gekraust; hoher, abgestufter Sockel. Mitten auf dem Rücken Verdickung mit großer runder Öse, mitgegossen (Taf. 73,384 nach Orthmann). – Paris, Louvre (AO 20116). – A. de Longpérier, Musée Napoléon III. Choix de monuments antiques (o. J.) Nr. 211 Taf. 151; Pottier, Catalogue 128 f. Taf. 29 Nr. 143; T. C. Mitchell, Iran 11, 1973, 173 ff.; Orthmann, Propyläen Kunstgeschichte 14 Taf. 178,a.

Es ist anzunehmen, daß der Löwe Nr. 384 ebenfalls ein Gewicht ist und an dieser Türe nur sekundär verwendet wurde. Der Henkel in Form einer runden Öse ist zwar ungewöhnlich, das Gewicht entspricht aber etwa 2 Talenten, ist also wahrscheinlich so beabsichtigt.

Die beiden folgenden Löwengewichte sind hier noch aufgeführt, obwohl sie schon in achämenidische Zeit datieren.[128]

385. Abydos (Dardanellen). – Löwengewicht; H. 20 cm, L. ca. 35 cm; 31,808 kg; Bronze (25 % Zinn, 2,6 % Arsen), Henkel Eisen. Mähne sehr geometrisch, durch Schraffuren in leicht erhöhte Rauten gegliedert, Schulter- und Bauchmähne; Ohren als runde Scheiben mit Verdickung, Öffnung nicht angegeben; Palmetten auf Wangen sehr plastisch; Augäpfel weit vorgewölbt, im weit offenen Maul Zähne angegeben. Am Henkel und an der Basis Gewicht durch zusätzliche Bronze ausgeglichen. Auf Basis aramäische Inschrift, auf Rücken eventuell griechisches Zeichen, keine Gewichtsangabe (Taf. 73,385 nach Mitchell). – London, Brit. Mus. (E 32625). – F. Calvert, Arch. Journ. 17, 1860, 199 f.; CIS II Nr. 108 mit Abb.; H. Donner/W. Röllig, Kanaanäische und aramäische Inschriften (1962/64) Nr. 263; T. C. Mitchell, Iran 11, 1973, 173 ff. Taf. 1.

386. Susa (Grabung 1901). – Löwengewicht; Löwe H. 24 cm, L. 46 cm; 121 kg; Sockel L. 52 cm; Bronze. Liegemotiv wie bei vorigen; sehr ornamental; ähnlich wie Nr. 385, aber im Oranament noch exakter; Brust- und Bauchmähne nicht verbunden, kantig abgegrenzt; Mähne liegt über dem Kopf flach an, Wulst nur unten herumgeführt wie ein Ring ohne Zottenangabe; Ohren flach, Augen nahezu menschlich mit deutlicher Angabe der Lider; gekrauste Schnauze, Wangen mit doppelter Palmette, Mund weit aufgerissen mit Angabe der Zähne. Basis und wahrscheinlich auch Henkel angegossen (Taf. 73,386 nach Encyclopédie). – Paris, Louvre (Sb 2718). – G. Lampre, Mém. Délég. Perse 8 (1905) 171 ff. Taf. 9; Pézard/Pottier, Catalogue Nr. 233 Taf. 17; E. Porada, Alt-Iran (1962) Taf. S. 161; Encyclopédie photographique 59 unten; T. C. Mitchell, Iran 11, 1973, 174.

387. Ḫorsabad; Residence K, Raum 23. – Entengewicht; L. 1,9 cm; Bronze. Kopf flach auf den Rücken gelegt (Taf. 74,387 nach Loud). – Chicago, Orient. Inst. Mus. (? = DS 1271). – Loud, Khorsabad II 99 Taf. 61 Nr. 178.

388. Ḫorsabad; Residence K, Raum 66. – Entengewicht; L. ca. 7,8 cm; Kopf auf den Rücken gelegt, Hals

---

[128] An den Löwen aus Abydos Nr. 385 anzuschließen ist auch die Löwengruppe aus Persepolis (Orthmann, Propyläen Kunstgeschichte 14 Taf. 178,b; H. 28 cm; Teheran, Iran Bastan Museum).

ösenartig hochgebogen, Schwanz angegeben (*Taf. 74,388* nach Loud). – Chicago, Orient. Inst. Mus. (? = DS 1138). – Loud, Khorsabad II 99 Taf. 61 Nr. 181.

389. **Ḫorsabad**; wie Nr. 388. – Entengewicht; L. 6,5 cm; Bronze, wie vorige (*Taf. 74,389* nach Loud). – Baghdad, Iraq-Mus. (IM? = DS 1137). – Loud, Khorsabad II 99 Taf. 61 Nr. 182.

390. **Ḫorsabad**; Palast F, Raum 8. – Entengewicht; L. 5 cm; Bronze. Hals flach auf den Rücken gelegt (*Taf. 74,390* nach Loud). – Baghdad, Iraq-Mus. (? = DS 1164). – Loud, Khorsabad II 99 Taf. 61 Nr. 180.

391. **Assur**. – Entengewicht; H. 3,7 cm, L. 5,4 cm; Bronze. Schwanz stumpf, Hals sehr hoch gebogen, Kopf berührt nur mit der Schnabelspitze den Rücken (*Taf. 74,391* nach Katalog). – Berlin, Vorderas. Mus. (VA 7280). – Die Welt des Alten Orients. Katalog Göttingen (1975) Nr. 195.

392. **Kunsthandel.** – Entengewicht; H. 3,2 cm; Bronze; hochgebogener Hals. – Bomford Coll. – P. R. S. Moorey, Antiquities from the Bomford Collection (1966) 45 Nr. 228 (nicht abgebildet).

393. **Kunsthandel.** – Entengewicht; H. 5,4 cm; L. 9 cm; Bronze. Hochgebogener Hals, langer Schnabel. – Toronto, Slg. Borowski (B 47). – Unpubliziert.

IMPORT[129]

394. **Nimrud**; Fort Salmanassar C 6. – Statuette eines Bez; H. 12 cm; „Bronze", gegossen. Die kleine Figur des ägyptischen Bez ist nicht vollplastisch ausgeführt, sie ist hinten offen für Befestigung an einem stabartigen Gegenstand. Der Bez trägt den kurzen Schurz, eine Federkrone und einen ägyptischen Halskragen; Beine auf einer Standplatte (*Taf. 74,394* nach Mallowan). – Baghdad, Iraq-Mus. (? = ND 7857). – M. Mallowan, Nimrud and its Remains II (1966) 435 f. Abb. 361; V. Wilson, Levant 7, 1975, 77 f.

Nach Wilson spricht der Halskragen für „phönikische" Herkunft, auch die vor der Brust geballten Hände sollen nicht ägyptisch sein. Der Gesichtstyp mit Tierohren und mähnenartigem Haar ist weit verbreitet.

---

[129] Ebenfalls um einen Import, allerdings aus frühdynastischer Zeit, handelt es sich bei einem reliefierten Beschlag aus dem Grab PG/789 aus dem Königsfriedhof von Ur (43 × 18 cm; Philadelphia, Univ. Mus. CBS 17066 = U. 10475; Woolley, Ur Excavations II 68.557 Taf. 169; P. Gilbert, Iraq 22, 1960, 96 ff.). Es ist ein rechteckiges Blech mit figürlicher Szene und Rosettendekor, darunter noch eine runde Scheibe. Dargestellt sind zwei schreitende Löwen, jeweils nach außen gerichtet; kantiger, geschlossener Mähnenumriß ohne Binnenzeichnung, geschwungene Rückenlinie und Schreitmotiv deuten auf nicht-mesopotamischen Ursprung. Unter der Standlinie der Löwen, ebenfalls mit den Köpfen nach außen, liegen zwei Gefallene, unbekleidet oder mit Lendenschurz; auch der Lendenschurz der Gefallenen wäre in Mesopotamien ungewöhnlich, ebenso wie das Motiv des siegreichen Löwen; Herkunft aus Ägypten ist wahrscheinlich.

VERZEICHNISSE UND REGISTER

VERZEICHNIS DER ALLGEMEINEN ABKÜRZUNGEN

Br.	=	Breite	L.	=	Länge
Coll.	=	Collection	Mus.	=	Museum
Durchm.	=	Durchmesser	Phot.	=	Photographie
H.	=	Höhe	Slg.	=	Sammlung

VERZEICHNIS DER LITERATURABKÜRZUNGEN

MONOGRAPHIEN, REIHEN, SAMMELBÄNDE

Amiet, Elam = P. Amiet, Elam (1966).

Andrae, Die archaischen Ischtar-Tempel = W. Andrae, Die archaischen Ischtar-Tempel in Assur. WVDOG 39 (1922, Neudr. 1970).

Andrae, Die jüngeren Ischtar-Tempel = W. Andrae, Die jüngeren Ischtar-Tempel in Assur. WVDOG 58 (1935).

Barnett, Nimrud Ivories = R. D. Barnett, A Catalogue of the Nimrud Ivories² (1975).

Baghd. Forsch. = Baghdader Forschungen (Mainz).

Banks, Bismya = E. J. Banks, Bismya or the Lost City of Adab (1912).

Barrelet, Figurines et reliefs en terre cuite = M.-Th. Barrelet, Figurines et reliefs en terre cuite de la Mésopotamie antique I. Bibl. arch. hist. Beyrouth 85 (1968).

Behm-Blancke, Das Tierbild = M. R. Behm-Blancke, Das Tierbild in der altmesopotamischen Rundplastik. Baghd. Forsch. 1 (1979).

Bibl. arch. hist. Beyrouth = Institut Français d'Archéologie de Beyrouth. Bibliothèque archéologique et historique (Paris).

Boehmer, Glyptik = R. M. Boehmer, Die Entwicklung der Glyptik während der Akkad-Zeit. UAVA 4 (1965).

Börker-Klähn, Altvorderasiatische Bildstelen = J. Börker-Klähn, Altvorderasiatische Bildstelen und vergleichbare Felsreliefs. Baghd. Forsch. 4 (1982).

Boese, Weihplatten = J. Boese, Altmesopotamische Weihplatten. UAVA 6 (1971).

Braun-Holzinger, Beterstatuetten = E. A. Braun-Holzinger, Frühdynastische Beterstatuetten. Abhandlungen der Deutschen Orient-Gesellschaft 19 (1977).

Brit. Mus. Guide = British Museum. A Guide to the Babylonian and Assyrian Antiquities³ (1922).

Budge, Amulets = E. A. W. Budge, Amulets and Talismans (1968).

Calmeyer, Datierbare Bronzen = P. Calmeyer, Datierbare Bronzen aus Luristan und Kirmanshah. UAVA 5 (1969).

Christian, Altertumskunde = V. Christian, Altertumskunde des Zweistromlandes (1940).

CIS = Corpus Inscriptionum Semiticarum (Paris).

Contenau, Manuel = G. Contenau, Manuel d'archéologie orientale I–IV (1927–47).

Contenau, Monuments mésopotamiens = G. Contenau, Monuments mésopotamines (Musée du Louvre) (1934).

Delougaz, Pre-Sargonid Temples = P. Delougaz/S. Lloyd, Pre-Sargonid Temples in the Diyala Region. Orient. Inst. Publ. 58 (1942).

Delougaz, Temple Oval = P. Delougaz, The Temple Oval at Khafājah. Orient. Inst. Publ. 53 (1940).

Encyclopédie photographique = M. Rutten, Encyclopédie photographique de l'art. Les arts du Moyen-Orient ancien (1962).

Frankfort, Art and Architecture = H. Frankfort, The Art and Architecture of the Ancient Orient³ (1963).

Frankfort, Sculpture = H. Frankfort, Sculpture of the Third Millenium B.C. from Tell Asmar and Khafājah. Orient. Inst. Publ. 44 (1939).

Frankfort, More Sculpture = H. Frankfort, More Sculpture from the Diyala Region. Orient. Inst. Publ. 60 (1943).

Genouillac, Telloh = H. de Genouillac, Fouilles de Telloh I (1934); II (1936).

Gibson, Kish = McGuire Gibson, The City and Area of Kish (1972).

Hall, Ur Excavations I = H. R. Hall/L. Woolley, Ur Excavations I. Al-'Ubaid (1927).

Haller, Gräber und Grüfte = A. Haller, Die Gräber und Grüfte von Assur. WVDOG 65 (1954).

Haller, Heiligtümer = A. Haller, Die Heiligtümer des Gottes Assur und der Sin-Šamaš-Tempel in Assur. WVDOG 67 (1955).

Heinrich, Kleinfunde = E. Heinrich, Kleinfunde aus den archaischen Tempelschichten in Uruk. Ausgrabungen der Deutschen Forschungsgemeinschaft in Uruk-Warka 1 (1936).

Heuzey, Catalogue = L. Heuzey, Musée National du Louvre. Catalogue des antiquités chaldéennes (1902).

Hrouda, Kulturgeschichte = B. Hrouda, Die Kulturgeschichte des assyrischen Flachbildes. Saarbrükker Beiträge zur Altertumskunde 2 (1965).

Hrouda, Isin = B. Hrouda, Isin – Išān Baḥrīyāt I. Die Ergebnisse der Ausgrabungen 1973–1974; II. Die Ergebnisse der Ausgrabungen 1975–1978. Abhandl. Bayer. Akad. Wiss. Phil.-hist. Kl. N.F. 78 (1977). 87 (1981).

Jantzen, Samos VIII = U. Jantzen, Ägyptische und Orientalische Bronzen aus dem Heraion von Samos. Samos VIII (1972).

Langdon, Excavations at Kish I = St. Langdon, Excavations at Kish I 1923–24 (1924).

Loud, Khorsabad II = G. Loud/C. B. Altmann, Khorsabad II. Orient. Inst. Publ. 40 (1938).

Mackay, Kish = E. Mackay, A Sumerian Palace and the „A" Cemetery at Kish, Mesopotamia. Field Museum of National History. Anthropology, Memoirs I,1 (1925). 2 (1929).

Margueron, Mesopotamien = J. C. Margueron, Mesopotamien (1965).

McCown/Haines, Nippur I = D. E. McCown/R. C. Haines, Nippur I. Temple of Enlil, Scribal Quarters, Soundings. Orient. Inst. Publ. 78 (1967).

McCown/Haines, Nippur II = D. E. McCown/R. C. Haines/R. D. Biggs, Nippur II. The North Temple and Sounding E. Orient. Inst. Publ. 97 (1978).

Mém. Délég. Arch. Iran = Mémoires de la Délégation Archéologique en Iran (Paris).

Mém. Délég. Perse = Mémoires de la Délégation en Perse (Paris).

Meyer, Altorientalische Denkmäler = G. R. Meyer, Altorientalische Denkmäler im Vorderasiatischen Museum zu Berlin (1965).

Moorey, Kish = P. R. S. Moorey, Kish Excavations 1923–1933 (1978).

Moortgat Festschrift = Vorderasiatische Archäologie. Studien und Aufsätze, Anton Moortgat zum 65. Geburtstag gewidmet. Hrsg. K. Bittel u. a. (1964).

Moortgat, Kunst = A. Moortgat, Die Kunst des Alten Mesopotamien (1967).

Muscarella, Ladders to Heaven = O. W. Muscarella (Hrsg.), Ladders to Heaven. Art Treasures from Lands of the Bible (1981).

Nissen, Königsfriedhof = H. J. Nissen, Zur Datierung des Königsfriedhofes von Ur. Beiträge zur ur- und frühgeschichtlichen Archäologie des Mittelmeer-Kulturraumes 3 (1966).

Opificius, Das altbabylonische Terrakottarelief = R. Opificius, Das altbabylonische Terrakottarelief. UAVA 2 (1961).

Oppenheim Festschrift = Studies Presented to A. Leo Oppenheim (1964).

Orient. Inst. Comm. = Oriental Institute Communications. The University of Chicago (Chicago).

Orient. Inst. Publ. = Oriental Institute Publications. The University of Chicago (Chicago).

Orthmann, Propyläen Kunstgeschichte 14 = W. Orthmann, Der Alte Orient. Propyläen Kunstgeschichte 14 (1975).

Parrot, Assur = A. Parrot, Assur (1961).

Parrot, Le Palais III = A. Parrot, Mission Archéologique de Mari II. Le palais III. Bibl.arch.hist. Beyrouth 70 (1959).

Parrot, Sumer = A. Parrot, Sumer (1960).

Parrot, Tello = A. Parrot, Tello. Vingt campagnes de fouilles (1877–1933) (1948).

Parrot, Le Temple d'Ishtar = A. Parrot, Mission Archéologique de Mari I. Le Temple d'Ishtar. Bibl. arch. hist. Beyrouth 65 (1956).

Parrot, Les temples d'Ishtarat et de Ninni-Zaza = A. Parrot, Mission Archéologique de Mari III. Les temples d'Ishtarat et de Ninni-Zaza. Bibl. arch. hist. Beyrouth 86 (1967).

Parrot, Le trésor d'Ur = A. Parrot, Mission archéologique de Mari IV. Le „trésor" d'Ur. Bibl. arch. hist. Beyrouth 87 (1968).

Pézard/Pottier, Catalogue = M. Pézard/E. Pottier, Musée National du Louvre. Catalogue des antiquités de la Susiane (1926).

Pottier, Catalogue = E. Pottier, Musée National du Louvre. Catalogue des antiquités assyriennes (1924).

Rashid, PBF. I,2 (1983) = S. A. Rashid, Gründungsfiguren im Iraq. PBF. I,2 (1983).

Rittig, Assyrisch-babylonische Kleinplastik = D. Rittig, Assyrisch-babylonische Kleinplastik magischer Bedeutung vom 13.–6. Jh. v. Chr. Münchener Vorderasiatische Studien I (1977).

RL = M. Ebert (Hrsg.), Reallexikon der Vorgeschichte (1924–1932).

RLA = Reallexikon der Assyriologie (Berlin/Leipzig, Berlin/New York).

de Sarzec, Découvertes = E. de Sarzec/L. Heuzey, Découvertes en Chaldée (1884–1912).

Seeden, PBF. I,1 (1980) = H. Seeden, The Standing Armed Figurines in the Levant. PBF. I,1 (1980).

Spycket, La statuaire = A. Spycket, La statuaire du Proche-Orient ancien. Handbuch der Orientalistik VII. 1. Der Alte Vordere Orient 2 B 2 (1981).

Starr, Nuzi = F. R. S. Starr, Nuzi. Report on the Excavations at Yorgan Tepe near Kirkuk. Iraq 1927–1931 (1937–1939).

Strommenger, Mesopotamien = E. Strommenger, Fünf Jahrtausende Mesopotamien (1962).

UAVA = Untersuchungen zur Assyriologie und Vorderasiatischen Archäologie (Berlin/New York).

UVB = Uruk, Vorläufiger Bericht über die... Ausgrabungen in Uruk-Warka (1930 ff.); 1–11: Abhandlungen der Preußischen Akademie der Wissenschaften, philosophisch-historische Klasse; ab 12:

Abhandlungen der Deutschen Orient-Gesellschaft (Berlin).
Watelin, Excavations at Kish IV = L. Ch. Watelin/St. Langdon, Excavations at Kish IV 1925–30 (1934).
Woolley, Ur Excavations II = C. L. Woolley, Ur Excavations II. The Royal Cemetery (1934).
Woolley, Ur Excavations IV = C. L. Woolley, Ur Excavations IV. The Early Periods (1955).
Woolley, Ur Excavations VI = C. L. Woolley, Ur Excavations VI. The Buildings of the Third Dynasty (1974).
Woolley, Ur Excavations VII = C. L. Woolley/M. Mallowan, Ur Excavations VII. The Old Babylonian Period (1976).
Woolley, Ur Excavations VIII = C. L. Woolley, Ur Excavations VIII. The Kassite Period and the Period of the Assyrian Kings (1965).
Woolley, Ur Excavations IX = C. L. Woolley, Ur Excavations IX. The Neo-Babylonian and Persian Periods (1962).
WVDOG = Wissenschaftliche Veröffentlichungen der Deutschen Orient-Gesellschaft (Leipzig/Berlin).
Zervos, L'art de la Mésopotamie = Chr. Zervos, L'art de la Mésopotamie, Elam, Sumer, Akkad (1935).

ZEITSCHRIFTEN

Am. Journ. Arch. = American Journal of Archaeology.
Analecta Orientalia = Analecta Orientalia (Rom).
Ann. Arch. Anth. = Annals of Archaeology and Anthropology. University of Liverpool (Liverpool).
Ann. Mus. Istanbul = Annuaire des Musées d'Antiquités d'Istanbul (Istanbul).
Antiquaries Journ. = The Antiquaries Journal, Being the Journal of the Society of Antiquaries of London (London).
APA = Acta Praehistorica et Archaeologica (Berlin).
Arch. Anz. = Archäologischer Anzeiger. Beiblatt zum Jahrbuch des Deutschen Archäologischen Instituts (Berlin).
Arch. Journ. = The Archaeological Journal (London).
Arch. Mitt. Iran = Archäologische Mitteilungen aus Iran (Berlin).
Archaeology = Archaeology (New York).
Archaeometry = Archaeometry (Oxford).
Archiv Orientforsch. = Archiv für Orientforschung (Berlin/Graz).
Art and Archaeology = Art and Archaeology (Washington).
Athen. Mitt. = Mitteilungen des Deutschen Archäologischen Instituts, Athenische Abteilung (Berlin).
Baghd. Mitt. = Baghdader Mitteilungen (Berlin).
Berl. Jb. Vorgesch. = Berliner Jahrbuch für Vor- und Frühgeschichte (Berlin).
Berytus = Berytus. Archaeological Studies (Beirut).
Bibl. Orient. = Bibliotheca Orientalis (Leiden).
Bonner Jahrb. = Bonner Jahrbücher des Rheinischen Landesmuseums in Bonn und des Vereins der Altertumsfreunde im Rheinland (Kevelaer).
Brit. Mus. Quarterly = The British Museum Quarterly (London).
Bull. Met. Mus. = The Metropolitan Museum of Art Bulletin (New York).
Cahiers DAFI = Cahiers de la Délégation Archéologique Française en Iran (Paris).
East and West = East and West (Rom).
Eurasia Sept. Ant. = Eurasia Septentrionalis Antiqua (Helsinki).
Forsch. u. Ber. = Forschungen und Berichte. Staatliche Museen zu Berlin (Berlin).
Hesperia = Hesperia (Princeton).
Ill. London News = The Illustrated London News (London).
Iran = Iran (London).
Iranica Ant. = Iranica Antiqua (Leiden).
Iraq = Iraq (London).
Jaarber. Ex Oriente Lux = Jaarbericht van het Vooraziatisch-Egyptisch Genootschap (Gezelschap) Ex Oriente Lux (Leiden).
Jb. Dtsch. Arch. Inst. = Jahrbuch des Deutschen Archäologischen Instituts (Berlin).
Journ. Am. Orient. Soc. = Journal of the American Oriental Society (New Haven).
Journ. Anc. Near Eastern Soc. Col. Univ. = Journal of the Ancient Near Eastern Society of Columbia University (New York).
Journ. Near. East. Stud. = Journal of Near Eastern Studies (Chicago).
Journ. Roy. As. Soc. = The Journal of the Royal Asiatic Society of Great Britain and Ireland (London).
Kuml = Kuml (Aarhus).
Levant = Levant. Journal of the British School of Archaeology in Jerusalem (London).
Marburger Winckelmann-Progr. = Marburger Winckelmann-Programm (Marburg).

Mélanges de l'Univ. St. Joseph = Mélanges de l'Université Saint Joseph (Beirut).
Mitt. Altorient. Ges. = Mitteilungen der Altorientalischen Gesellschaft (Leipzig).
Mitt. Inst. Orientforsch. = Mitteilungen des Instituts für Orientforschung (Berlin).
Mon. Piot = Monuments et Mémoires. Fondation E. Piot (Paris).
Mus. Journ. Philadelphia = The Museum Journal. The Museum of the University of Pennsylvania (Philadelphia).
Oriens Ant. = Oriens Antiquus (Rom).
Orientalia = Orientalia (Rom).
Oudh. Meded. = Oudheidkundige mededelingen uit het Rijksmuseum von oudheden te Leiden (Leiden).
Recueil Travaux = Recueil de travaux relatifs à la philologie et à l'archéologie égyptiennes et assyriennes (Paris).
Rev. Assyr. = Revue d'assyriologie et d'archéologie orientale (Paris).
Rev. du Louvre = La revue du Louvre et des Musées de France (Paris).
Syria = Syria. Revue d'art oriental et d'archéologie (Paris).
Sumer = Sumer. A Journal of Archaeology and History in Iraq (Baghdad).
Zschr. Assyr. = Zeitschrift für Assyriologie und Vorderasiatische Archäologie (Berlin, Leipzig).

VERZEICHNIS DER MUSEEN UND SAMMLUNGEN

Aleppo, National Museum 14? 15? 142. 205
Antiochia, Museum 291
Baghdad, Iraq-Museum 2. 6. 8 b–d. 9? 11. 33. 34. 36. 49. 50. 53. 54. 55? 56. 58–62. 64. 68 a.c.(f). 78 b.c.e. 79. 81. 82. 87. 89. 90. 96 A. 99. 101. 103. 106? 115. 117. 120. 124. 125. 127? 128? 132. 133. 135. 149. 153. 162. 175–178. 184. 187. 270. 271? 284. 290. 292. 298–305. 307 b. 309–312? 313? 313 A. 314? 318. 325. 335. 353? 357. 380. 381. 389. 390. 394
Berlin, Staatliche Museen Preußischer Kulturbesitz
    Museum für Vor- und Frühgeschichte 46
    Antikenmuseum 343
–, Vorderasiatisches Museum 1. 3. 4. 7. 8 a.e.f. 43. 44. 91. 156. 169. 172. 185. 188. 287. 346. 347. 354. 365. 391
Brüssel, Musées Royaux d'Art et d'Histoire 173
Cambridge, Corpus Christi College 40
Chicago, Oriental Institute Museum 35. 51. 52. 150. 163. 164. 330. 387. 388
–, Field Museum 63. 97. 98. 100. 102. 116. 119. 121
Cincinnati, Art Museum 195
Cleveland, Museum of Art 358
Damaskus, National Museum 42. 141?
Erlangen, Archäologische Sammlung der Universität 295
Istanbul, Altorientalisches Museum 92 b. 198. 257. 282
Köln, Orientalisches Seminar 348–350
Kopenhagen, Nationalmuseum 297
Leyden, Rijksmuseum van Oudheden 344
London, British Museum 18. 65. 67 a. 68 b.d.i–k. 69. 70 a. 71 a.c. 72–77. 78 a. 79. 84. 85. 88. 96 B. 105. 110. 130. 136. 138. 143. 159. 165. 166. 174. 180–182. 186. 189. 191. 196. 210. 216. 259. 261. 263. 264. 266. 273. 275. 276. 283. 285. 286. 289. 296. 315–317. 320. 327. 328. 339. 340. 351. 361–363. 366. 368. 369. 375. 376. 378. 382. 383. 385
New Haven, Yale Babylonian Collection 10. 200
New York, Metropolitan Museum of Art 94. 238. 245. 334. 379
–, Brooklyn Museum, Guennol Collection 194
Oxford, Ashmolean Museum 5. 118. 126. 201. 260. 265. 274. 280. 326. 370
Paris, Louvre 12. 17. 19–22. 26–32. 37. 38. 41. 57. 92 a. 111? 112. 114. 129. 144–147. 155. 167. 168. 183. 192. 193. 202. 203. 205. 211–215. 217–236. 239–244. 246–249. 251–255. 272. 277. 278. 281. 288. 294. 319. 322–324. 329. 342. 355–356. 359. 364. 367. 372–374. 384. 386.
Philadelphia, University Museum 66. 67 b. 68 g.h.l–o. 70 b. 78 d. 79. 80. 83. 86. 95. 96 A. 131. 137. 157. 158. 190. 307 a. 308. 352. 371
Stockholm, Statens Historisk Museum 39
Susa, Museum 16
St. Louis, City Art Museum 93
Teheran, Iran Bastan Museum 13. 23? 24. 250
Toronto, Royal Ontario Museum 204
    Sammlung Borowski 25. 47. 148. 170. 171. 237. 267. 268. 341. 393
Vathy, Museum 293? 331–333? 336–338. 345. 360
Zürich, Schweizerisches Landesmuseum 113

Deutschland, Uruk-Slg. 269. 317 A

Privatsammlungen: 45. 48. 107–109. 179. 197. 199. 256. 279. 306. 392
Verbleib unbekannt 96. 122. 123. 134. 139. 140. 151. 152. 154. 160. 161. 258. 262. 307 c. 321. 377
Nicht erhalten 104
Funde aus Assur in Mus. Berlin oder Baghdad 206–209

NAMENS- UND SACHREGISTER

Aanepada 14. 26f.
Abformung 13
Achsnagel 65. 85ff.
Adad 81
Adad-nerari III. 94 (Anm. 66)
Adda-Hamiti-Inšušinak 87 (Anm. 39). 106 (Anm. 111)
Affe 39f. 56ff. 72f.
Amulett 3f. 8f. 47. 73f.
Amurru 45. 53ff.
Analyse 1f. 10. 12 (Anm. 9). 48 (Anm. 25)
Angriffshaltung 80f. 83f. 94
Anhänger 61. 64. 75
    rund 53f.
    halbmondförmig 52. 100
Antilope 37. 40 (?). 109
Apilsin 55 (Anm. 55)
apkallu 83
apotropäisch 1. 4. 8. 18. 27. 41. 56. 73
Armreif (an Figur) 44. 49. 51. 53. 64. 68
Arsen 3. 7ff. 41. 73. 112
Asarhaddon 83. 90 (Anm. 54). 96 (Anm. 73). 105
Assur 80
Assurbanipal 83f. 103
Assurdan (I.?) 100
Assurnaṣirpal 101 (Anm. 92)
Aufstellungsart 43. 45. 47

Bänder (Binden) 21. 56f.
    gekreuzt über der Brust 94f.
    Haar- 16. 48f. 50. 58. 62. 69. 95. 100. 102
Basis 23. 101
Baum 21. 25. 59. 71. 106
Befestigungsarten (mit Dorn, Dübel, Nagel, Niet, Stift, Steg) 2. 5. 10. 16. 23. 27. 28f. 32. 43. 46. 61. 63. 89
Beter 2. 14. 17ff. 43. 47f. 51ff. 62. 65ff. 85. 87. 88 (Anm. 47). 99. 101. 103
Bez 133
Binden s. Bänder
Bitumen 11. 27ff. 32. 42
    -kern 2f. 5. 10. 17. 29. 109
Blech (Kupfer, Bronze) 14. 17. 20. 25ff. 39. 42. 109
Blei 2ff. 7ff. 22. 52f. (Nr. 188. 189). 61
    -lot 10. 28
Bügelschaft 24
Bursin 52

Dagan 60
Depot 62. 65. 72, sonst s. Hort
Dolch 83f.
Drache 72. 106f.
Dreifuß 89f. 104
Dromedar 103

Ea 81. 85. 108
Eanatum 33 (Anm. 177)
Echtheit zweifelhaft (Fehler, vgl. auch Fälschung) 4 (Nr. 5). 15 (Nr. 45). 20 (Anm. 60). 58 (Nr. 197). 69 (Nr. 237. 238). 78 (Nr. 268). 96 (Nr. 334)
Eidechse 84 (?)
Eisen 87. 112
Elektron 5 (Nr. 11). 35 (Nr. 105). 65 (Nr. 217)
Elfenbein 2. 12. 14. 19ff. 62. 68 (Anm. 16) 87ff. 104. 110
Enḫeduana 14 (Anm. 19). 44 (Anm. 3)
Equide 11. 34ff.

Fälschung 30 (Anm. 101 zu Nr. 93. 94). 49 (Nr. 179). 99 (Nr. 339–341?)
Falbelgewand 44ff. 53. 57. 62ff.
Fibel 68 (?). 74f.
Fingerring 68
Fisch 81f. 107f.
Fischmensch 108
Flasche 49
Form 2. 49 (Anm. 26)
    zweiteilig 2ff. 13
    mehrteilig 10. 27
    aus Stein 2. 74. 83
    aus Ton (Terrakotta) 2. 74f.
Fritte 61f. 65ff. 75
Frosch 24f.

Gazelle 40. 61, sonst s. Ziege
Gefäß, von Figur gehalten 10. 18. 24. 44. 48ff. 72. 86. 99
    an Sockeln 43. 48. 51. 53ff.
Gefäßträger 18. 24
Gegengewicht 45f. 48. 52f. 58. 64. 68
Gewichtsangaben 5 (Nr. 10). 13 (Nr. 42). 23 (Nr. 61). 68 (Nr. 230). 99 (Nr. 342). 105 (Nr. 356). 111ff.
Glocke 84f.
Gold 39 (Nr. 135)
    -blech 2ff. 5 (Nr. 6). 13f. 25. 31f. (Nr. 85–88). 33

(Nr. 96B). 42f. (Nr. 115). 46f. 53f. 62. 68 (Nr. 232).
73. 91f. (Nr. 303). 100. 104 (Nr. 352. 354)
-draht 5
Götterbild 64. 104
Gottheit 19. 54
   einführende 14
   fürbittende 45ff. 51. 69
   Wetter- 20
   Wasser- 44f. 65
   Geburts- 56
Grabausstattung 34. 61
Grabfund 3. 7ff. 20. 29ff. 37ff.
Griff 1. 65. 72. 88. 109
Großplastik 1. 17. 43. 73f.
Gründungsfigur 2. 9. 13
Gudea 29. 30 (Anm. 104). 88 (Anm. 46). 94
Gula 47 (Anm. 20). 91. 94
Gürtel 11ff. 18f. 22ff. 36. 59f. 64ff. 75. 84. 90. 95. 97ff. 106
Gußfehler (Fehlstelle) 22. 43
Gußform s. Form
Gußkanal 61
Gußnaht 2. 13
Gußzapfen 2. 10. 13. 25. 46ff. 51ff. 62. 66f. 70. 91. 95ff. 100. 102. 108

Halsschmuck (Ring, Kette, Collier) 15. 45f. 49ff. 53. 58. 64. 75
Hammurapi 52f. 55
Ḫendursag 48 (Anm. 22)
Herrscher 17. 54. 94
Hirsch 25. 28. 34f. 40. 42. 60. 108
Hocker (Thron?) 44. 64
Hörnerkrone(kappe) 44ff. 62f. 83ff. 88. 94
Hohlguß 2. 10. 16. 22f. 27f. 31ff. 43. 46f. 49f. 99. 110
Holz 2. 20. 104
   -kern 2. 10. 17. 25ff. 60f.
Hort 3 (Anm. 5). 9f. 13ff. 20. 22. 26. 28. 37 (Anm. 123). 42ff. 53ff. (?)
Hund 43. 74. 80ff.

Ibbisin 90. 92 (Anm. 64)
Igel 87
Inschrift 15 (Nr. 45). 22 (Nr. 50). 23 (Nr. 61). 26. 27 (Nr. 71). 47. 48 (Nr. 172). 52 (Nr. 186). 53f. (Nr. 192). 55 (Nr. 194). 68 (Nr. 230). 71 (Nr. 246). 74f. 76 (Nr. 254. 256). 77 (Nr. 260). 82 (Nr. 284). 84 (Nr. 286). 88. 90f. 99 (Nr. 342). 105 (Nr. 356. 357). 106 (Nr. 359). 107 (Nr. 365). 110ff.
Instrument (Musik-) 1. 9. 25. 29ff. 105
Inšušinak 62 (Anm. 3)
Ištar 19. 44. 57. 81. 85f. 100

Jaspis 28

Kapitell 86f. 89
Karaindaš 45 (Anm. 7)
Kernhalter 16. 23
Kesselattasche 89f.
Kind 56. 69f.
Kissen 55f.
Knielauf 59f.
Knien 53f. 86ff. 94. 96
Knochen 4. 61
König 55 (Anm. 52). 105
Königsgrab 25. 29. 31. 34f. 38
Komposittechnik 3. 17. 104
Kosmetikbehälter 15f. 37. 41
Kosmetikstab 16. 37
Krebs 82
Kubu 56
Kultbild 47. 51
Kupferblech s. Blech
Kupferdraht 14. 17. 20. 25ff. 39. 42

Lama 47f.
Lampe 1. 20. 74. 81
Lapislazuli 4. 13f. 25. 31ff.
Lehmkern (Tonkern) 16. 23. 108
Libation 18. 21
Löcher für Befestigung 15f. 28. 32. 43. 45f. 64. 104. 109
Löwe 4. 8. 26ff. 30. 33f. 41ff. 59ff. 85f. 110ff.
Löwendämon 80ff.
Lot 2. 10
Lu-Nanna 53f.

Maništušu 14
Marduk 81. 107
Martu s. Amurru
Melišipak 100
Mesanepada 14
Meskalamdug 39 (Anm. 130)
Messer 14. 20
Metallkern 68
Möbel 1. 30. 33. 41. 62. 72. 109
Muscheleinlagen 11. 14. 25. 28. 31ff. 47. 53. 69. 104
Musiker 17f. 54

Nabonid 88
Nabopolassar 107
Nabu 81. 107
Nadel 1. 15. 32. 74. 84. 104
Napir-Asu 67f. 71
Naramsin 23f.
Nebukadnezar 107
Nergal 81
Ningirsu 34
Ninḫursag 26ff.
Nusku 81

Opfertier 14. 65. 70
Opferträger 14. 20. 42. 65 ff.

Pflanze 25. 35 f. 40. 81 f.
Plinthe 12. 62. 64. 75. 91. 107 f.
Podest 10. 21. 57
Polos 45. 86 f. 89. 94. 96 ff. 104 (Anm. 103)
Puabi 30 ff. 35. 43

Rhyton 109
Rimsin 53 (Anm. 45)
Rollsiegel 3 f. 79
Rosette 57 f. 111

Salmanassar III. 96 (Anm. 73) 101 f. 111 f.
Šamaš 81. 100
Šamši-Adad V. 94 (Anm. 66)
Šamši-Bel 100
Sanherib 83. 90. 105. 111
Sargon 85. 90. 111 f.
Schiefer 28. 61
Schildkröte 82. 84
Schlange 42. 62 ff. 72 f. 81 f. 84
Schmuck 2. 14. 42. 48. 62. 74 f.
Schnitzerei 20
Schnurrbart 62 ff. 64 (Anm. 8). 65. 71. 86 ff.
Schwein 80 ff.
Schweißen 2. 10 (Anm. 4)
Sibitti 81
Silber 3. 4. (Nr. 2. 3. 5). 31 (Nr. 83. 84) 35 (Nr. 103).
    40 (Nr. 136. 137). 65 (Nr. 218). 72
    -blech(auflage) 5 (Nr. 7). 14. 25 (Nr. 66). 33
    (Nr. 69 A. B). 36. 43. 52. 54. 104 (Nr. 353. 355)
Šilhak-inšušinak 71 f.
Sin 81
Sockel 1. 11. 14. 29. 51. 96
    aus Stein 44. 62 (Anm. 2). 73
    aus Metall 15. 44. 47 f. 52 ff. 65
    Blech über Holz 25. 27
Spaten 81. 107
Stab (von Figur gehalten) 9. 43. 89
Ständerfigur (Stützfigur) 1. 10. 12. 18. 24. 30. 88
    (Anm. 46)
Standartenhalter 24

Standplatte 10 ff. 24. 34. 36. 42. 44. 76 f. 84. 86. 92. 97.
    106. 113
Stempelsiegel 3. 79
Stirnlocke 50. 57 f.
Šulgi 13 (Anm. 13). 53 (Anm. 42). 62
Sumu-Ilum 55 (Anm. 55). 91
Szepter 104 (Anm. 100)

Teilguß 2. 46. 68. 99
Tempelausstattung 24. 26
Tempelinventar 2. 9. 43. 57. 73
Tiglatpilesar III. 88. 101 ff. 112
Tonkern s. Lehmkern
Treibarbeit 10. 73
Tukulti-Mer 110
Turban 48. 52. 54 (Anm 48). 65 f. 68 f. 71

Überfangguß 2. 10. 16
ugallu 83
Untaš-Napiriša 63. 65. 72
urgula 93
Urnanše, König 16
    Sänger 18

Vergoldung 43. 72
Versilberung 43
Vogel 7 ff. 28. 34 f. 39 f. 60. 66. 68 f. 106. 108

Wachsausschmelzverfahren 2 f. 10
Wächter(figur) 24. 60. 91. 93
Wagen 11. 18. 63
Wagengrab 9. 33 ff. 38
Wagenlenker 11. 17. 18 (Anm. 41. 43). 20 (Anm. 58).
    63 (Anm. 7)
Waffe, an Figuren 12. 19. 44. 83. 99. 106
Webgewicht 57 (Anm. 67)
Wedel 63. 87. 109 f.
Wetzstein 66. 72. 74. 109 f.
Widder 4. 8. 40. 44. 53 f. 108 f. 110
Wisent 29. 32. 34. 36. 42

Ziege 5. 21. 25. 33. 41. 54. 59. 61. 72 f. 108
Zimrilim 60
Zinn(bronze) 2. 9. 10. 112
Zügelring 1. 11. 42. 56. 73

ORTSREGISTER

Abu Ṣalabiḫ 33. 37f. 39 (Nr. 128)
Abydos (Dardanellen) 112 (Nr. 385)
Aġrab, Tell 10. 11 (Nr. 33–36). 18ff. 22 (Nr. 53–56). 30. 40 (Nr. 139. 140). 41 (Nr. 151. 152). 42 (Nr. 154). 43 (Nr. 160). 93 (Nr. 321)
Agule, Tell 22f. (Nr. 58–60). 25 (Nr. 64)
ʿAqar Qûf 91. 94
Arbela 100
Asmar, Tell 18. 42. 43 (Nr. 161). 50 (Nr. 184)
Assur 12. 14 (Nr. 43. 44). 19. 20. 42 (Nr. 156). 48 (Anm. 22). 51 (Nr. 185). 52 (Nr. 188). 61 (Nr. 206–210). 73. 75 (Anm. 10). 84 (Nr. 287). 86. 96f. 99. 103. 104 (Nr. 354). 113 (Nr. 391)
Augst (Schweiz) 36 (Nr. 113)

Babylon 46. 54 (Anm. 49). 57 (Nr. 196?). 75. 84 (Nr. 285?). 92 (Nr. 315? 316?). 103. 107 (Nr. 365?)
Baḫrein 33 (Nr. 96)
Balawat 73
Bassetki 23 (Nr. 61)
Bedre (Der) 18 (Anm. 41). 24 (Anm. 85)
Bismaya 41 (Nr. 149? 150). 58 (Nr. 198?)
Brak, Tell 3. 6 (Nr. 14. 15). 17

Cudeyde, Tell 15. 19 (Anm. 55)

Delphi (Griechenland) 90 (Nr. 297)
Dilbat 47 (Anm. 18)
Diqdiqqa 53 (Nr. 190?). 74 (Anm. 4)
Djigan 50 (Nr. 183)

Ebla 41

Fara 30. 33 (Nr. 95)

Gaura, Tepe 3f. 5 (Nr. 11). 42 (Nr. 157. 158)

Ḫafāǧī 6. 10 (Anm. 3). 14. 22 (Nr. 50–52). 24 (Nr. 62). 26. 32 (Nr. 90). 33. 40 (Anm. 131). 42 (Nr. 153)
Halaf, Tell 102 (Nr. 346–350)
Harmal, Tell 60 (Anm. 78)
Hissar, Tepe 6 (Anm. 9)
Ḫorsabad 73. 93 (Nr. 319). 109 (Nr. 372–374). 112f. (Nr. 384. 387–390)
Ḫuera, Tell 12 (Anm. 8)

Iščali 44 (Nr. 163. 164). 54 (Anm. 48). 71. 110 (Nr. 380. 381)
Isin 52 (Nr. 187). 91 (Nr. 298–305). 94. 96 (Nr. 335)

Kamiros (Griechenland) 103 (Nr. 351)
Karmir Blur 87
Kiš 9. 20f. 24. 25 (Nr. 63). 33. 34f. (Nr. 97–102). 37. 38 (Nr. 115–121). 39 (Nr. 122–126). 40. 108 (Nr. 370)

Larsa 53 (Nr. 192–194?)

Mari 12. 13 (Nr. 42). 16. 18ff. 26. 33f. 37f. 40 (Nr. 141). 42 (Nr. 155). 43ff. 54. 59. 60f. (Nr. 205)

Nimrud 77 (Nr. 263). 78 (Nr. 265). 86 (Nr. 292). 89. 93 (Nr. 318). 109 (Nr. 375–377). 111f. (Nr. 383a–p). 113 (Nr. 394)
Ninive 16 (Nr. 49). 52 (Anm. 43). 71. 78 (Nr. 266)
Nippur 21. 38. 39 (Nr. 127). 74 (Anm. 8). 75. 76 (Nr. 257). 78f. (Nr. 270. 271). 91. 92 (Nr. 312–314). 93. 94 (Nr. 325). 105
Nuzi 48f. (Nr. 175–178). 60 (Anm. 78). 70

Persepolis 112 (Anm. 128)

Šaġir Bāzār 38. 40 (Nr. 142. 143)
Salamis (Zypern) 87
Samos (Griechenland) 86 (Nr. 293). 88ff. 95 (Nr. 331–333). 96. 97 (Nr. 336–338). 99 (Anm. 83). 100 (Nr. 343). 101 (Nr. 345). 102. 106 (Nr. 360). 107
Shar-i Sokhte 16 (Anm. 26)
Sikaft-i Salman 106 (Anm. 111)
Sinçirli 86. 96
Sippar 52 (Nr. 186?). 108 (Nr. 368). 110 (Nr. 378?)
Susa 1. 3. 6 (Nr. 12. 13. 16). 7 (Nr. 17). 8 (Nr. 20–24. 26). 9 (Nr. 28–32). 10. 13 (Anm. 13). 16. 17 (Anm. 34). 34 (Anm. 119). 38. 40f. (Nr. 144–147). 47 (Anm. 19). 52. 60. 62ff. (Nr. 211–214). 64 (Nr. 215). 65ff. (Nr. 217–236). 69 (Nr. 239). 70 (Nr. 240–244). 71f. (Nr. 246. 247). 73 (Nr. 248. 249. 251–253). 79 (Nr. 272–277). 87. 93 (Nr. 322–324). 95 (Nr. 329). 104 (Nr. 355). 106 (Nr. 359). 107 (Nr. 364). 108 (Nr. 367). 112 (Nr. 386)

Tang-i Sarvah 64
Taynat, Tell 86 (Nr. 291). 88. 96 (Anm. 73)
Tello 3. 7. 8 (Nr. 19). 9 (Nr. 27). 16. 22 (Nr. 57). 24. 30. 32 (Nr. 92). 51f. 55 (Anm. 55). 56
Til Barsip 36 (Nr. 111)
Tilmen Hüyük 38 (Anm. 129)
Tšoġa Zambil 67. 72f. (Nr. 250). 107 (Anm. 114)

'Ubaid, Tell al 17. 26. 27f. (Nr. 68–77). 30. 32 (Nr. 88). 35. 60

Ugarit 111 (Anm. 127)

Ur 9. 16. 20ff. 25 (Nr. 65–67). 26. 28f. (Nr. 78. 79). 30. 31 (Nr. 80–86). 32 (Nr. 87. 89). 33 (Nr. 96 A. B). 35 (Nr. 103–106). 37. 39 (Nr. 130–135). 40 (Nr. 136. 137). 42. 43 (Nr. 159. 162). 45 (Nr. 165). 46 (Nr. 166). 47. 53 (Nr. 190). 64. 72. 86 (Nr. 290). 88f. 92 (Nr. 307–311). 96. 104 (Nr. 352). 107 (Nr. 362). 108 (Nr. 371). 110 (Nr. 382). 113 (Anm. 129)

Uruk 3. 4 (Nr. 1–3). 5 (Nr. 6–9. 10?). 47f. 65. 87ff. 78 (Nr. 269). 92 (Nr. 317. 317 A). 104 (Nr. 353)

Van 98f.

Wilayah, Tell 20 (Anm. 57)

Yara, Tell 93 (Nr. 320)

KUNSTHANDEL, NACH SAMMLUNGEN
(Konkordanz Museumsnummern – Katalognummern)

Baghdad, Iraq-Museum
  IM 13535 = Nr. 149
  IM 62197 = Nr. 357
  IM 74648 = Nr. 284
Berlin, Staatliche Museen Preußischer Kulturbesitz, Museum für Vor- und Frühgeschichte
  XI c 4840 = Nr. 46
–, Vorderasiatisches Museum
  VA 2665 = Nr. 169
  VA 2845 = Nr. 172
  VA 3142 = Nr. 91
  VA 10537 = Nr.   4
Brüssel, Musées Royaux d'Art et d'Histoire
  O 213 = Nr. 173
Cambridge, Corpus Christi College
  ? = Nr. 40
Chicago, Oriental Institute Museum
  A 31335 = Nr. 330
Cincinnati, Art Museum
  1956/14 = Nr. 195
Cleveland, Museum of Art
  69. 67 = Nr. 358
Erlangen, Archäologische Sammlung der Universität
  ? = Nr. 295
Istanbul, Altorientalisches Museum
  IOM 1741 = Nr. 282
Leyden, Rijksmuseum van Oudheden
  A 1951/2. 4 = Nr. 344
London, British Museum
  BM 22494 = Nr. 296
  BM 86259 = Nr. 18
  BM 86262 = Nr. 328
  BM 86263 = Nr. 261
  BM 91145 = Nr. 186
  BM 91309 = Nr. 275
  BM 93077 = Nr. 378
  BM 93078 = Nr. 286
  BM 93090 = Nr. 273
  BM 94346 = Nr. 327
  BM 102985
       –88 = Nr. 368
  BM 108979 = Nr. 283
  BM 115509 = Nr. 285
  BM 117886 = Nr. 191
  BM 118061 = Nr. 138
  BM 118510 = Nr. 316
  BM 119437 = Nr. 289
  BM 121162 = Nr. 369
  BM 122700 = Nr. 110
  BM 123899 = Nr. 196
  BM 126612 = Nr. 189
  BM 128888 = Nr. 181
  BM 128889 = Nr. 366
  BM 129382 = Nr. 174
  BM 129383 = Nr. 182
  BM 129384 = Nr. 180
  BM 129388 = Nr. 361
  BM 130723 = Nr. 315
  BM 132960 = Nr. 216
  BM 132962 = Nr. 339
  BM 132964 = Nr. 264
  BM 135280 = Nr. 340
  E 55349 = Nr. 259
  82.–5. 16, 3 = Nr. 276
New Haven, Yale Babylonian Collection
  NBC 2540–5 = Nr. 10
  YBC 2155   = Nr. 200
New York, Metropolitan Museum of Art
  39. 30 = Nr. 334
  51. 178 = Nr. 379
  47. 100. 80 = Nr. 245
  47. 100. 81 = Nr. 94
  ?   = Nr. 238
  55. 142 vgl. S. 19 (Anm. 49)
–, Brooklyn Museum
  L 50. 6 (Guennol Collection) = Nr. 194
  ? vgl. S. 7 (Anm. 15)

Oxford, Ashmolean Museum
   1892. 43 = Nr. 260
   1922. 6 = Nr. 280
   1964. 744 = Nr. 5
   1971. 25 = Nr. 201

Paris, Louvre
   AO 2151 = Nr. 114
   AO 2397 = Nr. 203
   AO 2489 = Nr. 342
   AO 2736 = Nr. 41
   AO 2768 = Nr. 38
   AO 4706 = Nr. 129
   AO 6517 = Nr. 294
   AO 6692 = Nr. 255
   AO 14056 = Nr. 112
   AO 15704 = Nr. 192
   AO 15705 = Nr. 193
   AO 19523 = Nr. 37
   AO 20185 = Nr. 356
   AO 20473 = Nr. 202
   AO 21111 = Nr. 278
   AO 22205 = Nr. 281
   AO 23004 = Nr. 288
   AO 24791 vgl. S. 8 (Anm. 18)
   MN 1223/N8426 = Nr. 167
   Klf 23–26 = Nr. 168
   MNB 467 = Nr. 254

Stockholm, Statens Historisk Museum
   14305 = Nr. 39

St. Louis, City Art Museum
   ? = Nr. 93

alle Objekte aus Privatsammlungen und aus der Sammlung Borowski (Toronto); vgl. auch S. 8 (Anm. 17). 41 (Anm. 135)

TAFELN

TAFEL 1

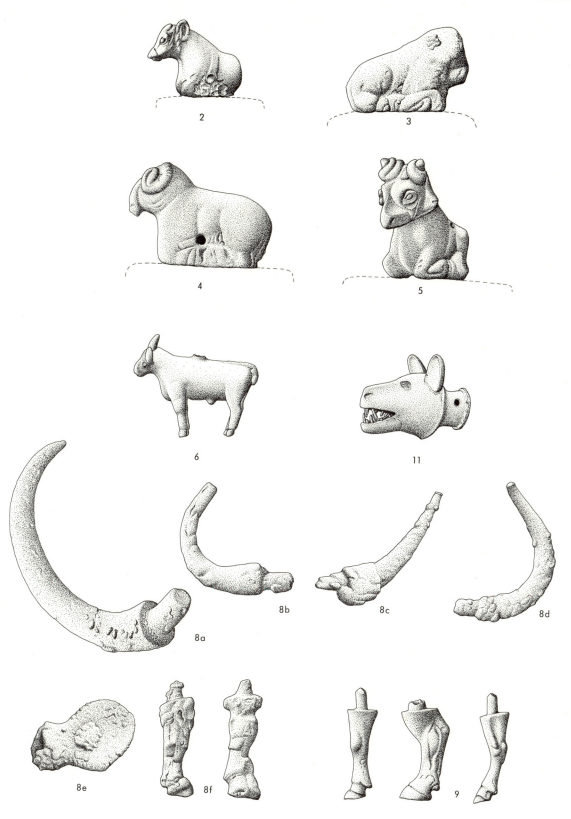

2.3.6.8 a–f.9 Uruk. – 4.5 Kunsthandel. – 11 Tepe Gaura.
8 a–d M. 2:3; sonst M. 1:1

TAFEL 2

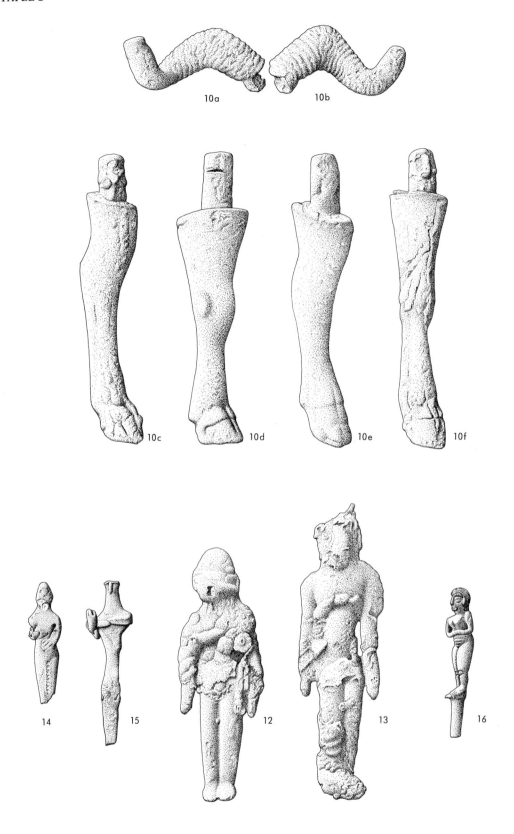

10 Uruk? – 12.13.16 Susa. – 14.15 Tell Brak.
10 M. 1:3; sonst M. 1:1

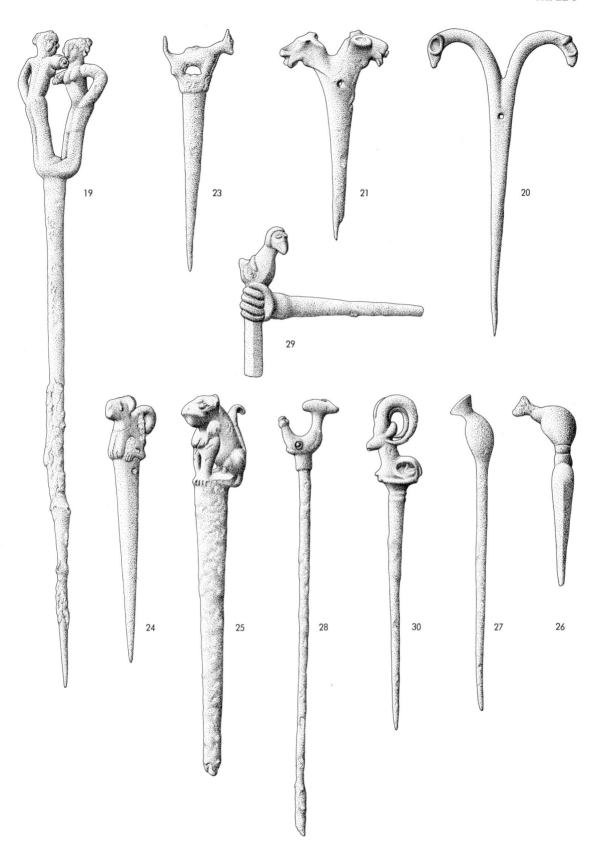

19. 27 Tello. – 20. 21. 23. 24. 26. 28–30 Susa. – 25 Kunsthandel.
M. 1:1

TAFEL 3

TAFEL 4

36

1

18

1 Uruk. – 18 Kunsthandel. – 36 Tell Ağrab.
M. 1:1

TAFEL 5

33　　　　35　　　　34

33–35 Tell Ağrab.
M. 2:3

TAFEL 6

38

39

42

37

41

37–39.41 Kunsthandel. – 42 Mari.
M. 2:3

TAFEL 7

44

45

44 Assur. – 45 Kunsthandel.
M. 2:3

TAFEL 8

46

43   47

43 Assur. – 46.47 Kunsthandel.
M. 2:3

TAFEL 9

48 Kunsthandel. – 49 Ninive.
48 M. 1:2; 49 M. 1:3

TAFEL 10

50 Ḫafāǧī.
M. 1:3

TAFEL 11

56

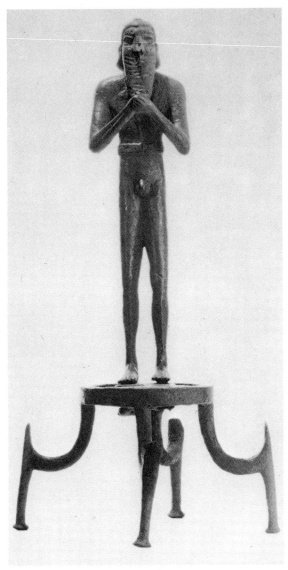
51

52

51.52 Ḫafāǧī. – 56 Tell Aġrab.
51.52 M. 1:3; 56 M. 1:2

TAFEL 12

54

53

63

53.54 Tell Ağrab. – 63 Kiš.
53 M. 2:3; 54 ohne Maßstab; 63 M. ca. 1:4

61 Bassetki. – 62 Ḫafāǧī.
61 M. ca. 1:5; 62 M. 2:3

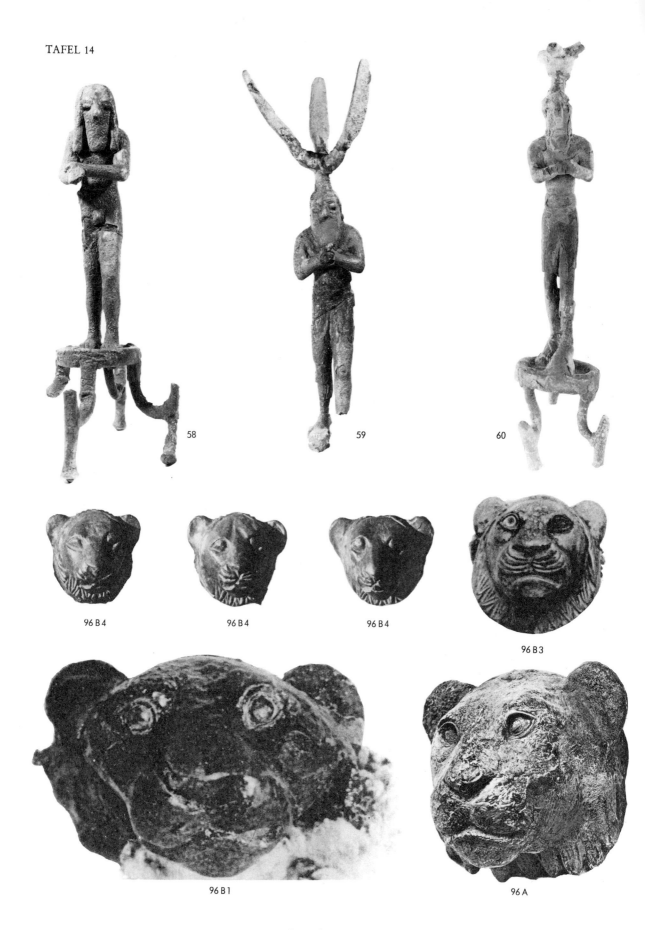

58–60 Tell Agule. – 96 A. B Ur.
58–60 M. 1:3; 96 A. B, 1.3 M. 1:2; 96, B 4 M. 1:1

TAFEL 15

65

67a

66

65–67a Ur.
65 M. ca. 1:10; 66 ohne Maßstab; 67a M. 1:5

TAFEL 16

68j

68b

77

68 b.j; 77 Tell al 'Ubaid.
68 M. ca. 1:5; 77 M. ca. 1:15

TAFEL 17

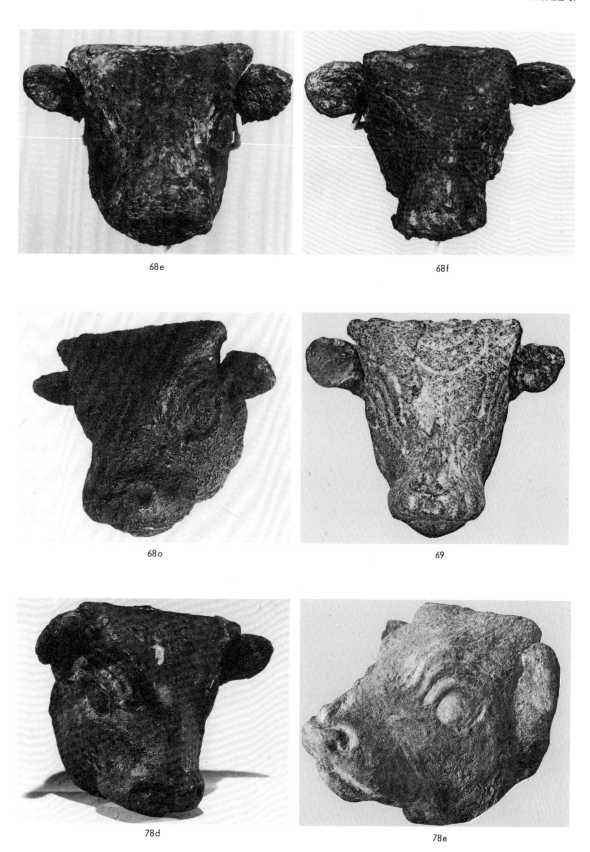

68 e.f.o; 69 Tell al 'Ubaid. – 78 d–e Ur.
M. ca. 1:2

TAFEL 18

70a

70b

70 a–b Tell al'Ubaid.
M. ca. 1:6

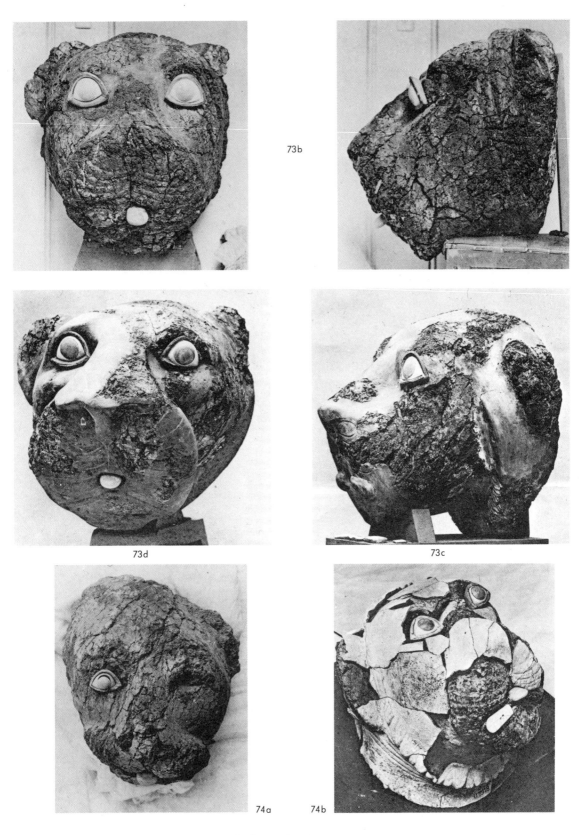

73 b–d; 74 a–b Tell al 'Ubaid.
M. ca. 1:5

TAFEL 20

75

75b

75a

75 a–b Tell al ʿUbaid.
75 b oben M. ca. 2:3; sonst M. 1:3

TAFEL 21

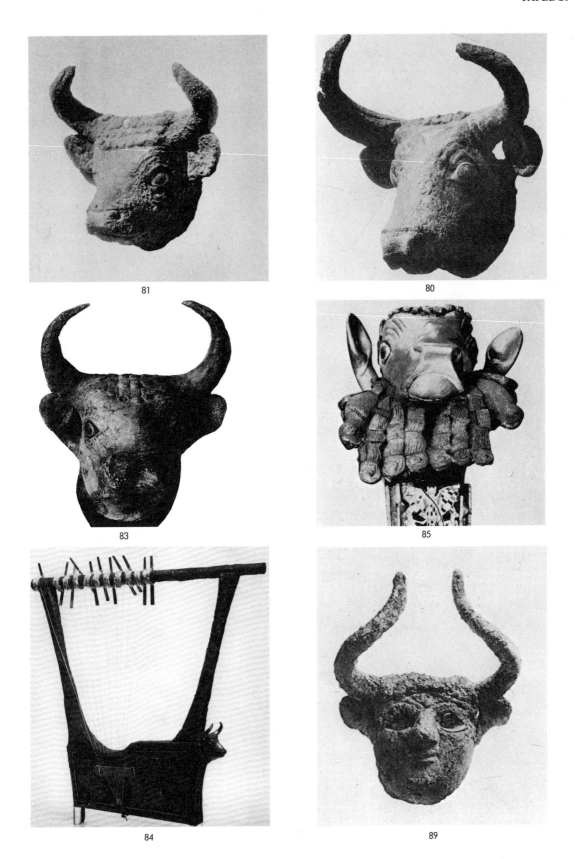

80.81.83–85.89 Ur.
84 ohne Maßstab; 89 M. 1:2; sonst M. 1:3

TAFEL 22

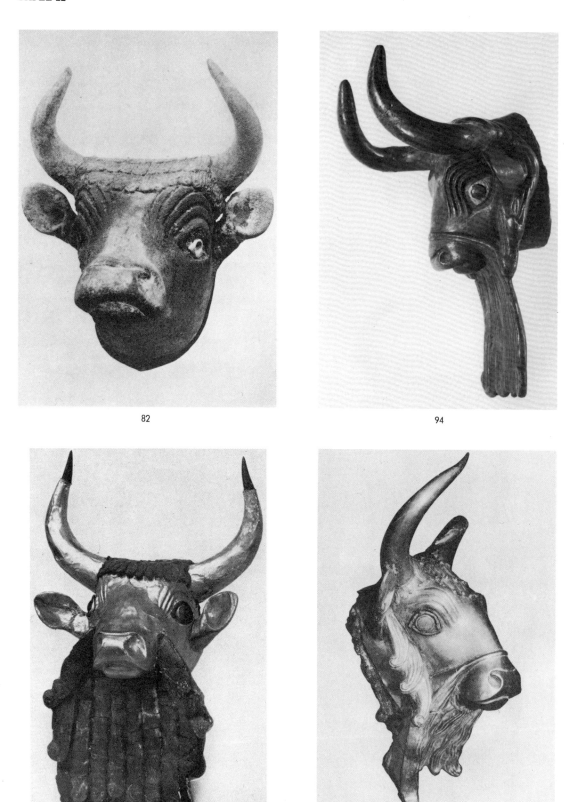

82.86.87 Ur. – 94 Kunsthandel.
94 ohne Maßstab; 82 M. 1:3; 86.87 M. ca. 1:4

TAFEL 23

91

92a

90

90 Ḫafāǧī. – 91 Kunsthandel. – 92a Tello.
M. 1:2

TAFEL 24

95 b

95 a

95 a–b Fara.
M. 1:2

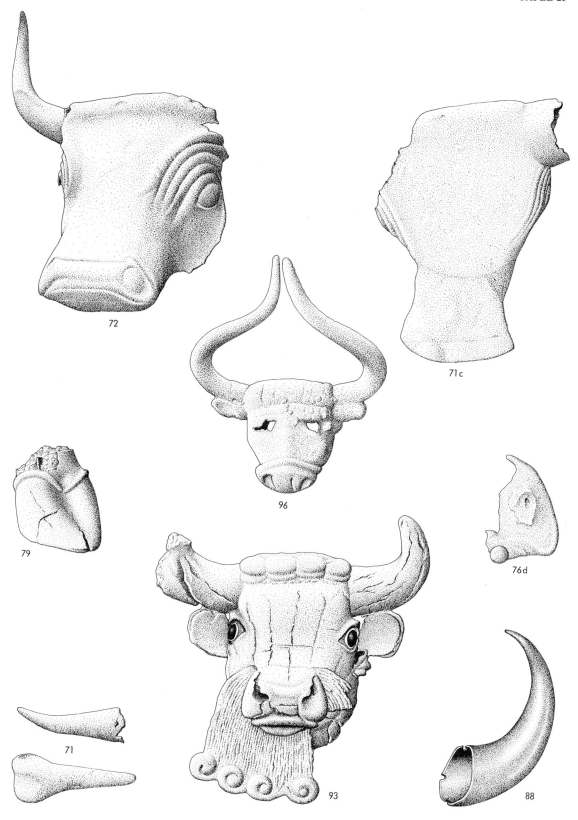

71.72.76.88 Tell al 'Ubaid. – 79 Ur. – 93 Kunsthandel. – 96 Baḥrein.
79 ohne Maßstab; 71.72.76 M. 1:2; 88 M. 2:3; 93.96 M. 1:3

TAFEL 26

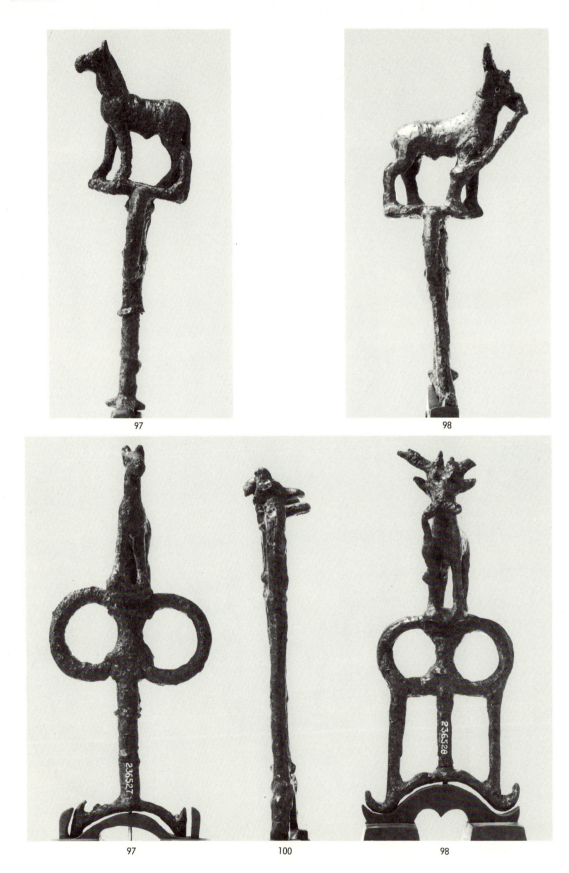

97   98

97   100   98

97.98.100 Kiš.
M. 1:2

TAFEL 27

114

103   105

103.105 Ur. – 114 Kunsthandel.
M. 2:3

TAFEL 28

110

109

112

107

107.109.110.112 Kunsthandel.
M. 1:2

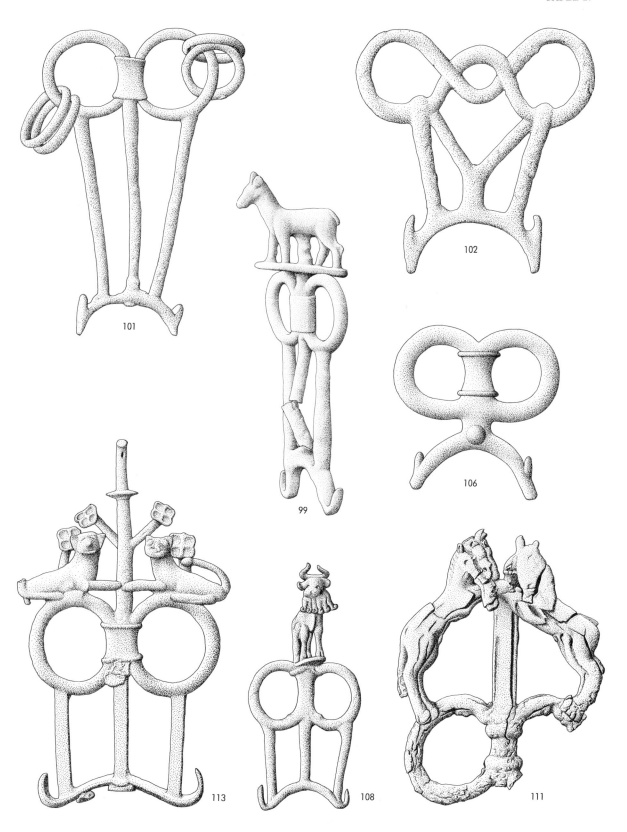

99.101.102 Kiš. – 106 Ur. – 108 Kunsthandel. – 111 Til Barsip. – 113 Augst (Schweiz).
M. ca. 1:2

TAFEL 30

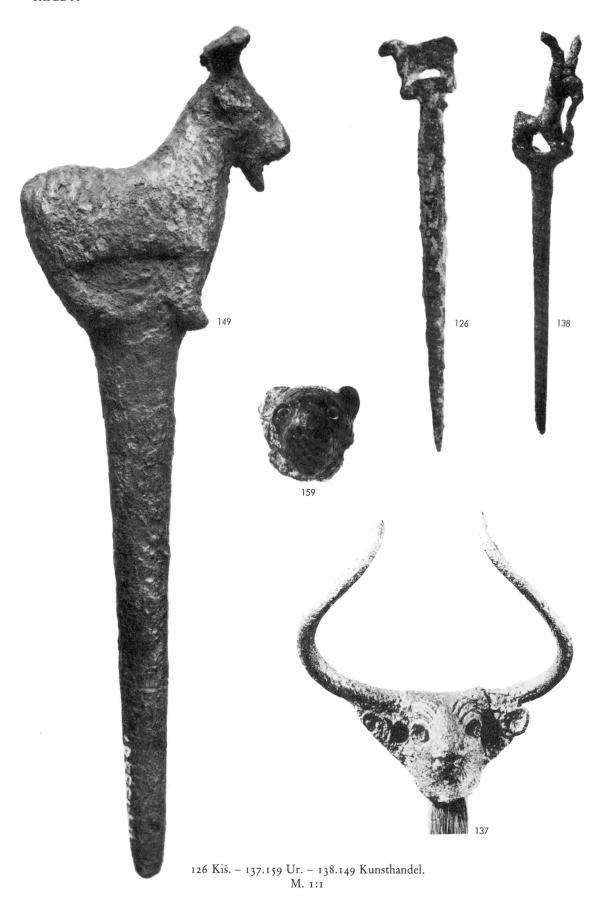

126 Kiš. – 137.159 Ur. – 138.149 Kunsthandel.
M. 1:1

TAFEL 31

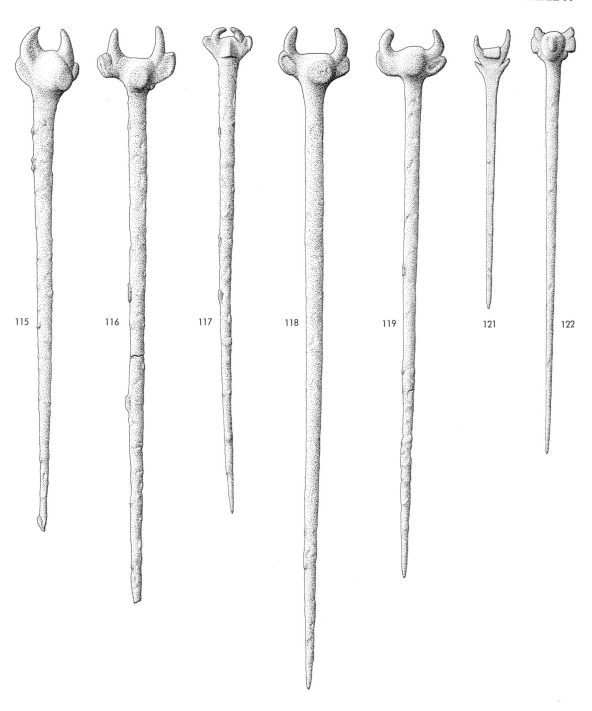

115–119.121.122 Kiš.
M. 2:3

TAFEL 32

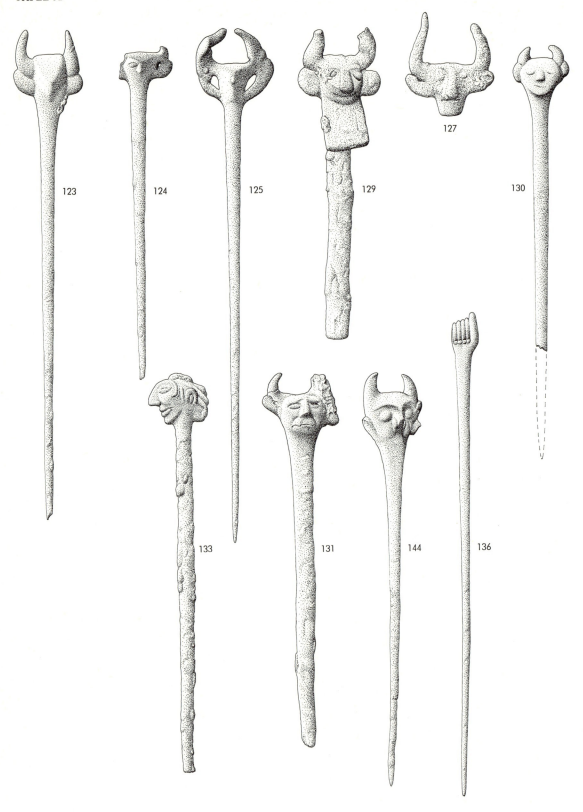

123–125 Kiš. – 127 Nippur. – 129 Kunsthandel. – 130.131.133.136 Ur. – 144 Susa.
M. 2:3

TAFEL 33

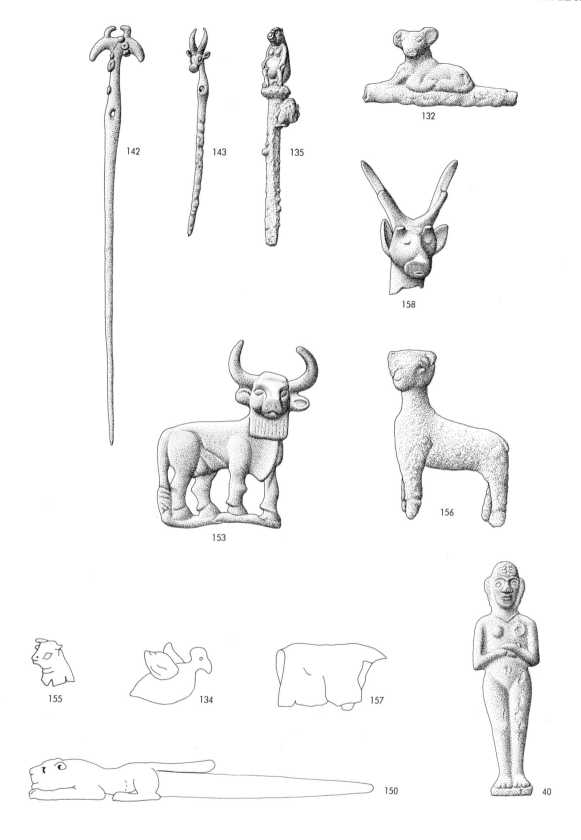

40 Kunsthandel. – 132.134.135 Ur. – 142.143 Šaġir Bāzār. – 153 Ḫafāǧī. – 155 Mari. – 156 Assur. – 157.158 Tepe Gaura. – 150 Bismaya.
150 M. 1:5; 40.132.134.142.143 M. 2:3; sonst M. 1:1

TAFEL 34

163

164

163.164 Iščali.
M. 3:5

165.166 Ur. – 167–170 Kunsthandel.
M. 1:1

TAFEL 36

184

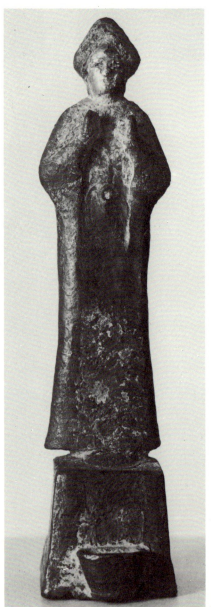

172 173

172.173 Kunsthandel. – 184 Tell Asmar.
M. 2:3

174.180.182 Kunsthandel. – 185 Assur. – 190 Ur.
190 M. 2:1; sonst M. 1:1

TAFEL 38

181

186

181.186 Kunsthandel.
181 M. 1:1; 186 M. 1:2

TAFEL 39

191

195

192

191.192.195 Kunsthandel.
191 M. 1:1; sonst M. 1:2

TAFEL 40

194 Kunsthandel.
M. ca. 3:4

193 Kunsthandel.
M. 1:1

TAFEL 42

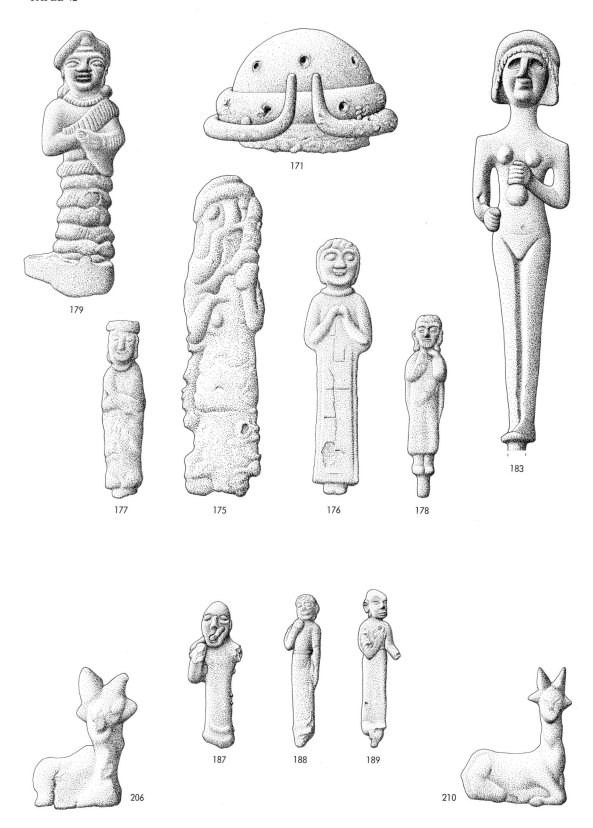

171.179.189 Kunsthandel. – 175–178 Nuzi. – 183 Djigan. – 187 Isin. – 188.206.210 Assur.
171 M. 1:3; 206.210 M. 1:1; sonst M. 2:3

TAFEL 43

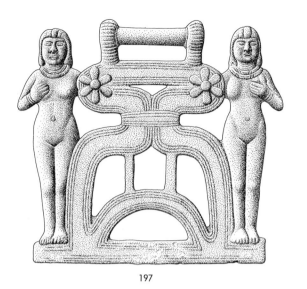
197

198

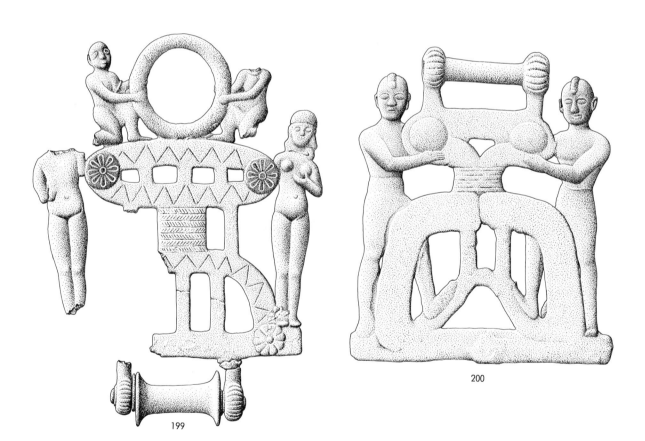
199   200

197.199.200 Kunsthandel. – 198 Bismaya.
M. 2:3

TAFEL 44

196

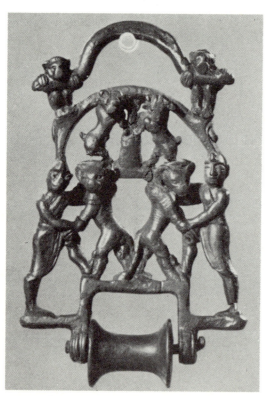

201   202

196 Babylon? – 201.202 Kunsthandel.
M. 2:3

TAFEL 45

203

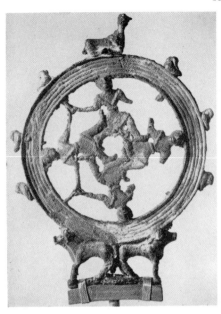

204

205

203.204 Kunsthandel. – 205 Mari.
205 M. ca. 1:5; sonst M. 1:3

TAFEL 46

211.212 Susa. – 216 Kunsthandel.
M. 2:3

217–219.221.226–229 Susa.
M 1:1

TAFEL 48

220.222–225.231.233.236.240 Susa.
M. 1:1

TAFEL 49

213–215.232.234.239.248.251.253 Susa. – 250 Tšoġa Zambil.
M. 1:1

TAFEL 50

245

230

230 Susa. – 245 Kunsthandel.
230 M. ca. 1:11; 245 M. 1:4

246.247 Susa.
246 M. ca. 1:3; 247 M. ca. 1:8

TAFEL 52

254.258.260.275.276 Kunsthandel. – 257 Nippur (Gipsabguß).
257.275.276 M. 1:1; sonst M. 2:3

TAFEL 53

255

261

259 264

255.259.261.264 Kunsthandel.
M. 1:1

TAFEL 54

262.273.274.278.280 Kunsthandel. – 263.265 Nimrud. – 266 Ninive. – 277 Susa.
M. 1:1

TAFEL 55

256.267.268.279.288 Kunsthandel. – 269 Uruk. – 270.271 Nippur. – 285 Babylon? (vgl. Taf. 58). – 287 Assur (vgl. Taf. 58).
287 ohne Maßstab; sonst M. 1:1

TAFEL 56

281

282

281.282 Kunsthandel.
M. 2:3

TAFEL 57

283 283

289

284 284

283.284.289 Kunsthandel.
M. 2:3

TAFEL 58

285 Babylon? (vgl. Taf. 55). – 286 Kunsthandel. – 287 Assur (vgl. Taf. 55). – 292 Nimrud. – 293 Samos. – 352 Ur (vgl. Taf. 60).
287 M. 1:5; 292 M. 2:3; sonst M. 1:1

TAFEL 59

296

297

294

295

294–296 Kunsthandel (zu 294 vgl. Taf. 60). – 297 Delphi.
296 ohne Maßstab; 294 M. 2:3; sonst M. ca. 1:2

TAFEL 60

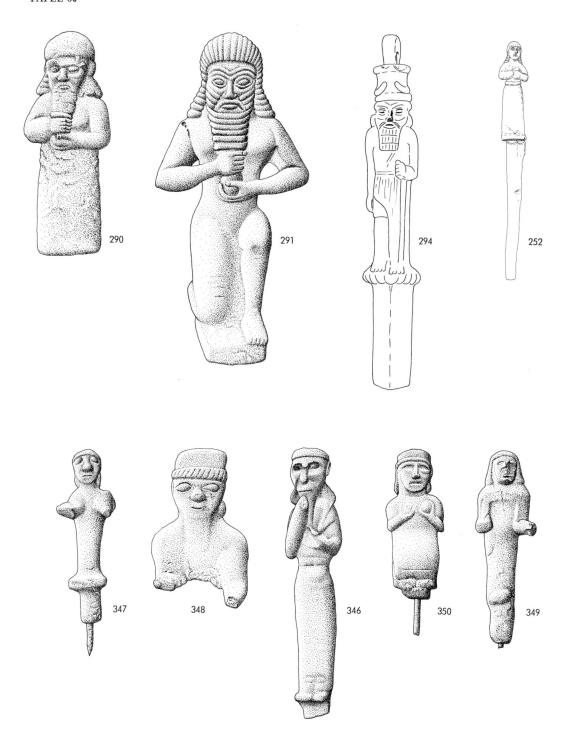

290.352 Ur (zu 352 vgl. Taf. 58). – 291 Tell Taynat. – 294 Kunsthandel (vgl. Taf. 59). – 346–350 Tell Halaf.
294.352 M. 1:3; sonst M. 1:1

TAFEL 61

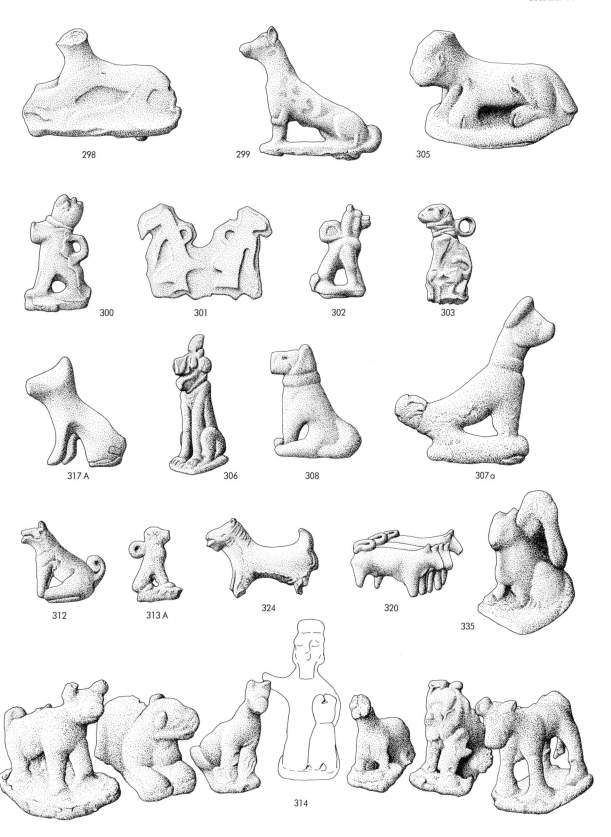

298–303.305.335 Isin. – 306 Kunsthandel. – 307.308 Ur. – 312.313A.314 Nippur. – 317A Uruk. – 320 Tell Yara. – 324 Susa.
306.314 M. ca. 1:2; sonst M. 1:1

TAFEL 62

313 Nippur. – 315.316 Babylon? – 317 Uruk. – 318 Nimrud. – 323 Susa. – 326.328.330 Kunsthandel.
318 ohne Maßstab; sonst M. 1:1

TAFEL 63

332

333

334

325

329

331

325 Nippur. – 329 Susa. – 331–333 Samos. – 334 Kunsthandel.
M. 1:1

TAFEL 64

327

327

338

327 Kunsthandel. – 338 Samos.
327 M. 1:1; 338 M. 2:3

TAFEL 65

344

341

339

336

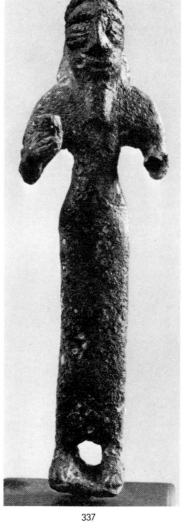

337

336

336.337 Samos. – 339.341.344 Kunsthandel.
344 M. 1:1; sonst M. 2:3

TAFEL 66

342 Kunsthandel.
M. 1:2

351

343

345

343

343.345 Samos. – 351 Kamiros (Rhodos).
351 M. 1:1; 343.345 M. 2:3

TAFEL 68

359

356

356 Kunsthandel. – 359 Susa.
356 M. 1:3; 359 M. ca. 1:10

TAFEL 69

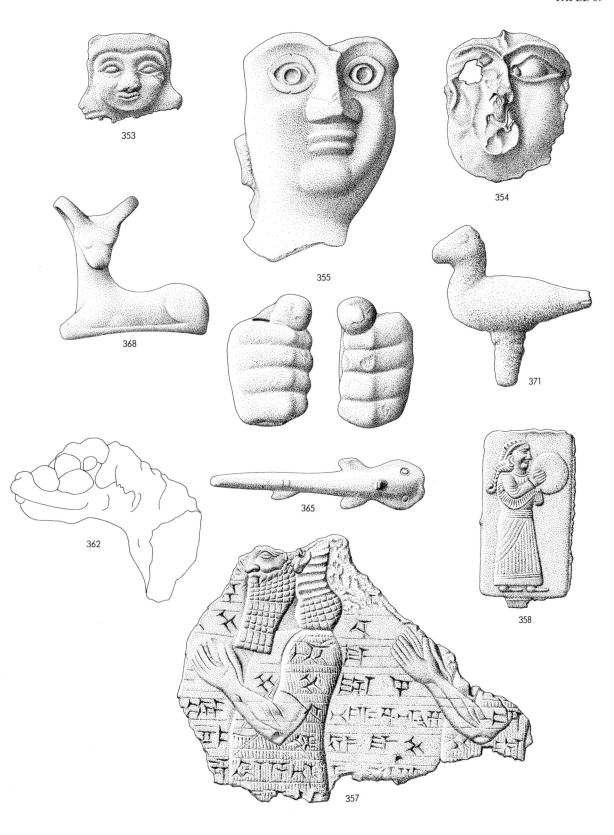

362.371 Ur. – 353 Uruk. – 354 Assur. – 355 Susa. – 365 Babylon? – 368 Sippar. – 357.358 Kunsthandel.
357 M. 1:3; 365.358 M. 2:3; sonst M. 1:1

TAFEL 70

360

361

366

370

360 Samos. – 361.366 Kunsthandel. – 370 Kiš.
M. 2:3

TAFEL 71

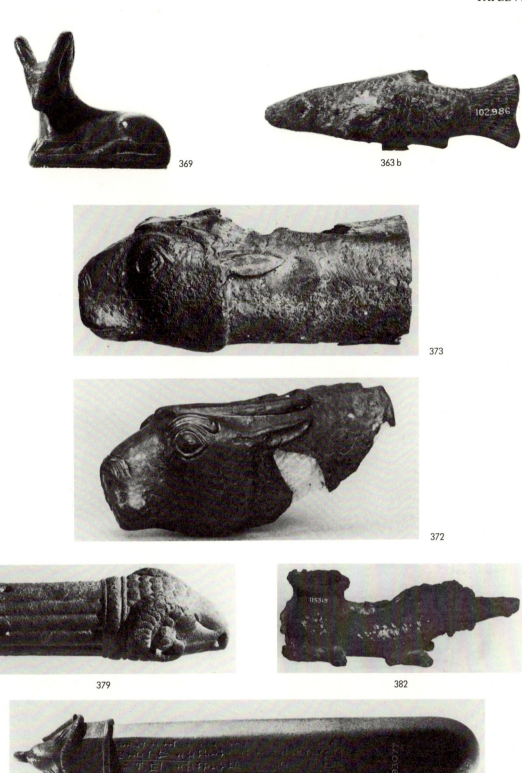

363 b.369.379 Kunsthandel. – 372.373 Ḫorsabad. – 378 Sippar. – 382 Ur.
379 ohne Maßstab; 369 M. 1:1; 382.378 M. 1:2; 363b.372.373 M. 2:3

TAFEL 72

383a

383b

383d

383c

383g

383f

383i

383a–d.f.g.i Nimrud.
M. 1:3

TAFEL 73

385

384

386

384 Ḫorsabad. – 385 Abydos (Dardanellen). – 386 Susa.
M. 1:4

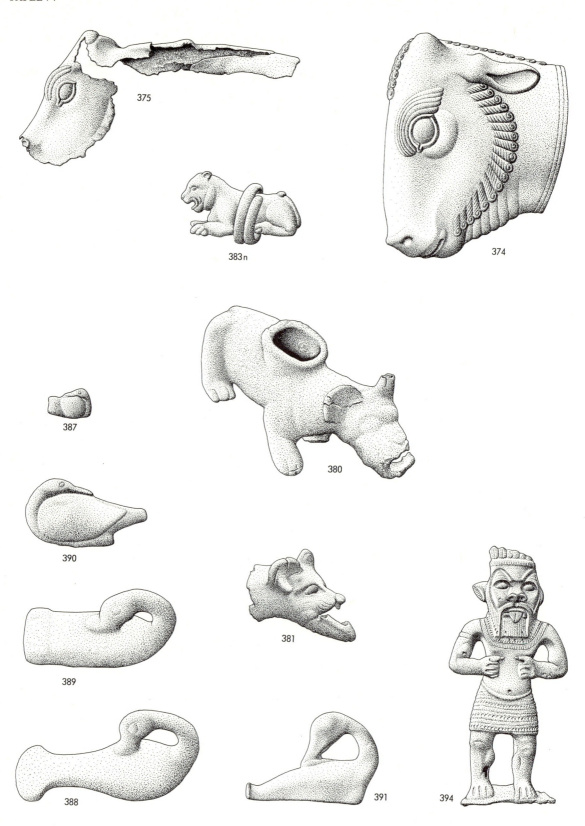

375.383 n.394 Nimrud. – 374.387–390 Ḫorsabad. – 380.381 Iščali. – 391 Assur.
375 ohne Maßstab; 394 M. 1:2; sonst M. 2:3

TAFEL 75

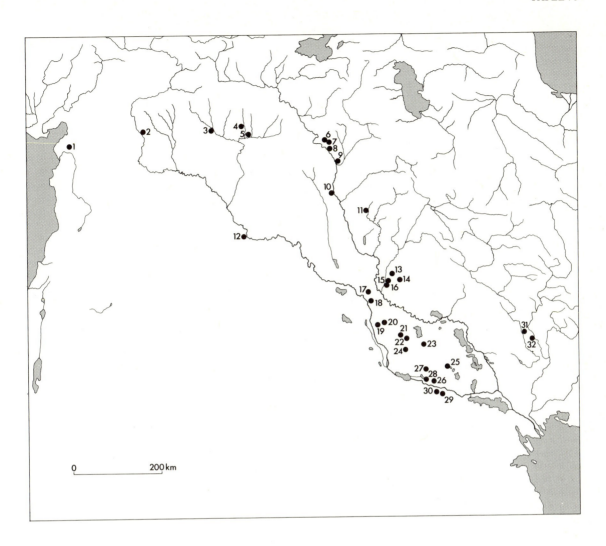

1 Tell Taynat	17 ʿAqar Qûf
2 Til Barsip	18 Sippar
3 Tell Halaf	19 Babylon
4 Šaġir Bāzār	20 Kiš
5 Tell Brak	21 Abu Ṣalabiḫ
6 Ḫorsabad	22 Nippur
7 Tepe Gaura	23 Bismaya
8 Ninive	24 Isin
9 Nimrud	25 Tello
10 Assur	26 Larsa
11 Nuzi	27 Fara
12 Mari	28 Uruk
13 Tell Asmar	29 Ur
14 Tell Aġrab	30 Tell al ʿUbaid
15 Ḫafāġī	31 Susa
16 Iščali	32 Tšoġa Zambil

Karte der Fundorte von figürlichen Bronzen aus Mesopotamien.

PRÄHISTORISCHE BRONZEFUNDE

Abteilung I · Menschen- und Tierfiguren

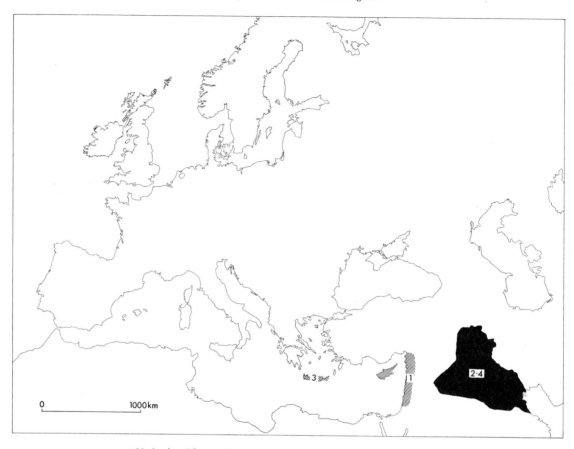

1. H. Seeden, The Standing Armed Figurines in the Levant (1980)
2. Subhi Anwar Rashid, Gründungsfiguren im Iraq (1983)
3. K. Papasteriou, Die bronzenen Figuren von Kreta (in Redaktion)
4. E. A. Braun-Holzinger, Figürliche Bronzen aus Mesopotamien (1984)